OS JACOBINOS NEGROS

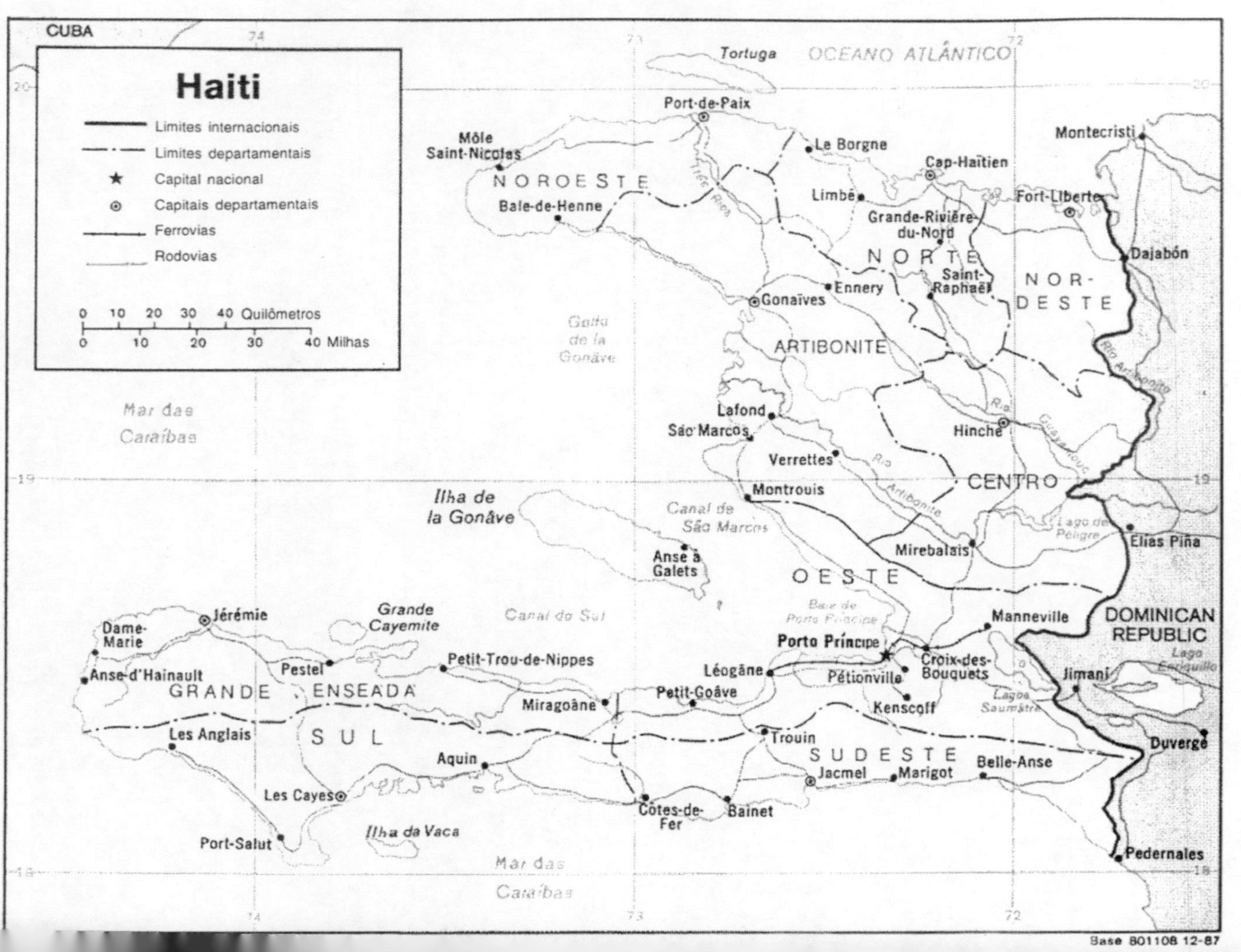

Haiti
Limites internacionais
Limites departamentais
Capital nacional
Capitais departamentais
Ferrovias
Rodovias
0 10 20 30 40 Quilômetros
0 10 20 30 40 Milhas
CUBA
Tortuga
OCEANO ATLÂNTICO
Mar das Caraíbas
Port-de-Paix
Môle Saint-Nicolas
NOROESTE
Bale-de-Henne
Le Borgne
Cap-Haïtien
Limbé
Grande-Rivière-du-Nord
NORTE
Montecristi
Fort-Liberté
Dajabón
NOR-DESTE
Saint-Raphaël
Ennery
Gonaïves
Golfo de la Gonâve
ARTIBONITE
Rio Artibonite
Lafond
São Marcos
Hinche
Rio Guayamouc
Verrettes
Rio Artibonite
CENTRO
Montrouis
Ilha de la Gonâve
Canal de São Marcos
Lago de Peligre
Elias Piña
Mirebalais
Anse à Galets
OESTE
Baie de Porto Príncipe
Manneville
DOMINICAN REPUBLIC
Lago Enriquillo
Jérémie
Dame-Marie
Grande Cayemite
Canal do Sul
Porto Príncipe
Croix-des-Bouquets
Jimaní
Anse-d'Hainault
Pestel
Petit-Trou-de-Nippes
Léogâne
Pétionville
GRANDE ENSEADA
Miragoâne
Petit-Goâve
Kenscoff
Lago Saumâtre
Les Anglais
SUL
Trouin
Duvergé
Aquin
SUDESTE
Belle-Anse
Jacmel
Marigot
Les Cayes
Côtes-de-Fer
Bainet
Ilha da Vaca
Port-Salut
Mar das Caraíbas
Pedernales
74
73
72
20
19
18
Base 801108 12-87

C. L. R. James

OS JACOBINOS NEGROS

Toussaint L'Ouverture e a revolução de São Domingos

Tradução
Afonso Teixeira Filho

Indicação editorial
Flávio Aguiar

Tradução
Afonso Teixeira Filho

Revisão de tradução
Rui Costa Pimenta

Assistente editorial
Ana Lotufo

Índice remissivo, cronologia e bibliografia
Afonso Teixeira Filho

Revisão
Áurea Kanashiro, Maurício Balthazar Leal e
Sandra Regina de Souza

Capa
Maringoni
(Ilustração extraída de *Nossa América* nº 3, 1992, Memorial da América Latina)

Editoração eletrônica e tratamento de imagens
Set-up time Artes Gráficas

Produção gráfica
Livia Campos

CIP-BRASIL. CATALOGAÇÃO-NA-FONTE
SINDICATO NACIONAL DOS EDITORES DE LIVROS, RJ

J29j
James, C. L. R. (Cyril Lionel Robert), 1901-1989
Os jacobinos negros : Toussaint L'Ouverture e a revolução de São Domigos/C. L. R. James ; tradução Afonso Teixeira Filho, - 1.ed. rev. - São Paulo : Boitempo, 2010.

Tradução de: The black jacobins
Apêndice
Inclui bibliografia e índice
ISBN 978-85-8593-448-4

1. Toussaint Louverture, 1743?-1803. 2. Haiti - História - Revolução, 1791-1804. I. Título.

10-1348. CDD: 972.94
CDU: 94(729.4)

1ª edição: agosto de 2000; 1ª reimpressão: março de 2007
1ª edição revista: abril de 2010; 1ª reimpressão: julho de 2015
2ª reimpressão: agosto de 2016; 3ª reimpressão: novembro de 2017
4ª reimpressão: novembro de 2018; 5ª reimpressão: novembro de 2019
6ª reimpressão: novembro de 2020; 7ª reimpressão: novembro de 2021

BOITEMPO
Jinkings Editores Associados Ltda.
Rua Pereira Leite, 373
05442-000 São Paulo SP
Tel.: (11) 3875-7250 / 3875-7285
editor@boitempoeditorial.com.br
boitempoeditorial.com.br | blogdaboitempo.com.br
facebook.com/boitempo | twitter.com/editoraboitempo
youtube.com/tvboitempo | instagram.com/boitempo

Para os meus bons amigos
HARRY e ELIZABETH SPENCER
de Nelson, Lancashire, Inglaterra

SUMÁRIO

PREÂMBULO

Os jacobinos negros foram publicados pela primeira vez na Inglaterra em 1938, mas eu já havia escrito sobre o mesmo assunto antes de deixar Trinidad em 1932. A ideia me acompanhava havia algum tempo. Estava cansado de ler e de ouvir a respeito da perseguição e da opressão aos africanos na África, na Rota do Meio[1], nos Estados Unidos e em todo o Caribe. Convenci-me da necessidade de escrever um livro no qual assinalaria que os africanos ou os seus descendentes, em vez de serem constantemente o objeto da exploração e da feridade de outros povos, estariam eles mesmos agindo em larga escala e moldando outras gentes de acordo com as suas próprias necessidades. Os livros sobre a revolução no Haiti que eu tinha lido até então não possuíam um sério rigor histórico.

Em 1932, assim que cheguei à Inglaterra, comecei a procurar materiais sobre o assunto, mas acabava encontrando sempre as mesmas trivialidades que tinha lido antes no Caribe. Então, passei a importar da França livros que tratavam seriamente desses eventos tão célebres na história daquele país.

Este livro é dedicado a Harry e Elizabeth Spencer. Harry tocava uma casa de chá e padaria e era um grande amigo. Era também um homem culto com quem eu costumava falar a respeito dos meus planos de escrita. Sempre que um livro chegava da França, e eu encontrava algo de interessante nele, informava-lhe com entusiasmo. Um dia, ele me disse:

– Por que você fala sempre desse livro? Por que não o escreve de uma vez?

Respondi que teria de ir para a França procurar os arquivos e não tinha ainda dinheiro para isso, mas estava juntando. Perguntou-me de quanto dinheiro eu precisava e respondi-lhe que de cem libras, para começar. Ele não levou a discussão adiante, mas alguns dias depois colocou-me noventa libras nas mãos e disse:

– Para a França, e diga se precisar de mais!

---

1 A rota dos escravos entre a África e as Antilhas, ou Índias Ocidentais. (N. do T.)

Assim que terminou a temporada de verão (eu era um repórter de críquete), parti e fiquei seis meses na França, progredindo no assunto com muita rapidez.

Em Paris, conheci o coronel Nemours, um haitiano que havia escrito uma história militar sobre a guerra de independência em São Domingos. Ele ficou muito feliz por encontrar alguém, e alguém do Caribe, interessado na história do Haiti. Explicou tudo para mim, com muitos pormenores, colocando livros e xícaras de café sobre uma mesa grande para mostrar como haviam sido travadas as diferentes campanhas. Desde aquele dia, fiquei convencido de que nenhum comandante militar, ou estrategista, afora o próprio Napoleão, entre os anos de 1793 e 1815, superou Toussaint L'Ouverture e Dessalines.

Durante o período em que estive na Inglaterra, estudei o marxismo e escrevi uma história da Internacional Comunista que compreendia um estudo razoavelmente denso sobre a Revolução Russa. Na França, li com entusiasmo e proveito escritores como Jean Jaurès, Mathieu e, sobretudo, Michelet. Encontrava-me, assim, especialmente preparado para escrever *Os jacobinos negros*, sendo que não era a menos importante das minhas qualificações o fato de ter passado a maior parte da minha vida em uma ilha das Índias Ocidentais não muito diferente do território do Haiti.

Naquela época, eu trabalhava com George Padmore, cuja organização negra tinha a sua sede em Londres. Como será visto de maneira geral, e particularmente nas suas três últimas páginas, o livro foi escrito tendo em mente a África e não o Caribe.

Uma das suas grandes virtudes é o fato de estar solidamente baseado nas grandes transformações sociais que ocorreram no mundo entre 1789 e 1815. Além disso, a minha experiência nas Índias Ocidentais e os meus estudos sobre o marxismo me fizeram compreender o que havia escapado a vários escritores, ou seja: que foram os próprios escravos que fizeram a revolução. Muitos dos seus líderes não sabiam ler nem escrever; e nos arquivos pode-se encontrar relatórios (admiráveis, por sinal) nos quais o responsável decalcava seu nome em tinta sobre um rascunho feito a lápis, preparado para ele.

O ano de 1938 já passou há muito tempo, e esperei muitos mais até que outras pessoas "entrassem em campo" e fossem além de onde eu estava capacitado para ir. Mas nunca fiquei preocupado com o que iriam encontrar, pois estava convencido de que os alicerces das minhas ideias permaneceriam imperecíveis. Fouchard, um historiador haitiano, publicou recentemente um trabalho que procurava provar que não foram tanto os escravos, mas os quilombolas, quer dizer, os que fugiram e passaram a viver por sua própria conta nas montanhas ou nas florestas, aqueles que criaram os fundamentos da nação do Haiti. Até então, eu e as pessoas com as quais estive politicamente associado demos uma ênfase muito grande ao fato de que os escravos, reunidos às centenas nas usinas de açúcar da Planície do Norte, deviam muito do seu sucesso ao fato de terem sido disciplinados, unidos e organizados pelo próprio mecanismo de produção fabril. Um estudante canadense que trabalhava em uma tese sobre as massas negras na revolução haitiana demonstrou que, na área predominantemente rural do sul do Haiti, os escravos, apesar de não estarem disciplinados pela produção capitalista, haviam se reunido em uma montanha à procura de independência e, persuadidos a voltarem para as plantações, argumentavam como qualquer outro trabalhador dos países adiantados de hoje. Queriam três, dois e meio ou, pelo menos, dois dias de descanso. Agora percebemos que no Caribe os escravos, tanto na revolução rural como na urbana, agiram automaticamente, como se estivessem na segunda metade do século XX. Parece óbvio hoje para mim, como o era em 1938, que os estudos subsequentes da revolução na São Domingos francesa revelarão mais e mais a sua afinidade com as revoluções em comunidades mais desenvolvidas.

Permitam-me terminar este preâmbulo com uma das mais marcantes experiências de *Os jacobinos negros*. Durante as comemorações da independência de Gana em 1957, encontrei alguns jovens pan-africanos, vindos da África do Sul, que me disseram que o meu livro havia lhes prestado um grande serviço. Perguntei-lhes como e me explicaram: embora um exemplar se encontrasse na biblioteca da Universidade Negra, na África do Sul, eles não sabiam nada sobre ele, até que um professor branco lhes disse:

– Eu sugiro que vocês leiam *Os jacobinos negros* da biblioteca. Poderão achá-lo útil!

Eles pegaram o livro avidamente, leram e o acharam uma revelação, particularmente naquilo que dizia respeito ao relacionamento entre os negros e os mulatos. Essa descoberta foi muito importante para que entendessem a relação entre o negro sul-africano e os *coloureds*, que são pessoas de raça mista, negra e branca. Datilografaram cópias, mimeografaram-nas e fizeram circular algumas passagens de *Os jacobinos negros* que tratavam da relação entre os negros e os mestiços no Haiti. Eu não pude deixar de pensar que a revolução movimenta-se por caminhos misteriosos para realizar os seus milagres[2].

C. L. R. James
Janeiro de 1980

[2] Citação extraída do 35º dos *Olney Hymns*, de WILLIAM COWPER: «God moves in a mysterious way His wonders to perform». (N. do T.)

PREFÁCIO À PRIMEIRA EDIÇÃO

Em 1789, a colônia francesa das Índias Ocidentais de São Domingos representava dois terços do comércio exterior da França e era o maior mercado individual para o tráfico negreiro europeu. Era parte integral da vida econômica da época, a maior colônia do mundo, o orgulho da França e a inveja de todas as outras nações imperialistas. A sua estrutura era sustentada pelo trabalho de meio milhão de escravos.

Em agosto de 1791, passados dois anos da Revolução Francesa e dos seus reflexos em São Domingos, os escravos se revoltaram. Em uma luta que se estendeu por doze anos, eles derrotaram, por sua vez, os brancos locais e os soldados da monarquia francesa. Debelaram também uma invasão espanhola, uma expedição britânica com algo em torno de sessenta mil homens e uma expedição francesa de semelhantes dimensões comandada pelo cunhado de Bonaparte. A derrota da expedição de Bonaparte, em 1803, resultou no estabelecimento do Estado negro do Haiti, que permanece até os dias de hoje.

Essa foi a única revolta de escravos bem-sucedida da História, e as dificuldades que tiveram de superar colocam em evidência a magnitude dos interesses envolvidos. A transformação dos escravos, que, mesmo às centenas, tremiam diante de um único homem branco, em um povo capaz de se organizar e derrotar as mais poderosas nações europeias daqueles tempos é um dos grandes épicos da luta revolucionária e uma verdadeira façanha. Por que, e como, isso aconteceu é o tema deste livro.

Devido a um fenômeno observado com frequência, a liderança individual responsável por essa proeza singular foi quase que totalmente trabalho de um único homem: Toussaint L'Ouverture. Beauchamp, na *Biographie Universelle*, chama Toussaint L'Ouverture de um dos mais notáveis homens de uma época repleta de homens notáveis. Ele dominou desde a sua entrada em cena até as circunstâncias retirarem-no dela. A história da revolução de São Domingos será, portanto, em grande medida, um registro das suas façanhas e da sua personalidade política. O autor acredita, e está convicto de que a narrativa comprovará, que, entre 1789 e 1815, com a única exceção do próprio Bonaparte, nenhuma outra figura isoladamente foi, no cenário da História, tão bem-dotada quanto esse negro, que havia sido escravo até os 45 anos de idade. Contudo, não foi Toussaint que fez a revolução, foi a revolução que fez Toussaint, e mesmo isso não é toda a verdade.

O registro da História torna-se cada vez mais difícil. O poder de Deus ou a fraqueza dos homens, a cristandade ou o direito divino dos reis para governar errado podem facilmente ser responsabilizados pela derrubada dos Estados e pelo nascimento das novas sociedades. Tais conceitos elementares prestam-se ao tratamento narrativo e, desde Tácito até Macaulay ou de Tucídides até Green, os historiadores tradicionalmente famosos foram mais artistas que cientistas: eles escreviam tão bem porque enxergavam tão pouco. Hoje, devido a uma reação natural, tendemos a personificar as forças sociais, com grandes homens sendo meramente, ou quase, instrumentos nas mãos do fatalismo econômico. Como acontece frequentemente, a verdade não está nos extremos, mas no meio. Grandes homens fazem a História, mas apenas aquela história que lhes é possível fazer. A sua liberdade de ação está limitada pelas necessidades do meio. O verdadeiro ofício do historiador consiste em descrever os limites dessas necessidades e a realização, completa ou parcial, de todas as possibilidades.

Em uma revolução, quando a incessante e lenta acumulação de séculos explode em uma erupção vulcânica, onde as torrentes de lava e os jorros meteóricos formam um caos sem sentido e prestam-se ao capricho sem fim e ao romantismo, a menos que o observador os veja sempre como projeções do subsolo, que é o lugar de onde vieram. O autor procurou não apenas analisar, mas demonstrar, em seu movimento, as forças econômicas da época; a forma como moldam, na sociedade, na política e nos homens, tanto os indivíduos como as massas; a maneira pela qual eles reagem ao meio, em um daqueles raros momentos em que a sociedade está em ponto de ebulição e, portanto, fluida.

Para a História, a análise é a ciência, mas a demonstração é uma arte. Os violentos conflitos da nossa era permitem à nossa visão experiente enxergar a própria estrutura óssea das revoluções anteriores mais facilmente do que antes. Mas, por essa mesma razão, é impossível reavivar emoções históricas naquele clima de serenidade que um grande escritor inglês, com excessiva estreiteza, associou com a poesia apenas.

A serenidade hoje ou é inata (a filisteia) ou será adquirida apenas com a anestesia da personalidade. Foi na calma de um subúrbio à beira-mar que puderam ser ouvidos mais clara e insistentemente o estrondo da artilharia pesada de Franco, a matraca do pelotão de fuzilamento de Stalin e a impetuosa e estridente agitação dos movimentos revolucionários lutando por lucidez e influência. Essa é a nossa era e este livro é parte dela, com algo de fervor e de inquietude. Tampouco o autor se lastima dela. Este livro é a história de uma revolução e, se escrito sob diferentes circunstâncias, teria sido diferente, mas não necessariamente melhor.

C. L. R. James

PRÓLOGO

Cristóvão Colombo pisou pela primeira vez em terras do Novo Mundo na ilha de São Salvador e, após louvar a Deus, saiu à procura de ouro. Os nativos, índios de pele vermelha, eram pacíficos e amistosos e indicaram-lhe o Haiti[1], uma grande ilha (aproximadamente do tamanho da Irlanda), rica, diziam, do metal amarelo. Ele navegou para o Haiti. Quando um de seus navios naufragou, os índios dali ajudaram-no de tão boa vontade que muito pouco foi perdido e, dos artigos que levaram até a praia, nenhum foi roubado.

Os espanhóis, o povo mais adiantado da Europa daqueles dias, anexaram a ilha, à qual chamaram de Hispaniola, e tomaram os seus primitivos habitantes sob a sua proteção. Introduziram o cristianismo, o trabalho forçado nas minas, o assassinato, o estupro, os cães de guarda, doenças desconhecidas e a fome forjada (pela destruição dos cultivos para matar os rebeldes de fome). Esses e outros atributos das civilizações desenvolvidas reduziram a população nativa de estimadamente meio milhão, ou talvez um milhão, para sessenta mil em quinze anos.

Las Casas, um padre dominicano dotado de consciência, viajou para a Espanha para pleitear a abolição da escravatura de nativos. Mas, sem a coerção desses indígenas, como poderia a colônia existir? Tudo o que os nativos receberiam a título de salário seria o cristianismo e poderiam ser bons cristãos sem trabalhar nas minas.

O Governo espanhol concordou. Aboliu os *repartimientos*, ou trabalho forçado, por direito, enquanto os seus agentes na colônia os mantinham de fato. Las Casas, assombrado pela possibilidade de ver, diante de si, a total destruição da população no período de tempo de uma geração, recorreu ao expediente de importar os negros mais robustos da populosa África. Em 1517, Carlos V autorizou a exportação de quinze mil escravos para São Do-

[1] Vocábulo de origem caribe, *Ahti*, "montanha". (N. do T.)

mingos. Assim, o padre e o Rei iniciaram, no mundo, o comércio americano de negros e a escravidão.

O assentamento espanhol, fundado por Colombo, ocorreu no sudeste da ilha. Em 1629, alguns aventureiros franceses encontraram um lar na pequena ilha de Tortuga, distante nove quilômetros da costa norte de São Domingos, e a eles seguiram-se os ingleses e os holandeses, vindos de Santa Cruz. Tortuga era saudável e pela floresta da São Domingos ocidental pastavam milhões de cabeças de gado selvagem que poderiam ser caçadas para a alimentação ou pelo couro. Para Tortuga, vieram fugitivos da justiça, escravos que escapavam das galés, devedores incapazes de saldar seus débitos, aventureiros à procura da sorte ou da fortuna rápida, criminosos de todas as espécies e nacionalidades. Franceses, britânicos e espanhóis trucidaram-se por aproximadamente trinta anos. Os ingleses assumiram de fato a posse de Tortuga durante um certo tempo, mas em 1659 os bucaneiros franceses prevaleceram.

Eles buscavam a suserania da França e reclamaram um chefe e algumas mulheres. Partindo de Tortuga, formaram uma base firme em São Domingos e se mudaram para lá. Para expulsar esses persistentes intrusos, os espanhóis organizaram uma grande caçada e mataram todos os bois que conseguiram encontrar para poder arruinar o negócio de gado. Os franceses responderam: primeiro, com o cultivo do cacau; depois, com o do anil e do algodão. Já conheciam a cana-de-açúcar. Devido à falta de capital, invadiram a ilha inglesa da Jamaica e roubaram dinheiro e dois mil negros. Franceses, ingleses e espanhóis invadiam e tornavam a invadir e queimavam tudo. Mas, em 1695, o Tratado de Ryswick[2] entre França e Espanha deu aos franceses direito legal sobre a parte ocidental da ilha. Em 1734, os colonizadores começaram a cultivar o café. A terra era fértil e a França oferecia um bom mercado. Mas eles tinham falta de mão de obra. Além de negros, trouxeram brancos, os *engagés,* que poderiam ser libertados depois de um período de alguns anos. Tão poucos negros foram trazidos, com a justificativa de serem bárbaros ou pretos, que as primeiras leis prescreviam regulamentos semelhantes tanto para escravos negros como para brancos *engagés.* Mas, sob o regime de trabalho daqueles dias, os brancos não puderam suportar o clima. Assim, os escravagistas passaram a trazer mais e mais negros, em uma quantidade que aumentava em milhares a cada ano, a tal ponto que a África chegou a fornecer milhões.

---

2 Tratado assinado na cidade de Ryswick, na Holanda, de 20/9 a 30/10/1697, que pôs fim à guerra de coalizão dos Habsburgos. (N. do T.)

I
A PROPRIEDADE

Os escravagistas agiam predatoriamente nas costas da Guiné e, assim que devastavam uma área, dirigiam-se para o oeste e então para o sul, década após década. Passaram pelo Níger, desceram a costa do Congo, atravessaram Loango e Angola e deram a volta no cabo da Boa Esperança, até chegarem, por volta de 1789, ao distante Moçambique, no lado oriental da África. A Guiné era seu principal território de caça. A partir da costa, organizavam expedições que se aprofundavam pelo interior, onde deixavam os inocentes indígenas lutando uns contra os outros, com armas modernas, por milhares de quilômetros quadrados de território.

A propaganda da época alegava que, por mais cruel que fosse o tráfico, os escravos africanos eram mais felizes na América do que na sua própria civilização africana. A nossa época também é uma época de propaganda. Nós nos sobressaímos aos nossos ancestrais apenas no sistema e na organização; mas eles mentiam com a mesma habilidade e com o mesmo descaramento.

No século XVI, a África Central era um território de paz e as suas civilizações eram felizes[1]. Os comerciantes viajavam milhares de quilômetros de um lado ao outro do continente sem serem molestados. As guerras tribais, das quais os piratas europeus afirmavam libertar as pessoas, eram meros simulacros; uma grande batalha significava meia dúzia de homens mortos. Foi sobre um campesinato, em muitos aspectos superior ao dos servos em amplas áreas da Europa, que o comércio de escravos recaiu. A vida tribal foi destruída e milhões de africanos sem tribos foram jogados uns contra os outros. A interminável destruição da colheita resultou no canibalismo; as mulheres cativas se tornavam concubinas e degradavam a condição de esposa. As tribos tinham de suprir o comércio de escravos, ou então elas

---

1 Ver os trabalhos do prof. EMIL TORDAY, um dos maiores eruditos africanos de sua época; particularmente uma conferência realizada em Genebra, em 1931, para uma sociedade de proteção às crianças na África.

mesmas seriam vendidas como escravas. A violência e a ferocidade tornaram-se as necessidades para a sobrevivência, e foram a violência e a ferocidade que sobreviveram[2]. Os crânios sorridentes na ponta de estacas, os sacrifícios humanos, a venda dos próprios filhos como escravos: esses horrores foram o produto de uma intolerável pressão sobre os povos africanos, que se tornavam mais ferozes, no decorrer dos séculos, à medida que a exigência da indústria aumentava e os métodos de coerção eram aperfeiçoados.

Os escravos eram colhidos no interior, amarrados juntos uns dos outros em colunas, suportando pesadas pedras de 20 ou 25 quilos para evitar as tentativas de fuga; então, marchavam uma longa jornada até o mar, que, algumas vezes, ficava a centenas de quilômetros e, esgotados e doentes, caíam para não mais se erguer na selva africana. Alguns eram levados até a costa em canoas, deitados no fundo dos barcos por dias sem fim, com as mãos acorrentadas, as faces expostas ao sol e à chuva tropical e com as costas na água que nunca era retirada do fundo dos botes. Nos portos de escravos, eles permaneciam amontoados em um cercado para a inspeção dos compradores. Dia e noite, milhares de seres humanos eram apinhados em minúsculas galerias nos "depósitos de putrefação", onde nenhum europeu conseguiria permanecer por mais de quinze minutos sem desmaiar. Os africanos desmaiavam e se recuperavam ou, então, desmaiavam e morriam; a mortalidade naqueles "depósitos" era maior do que vinte por cento. Do lado de fora, no porto, esperando para esvaziar os "depósitos" assim que eles enchiam, ficava o capitão do navio negreiro, com a consciência tão limpa que um deles, enquanto enriquecia o capitalismo britânico com os lucros de uma outra remessa, enriquecia também a religião britânica ao compor o hino "Como soa doce o nome de Jesus!"[3].

Nos navios, os escravos eram espremidos nos porões uns sobre os outros dentro de galerias. A cada um deles era dado de um metro a um metro e meio apenas de comprimento e de meio metro a um metro de altura, de tal maneira que não podiam nem se deitar de comprido e nem se sentar com a postura reta. Ao contrário das mentiras que foram espalhadas tão insistentemente sobre a docilidade do negro, as revoltas nos portos de embarcação e a bordo eram constantes. Por isso os escravos tinham de ser acorrentados: a mão direita à perna direita, a mão esquerda à perna esquerda, e atrelados em colunas a longas barras de ferro. Nessa posição eles permaneciam durante

---

2 Ver a conferência do prof. TORDAY mencionada acima.

3 JOHN NEWTON (1725-1807), *Olney Hymns 1779*, "How sweet the name of Jesus sounds". (N. do T.)

a viagem, sendo levados ao tombadilho uma vez por dia para se exercitar e para permitir que os marinheiros "limpassem os baldes". Mas, quando a carga era rebelde ou o tempo estava ruim, eles permaneciam no porão por semanas. A proximidade de tantos corpos humanos nus com a pele machucada e supurada, o ar fétido, a disenteria generalizada e a acumulação de imundícies tornavam esses buracos um verdadeiro inferno. Durante as tempestades, os alçapões eram pregados com tábuas e naquela fechada e repugnante escuridão eles eram arremessados de um lado a outro pelo balanço do navio, mantidos na mesma posição pelas correntes nas suas carnes sangrentas. Nenhum lugar na Terra, observou um escritor da época, concentrou tanta miséria quanto o porão do navio negreiro. Duas vezes por dia, às nove e às quatro horas, eles recebiam a comida. Para os traficantes de escravos, eram artigos de comércio e nada mais. Um capitão, que havia sido apanhado pela calmaria, ou por ventos adversos, ficou conhecido por ter envenenado a sua carga[4]. Um outro matou uma parte de seus escravos para alimentar com a carne deles a outra parte. Morriam não apenas por causa do tratamento, mas também de mágoa, de raiva e de desespero. Faziam longas greves de fome; desatavam as suas cadeias e se atiravam sobre a tripulação numa tentativa inútil de revolta. O que poderiam fazer esses homens de remotas tribos do interior, no mar aberto, dentro de um barco tão complexo? Para avivar-lhes os ânimos, tornou-se costume levá-los ao tombadilho uma vez por dia e obrigá-los a dançar[5]. Alguns aproveitavam a oportunidade para pular ao mar gritando em triunfo enquanto se afastavam do navio e desapareciam sob a superfície.

Por medo da carga, uma crueldade selvagem se desenvolvia na tripulação. Um capitão, para inspirar terror nos escravos, matou um deles e repartiu seu coração, seu fígado e suas entranhas em trezentas partes, obrigando os outros escravos a comê-las, ameaçando aqueles que não o fizessem com o mesmo suplício[6].

---

4 Ver PIERRE DE VAISSIÈRE, *Saint-Domingue* (1629-1789), Paris, 1909. Este contém um resumo admirável.

5 Ver o poema "O navio negreiro", de CASTRO ALVES: "Era um sonho dantesco... O tombadilho \ Que das luzernas avermelha o brilho, \ Em sangue a se banhar. \ Tinir de ferros... estalar do açoite... \ Legiões de homens negros como a noite, \ Horrendos a dançar... (...) Presa nos elos de uma só cadeia, \ A multidão faminta cambaleia, \ E chora e dança ali! (...) No entanto o capitão (...) \ Diz do fumo entre os densos nevoeiros: \ 'Vibrai rijo o chicote, marinheiros! \ Fazei-os mais dançar!...'". (N. do T.)

6 DE VAISSIÈRE, *Saint-Domingue*, p. 162.

Esses sucessos não eram raros. Devido às circunstâncias, tais acontecimentos eram, e são, inevitáveis. Tampouco o sistema poupava os traficantes de escravos. Todos os anos, um quinto daqueles que tomavam parte no tráfico africano morria.

Toda a América e as Índias Ocidentais compravam escravos. Quando o navio alcançava o porto, a carga era levada para as docas para ser vendida. Os compradores examinavam-na à procura de defeitos: olhavam os dentes, beliscavam a pele e, ocasionalmente, provavam o suor para ver se o sangue do escravo era puro e se a sua saúde era tão boa quanto a sua aparência. Algumas mulheres, fingindo curiosidade, examinavam os escravos de tal maneira que, se usassem da mesma liberdade com um cavalo, seriam escoiceadas por vinte metros ao longo das docas. Mas os escravos tinham de suportar. Então, para recuperar a dignidade que pudesse ter perdido após realizar um exame tão íntimo, a compradora cuspia na face do escravo. Tendo-se tornado propriedade de seu dono, ele era marcado em ambos os lados do peito com um ferro em brasa. As suas tarefas eram-lhe explicadas por um intérprete e um padre o instruía nos primeiros princípios do cristianismo[7].

O forasteiro em São Domingos era acordado pelo estalo do chicote, pelos gritos sufocados e gemidos profundos dos pretos que viam o sol surgir apenas para amaldiçoá-lo por mais um dia de trabalho e de sofrimento. As suas tarefas começavam ao raiar do dia; às oito horas, eles paravam para um rápido desjejum e trabalhavam de novo até o meio-dia. Retomavam às duas horas e seguiam até tarde, algumas vezes até as dez ou onze horas da noite. Um viajante suíço[8] deixou-nos uma famosa descrição das turmas de escravos no trabalho: “Eram aproximadamente cem homens e mulheres de diferentes idades, todos ocupados em escavar valas em uma plantação de cana; a maioria deles estava nua ou coberta apenas por trapos. O sol brilhava com toda a força sobre suas cabeças; o suor rolava de todas as partes dos seus corpos; seus membros, dobrados pelo calor, fatigados pelo peso das picaretas e pela resistência do solo argiloso cozido sob o sol tropical, duro o bastante para quebrar as ferramentas, faziam um esforço excessivo para vencer qualquer obstáculo. Um silêncio lúgubre reinava. A exaustão estava estampada em cada face, e a hora do descanso não havia chegado ainda.

7 Esse era o começo e o fim de sua educação.

8 GIROD-CHANTRANS, *Voyage d'un suisse en différentes colonies*, 1785, p. 137.

O olho sem piedade do encarregado de patrulhar o grupo de escravos e os capatazes armados de longos chicotes moviam-se periodicamente entre eles dando vergastadas cortantes naqueles que, esgotados pela fadiga, eram obrigados a descansar: homens ou mulheres, crianças ou velhos". Esse não era um quadro isolado: as culturas de açúcar demandavam um trabalho árduo e contínuo. A terra tropical é cozida e endurecida pelo sol. Em volta de toda a carreira de terra destinada para a cana era necessário cavar uma larga vala para assegurar a circulação de ar. Os brotos de cana exigiam cuidados nos primeiros três ou quatro meses e atingiam a maturidade entre quatorze e dezoito meses. A cana podia ser plantada e crescia em qualquer época do ano, e a primeira colheita era o sinal para a imediata escavação das valas e para um novo plantio. Uma vez cortadas, eram levadas imediatamente para o moinho para evitar que o seu suco se tornasse ácido pela fermentação. A extração desse suco e a manufatura do açúcar bruto continuavam durante três semanas em um mês, de dezesseis a dezoito horas por dia, e eram realizadas durante sete ou oito meses por ano.

Colocados para trabalhar como animais, os escravos eram alojados também como animais em cabanas construídas ao redor de uma praça, com provisões e frutas. O tamanho dessas cabanas variava de sete a oito metros, com aproximadamente quatro metros de largura por cinco de comprimento, divididas em dois ou três cômodos, separados por precárias divisórias. Não havia janelas e a luz entrava apenas pela porta. O chão era de terra batida; a cama, de palha, de peles ou apenas uma tosca rede estendida entre dois postes. Nelas, dormiam indiscriminadamente a mãe, o pai e as crianças. Indefesos contra os seus senhores, eles enfrentavam o trabalho excessivo, que tinha como complemento habitual uma alimentação fraca. O Código Negro, uma tentativa de Luís XIV para assegurar aos escravos um tratamento humano, estabelecia que deveriam ser-lhes dados, todas as semanas, dois potes e meio de mandioca, três de farinha, um quilo de carne salgada ou um quilo e meio de peixe conservado em sal, que era aproximadamente o que um homem saudável precisava para três dias. Em vez disso, os seus senhores lhes davam três litros de uma farinha grossa, arroz, ou ervilhas e meia dúzia de arenques. Esgotados pelas suas tarefas que duravam o dia todo e iam até altas horas da noite, muitos não se animavam a cozinhar e acabavam por comer a comida crua. A ração era tão pequena e dada tão irregularmente que, com frequência, na última metade da semana não comiam nada.

Mesmo as duas horas que lhes eram dadas na metade do dia, os domingos e os feriados não serviam para o descanso, mas para que cultivassem uma pequena porção de terra para complementar a sua ração incerta. Os escravos que trabalhavam duro cultivavam vegetais e criavam galinhas para vender nas cidades, conseguindo algum dinheiro para comprar rum e tabaco; aqui e acolá, um Napoleão das finanças, fosse por sorte ou por talento, poderia levantar o bastante para comprar a própria liberdade. Seus senhores os encorajavam nessa prática de cultivo, pois nos anos de escassez os negros morriam aos milhares, as epidemias estouravam, os escravos fugiam para a floresta e as plantações eram arruinadas.

A dificuldade consistia no fato de que, embora fossem apanhados como animais, transportados em cercados, atrelados para trabalhar ao lado de um cavalo ou de um burro sendo ambos feridos pelo mesmo chicote, colocados em estábulos e deixados para morrer de fome, eles permaneciam, apesar de suas peles negras e dos seus cabelos encaracolados, quase irresignavelmente seres humanos; com a inteligência e os rancores dos seres humanos. Para amedrontá-los e torná-los dóceis era necessário um regime de calculada brutalidade e de terrorismo, e é isso o que explica o extraordinário espetáculo de proprietários despreocupados em preservar as suas propriedades: tinham antes de cuidar da própria segurança.

Pela menor falta, os escravos recebiam a mais dura punição. Em 1685, o Código Negro autorizara o chicote, e em 1702 um colonista, um marquês, acreditava que qualquer punição que demandasse mais de cem chibatadas era o suficiente para ser levada às autoridades. Depois, o número foi fixado em 39, subindo mais tarde para cinquenta. Mas os senhores não prestavam atenção a essas regras e os escravos eram, não muito raramente, açoitados até a morte. O flagelo não era uma simples cana ou uma corda tecida, como determinava o Código. Algumas vezes, era substituída pelo *rigoise* ou correia grossa de couro de vaca, ou então pelas *lianes*, que eram juncos que cresciam no local, flexíveis e maleáveis como barbatanas de baleia. Os escravos recebiam o chicote com mais regularidade e certeza do que recebiam a comida. Era o incentivo para o trabalho e o zelador da disciplina. Mas não havia engenho que o medo ou uma imaginação depravada não pudesse conceber para romper o ânimo dos escravos e satisfazer a luxúria e o ressentimento de seus proprietários e guardiães: ferros nas mãos e nos pés; blocos de madeira, que os escravos tinham de arrastar por onde quer que fossem; a máscara de folha de lata, projetada para evitar que eles comessem a cana-de-açúcar, e o colar de ferro. O açoite era interrompido para esfregar um pedaço de madeira em brasa no traseiro da vítima; sal, pimenta, cidra, carvão, aloé e cinzas quentes eram deitadas nas feridas abertas. As mutilações eram comuns: membros, orelhas e, algumas vezes, as partes pudendas para despojá-los dos prazeres aos quais eles poderiam se entregar sem custo. Seus senhores derramavam cera quente em seus braços, mãos e ombros; despejavam o caldo fervente da cana nas suas cabeças; queimavam-nos vivos; assavam-nos em fogo brando; enchiam-nos de pólvora e os explodiam com uma mecha; enterravam-nos até o pescoço e lambuzavam as suas cabeças com açúcar para que as moscas as devorassem; amarravam-nos nas proximidades de ninhos de formigas ou de vespas; faziam-nos comer os próprios excrementos, beber a própria urina e lamber a saliva dos outros escravos. Um senhor ficou conhecido por, em momentos de raiva, lançar-se sobre os seus escravos e cravar os dentes em suas carnes[9].

Essas torturas, tão bem comprovadas, eram habituais ou meros incidentes isolados, extravagâncias de uns poucos colonistas meio malucos? Embora seja impossível verificar as centenas de casos, as evidências mostram que essas práticas bestiais eram características normais da vida do escravo. A tortura com o chicote, por exemplo, tinha "milhares de requintes", mas havia variedades tão comuns que recebiam nomes especiais. Quando as mãos e os braços eram amarrados a quatro postes fincados no chão, dizia-se que o escravo estava submetido aos "quatro postes"; se o escravo ficava amarrado a uma escada, era a "tortura da escada"; se suspenso pelos quatro membros, era a "rede de dormir" etc. A mulher grávida não era tampouco poupada aos "quatro postes"; um buraco era cavado na terra para acomodar a criança ainda não nascida. A tortura da argola estava especialmente reservada para as mulheres suspeitas de aborto, e nunca era retirada de seus pescoços até que parissem a criança. Explodir um escravo tinha uma expressão: "queimar um pouco de pólvora no rabo de um preto". Obviamente, não se tratava apenas de uma perversão, mas de uma prática estabelecida.

Após um exame exaustivo, o melhor que De Vaissière pôde dizer foi que havia bons e maus senhores e a sua impressão, "mas apenas uma impressão", era a de que aqueles eram mais numerosos do que estes.

Há, e sempre haverá, os que, envergonhados do comportamento de seus antepassados, tentam, e tentarão, provar que a escravidão não era assim tão

9 *Saint-Domingue*, p. 153-94. DE VAISSIÈRE utiliza-se principalmente de relatos oficiais dos arquivos da França Colonial, além de outros documentos do período, fornecendo a referência específica em cada caso.

ruim, apesar de tudo; que seus males e suas crueldades residiam no exagero de propagandistas e não na sorte habitual dos escravos. Homens dirão (e aceitarão) qualquer coisa para fomentar o orgulho nacional ou aliviar uma consciência pesada. Sem dúvida, havia outros senhores que não praticavam tais requintes de crueldade e cujos escravos sofriam apenas pelo excesso de trabalho, de desnutrição e por causa do chicote. Entretanto, os escravos em São Domingos não podiam repor o próprio número pela reprodução. Após aquela terrível viagem pelo oceano, era comum que as mulheres ficassem estéreis durante dois anos. A vida em São Domingos matava-as com rapidez. Os colonistas deliberadamente faziam-nas trabalhar até a morte, sem esperar as crianças crescerem. Mas os apologistas profissionais eram auxiliados pelos escritos de uns poucos observadores da época que descreviam cenas de beleza idílica. Um deles foi Vaublanc, a quem deveremos encontrar de novo, e cujos testemunhos entenderemos melhor quando soubermos mais sobre ele. Em suas memórias[10] ele nos mostra uma plantação na qual não existiam prisões, nem masmorras e tampouco punições a serem mencionadas. Se o escravo estava nu, devido ao clima, isso não constituía um mal, e aqueles que se queixavam esqueciam-se dos trapos bastante nojentos que eram vistos com tanta frequência na França. Os escravos estavam livres dos trabalhos insalubres, fatigantes e periculosos como aqueles realizados pelos trabalhadores na Europa. Eles não tinham de descer nas entranhas da terra, nem de cavar poços profundos; não construíam galerias subterrâneas; não trabalhavam naquelas fábricas onde os trabalhadores franceses respiravam um ar mortífero e infectado; não subiam em telhados altos e nem carregavam fardos enormes. Os escravos, ele concluía, tinham um trabalho leve para fazer e estavam contentes em fazê-lo. Vaublanc, que em São Domingos mostrava-se tão compadecido dos sofrimentos dos trabalhadores na França, teve de fugir às pressas de Paris, em agosto de 1792, para escapar à ira dos operários franceses.

Malouet, que era funcionário nas colônias e o colega reacionário de Vaublanc, contrário a qualquer mudança nas colônias, também procurava dar uma ideia dos privilégios da escravidão. A primeira coisa que notou foi que o escravo, ao atingir a maioridade, começava a desfrutar "dos prazeres do amor", e seu senhor não tinha interesse em evitar que ele se apegasse a esses gostos[11]. A defesa da propriedade pode levar até mesmo um homem

---

10 Citadas exaustivamente por DE VAISSIÈRE, p. 198-202.

11 DE VAISSIÈRE, p. 196.

inteligente, conhecido em sua época por ter compaixão dos negros, a tais loucuras atrevidas.

A maioria dos escravos se acostumava a essa incessante brutalidade devido a um profundo fatalismo e a uma estupidez brutal diante de seus senhores.

– Por que tu maltratas tua mula desse jeito? perguntou um colonista a um carreteiro.

– Se eu não trabalho, eu apanho; se ela não trabalha, eu bato nela. Ela é meu negro!

Um velho negro, que teve a orelha decepada e estava condenado a ter a outra decepada também, implorou ao Governador para poupá-lo, pois se ela fosse cortada ele não teria onde colocar o seu toco de cigarro. Um escravo, mandado por seu senhor ao jardim do vizinho para roubar, foi apanhado e levado de volta ao homem que apenas alguns minutos antes o enviara àquela missão. O seu senhor ordenou que lhe fossem dadas cem chibatadas, às quais o escravo submeteu-se sem sequer murmurar. Quando apanhados em delito, eles persistiam em negar com a mesma estupidez fatalista. Um escravo foi acusado de roubar uma pomba. Negou. A pomba foi descoberta escondida sob a sua camisa.

– Que pombinha esperta! Pegou minha camisa para fazer um ninho!

Apalpando a camisa de outro escravo, um senhor pôde sentir as batatas que aquele negara ter roubado.

– Não são batatas, dizia, são pedras!

Quando foi despido, as batatas caíram no chão.

– Ei, amo, o diabo é malandro. Eu coloquei pedras e, olhe, o senhor encontrou batatas!

Durante os feriados, quando não estavam trabalhando em suas hortas particulares, ou dançando, sentavam-se por horas a fio em frente às suas choças sem aparentar sinais de vida. Esposas e maridos, crianças e pais, eram separados de acordo com a vontade do senhor; e um pai e um filho, que se encontraram depois de muitos anos, não se saudaram e nem sequer demonstraram algum sinal de emoção. Muitos escravos nem mesmo se mexiam, a não ser que fossem vergastados[12]. O suicídio era um hábito comum, e era tal o desprezo que tinham

---

[12] Embora possa parecer incrível, o barão de Wimpffen dá esses fatos como testemunhados pelos seus próprios olhos. Seus registros da visita a São Domingos, em 1790, é um trabalho

pela existência que, muitas vezes, os escravos tiravam a própria vida não por motivos pessoais, mas apenas para irritar os seus donos. Viver era duro e a morte, acreditavam, significava não apenas a libertação mas a volta à África. Aqueles que queriam acreditar e convencer o mundo de que os escravos eram brutos e semi-humanos, condizentes apenas com a escravidão, podiam encontrar amplas evidências para essa crença, sobretudo nessa sua mania homicida.

Envenenamento era o seu método. Uma amante envenenaria a sua rival para conservar o valioso afeto de seu senhor inconstante. Uma amante rejeitada poderia envenenar o seu senhor, bem como a esposa, os filhos e os escravos dele. Um escravo, privado de sua esposa por um de seus senhores, poderia envenená-lo, e esse era um dos motivos mais frequentes para o envenenamento[13]. Se um colonista alimentasse uma paixão por uma jovem escrava, a mãe desta poderia envenenar a esposa dele, com a intenção de colocar sua filha no comando das tarefas domésticas. Os escravos envenenariam as crianças mais novas dos senhores para assegurar que a herança da propriedade recaísse em apenas um filho. Por esse meio, eles evitavam que a plantação fosse dividida em várias propriedades dispersando o seu grupo. Em certas fazendas, os escravos dizimavam a sua própria população por envenenamento com a finalidade de mantê-la pequena e evitar que os seus senhores os colocassem em projetos mais amplos que poderiam aumentar o trabalho. Por essa razão, um escravo envenenaria a própria esposa; outro, as próprias crianças. Uma enfermeira negra declarou no tribunal que durante anos vinha envenenando todas as crianças que ela ajudava a trazer ao mundo. Enfermeiras empregadas em hospitais envenenavam soldados doentes para se livrar da tarefa desagradável de assisti-los. Os escravos poderiam mesmo envenenar a propriedade de um senhor querido. Se ele estivesse indo embora, envenenavam as vacas, os cavalos e as mulas; assim, as plantações eram deixadas em desordem e o senhor amado era obrigado a permanecer. O mais terrível de todos esses assassinatos a sangue-frio era, porém, a "doença da mandíbula", uma doença que atacava apenas as crianças nos primeiros dias de suas vidas. As suas mandíbulas ficavam de tal maneira fechadas que era impossível abri-las para que a criança pudesse ingerir alguma coisa, e

---

clássico. Uma boa seleção, com várias notas completas, foi publicada com o título *Saint--Domingue à la veille de la Révolution*, por Albert Savine, Paris, 1911.

13 Ver *Kenya* do dr. NORMAN LEYS, Londres, 1926, p. 184: "Alguma rivalidade em relação a uma mulher nativa seria a provável explicação para muitos dos crimes de violência cometidos pelos africanos contra os europeus no Quênia".

em consequência disso acabavam morrendo de fome. Não era uma doença natural e nunca atacava crianças de mulheres brancas. Apenas as parteiras negras poderiam causá-la, e acredita-se que elas realizavam uma pequena operação nos recém-nascidos que resultava na "doença da mandíbula". Qualquer que fosse o método, essa doença causava a morte de aproximadamente um terço das crianças nascidas nas fazendas.

Qual era o nível intelectual desses escravos? Os colonistas, que os odiavam, chamavam-nos de todos os nomes infames que pudessem imaginar. "Os negros", diz um relato publicado em 1789, "eram injustos, cruéis, bárbaros, semi-humanos, traiçoeiros, pérfidos, ladrões, beberrões, arrogantes, preguiçosos, sujos, sem-vergonhas, furiosamente ciumentos e covardes." Era devido a sentimentos como esses que eles procuravam justificar as crueldades abomináveis que praticavam. E tomavam muito cuidado para que o negro permanecesse a fera bruta que eles queriam que fosse. "A segurança dos brancos exigia que mantivéssemos os negros na mais profunda ignorância. Cheguei ao ponto de acreditar firmemente que os negros deveriam ser tratados como animais." Essa era a opinião do Governador de Martinica, expressa em uma carta ao ministro, e essa era também a opinião de todos os colonistas. Com exceção dos judeus, que não poupavam energias para converter os seus escravos em israelitas, a maioria dos colonistas mantinha religiosamente qualquer instrução, fosse ela religiosa ou não, longe dos escravos.

Naturalmente, havia todo tipo de homem entre eles, desde antigos chefes tribais, como era o caso do pai de Toussaint L'Ouverture, até homens que tinham sido escravos em seus próprios países. O crioulo era mais dócil do que o escravo nascido na África. Alguns diziam que era mais inteligente. Outros duvidavam que houvesse muitas diferenças, ainda que o escravo crioulo conhecesse a língua e estivesse mais familiarizado com o ambiente e com o trabalho. Contudo, aqueles que se deram ao trabalho de observá-los longe de seus senhores e no convívio entre si não deixaram de ver a extraordinária agilidade intelectual e a vivacidade espiritual que tanto distingue seus descendentes nas Índias Ocidentais de hoje. O padre Du Tertre, que os conhecia bem, observou o orgulho secreto e o sentimento de superioridade que tinham em relação aos seus senhores; a diferença entre o comportamento que assumiam diante dos seus senhores e aquele que tinham longe deles. De Wimpffen, observador excepcional e destro viajante, ficou também admirado com essa dupla personalidade dos escravos: "É preciso ouvir com que calor e com que verbosidade, combinados com uma grande precisão de ideias e acuidade de julgamento, essa criatura, pesada e taciturna durante todo o dia, agora agachada perto da fogueira, conta histórias, conversa, gesticula, argumenta, opina, aprova e condena tanto o seu senhor como qualquer um à sua volta". Era essa inteligência que se recusava a ser esmagada, essas possibilidades latentes, que assustava os colonistas, como continua a assustar os brancos na África de hoje. "Nenhuma espécie de homem possui mais inteligência", escreveu Hilliard d'Auberteuil, um colonista, em 1784, e o seu livro foi proibido.

Mas não é preciso nem educação, nem coragem para nutrir um sonho de liberdade. Nas suas cerimônias de vodu, seu culto africano, à meia-noite, eles dançavam e cantavam geralmente esta canção predileta:

Ê! Ê! Bomba! Heu! Heu!
Canga, bafio té!
Canga, mouné de lé!
Canga, do ki la!
Canga, li!

"Juramos destruir os brancos e tudo o que possuem; que morramos se falharmos nesta promessa!"

Os colonistas conheciam essa canção e tentaram eliminá-la, bem como o culto do vodu com o qual ela estava associada. Foi inútil. Por mais de duzentos anos, os escravos cantaram-na em suas reuniões, da mesma maneira que os judeus cantavam na Babilônia as saudades de Sião[14], e como hoje os bantos cantam em segredo o hino nacional da África[15].

Nem todos os escravos, entretanto, submetiam-se a esse regime. Havia uma pequena casta privilegiada: capatazes das turmas, cocheiros, cozinheiros,

14 Salmo 136 (137) da Bíblia: «Junto dos rios de Babilônia, ali nos assentamos e pusemos a chorar, lembrando-nos de Sião». (Tradução do pe. FIGUEIREDO.) Um dos temas mais recorrentes da literatura, vemo-lo no poema "Super Flumina Babylonis", do inglês A. C. SWINBURNE: *"By the waters of Babylon we sat down and wept, / Remembering thee, / That for ages of agony hast endured, and slept, / And wouldst not see;* e no fabuloso "Babel e Sião", de CAMÕES: «Sôbolos rios que vão / Por Babilônia, me achei, / Onde sentado chorei / as lembranças de Sião». Aparece também na ópera *Nabuco*, de G. VERDI, no coro *Va pensiero* e também em um poema de BYRON. (N. do T.)

15 Tais observações, escritas em 1938, pretendiam usar a revolução de São Domingos como um prenúncio para o futuro colonial da África.

criados, arrumadeiras, enfermeiras, companhias femininas e outros criados domésticos. Esses retribuíam o tratamento gentil que recebiam e a vida comparativamente fácil com um forte apego aos seus senhores, o que permitiu que historiadores *tory*[16], distintos professores e sentimentalistas representassem a escravidão nas fazendas como uma relação patriarcal entre senhores e escravos. Impregnados dos vícios de seus senhores e senhoras, esses serventes de altos postos davam-se ares de arrogância e desprezavam os escravos do eito. Vestidos com roupas de seda com bordados, enjeitadas pelos seus senhores, davam bailes nos quais, como macacos amestrados, dançavam minuetos e quadrilhas e faziam mesuras e reverências ao modo de Versalhes. Mas um pequeno número deles aproveitava essa posição para se educar, adquirir um pouco de cultura e aprender tudo o que pudesse. Os líderes das revoluções foram geralmente aqueles que tiveram a capacidade de lucrar com o benefício da cultura do sistema que combatiam, e a revolução de São Domingos não foi uma exceção a essa regra.

Christophe, mais tarde Imperador do Haiti, era um escravo que trabalhava como servente em um hotel público em Cabo François e, nessa função, aproveitou para adquirir conhecimentos sobre as pessoas e sobre o mundo. Toussaint L'Ouverture[17] também pertenceu a essa pequena casta privilegiada. Seu pai, filho de um pequeno chefe na África, depois de aprisionado na guerra, foi vendido como escravo e fez a viagem em um navio negreiro. Foi comprado por um colonista com uma certa sensibilidade que, reconhecendo que esse negro era uma pessoa fora do comum, permitiu-lhe gozar de um pouco de liberdade na fazenda e deu-lhe cinco escravos para cultivar uma horta. Tornou-se católico, casando-se com uma mulher que, além de bonita, também era uma boa pessoa, e Toussaint seria o mais velho entre os oito filhos do casal. Perto da casa-grande, vivia um velho negro chamado Pierre Baptiste, notável pela sua integridade de caráter e dotado de algum conhecimento. Os negros falavam um baixo francês conhecido por *créole*. Mas Pierre sabia francês, um pouco de latim e também um pouco de geometria, que tinha aprendido com um missionário. Pierre Baptiste tornou-se padrinho de Toussaint e ensinou ao afilhado os rudimentos do francês. Utilizando-se dos serviços da Igreja católica, instruiu-o nos rudimentos do latim. Toussaint aprendeu também a desenhar. O jovem escravo cuidava

16 Os conservadores, que se sentavam à direita no Parlamento inglês. (N. do T.)

17 Quando escravo, era chamado de Toussaint Bréda.

dos rebanhos e das manadas, e essa foi a sua primeira ocupação. Seu pai, porém, como muitos outros africanos, tinha um certo conhecimento sobre plantas medicinais e ensinou a Toussaint o que sabia. Os elementos de uma educação, seu conhecimento sobre ervas e sua inteligência fora do comum fizeram com que ele se destacasse e se tornasse cocheiro de seu senhor. Isso proporcionou-lhe meios adicionais de conforto e para poder educar-se a si mesmo. Por fim, foi designado administrador de todos os bens vivos da fazenda, o que era um cargo de responsabilidade, normalmente ocupado por um branco. Se a genialidade de Toussaint veio de onde vêm os gênios, por outro lado várias circunstâncias contribuíram para que ele tivesse pais excepcionais, amigos e um senhor gentil.

Mas o número de escravos que ocupavam posições com tais oportunidades era infinitamente pequeno em comparação às centenas de milhares que suportavam nas suas costas arqueadas toda a estrutura social de São Domingos. Nem todos submetiam-se a isso. Aqueles cuja audácia de espírito via a escravidão como uma coisa intolerável e se recusavam a deixá-la pelo caminho do suicídio acabavam fugindo para as montanhas e florestas, onde formavam bandos de homens livres, os quilombolas. Fortificavam seus refúgios com paliçadas e valas. As mulheres os seguiam. Eles se reproduziam. E durante os cem anos que antecederam 1789 os quilombolas representaram uma fonte de perigos para a colônia. Em 1720, mil escravos fugiram para as montanhas; em 1751, havia pelo menos três mil deles. Normalmente formavam bandos separados, mas periodicamente encontravam um chefe que era forte o suficiente para unir os diferentes agrupamentos. Muitos desses líderes rebeldes inspiravam terror no coração dos colonistas devido às suas incursões nas fazendas e à força e determinação da resistência organizada por eles contra as tentativas de exterminá-los. O maior desses chefes foi Mackandal[18].

Mackandal concebeu o audacioso plano de unir os negros e expulsar os brancos da colônia. Era um negro vindo da Guiné, que tinha sido escravo no distrito de Limbé, o qual mais tarde se tornaria um dos grandes centros da revolução. Mackandal era um orador, na opinião de um branco contemporâneo, e com a mesma eloquência dos oradores europeus daqueles dias,

[18] Mackandal faz parte do romance do cubano ALEJO CARPENTIER *El reino de este mundo*, cujo cenário é, principalmente, o Haiti da época da revolução. (N. do T.)

diferente apenas na força e no vigor, em que lhes era superior. Destemido, embora maneta devido a um acidente, tinha uma fortaleza de espírito que sabia preservar mesmo em meio à mais cruel das torturas. Ele dizia poder prever o futuro; como Maomé, teve revelações; convenceu seus seguidores de que era imortal e exercia sobre eles um tal domínio que consideravam uma honra servi-lo de joelhos. As mulheres mais formosas brigavam pelo privilégio de serem admitidas em seu leito. O seu bando não saía apenas para pilhar fazendas por toda a parte, mas o próprio chefe percorria essas fazendas para converter escravos para o seu bando, estimular seus seguidores e aperfeiçoar o seu grande plano de destruição da civilização branca de São Domingos. Uma massa sem instrução, percebendo a possibilidade da revolução, começa normalmente pelo terrorismo, e Mackandal visava libertar seu povo por meio do envenenamento. Durante seis anos, construiu sua organização, e ele e seus seguidores envenenavam não apenas brancos mas membros desobedientes do próprio bando. Então, planejou que em determinado dia a água de todas as casas na capital da província seria envenenada, e os brancos seriam atacados durante as suas convulsões e angústias de morte. Possuía listas com todos os membros de seu partido em cada um dos bandos de escravos; designou capitães, tenentes e outros oficiais; dispôs que os bandos de negros deveriam deixar a vila e se espalhar pela planície para massacrar os brancos. A sua temeridade foi a causa da sua queda. Um dia, ele foi até uma fazenda, embebedou-se e foi traído. Capturado, foi queimado vivo.

A revolta de Mackandal não se realizou e foi o único indício de uma tentativa de revolta organizada durante os cem anos que precederam a Revolução Francesa. Os escravos pareciam eternamente resignados, embora de vez em quando um escravo fosse alforriado ou comprasse a própria liberdade de seu dono. Dos seus senhores não partia nenhuma conversa sobre uma futura emancipação. Os colonistas de São Domingos diziam que a escravidão era necessária, e para eles o assunto estava encerrado. A legislação sobre a proteção dos escravos existia apenas no papel, devido à regra que reza que um homem pode fazer o que quiser com a sua propriedade. "Todas as leis a favor dos negros, por mais humanas e justas que possam parecer, significarão sempre uma violação dos direitos de propriedade se não forem patrocinadas pelos colonistas (...). Todas as leis sobre propriedade são justas apenas se apoiadas pela opinião daqueles que estão interessados nelas como proprietários." Essa era ainda a opinião dos brancos no começo da Revolução Francesa. Não apenas os fazendeiros mas as autoridades deixaram bem claro que, quaisquer que fossem as penas para os maus-tratos aos escravos, elas nunca seriam aplicadas. Os escravos poderiam entender que tinham direitos, o que seria fatal para a paz e para o bem da colônia. Eis por que um colonista nunca hesitava em mutilar ou em matar um escravo que lhe tinha custado milhares de francos. "A Costa do Marfim é uma boa mãe", dizia um provérbio colonial. Os escravos poderiam ser sempre comprados e os lucros seriam sempre altos.

O Código Negro foi promulgado em 1685. Um século depois, em 1788, o caso Le Jeune[19] expôs as verdades da lei do escravo e da justiça do escravo em São Domingos.

Le Jeune era um plantador de café de Plaisance. Suspeitando que a mortalidade entre os seus negros era devida ao envenenamento, matou quatro deles e tentou extrair confissões de duas mulheres sob tortura. Queimou seus pés, pernas e cotovelos, enquanto as mantinha bem amordaçadas, e então retirava, nos intervalos da tortura, a mordaça na expectativa de que confessassem. Ele não obteve nada e ameaçou todos aqueles escravos que entendiam o francês de que iria matá-los sem piedade se eles se atrevessem a denunciá-lo. Mas Plaisance, na densamente povoada Província do Norte, sempre foi o centro dos escravos mais avançados, e quatorze deles foram até Le Cap e denunciaram Le Jeune à Justiça. Os juízes não puderam fazer nada além de aceitar as acusações. Nomearam uma comissão que investigou a fazenda de Le Jeune e confirmou o testemunho dos escravos. A comissão encontrou de fato as duas mulheres trancafiadas e acorrentadas, ainda vivas, mas com as pernas e cotovelos em decomposição; uma delas tinha o pescoço tão dilacerado por uma argola de ferro que não conseguia sequer engolir. Le Jeune insistia que eram culpadas pelos envenenamentos que havia tanto tempo vinham devastando a sua fazenda, e como prova forneceu uma caixa apanhada em posse das mulheres. Isto, ele disse, contém veneno. Mas, quando a caixa foi aberta, descobriram que não continha nada além de tabaco comum e fezes de rato. A defesa tornou-se impossível e, quando as duas mulheres morreram, Le Jeune desapareceu bem a tempo, antes de ser levado para a prisão. O caso estava esclarecido. Na audiência preliminar, os quatorze negros repetiram as acusações que fizeram anteriormente, palavra por palavra. Contudo, sete brancos testemunharam a favor de Le Jeune e

19 DE VAISSIÈRE, p. 186-8.

dois de seus ajudantes absolveram-no de todas as acusações. Os colonistas de Plaisance encaminharam uma petição ao Governador e ao intendente em proveito de Le Jeune e exigiram que a cada um dos escravos fossem dadas cinquenta chibatadas por tê-lo denunciado. A Câmara Agrícola de Le Cap pediu que Le Jeune fosse simplesmente banido da colônia. Setenta colonistas do Norte impetraram uma petição parecida e o Círculo de Filadélfia, um centro cultural de São Domingos, recebeu uma solicitação para que fosse feita uma representação em proveito de Le Jeune. O pai de Le Jeune encaminhou um mandado de intervenção contra um dos investigadores oficiais cujas provas ele impugnou. "Resumindo", escreveram o Governador e o intendente ao ministro, "parece que a segurança da colônia depende da absolvição de Le Jeune". Dependia, se os escravos fossem mantidos no seu próprio lugar. Os juízes, após inúmeros adiamentos, deram um veredicto contrário; as acusações foram declaradas nulas e sem efeito e o caso foi encerrado. O promotor público teve de requerer um apelo perante o Conselho Supremo de Porto Príncipe, a capital oficial da ilha. Todos os brancos de São Domingos ergueram-se em armas. O intendente nomeou o membro mais velho do Conselho como relator, imaginando que ele pudesse assegurar que a justiça fosse feita. Mas no dia do julgamento, temendo uma condenação, ele próprio se ausentou, e o Conselho mais uma vez absolveu Le Jeune. O Governo local podia aprovar as leis que bem entendesse. A São Domingos branca não toleraria nenhuma interferência nos seus métodos de manter os escravos em ordem.

Era esse o problema a ser resolvido.

Esperanças vindas dos colonistas não havia. Na França, o liberalismo continuava sendo uma aspiração e a "curadoria", sua folha de parreira, era ainda desconhecida. Mas na maré do humanitarismo que subia na revolta da burguesia contra o feudalismo, Diderot e os enciclopedistas atacavam a escravidão. "Deixemos as colônias serem destruídas antes que nos tornemos a causa de tantos males", dizia a *Enciclopédia*[20] em seu artigo sobre o comércio de escravos. Mas tais ímpetos nem antes e nem então produziram muito efeito. Qualquer ataque verbal contra a escravidão provocava a mofa dos

20 *Enciclopédia*: publicação francesa da era do Iluminismo, e sua obra principal, dirigida por D'Alembert e Diderot, contou com a colaboração de vários pensadores do século XVIII. (N. do T.)

observadores, que nem sempre era injusta. Os seus autores eram comparados a médicos que, em vez de receitar um remédio a um paciente, maldiziam a doença que o consumia.

Mas entre esses oponentes literários à escravidão havia um que, nove anos antes da queda da Bastilha, clamava por uma revolução de escravos com a apaixonada convicção de que era certo que ela viria para libertar a África e os africanos um dia. Era um religioso, o padre Raynal, e ele pregou a sua doutrina revolucionária na *História filosófica e política dos estabelecimentos e do comércio dos europeus nas duas Índias.* Era um livro famoso em sua época e foi parar nas mãos do escravo mais apto a fazer uso dele: Toussaint L'Ouverture.

"A liberdade natural é o direito que a natureza proporcionou para todos disporem de si mesmos de acordo com a sua própria vontade."

"O escravo, um instrumento nas mãos da perversidade, está abaixo do cachorro que os espanhóis soltaram contra os povos americanos."

"Essas verdades são eternas e memoráveis: os fundamentos de toda a moral, a base de todos os governos; poderão ser contestadas? Sim!"

E a passagem mais conhecida:

"Se apenas o interesse pessoal predomina entre as nações e os seus senhores, é porque um outro poder existe. A natureza fala em sons mais fortes do que a filosofia ou do que o interesse pessoal. Já existem duas colônias estabelecidas de negros fugitivos onde a força e os tratados protegem-nas de serem tomadas. Esses relâmpagos anunciam o trovão. Um comandante corajoso é tudo de que precisam. Onde está esse grande homem que a Natureza deve aos seus molestados, oprimidos e atormentados filhos? Onde está? Ele aparecerá, não duvidem! Ele apresentar-se-á erguendo o estandarte da liberdade. Esse venerável sinal reunirá em torno dele os companheiros dos seus infortúnios. Mais impetuosos do que as torrentes, eles deixarão em todas as partes a marca indelével do seu justo ressentimento. Em todas as partes, as pessoas abençoarão o nome do herói que terá restabelecido os direitos da raça humana; em todas as partes, erguerão troféus em sua homenagem".

Toussaint leu a passagem inúmeras vezes: "Um comandante corajoso é tudo de que precisam. Onde está?". Um comandante corajoso era preciso. É da tragédia dos movimentos de massa que eles necessitam, mas apenas raramente conseguem encontrar a liderança adequada. Contudo, era preciso muito mais do que isso.

Os homens fazem a sua própria história. E os jacobinos negros de São Domingos fariam a história que mudaria o destino de milhões de homens e o curso econômico de três continentes. Todavia, se é possível aproveitar uma oportunidade, não é possível criá-la. O comércio de escravos e a escravidão estavam firmemente entrelaçados à economia do século XVIII. Três forças: os proprietários de São Domingos, a burguesia francesa e a burguesia inglesa prosperaram sobre a devastação de um continente e a brutal exploração de milhões de seus habitantes. Enquanto essas forças se mantivessem em equilíbrio, o tráfico demoníaco prosseguiria; e assim teria continuado até os dias de hoje. Mas nada, por mais lucrativo que seja, dura para sempre. Desde que o seu próprio desenvolvimento ganhou ímpeto, os fazendeiros das colônias e as burguesias francesa e britânica passaram a gerar pressões internas e a intensificar as rivalidades externas, dirigindo-se cegamente para conflitos e explosões que despedaçariam as bases do seu domínio e criariam a possibilidade da emancipação.

II
OS PROPRIETÁRIOS

Entre os três, os latifundiários de São Domingos, os burgueses britânicos e os burgueses franceses, os primeiros eram mais importantes.

Em um terreno como o da escravidão em São Domingos, apenas uma sociedade depravada poderia florescer. Tampouco as circunstâncias incidentais poderiam contribuir para mitigar a desmoralização inerente a tal sistema de produção.

São Domingos é uma ilha montanhosa com picos que se elevam a até dois mil metros acima do nível do mar. Dessas montanhas, brotam inúmeros riachos que se acrescentam em rios cujas águas irrigam os vales e as não poucas planícies que repousam entre as colinas. A proximidade do equador dá uma opulência fora do comum e diversidade à exuberância natural dos trópicos, onde a vegetação artificial não era inferior à natural. Campo após campo, o verde-claro do canavial ondulava baixa e continuamente à brisa marinha, encerrando o engenho e as habitações como se fosse um mar. Poucos metros acima dos pés de cana, balançavam as largas folhas das bananeiras; perto das moradias, os ramos da palmeira, coroando uma coluna perfeitamente redonda e sem folhas de vinte ou trinta metros, semelhantes a enorme penas que produziam um suave murmúrio; enquanto grupos delas, à distância, sempre visíveis no céu límpido dos trópicos, pareciam grupos de guarda-sóis gigantes esperando pelo viajante ressequido e queimado pelo sol. Na estação, a mangueira e as laranjeiras, solitárias ou entre as árvores, formavam uma massa de folhas verdes e de frutos dourados e vermelhos. Milhares de pequenos e cuidadosamente ajeitados pés de café levantavam-se sobre o declive das colinas, e as encostas abruptas e íngremes da montanha estavam cobertas até o cume pela luxuriante vegetação arbustiva dos trópicos e pelas florestas de madeira de lei de São Domingos. O viajante que vinha da Europa ficava encantado ao, pela primeira vez, vislumbrar esse paraíso, onde a beleza correta da agricultura e a prodigalidade da natureza contribuíam igualmente para a sua surpresa e admiração.

Todavia, esse lugar era monótono. Saía ano, entrava ano, dia após dia, era sempre o mesmo: um pouco mais verde na estação das chuvas, um pouco mais pardo na estação da seca. O cenário mais agreste era constantemente magnífico, mas para o colono que via essa mesma paisagem doméstica, desde as primeiras horas do dia, ela causava pouca reação. Para o emigrante, antes encantado e satisfeito, a monotonia produzia a indiferença, que podia transformar-se em uma crescente aversão e num anseio pela mudança das estações no decorrer do ano.

O clima era duro e, para o europeu do século XVIII, sem os conhecimentos dos dias de hoje a respeito de higiene tropical, quase insuportável. O sol escaldante e a atmosfera úmida maltratavam todos os recém-chegados, fossem eles europeus ou africanos. Os africanos morriam, mas as doenças europeias eram temidas pelos habitantes da colônia, cuja ciência e cujos hábitos eram impotentes para combatê-las. A febre e a disenteria na estação quente; escorrimentos nasais e diarreia na estação chuvosa; o tempo todo, uma aversão pelo trabalho contínuo, favorecida pela comilança e pela lascívia criada pela fartura e por um contingente de escravos à espera de alguma tarefa, desde tirar os sapatos até passar a noite.

A falta de força de vontade dominava os latifundiários brancos desde o berço.

– Eu quero um ovo! dizia uma criança da colônia.

– Não há nenhum!

– Então, eu quero dois!

Essa anedota era característica. À insalubridade do clima e à complacência a cada desejo eram acrescentadas a licenciosidade aberta e a habitual ferocidade dos seus pais. A degradação da vida humana cercava a criança por todos os lados.

A ignorância inerente à vida rural anterior à Revolução Industrial era reforçada pela irritação e pela jactância do isolamento aliadas ao incontestado domínio sobre centenas de vidas humanas. As fazendas ficavam, frequentemente, a quilômetros de distância umas das outras e, naquela época em que se andava a cavalo e as estradas eram poucas ou ruins em um país montanhoso, a comunicação com os vizinhos era rara e difícil. Os latifundiários odiavam aquela vida e procuravam ganhar dinheiro o bastante para aposentar-se na França ou, pelo menos, para passar alguns meses em Paris, extasiando-se nas amenidades da civilização. Com tanto para beber e comer, havia uma pródiga hospitalidade que virou tradição, mas as casas-grandes, ao contrário do que diz a lenda, eram, na sua maioria, modestamente mobiliadas, e os seus donos as viam como casas de descanso nos intervalos de suas viagens a Paris. Procurando vencer o ócio abundante e o aborrecimento com comida, bebida, jogos de dados e mulheres negras, haviam perdido, muito antes de 1789, a simplicidade da vida e a rude energia daqueles homens anônimos que haviam fundado a colônia. Um administrador, um capataz e o mais inteligente dos seus escravos eram mais do que o necessário para se tocar as fazendas. Assim que podiam, deixavam a ilha, se possível para nunca mais voltar. Contudo, jamais chegaram a formar na França uma força política e social tão rica e poderosa quanto aquela das Índias Ocidentais na Inglaterra.

As mulheres estavam sujeitas às mesmas influências perniciosas. Nos primeiros anos da colonização elas eram importadas, assim como o eram os escravos e as maquinarias. Muitas das que chegavam tinham sido varridas das sarjetas de Paris, trazendo para a colônia "corpos tão corrompidos quanto as suas maneiras, e servindo apenas para infectar a colônia"[1]. Um funcionário, pedindo mulheres, implorou às autoridades que não enviassem "as mais feias que pudessem encontrar nos hospitais". Ainda em 1743, a São Domingos oficial reclamava que a França continuava a enviar moças cujas "aptidões para a reprodução estavam, na maioria delas, destruídas por excesso de uso". Projetos para um sistema educacional nunca produziram frutos. Com o aumento da riqueza, as filhas dos latifundiários mais ricos eram mandadas a Paris, onde, após um ou dois anos em escolas de educação para moças, casavam-se bem com a decadente nobreza da França. Mas na colônia elas passavam o tempo todo se arrumando, cantando estúpidas canções e ouvindo o mexerico e as adulações dos seus serviçais escravos. A paixão era a sua ocupação principal, estimulada pela alimentação exagerada, pela preguiça e pelo imorredouro ciúme das mulheres negras e mulatas que competiam, com tanto sucesso, pelos favores dos maridos e amantes daquelas mulheres.

Aos homens de diversas raças, classes e tipos que formavam a primeira população de São Domingos foi acrescentado, com o passar dos anos, um elemento mais unificado e coeso: os rebentos da aristocracia francesa. Destituídos do poder político por Richelieu e convertidos por Luís XIV em mero acessório decorativo e administrativo da monarquia absolutista, os filhos mais

1 DE VAISSIÈRE, p. 77-9.

jovens de nobres franceses encontraram em São Domingos uma oportunidade de reconstruir as suas fortunas despedaçadas e de viver a vida de magnata do campo que ora lhes era negada na França. Vinham como oficiais do Exército e funcionários e ficavam para encontrar fortuna e formar famílias. Comandavam a milícia e administravam uma justiça rude. Apesar de arrogantes e esbanjadores, representavam uma seção de valor da sociedade dos brancos de São Domingos e uniam mais firmemente uma sociedade composta de elementos tão diversos e desintegrados. Mas mesmo a sua educação, as suas tradições e o seu orgulho não eram impermeáveis à corrupção predominante e poder-se-ia encontrar um "parente dos De Vaudreils, um Châteauneuf, ou Boucicaut, o último descendente do famoso marechal da França, passando sua vida entre um copo de rum e uma concubina negra"[2].

A vida na cidade é a ama de leite da civilização. Mas, excetuando-se Porto Príncipe, a capital, e Cabo François, as cidades de São Domingos no auge de sua prosperidade eram pouco mais que aldeias. Em 1789, São Marcos tinha apenas 150 casas; Môle São Nicolau, a Gibraltar do mar do Caribe, apenas 250; Léogane, uma das mais importantes cidades da Província Ocidental, estava constituída por algo entre trezentas e quatrocentas casas distribuídas por quinze ruas; Jacmel, uma das cidades-chave no Sul, tinha apenas quarenta. Mesmo Cabo François, a Paris das Antilhas e entreposto do comércio europeu, tinha uma população de apenas vinte mil, cuja metade era de escravos. Mas Le Cap, como é familiarmente chamada, era uma cidade famosa e única no gênero em sua época. Uma atividade incessante reinava ali, com seus portos sempre cheios de navios e suas ruas repletas de mercadorias. Mas era também incômoda a marca de selvageria que parecia inseparável de tudo que estava ligado a São Domingos. Um dos mais ilustres historiadores coloniais, Moreau de Saint-Méry, admite que as ruas eram esgotos e que o povo despejava nela todo o seu lixo. O Governo pedia em vão para que o povo não atentasse contra a ordem pública, que tivessem cuidado com a deposição da "substância fecal", que não deixassem os carneiros, porcos e bodes à solta. Mas ninguém prestava atenção a tais ordens.

Em Porto Príncipe, capital oficial da colônia, a população lavava a roupa de cama ou de mesa, fabricava o anil e deixava a mandioca de molho na água da única fonte que alimentava a cidade. Apesar de repetidas proibições, continuavam a bater nos escravos nas vias públicas. As próprias autoridades não

---

2 DE VAISSIÈRE, p. 217.

eram mais cuidadosas. Se chovesse à noite, ninguém poderia andar na rua no dia seguinte, e as correntes de água enchiam as valas laterais das ruas nas quais se podia ouvir o coaxar dos sapos. De Wimpffen chamava Porto Príncipe de campo tártaro, e Moreau de Saint-Méry, ele próprio da colônia, censurou a agudeza da expressão, mas admitia que não era completamente inaplicável.

O pouco de cultura que havia estava concentrado nessas cidades. Em Le Cap havia sociedades maçônicas e sociedades de outro tipo, sendo a mais famosa delas o Círculo de Filadélfia, um corpo devotado à política, à filosofia e à literatura. A leitura principal da população, contudo, consistia em romances picantes. Para a diversão, havia teatros, não apenas em Le Cap e Porto Príncipe, mas em pequenas cidades como Léogane e São Marcos, onde os melodramas e as peças de suspense da época eram encenados em casas cheias. Em 1787, havia três companhias só em Porto Príncipe.

Se, por um lado, faltava às cidades atividade intelectual, por outro, sobravam ocasiões para as pessoas se reunirem em devassidão: antros de jogos (pois todos em São Domingos jogavam e grandes fortunas eram ganhas e perdidas em poucos dias), casas de dança e bordéis privativos onde a mulata vivia com tanto conforto e em tamanha luxúria que, em 1789, das sete mil mulatas existentes na ilha, cinco mil eram ou prostitutas ou sustentadas como amantes de homens brancos.

O clero regular de São Domingos, apesar de exercer uma força moderadora, era notório pela sua irreverência e degeneração. No começo, era constituído principalmente por monges destituídos das suas ordens. Mais tarde, veio uma classe melhor de padres, mas naquela sociedade inchada e excessivamente quente poucos conseguiam resistir às tentações do dinheiro fácil, da vida fácil e da mulher fácil; muitos deles viviam abertamente com as suas concubinas. A avidez que tinham pelo dinheiro os fazia explorar os negros com a mesma crueldade dos outros brancos de São Domingos. Um deles, por volta da metade do século XVIII, costumava batizar o mesmo negro sete ou oito vezes, pois a cerimônia divertia os escravos e eles pagavam uma pequena soma pelos batizados. Ainda em 1790, um outro padre competia com os curandeiros negros que praticavam o *obeá*[3] pelos cobres dos escravos, vendendo encantos contra doenças e talismãs para assegurar o sucesso de pequenas empresas.

Nas cidades, os grandes mercadores e os ricos agentes da burguesia marítima eram considerados, como os latifundiários, brancos ricos. Nas fazendas,

[3] Sistema de crenças de origem ashanti que faz uso da feitiçaria e de rituais de magia. (N. do T.)

os administradores e capatazes eram os representantes do proprietário na sua ausência; caso contrário, trabalhavam sob os seus olhares, estando sempre subordinados a ele. Esses no campo e os pequenos advogados, notários, escriturários, artífices e merceeiros na cidade eram conhecidos como brancos pobres[4]. Entre os brancos pobres havia uma turba de vagabundos, fugitivos da lei e das galés de escravos, devedores incapazes de pagar as suas contas, aventureiros à procura da sorte ou de fortuna fácil, criminosos de toda a espécie e homens de todas as nacionalidades. Do submundo de dois continentes eles vinham: eram franceses, espanhóis, malteses, italianos, portugueses e americanos. Qualquer que fosse a origem desses homens, qualquer que fosse o seu passado ou o seu caráter, a pele branca fazia deles pessoas de qualidade e, embora arruinados em seus próprios países de origem ou de lá expulsos, eram acolhidos em São Domingos, onde o respeito era obtido a um preço muito barato, o dinheiro jorrava e as oportunidades de depravação abundavam.

Nenhum branco pobre era serviçal; nenhum branco faria nenhum serviço que um negro pudesse fazer por ele. Um barbeiro convocado para atender a um cliente apareceu em trajes de seda, chapéu sob o braço, espada do lado, bengala sob o cotovelo, seguido por quatro negros. Um deles penteava o cabelo, outro o enfeitava, um terceiro o enrolava e o quarto terminava o serviço. Enquanto eles trabalhavam, o empregador supervisionava as diferentes operações. Ao menor descuido, ao menor engano, ele esbofeteava a bochecha do infeliz escravo com tamanha força que frequentemente o derrubava no chão. O escravo não demonstrava nenhum tipo de ressentimento e recomeçava o serviço. A mesma mão que tinha derrubado o escravo fechava-se sobre uma soma enorme, e o barbeiro saía com a mesma insolência e elegância com que havia entrado.

Esse era o tipo para quem o preconceito racial era mais importante até mesmo do que a propriedade de escravos, que pouco possuíam. A diferenciação entre um homem branco e um homem de cor era para eles fundamental. Era tudo para eles. Para defendê-la, derrubariam seu próprio mundo por inteiro.

Brancos ricos e brancos pobres não representavam toda a população branca de São Domingos. Acima deles havia a burocracia, composta quase

4 Não confundir com os "brancos pobres" modernos dos Estados Unidos ou da África do Sul. Alguns, especialmente nos Estados Unidos, levam um padrão de vida tão degradado quanto aquele dos negros em suas comunidades.

que totalmente de franceses vindos da França, que governava a ilha. Os cabeças da burocracia eram o Governador e o intendente. O Governador era o funcionário representante do Rei, com tudo aquilo que esse cargo implica, mesmo até hoje, no que diz respeito à administração de colônias distantes. Seu salário oficialmente poderia chegar a cem mil libras[5] por ano, além dos lucros comuns a tais postos, tanto no século XX como no XVIII: a autorização de concessões, o desempenho, na surdina, como agente de mercadorias europeias nas colônias e das mercadorias coloniais na Europa. Um nobre francês era tão ávido do cargo de Governador em São Domingos quanto o era o seu equivalente britânico para o Vice-Reinado da Índia. Em 1787, o Governador era irmão do embaixador francês em Londres e deixou o posto de Governador para tornar-se ministro da Marinha.

Logo abaixo do Governador estava o intendente, que era responsável pela justiça, pelas finanças e pela administração geral, e algumas vezes recebia um salário de oitenta mil libras por ano. O Governador era militar e aristocrata; o intendente, um burocrata. O militar e o civil se desentendiam continuamente. Mas, contra os brancos do lugar, eles e os seus funcionários, os comandantes distritais e os oficiais graduados representavam a autoridade do Rei e os privilégios comerciais da burguesia francesa. Eles podiam prender sem mandado, recusar-se a cumprir as instruções do ministro, forçar os membros dos conselhos consultivos locais a renunciar, conceder favores, confiscar, aumentar impostos; de fato, a sua arbitrariedade não tinha limites legais. "Deus estava muito alto e o Rei, muito longe."

Os latifundiários os odiavam. Além de exercer um poder absoluto, eram esbanjadores e extravagantes; a sua malversação era constante e vultosa, e tratavam os brancos locais com tamanha arrogância e eram tão sobranceiros que despertavam o rancor daqueles pequenos potentados com os seus duzentos ou trezentos escravos. Havia bons e maus Governadores, bons e maus intendentes, assim como havia bons e maus proprietários de escravos. Mas era tudo uma simples questão de oportunidade. Era o sistema que era ruim.

Ostentava-se uma certa aparência de autodeterminação local. Tanto em Le Cap como em Porto Príncipe existiam conselhos locais que registravam os editos reais e as decisões do governo local. Pouco antes da Revolução, foi nomeado também um conselho constituído pelos brancos mais ricos e poderosos, que supostamente representavam a opinião local. Mas o intendente, da mesma

5 Aproximadamente dois terços de um franco.

forma que o Governador dos conselhos legislativos britânicos dos dias de hoje, poderia acatar ou rejeitar os seus pareceres como bem quisesse.

A burocracia, com a fonte do seu poder a milhares de quilômetros de distância, não podia depender de apenas dois regimentos na colônia. Em 1789, os funcionários de Estado em São Domingos, onde a população branca estava em torno de trinta mil habitantes, somavam apenas 513. Sem o apoio das massas, governar seria impossível. Trazendo consigo da França a tradicional hostilidade da monarquia absolutista para com o poder político da nobreza feudal, os burocratas procuravam um contrapeso para o poder dos latifundiários locais entre os brancos pobres da cidade e do campo.

A principal queixa dos brancos pobres era contra a milícia, que policiava os distritos e frequentemente transgredia a administração da justiça e das finanças do intendente. A essas queixas, o intendente era simpático. Em 1760, um intendente chegou ao ponto de dissolver toda a milícia e indicar síndicos para conduzir o governo local. A colônia foi lançada na desordem, o Governo teve de restabelecer a milícia e restaurar seu antigo poder para os militares. Imediatamente, uma insurreição explodiu na ilha, conduzida pelos juízes de paz do lugar, pelos advogados, pelos notários e pelos promotores. Os latifundiários denunciaram que os patrocinadores dessa rebelião eram as camadas mais baixas da população; em um distrito, três judeus portugueses, um notário, um capataz, um alfaiate, um sapateiro, um ajudante de açougueiro e um antigo soldado raso. O desprezo dos fazendeiros por "esses patifes que causaram esses problemas e de quem nós podemos dizer com justiça que são a canalha mais vil, cujos pais e mães foram lacaios ou serviçais domésticos, ou mesmo de uma origem ainda mais baixa"[6] era opressivo. Não era a origem baixa que justificava o ataque dos fazendeiros aos brancos pobres. Os alfaiates, os açougueiros e os soldados rasos representariam os papéis decisivos na Revolução Francesa e pelos seus esforços espontâneos salvariam Paris da contrarrevolução tanto interna como externamente. Mas muitos desses brancos pobres eram o populacho e não cumpriam nenhuma função importante na economia da colônia. Se até o último deles tivesse sido deportado do país, o trabalho que fazia passaria a ser feito por um mulato livre, por um negro livre, ou mesmo por um escravo. Eles não eram uma parte essencial da sociedade de São Domingos, fosse pela função, pelo nascimento ou pela tradição; mas eram brancos e, como tais, úteis para a burocracia. Em 1771, encontramos o intendente mais uma vez se queixando da tirania

6 DE VAISSIÈRE, p. 145-7.

militar: "Desde que a milícia foi estabelecida", ele reclama, "os oficiais, todos os dias, privam os juízes de todas as suas prerrogativas".

Esta, portanto, foi a primeira grande divisão: aquela entre os brancos ricos e os brancos pobres, com a burocracia pendendo de um lado a outro e instigando os brancos pobres. Nada poderia aliviar ou resolver o conflito. No momento em que a Revolução começar na França, esses dois se lançarão um sobre o outro e lutarão até a morte.

Havia uma outra classe de homens livres em São Domingos, a dos mulatos livres e negros livres. Nem a legislação nem o crescimento do preconceito de raça podiam destruir a atração que as mulheres brancas de São Domingos sentiam pelos homens negros. Isso era característico de todas as classes: desde a escória do cais, passando pelo fazendeiro ou capataz que escolhia uma escrava para passar a noite consigo e a levava da cama para o chicote do condutor de escravos na manhã seguinte, até um Governador da colônia que, recém-chegado da França, se perturbava por encontrar-se tomado de paixão pela mais bela das suas quatro criadas negras.

Nos primeiros tempos da colonização, todo mulato era libertado na idade de 24 anos, não pela lei, mas porque o número de brancos era tão pequeno em comparação com o número de escravos que os senhores preferiam ter esses intermediários como aliados antes que os deixar engrossar as fileiras dos seus inimigos. Naqueles tempos primordiais, o preconceito de raça não era forte. O Código Negro em 1685 autorizava o casamento entre o branco e a escrava que tinha filhos dele; a cerimônia libertava a escrava e as crianças. O Código dava ao mulato livre e ao negro livre direitos iguais aos dos brancos. Mas, conforme a população branca aumentava, os brancos de São Domingos passavam a descartar aquele costume e tornavam a escravizar ou vendiam as suas numerosas crianças como qualquer rei da selva africana o faria. Todos os esforços para evitar o concubinato falhavam, e as crianças mulatas se multiplicavam, para serem livres ou permanecerem escravas ao mero capricho de seus pais. Muitas eram libertadas, tornando-se artífices ou serventes domésticas. Começaram a acumular propriedade, e os brancos, enquanto aumentava incessantemente o número de mulatos, começavam a restringi-los e a hostilizá-los com uma legislação maliciosa. Os brancos lançavam todos os fardos possíveis do país sobre eles.

De acordo com a sua maioridade eles eram obrigados a se juntar à *maréchaussée*[7], uma organização política cujos fins eram: capturar negros fugitivos, proteger os viajantes nas grandes estradas capturando os negros perigosos, lutar contra os quilombolas e, enfim, qualquer tarefa difícil e perigosa que os brancos locais pudessem ordenar. Após três anos de serviço na *maréchaussée*, eles tinham que se juntar à milícia local, prover as suas próprias armas, munições e equipamentos e, sem nenhum pagamento ou pensão de nenhuma espécie, servir sob as ordens dos oficiais brancos em comando. Tarefas tais como a manutenção obrigatória das estradas eram organizadas para recair sobre eles com mais severidade ainda. Eles eram excluídos dos departamentos naval e militar, da prática da lei, da medicina e da religião e de todos os ofícios públicos e cargos de confiança. Um branco poderia invadir a propriedade de um mulato, seduzir sua mulher ou sua filha, insultá-lo da maneira que quisesse, certo de que a qualquer insinuação de ressentimento ou de vingança todos os brancos e o Governo se apressariam logo em linchá-lo. Nas ações legais, a decisão quase sempre era contrária aos mulatos e, para aterrorizá-los a ponto de torná-los submissos, um homem livre de cor que batesse em um homem branco, fosse qual fosse a sua posição na vida, teria o seu braço direito amputado.

Mas, por uma felicidade do destino, o acúmulo de propriedade que eles pudessem obter não era, como nas ilhas inglesas, limitado. Com disposição física e inteligência, administravam eles mesmos os seus negócios sem esbanjar as suas fortunas em viagens extravagantes a Paris; começavam a adquirir riqueza primeiro como mestres artesãos e depois como proprietários. Conforme começavam a se estabelecer, o ciúme e a inveja dos latifundiários brancos iam se transformando em ódio feroz e medo.

A descendência de brancos, pretos e mestiços tinha 128 divisões. O verdadeiro mulato era a criança de uma negra pura com um branco puro. A criança de um branco com uma mulata era um quadrarão, com 96 partes de branco e 32 partes de preto. Mas o quadrarão poderia ser produzido pelo branco e pela marabu na proporção de 88 por 40, ou pelo branco e pela sacatra, na proporção de 72 para 56 e assim por diante até 128 variedades. Mas o *sang-melé*[8], com 127 partes brancas e uma parte negra, continuava sendo um homem de cor.

---

7 Cavalaria da polícia. (N. do T.)

8 Em francês, no original. Sangue misturado. (N. do T.)

Em uma sociedade escrava, a simples posse da liberdade pessoal é um privilégio valioso, e as leis da Grécia e de Roma testemunham que uma legislação rigorosa contra escravos e homens livres não tinha nada a ver com questões raciais. Por trás dessa engenhosa estupidez de quadrarão, sacatra e marabu, estava o fato predominante na sociedade de São Domingos: o temor aos escravos. As mães de mulatos ficavam com os escravos, entre os quais os mulatos tinham meio-irmãos. Apesar de muitos mulatos desprezarem a metade negra da sua origem, eles, em casa, estavam entre escravos e, levando-se em conta a sua educação e a sua riqueza, poderiam exercer uma influência entre os escravos que um homem branco jamais poderia. Ademais, além do terror físico, os escravos deveriam ser mantidos em submissão por meio da associação entre a inferioridade e a degradação e a mais distinta marca do escravo: a cor negra da sua pele. Como poucos escravos eram capazes de ler, os colonizadores não hesitavam em dizer abertamente: "É essencial manter uma grande distância entre aqueles que obedecem e aqueles que comandam. Uma das formas mais seguras de fazê-lo é a perpetuação da marca que a escravidão deixou". A nenhum mulato, portanto, qualquer que fosse a proporção de sangue branco que tivesse, era permitido tomar o nome de seu pai branco.

Mas, a despeito dessas restrições, os mulatos continuavam a progredir. Por volta de 1755, pouco mais de três gerações depois do Código Negro, eles estavam começando a encher a colônia, e o seu crescimento numérico e o da sua riqueza alarmavam os brancos.

Eles viviam (dizia um relato)[9], como os seus antepassados, dos vegetais locais, não bebiam vinho e limitavam-se ao consumo de bebidas da região, fermentadas a partir da cana-de-açúcar. Dessa forma, o consumo pessoal não contribuía em nada para a manutenção daquele importante comércio com a França. A sua maneira sóbria de viver e as pequenas despesas que tinham possibilitavam-nos economizar uma boa parte das suas receitas a cada ano. Dessa forma, acumulavam imenso capital e se tornavam tanto mais arrogantes quanto maior se tornava a sua riqueza. Faziam ofertas para quaisquer propriedades à venda em vários distritos e elevavam os preços a alturas tão fantásticas que os brancos que não fossem ricos não poderiam comprar, ou se arruinavam na tentativa de acompanhá-los. Assim, em alguns distritos, as melhores propriedades pertenciam aos mestiços, e mesmo estando em todos os lugares eram os menos dispostos a submeter-se

9 DE VAISSIÈRE, p. 222.

ao trabalho legal regular e aos deveres públicos. As suas fazendas eram o santuário e o asilo dos libertos que não tinham nem trabalho nem profissão e de numerosos escravos fugitivos. Sendo tão ricos, imitavam o estilo dos brancos e buscavam encobrir todos os traços da sua origem. Tentavam os altos comandos da milícia e aqueles que eram capazes de ocultar o vício da sua origem pretendiam até os postos do Judiciário. Se esse tipo de coisa desse resultado, eles cedo acabariam se casando com mulheres de famílias distintas, o que colocaria essas famílias em aliança com os trabalhadores escravos, de onde as mães desses arrivistas vinham.

Não era uma queixa perversa de um latifundiário invejoso. Era um memorando oficial da burocracia para o ministro. O aumento numérico e o aumento da riqueza estavam dando aos mulatos mais orgulho e agravando o ressentimento que sentiam com relação às humilhações. Alguns deles enviavam seus filhos para a França para serem educados e lá, mesmo cem anos antes da Revolução, havia pouco preconceito de cor. Até 1716, todo escravo negro que tocava o solo francês era considerado livre, e após um intervalo de cinquenta anos outro decreto, de 1762, reafirmou isso. Em 1739, um escravo servia como corneteiro no regimento real de carabineiros; jovens mulatos eram recebidos nos corpos militares reservados à jovem nobreza e nos cargos da magistratura; eles serviam como pajens na corte[10]. Contudo, esses homens tinham de voltar para São Domingos e submeter-se às discriminações e à brutalidade dos brancos de lá. E, como os mulatos começassem a exercer pressão contra as barreiras, a São Domingos branca tratou de aprovar uma série de leis que por sua selvageria maníaca seriam únicas no mundo moderno e (nós diríamos antes de 1933) não teriam paralelo nenhum na História. O Conselho de Porto Príncipe, encobrindo a questão racial com uma cortina, gostaria de exterminá-los. Assim, os brancos poderiam depurar seu sistema de uma ameaça crescente, livrando-se de homens dos quais eles haviam tomado dinheiro emprestado, e confiscar uma quantidade de ótimas propriedades. O Conselho propôs: banir todos os mestiços até o grau de quadrarão para as montanhas ("as quais eles poderiam introduzir no cultivo"); proibir a venda de qualquer propriedade na planície para os mestiços; negar-lhes o direito de adquirir a propriedade imobiliária; obrigar todos aqueles até o grau de quadrarão e todos os brancos que tinham se casado com pessoas de cor daquele grau a vender todos os seus escravos dentro de um ano. "Pois", dizia o Conselho, "são pessoas

10 LEBEAU, *De la condition des gens de couleur libres sous l'Ancien Régime*, Poitiers, 1903.

perigosas, mais amigáveis aos escravos, a quem continuam ligados; mais do que a nós que os oprimimos pela subordinação que exigimos e pelo desprezo com o qual os tratamos. Em uma revolução, em um momento de tensão, serão os primeiros a quebrar o jugo que pesa sobre eles, ainda mais pelo fato de serem mais ricos e estarem acostumados a ter devedores brancos, desde quando não têm respeito suficiente por nós." Mas os latifundiários não puderam realizar esses planos arrojados. Os mulatos, ao contrário dos judeus alemães, eram naquele momento bastante numerosos, e a revolução começaria naquele mesmo momento.

Os latifundiários tiveram de se contentar em lançar a esses rivais toda a humilhação que o engenho e a malícia pudessem arquitetar. Entre 1758 e a Revolução, as perseguições aumentaram[11]. Os mulatos estavam proibidos de usar espadas, sabres e trajes europeus. Eram proibidos de comprar munições, a menos que tivessem uma permissão especial com a quantidade exata estabelecida. Eram proibidos de se reunir "com o pretexto" de casamentos, festas ou bailes, sob pena de multa no primeiro delito; prisão, no seguinte; e ficava pior daí em diante. Eram proibidos de permanecer na França. Eram proibidos de praticar jogos europeus. Os padres eram proibidos de redigir quaisquer documentos para eles. Em 1781, oito anos antes da Revolução, eram proibidos de tomar o título de Senhor e Senhora. Até 1791, se um homem branco comesse na casa de um mulato, este não poderia sentar-se à mesa com ele. O único privilégio que os brancos lhes consentiam era o privilégio de emprestar dinheiro a um homem branco.

Não havia meios de escapar a esse estado de coisas a não ser pela insurreição. E, até que a Bastilha caísse, os esforços dos mulatos para a sua emancipação assumiria formas estranhas. De Vaissière desenterrou uma história, que podemos entender melhor agora, depois do hitlerismo, do que o podíamos fazer antes.

Em 1771, o *sieur* Chapuzet obteve do Conselho de Le Cap um decreto que lhe dava os privilégios de um homem branco. Sua obscura carreira impedia que quaisquer questões fossem levantadas sobre a sua origem. Um pouco depois, no entanto, ele tentou tornar-se oficial da milícia. Quatro tenentes da milícia da Planície do Norte fizeram uma minuciosa pesquisa nos registros e apresentaram uma genealogia bastante precisa da família

---

11 LEBEAU, *De la condition...*; DE VAISSIÈRE, cap. III; *Saint-Domingue à la vielle de la Révolution. Souvenirs du Baron de Wimpffen*, publicado por Savine, p. 36-8 etc.

Chapuzet, provando que um ancestral materno, 150 anos antes, era um negro de Saint Kitts. De Chapuzet defendeu-se, "de fato e de direito": de direito, pois o poder de decisão sobre o *status* de um cidadão era prerrogativa do Governo e não de cidadãos comuns; de fato, porque em 1624 não havia negros em Saint Kitts. A história colonial tornou-se então o terreno onde a luta seria travada. Graças a extratos de historiadores, os brancos provaram que havia escravos em Saint Kitts em 1624. Chapuzet aceitou a derrota e foi embora para a França.

Três anos mais tarde, ele voltou, chamando-se a si mesmo de *monsieur* Chapuzet de Guérin, ou familiarmente M. le Guérin. Aristocrata, pelo menos no nome, por intermédio de um patrocinador ele levou novamente o seu caso ao tribunal para ser considerado branco. Mais uma vez, foi derrotado. Mas Chapuzet era um homem de recursos. Afirmava que o seu ancestral, "o negro de Saint Kitts", não era negro, mas um caribe, nascido livre, um membro de "uma raça nobre sobre a qual os franceses e espanhóis impuseram a lei da conquista". Chapuzet triunfou. Em 1779, dois decretos do Conselho declararam que as suas petições eram justas. Mas ele não conseguiu o posto. Os funcionários locais não se atreveram a indicá-lo. Após a publicação dos decretos, as pessoas de cor entregaram-se a tantas demonstrações de alegria e tolas esperanças que as consequências da decisão em favor de Chapuzet poderiam ter-se tornado muito perigosas. As portas do advogado de Chapuzet foram cercadas por quadrarões e outros mulatos de pele clara procurando transformar os seus ancestrais remotos em livres e nobres caribes.

As vantagens de ser branco eram tão evidentes que o preconceito de raça contra os negros impregnou a mente dos mulatos, que tão amargamente se sentiam ressentidos pelo tratamento preconceituoso que recebiam dos brancos. Os escravos negros e os mulatos se odiavam. Fosse em palavras, fosse devido ao seu sucesso na vida, fosse pelos seus variados procedimentos, os mulatos demonstravam a mesma perfídia que os brancos ao reivindicar uma superioridade inerente. Assim, o homem de cor que era quase branco desprezava o homem de cor que era apenas meio branco, que por sua vez desprezava o homem de cor que era um quarto branco e assim por diante, percorrendo todos os matizes.

Os negros livres, falando comparativamente, não eram muitos, e tão desprezada era a pele negra que mesmo um mulato escravo sentia-se superior ao negro livre. O mulato preferia tirar a própria vida do que ser escravo de um negro[12].

Isso tudo soa como uma mistura de pesadelo e piada de mau gosto. Mas essas distinções continuam a exercer influência nas Índias Ocidentais de agora[13]. Enquanto os brancos na Grã-Bretanha gostavam menos dos mestiços do que dos negros de sangue puro, os brancos nas Índias Ocidentais favoreciam os mestiços em detrimento dos negros. Esses, todavia, eram problemas de prestígio social. Mas a discriminação racial na África de hoje é, assim como o era em São Domingos, um problema de política governamental, imposta por balas e baionetas. Mas nós viveríamos para presenciar os governantes das nações europeias tornarem a avó ariana tão preciosa para os seus camaradas conterrâneos quanto o ancestral caribe para o mulato. O fundamento, em cada caso, é sempre o mesmo: justificar a pilhagem por qualquer diferença óbvia entre os destituídos e aqueles que detêm o poder. É bom lembrar o leitor do que um observador experiente, que viajava pelas Índias Ocidentais em 1935, disse a respeito dos homens de cor que encontrou por lá: "Havia poucos no topo: juízes, advogados, médicos, qualquer que fosse o seu matiz, poderiam manter-se em qualquer círculo. Muitos outros são intelectualmente iguais ou superiores aos seus contemporâneos brancos"[14].

Muitos mulatos e negros livres eram atrasados em comparação aos brancos, mas a sua capacidade era perfeitamente óbvia em São Domingos nos anos que antecederam a 1789. Foram necessários pólvora e aço frio para convencer os brancos de São Domingos. E se, como vimos, os mais inteligentes não se iludissem sobre as origens materialistas do seu preconceito contra os mulatos, cometeríamos então um grande engano se pensássemos que eles eram hipócritas quando pretendiam que uma pele branca garantiria ao seu dono capacidades superiores e lhe daria direito a um monopólio daquilo de melhor que a colônia oferecia.

"Sobre as diversas formas de propriedade, sobre as condições sociais de existência como fundamento existe uma superestrutura edificada de sentimentos variados e característicos, ilusões, hábitos de pensamento e perspectivas sobre a vida em geral. A classe, como um todo, cria e molda

12 Essa arrogância do mulato é o motivo do ódio contra eles demonstrado na poesia satírica de Gregório de Matos. (N. do T.)

13 Isso continua sendo verdadeiro em 1961.

14 MACMILLAN, *Warning from the West Indies*, Londres, 1936, p. 49.

essa superestrutura fora dos fundamentos materiais dela mesma e a partir das correspondentes relações sociais. O indivíduo, no qual ela aparece através da tradição e da educação, pode presumi-los como os verdadeiros determinantes, a origem real das suas atividades."[15] Nessa origem vulgar do preconceito, os brancos pobres, os brancos ricos e a burocracia estavam unidos contra os mulatos. Tinha sido dessa forma por 150 anos e, portanto, sempre seria assim. Mas seria mesmo? Os mais altos burocratas, franceses cultos, chegavam à ilha sem preconceitos e, buscando o apoio das massas, costumavam ajudar um pouco aos mulatos. E os mulatos e os brancos ricos tinham um vínculo comum: a propriedade. Quando a Revolução estivesse bastante adiantada, os brancos ricos teriam de escolher entre os seus aliados de raça e os seus aliados de propriedade. Eles não hesitaram muito.

Tal era a sociedade dessa famosa colônia. Essas eram as pessoas, e essa a vida, pelas quais em parte muito sangue foi derramado e muito sofrimento suportado. As melhores mentes da época não alimentavam ilusões quanto a isso. O barão de Wimpffen, que viu a colônia em 1790 no próprio auge de sua prosperidade, um dia viu um escravo apoiando-se no cabo de sua enxada, olhando tristemente para o pôr do sol.

– O que estás olhando, Nazimbo? perguntou. – O que tu estás olhando?

Nazimbo ergueu sua mão para o sol que se punha:

– Eu vejo minha terra! – respondeu, e as lágrimas rolaram-lhe dos olhos.

"Eu também vejo a minha terra acolá", disse De Wimpffen para si próprio, "e tenho a esperança de algum dia voltar a vê-la, mas tu, pobre negro, jamais verás a tua outra vez!"

Os liberais instruídos e o escravo comum detestavam o lugar da mesma maneira. Poucos meses depois, De Wimpffen partiu e registrou as suas opiniões. Era um epitáfio adequado àquela sociedade que em três anos seria

[15] KARL MARX, *O 18 de Brumário de Luís Bonaparte.* (N. do E.).
A tradução da mesma passagem, feita do original alemão, ficou assim: "Sobre as diversas formas de propriedade e sobre as condições sociais de existência ergue-se toda uma superestrutura de sensações, ilusões, modos de pensar e visões da vida diversos e formados de um modo peculiar. A classe inteira cria-os e forma-os a partir das suas bases materiais e das relações sociais correspondentes. O indivíduo isolado, a quem afluem por tradição e educação, pode imaginar que constituem os verdadeiros princípios determinantes e o ponto de partida do seu agir". [Na metade do § 9 do Capítulo III.] (N. do T.)

destruída: "Quer saber a minha opinião definitiva sobre esta terra? É que quanto mais conheço o homem que a habita, mais me felicito por deixá-la. (...) Quando alguém é aquilo que a maior parte dos latifundiários é, é porque nasceu para possuir escravos. Quando alguém é aquilo que a maior parte dos escravos é, é porque nasceu para ser escravo. Nesta terra, todos estão nos seus devidos lugares".

Prosperidade não é um problema moral e a razão de São Domingos era a sua prosperidade. O mundo ocidental, durante séculos, nunca conheceu tal progresso econômico. Por volta de 1754, dois anos antes do começo da guerra dos Sete Anos, havia na ilha 599 fazendas de açúcar e 3379 de anil. Durante a guerra dos Sete Anos (1756-1763), a Marinha francesa, varrida dos mares pela Força Naval Britânica, não podia trazer os suprimentos dos quais a colônia dependia; o extenso contrabando de mercadorias não podia suprir a deficiência e milhares de escravos morriam de fome e o vertiginoso aumento de produção, embora contínuo, diminuiu. Mas após o Tratado de Paris de 1763 a colônia deu um grande passo à frente. Em 1767 exportou 35 mil toneladas de açúcar bruto e 25 mil toneladas de açúcar branco, quinhentas toneladas de anil e mil toneladas de algodão, uma certa quantidade de couro, de melado, de cacau e de rum. O contrabando, ao qual as autoridades faziam vista grossa, elevava os números oficiais em pelo menos vinte e cinco por cento. Não era apenas em quantidade que São Domingos se sobressaía, mas em qualidade. Cada pé de café produzia uma média de meio quilo, igualando algumas vezes o de Moca. O algodão crescia naturalmente, mesmo sem cuidados, em terreno pedregoso e até nas fendas das rochas. O anil também crescia espontaneamente. O tabaco tinha uma folha maior do que o de qualquer outra parte das Américas e algumas vezes era comparável em qualidade ao produzido em Havana. A polpa do cacau de São Domingos era mais ácida do que a da Venezuela e não lhe era inferior em outros aspectos; a experiência comprova que o chocolate feito de uma combinação dos dois cacaus tem um sabor mais delicado do que aquele feito apenas do cacau da Venezuela.

Se em nenhum canto do mundo havia tamanha miséria concentrada como em um navio negreiro, da mesma maneira, nenhuma parte da superfície do globo produziu, em proporção com as suas dimensões, tanta riqueza quanto a colônia de São Domingos.

E seria a sua própria prosperidade o que a levaria à revolução.

No começo os latifundiários estavam em desacordo com o Governo francês e os interesses que ele representava. O francês, como qualquer outro governo naqueles dias, via os latifundiários como existindo exclusivamente para o progresso da metrópole. Conhecido como sistema mercantil na Inglaterra, o francês chamava a sua tirania econômica por um nome mais honesto: Exclusivo. Quaisquer que fossem os bens manufaturados que os latifundiários necessitassem, eram obrigados a comprá-los da França. Podiam vender sua produção apenas para a França e os bens deveriam ser transportados em navios franceses somente. Mesmo o açúcar bruto produzido nas colônias deveria ser refinado na pátria-mãe, e a França impunha pesadas tarifas sobre o açúcar refinado de origem colonial. "As colônias", dizia Colbert, "foram fundadas pela e para a Metrópole." Isso não era verdade. São Domingos foi criada pelos próprios latifundiários, e a falsidade daquela afirmação tornou a exploração mais difícil de ser suportada.

Em 1664, o Governo francês, de acordo com o costume da época, entregou os direitos de comércio com São Domingos a uma companhia privada. Mas os monopolistas não podiam, ou não queriam, enviar todos os bens que os latifundiários precisavam e cobravam deles aproximadamente o dobro daquilo que estavam acostumados a pagar. Os latifundiários se revoltaram e o Governo foi obrigado a relaxar as restrições. Em 1722, a mesma coisa aconteceu. Agentes receberam da companhia a concessão exclusiva do comércio africano como recompensa pelo abastecimento de São Domingos com dois mil negros todo o ano. Mas, por volta de 1720, os latifundiários precisavam de oito mil escravos por ano, e sabiam que, além de abastecê-los com apenas um quarto das suas necessidades, a companhia ainda aumentaria os preços. Houve outra insurreição. Os latifundiários detiveram o Governador e o puseram na prisão, e o Governador teve de modificar os privilégios da companhia. Os latifundiários viram-se colocados em xeque pelo Exclusivo para benefício da Metrópole, e à medida que a sua prosperidade aumentava as restrições tornavam-se cada vez mais intoleráveis. A dependência política da pátria-mãe estava então retardando o crescimento econômico de São Domingos. Os latifundiários queriam livrar-se dos seus grilhões da mesma maneira que as colônias americanas se livraram das algemas britânicas. Dessa forma, se os brancos ricos e os brancos pobres estavam em contínuo conflito entre si, eles estavam unidos contra os mulatos por um lado e contra a burguesia francesa por outro. Podiam perseguir os mulatos, mas contra a burguesia francesa eles não podiam fazer outra coisa que ficar furiosos. Pouco antes de 1789, a burguesia francesa era a força econômica mais poderosa da França, e o comércio de escravos e as colônias eram a base da sua riqueza e do seu poder.

O comércio de escravos e a escravidão foram a base econômica da Revolução Francesa. "Triste ironia da história humana", comenta Jaurès. "As fortunas criadas em Bordéus, em Nantes, pelo comércio de escravos, deram à burguesia aquele orgulho que necessitava de liberdade e contribuiu para a emancipação humana." Nantes era o centro do comércio de escravos. Já em 1666, 108 navios foram para a costa da Guiné e embarcaram 37430 escravos[16], com um valor total de mais de 37 milhões, dando à burguesia de Nantes de quinze a vinte por cento sobre o seu investimento. Em 1700, Nantes enviava cinquenta navios por ano para as Índias Ocidentais com carne bovina irlandesa salgada, linho para uso doméstico e vestimentas para os escravos e maquinaria para os engenhos de açúcar. Aproximadamente todas as indústrias que se desenvolveram na França durante o século XVIII tiveram a sua origem em bens e mercadorias destinados ou à costa da Guiné ou à América. O capital do comércio de escravos as fertilizava; embora a burguesia comercializasse outros produtos além de escravos, tudo o mais dependia do sucesso ou da falência do tráfico[17].

Alguns navios levavam, de passagem, vinho Madeira para os latifundiários e tartarugas secas de Cabo Verde para os escravos. Em troca, eles levavam de volta produtos coloniais para Nantes, de onde os navios holandeses os levavam para o norte da Europa. Alguns faziam a viagem de volta passando pela Espanha e por Portugal, trocando a sua carga colonial por produtos daqueles países. Sessenta navios de Rochelle e Oberon levavam o bacalhau salgado de lá para Nantes, donde seguia para o mercado do interior ou para as colônias para alimentar os escravos. O ano de 1758 viu a primeira indústria manufatureira de fazenda da Índia tecer o algodão bruto da Índia e das ilhas das Índias Ocidentais.

Os fazendeiros e os pequenos manufatureiros de São Domingos só poderiam se estabelecer por meio de capital adiantado pela burguesia marítima. Por volta de 1789, os comerciantes de Nantes sozinhos tinham cinquenta milhões investidos nas Índias Ocidentais.

---

16 Esta seção é baseada na obra de JAURÈS, *Histoire socialiste de la Révolution Française*, Paris, 1922, p. 62-84.

17 GASTON-MARTIN, *L'Ère des négriers (1714-1774)*, Paris, 1913, p. 424.

Bordéus tinha começado com a indústria de vinho, que dava aos construtores de navios e aos navegantes uma oportunidade de comerciar por todo o mundo; então veio a indústria de conhaque, que também abastecia os portos, mas que ia, sobretudo, para as colônias. Por volta da metade do século XVIII, dezesseis fábricas refinavam, todos os anos, dez mil toneladas de açúcar bruto originário de São Domingos, utilizando aproximadamente quatro mil toneladas de carvão de lenha. As fábricas locais supriam a cidade com potes, pratos e garrafas. O comércio era cosmopolita: flamengos, alemães, holandeses, irlandeses e ingleses iam viver em Bordéus, contribuindo para a expansão geral e acumulando fortunas para si próprios. Bordéus negociava com Holanda, Alemanha, Portugal, Veneza e Irlanda, mas a escravidão e o comércio colonial eram a fonte, a origem e o sustento da sua próspera indústria e do seu dilatado comércio.

Marselha era o grande centro do comércio mediterrâneo e do comércio oriental, e um decreto real no começo do século tentou excluí-la do comércio com as colônias. A tentativa fracassou. São Domingos era o centro especial do comércio de Marselha. Marselha enviava para lá não apenas os vinhos da Provença: em 1789 havia em Marselha doze refinarias de açúcar, aproximadamente o mesmo que em Bordéus.

Nos primeiros anos, muito do seu comércio era sustentado por navios fabricados no exterior e de propriedade de estrangeiros. Mas em 1730 a burguesia marítima começou a construir ela mesma. Em 1778, os donos de navios de Bordéus construíram sete navios; em 1784, construíram 32, completando um total de 115 em seis anos. Um dono de navio de Marselha, George Roux, poderia armar uma frota às suas próprias expensas com o objetivo de retaliar a frota inglesa devido às conquistas que esta havia conseguido.

Nantes, Bordéus e Marselha eram os principais centros da burguesia marítima, mas Orléans, Dieppe, Bercy-Paris e uma dúzia de outras cidades grandes refinavam açúcar bruto e tinham participação em indústrias derivadas[18]. Uma grande parte do couro trabalhado na França vinha de São Domingos. A florescente indústria de tecelagem de algodão da Normandia recebia o algodão bruto, em parte, das Índias Ocidentais, e em todas as suas ramificações o negócio do algodão ocupava uma população maior do que a de uma centena de cidades francesas. Em 1789, as

[18] DESCHAMPS, *Les Colonies pendant la Révolution*, Paris, 1898, p. 3-8.

trocas com as colônias norte-americanas representavam 296 milhões. A França exportou para as ilhas 78 milhões em farinha, carne salgada, vinho e tecidos. As colônias enviaram para a França 218 milhões em açúcar, café, cacau, madeira, anil e couro. Dos 218 milhões importados, apenas 71 milhões eram consumidos na França. O resto era exportado após processamento. O valor total das colônias representava três bilhões, e dela dependia a subsistência de um número de franceses que variava entre dois e seis milhões. Por volta de 1789, São Domingos era o mercado do Novo Mundo. Recebia em seus portos 1587 navios, um número maior que o de Marselha, e a França usava apenas para o comércio de São Domingos 750 grandes navios que empregavam 24 mil marinheiros. Em 1789, as exportações da Grã-Bretanha foram de 27 milhões de libras, e as da França, de 17 milhões de libras, das quais o comércio de São Domingos foi responsável por aproximadamente 11 milhões. O comércio colonial britânico em sua totalidade, naquele ano, somou apenas cinco milhões de libras[19].

A burguesia marítima não queria ouvir falar de nenhuma mudança no Exclusivo. Tinha a atenção do ministro e do Governo, e os latifundiários não foram apenas proibidos de negociar com países estrangeiros, mas a circulação da moeda francesa, com exceção da de menor valor, também estava proibida nas ilhas, para que não fosse usada para comprar mercadorias estrangeiras. Em tal sistema de comércio, os latifundiários estavam à mercê da burguesia. Em 1774, a sua dívida era de 200 milhões, e por volta de 1789 ela estava estimada entre 300 e 500 milhões[20]. Se os latifundiários queixavam-se do Exclusivo, a burguesia se queixava de que os latifundiários não queriam pagar os seus débitos, e exigia medidas de restrição ao contrabando.

O comércio colonial era muito grande para a burguesia francesa, apesar da sua riqueza. A burguesia britânica, a mais bem-sucedida de todas no comércio negreiro, vendia milhares de escravos contrabandeados todos os anos para os latifundiários franceses e particularmente para São Domingos. Mas, mesmo enquanto vendia os escravos para São Domingos, a burguesia

19 BROUGHAM, *The Colonial Policy of the European Powers*, Edimburgo, 1803, v. II, p. 538-40.

20 DESCHAMPS, *Les Colonies pendant...*, p. 25.

britânica assistia ao progresso dessa colônia com preocupação e inveja. Depois da independência dos Estados Unidos em 1783, essa espetacular colônia francesa repentinamente deu um salto que quase duplicou a sua produção entre 1783 e 1789. Naqueles anos, Bordéus sozinha investiu 100 milhões em São Domingos. A burguesia britânica era a grande rival da francesa. Durante todo o século XVIII elas lutaram em todas as partes do mundo. A francesa pulou de alegria em ajudar a expulsá-los dos Estados Unidos. São Domingos tornou-se, então, incomparavelmente a melhor colônia do mundo e as suas possibilidades pareciam ilimitadas. A burguesia britânica investigou a nova situação nas Índias Ocidentais e, com base no que viu, preparou uma bomba para os seus rivais.

Sem escravos, São Domingos estaria perdida. As colônias britânicas tinham escravos suficientes para todo o comércio que elas pudessem fazer. Com as lágrimas rolando em suas faces pelos negros sofredores, aqueles burgueses britânicos que não tinham interesse nas Índias Ocidentais prepararam um grande alvoroço para a abolição do comércio de escravos.

Uma raça venal de eruditos, exploradores da vaidade nacional, conspirou para obscurecer a verdade sobre a abolição. Até 1783, a burguesia britânica tinha como certo o comércio de escravos. Em 1773, e novamente em 1774, a Assembleia da Jamaica, temendo a insurreição e buscando aumentar a receita, taxou a importação de escravos. Com grande ira, a Junta Britânica de Comércio reprovou as medidas e disse ao Governador que ele seria exonerado se sancionasse uma proposta de lei como aquela[21]. Pessoas bem-intencionadas conversavam sobre a iniquidade da escravidão e do comércio de escravos, assim como pessoas bem-intencionadas, em 1938, conversavam sobre os problemas dos nativos na África ou sobre a miséria do camponês na Índia. O dr. Johnson brindou a iminente insurreição de escravos nas Índias Ocidentais. Membros desgarrados do Parlamento apresentaram projetos de leis para a abolição do comércio de escravos, os quais a Câmara rejeitou sem dar muita importância a eles. Em 1783, o lorde North rejeitou uma petição contra o comércio[22]: a petição foi uma demonstração de sentimentos cristãos e de compaixão humana etc. etc., mas o comércio era necessário. Entretanto, com a perda da colônia americana uma nova situação surgia.

21 *House of Commons: Accounts and Papers*, 1795-1796, v. 100.

22 *Parliamentary History*, XXIII, p. 1026-7.

Os britânicos deram-se conta de que pela abolição do sistema mercantil com a colônia americana eles ganhavam ao invés de perder. Era a primeira grande lição sobre as vantagens do livre comércio. Mas, se a Grã-Bretanha ganhava, as Índias Ocidentais sofriam. A ascendente burguesia industrial, tateando o caminho para o livre comércio e uma maior exploração da Índia, começou a insultar as Índias Ocidentais, chamando-as de "rochas estéreis"[23], e perguntou se o interesse e a independência da nação deveriam ser sacrificados por causa de 72 mil mestres e 400 mil escravos[24].

A burguesia industrial começava, assim, o seu ataque, o qual seria vitorioso, sobre o monopólio agrícola que culminaria na revogação das Leis do Milho em 1846. Os produtores de açúcar das Índias Ocidentais eram monopolistas cujos métodos de produção proporcionavam um alvo fácil, e Adam Smith[25] e Arthur Young[26], os precursores da nova era, condenavam o princípio total do trabalho escravo como sendo o mais caro do mundo. Além disso, por que não obter açúcar da Índia? A Índia, depois da perda da colônia americana, assumiu uma nova importância. A experiência britânica com açúcar em Bengala recebeu relatórios brilhantes e, em 1791, o primeiro carregamento de navios chegou[27]. Em 1793, o sr. Randle Jackson pregaria aos acionistas da companhia um pequeno sermão sobre a nova orientação. "Parecia que a Providência, quando nos tomaram a colônia americana, não deixaria o seu povo favorito sem um amplo substituto. Quem poderá dizer que a Providência não nos tirou um membro para demonstrarmos mais seriamente o valor de um outro."[28] Certamente não era uma boa teologia, mas era uma excelente política econômica. Pitt e Dundas viram uma oportunidade de tomar o mercado continental da França no açúcar da Índia. Havia o algodão e o anil. A produção de algodão da Índia dobrou em poucos anos. O trabalho livre na Índia custava um vintém por dia.

---

23 *The Right in the West Indian Merchants to a Double Monopoly of the Sugar Market of Great Britain, and the expedience of all monopolies examined.* (s. d.)

24 CHALMERS, *Opinions on Interesting Subjects of Law and Comercial Policy arising from American Independence*, Londres, 1784, p. 60.

25 SMITH, *A riqueza das nações*, v. I, p. 23. "Concluímos da experiência de todas as eras e nações... que o trabalho feito por homens livres torna-se mais barato no final do que aquele realizado por escravos."

26 YOUNG, *Annals of Agriculture*, 1788, v. IX, p. 88-96. "A cultura do açúcar realizada por escravos é a espécie mais cara de trabalho do mundo."

27 *East India Sugar*, 1822, apêndice I, p. 3.

28 *Debate on the Expediency of cultivating sugar in the territories of the East India Company*, East India House, 1793.

Mas os interesses estabelecidos das Índias Ocidentais eram fortes. Os homens de Estado não agem tendo como base apenas a especulação; e essas possibilidades, por si só, não poderiam explicar nenhuma súbita mudança na política britânica. O milagroso crescimento de São Domingos é que foi decisivo. Pitt constatou que aproximadamente metade dos escravos importados pelas ilhas britânicas eram vendidos nas colônias francesas[29]. Era o comércio britânico de escravos, portanto, que estava fazendo crescer a produção colonial francesa e colocando o mercado europeu nas mãos da França. A Grã-Bretanha estava cortando a sua própria garganta. E mesmo os lucros dessa exportação não deveriam durar.

Já poucos anos antes, os comerciantes de escravos tiveram um prejuízo de 700 mil libras em um só ano[30]. Os franceses, procurando prover a si próprios de escravos, estavam invadindo a África e aumentando a sua parte no comércio de escravos a cada ano. Por que continuariam a comprar da Grã-Bretanha? A Holanda e a Espanha estavam fazendo o mesmo. Por volta de 1786, Pitt, um discípulo de Adam Smith, viu claramente a luz. Pediu a Wilberforce para encarregar-se da campanha[31].

Wilberforce representava a importante divisão de Yorkshire; tinha uma grande reputação, e tudo aquilo sobre humanidade, justiça, a mancha no caráter nacional etc. etc., soaria bem, vindo dele. Pitt tinha pressa. Era importante levar o comércio a uma completa parada, rápida e repentinamente. Os franceses não tinham nem o capital nem a organização para compensar a deficiência de uma vez, e São Domingos seria arruinada de um golpe só. Em 1787, ele advertiu Wilberforce de que, se este não apresentasse a moção, alguém mais o faria[32], e em 1788 informou o Gabinete que não permaneceria mais nele com aqueles aos quais se opunha[33]. Pitt estava bem certo de ter sucesso na Inglaterra. Com uma audácia verdadeiramente britânica, tentou persuadir os governos europeus a abolirem o comércio por causa da sua desumanidade. O Governo francês discutiu a proposta

29 *Report of the Comitee of Privy Council for Trade and Plantations*, 1789, parte IV, Tables for Dominica and Jamaica. Ver também as estatísticas de Dundas de 18 de abril de 1792.

30 CLARKSON, *Essay on the Impolicy of the African Slave Trade*, Londres, 1784, p. 29.

31 COUPLAND, *The British Anti-Slavery Movement*, Londres, 1933, p. 74.

32 COUPLAND, *Wilberforce*, Oxford, 1923, p. 93.

33 *Fortescue MSS.* (Comissão para Manuscritos Históricos, Museu Britânico.) De Pitt a Grenville, 29 de junho de 1788. v. I, p. 342.

amigavelmente, mas, por volta de maio de 1789, o embaixador britânico escreveu com tristeza que foi como se toda a negociação com o Governo francês tivesse sido apenas para "fazer-nos uma cortesia e manter-nos calados e de bom humor"[34]. Os holandeses, menos polidos, deram uma negativa mais abrupta. Porém, Pitt recebeu um grande golpe de sorte. A França estava então agitada pelos ataques pré-revolucionários a todos os abusos evidentes; e, um ano após ter sido formada na Grã-Bretanha a Sociedade Abolicionista, um grupo de liberais na França, Brissot, Mirabeau, Pétion, Condorcet, o padre Gregório e todos os grandes nomes dos primeiros anos da Revolução seguiram o exemplo britânico e formaram uma sociedade: os Amigos dos Negros. O espírito condutor era Brissot, um jornalista que tinha visto a escravidão nos Estados Unidos. A sociedade visava à abolição da escravidão, publicava um jornal e agitava. Isso servia aos britânicos como uma luva. Clarkson foi a Paris para estimular "as energias adormecidas"[35], deu-lhes dinheiro e supriu a França com propaganda antiescravagista[36]. Apesar dos nomes que viriam a se tornar tão famosos e de uma ampla filiação, devemos tomar cuidado em pensar que os Amigos dos Negros representavam uma força. Os habitantes da colônia levavam-nos a sério; a burguesia marítima, não. Foi a Revolução Francesa que, com uma rapidez inesperada, arrastou esses franceses eloquentes para fora da sua estimulante empolgação de propaganda filantrópica e os colocou face a face com a realidade econômica.

Essas eram então as forças que, na década precedente à Revolução Francesa, ligavam São Domingos ao destino econômico de três continentes e aos conflitos sociais e políticos daquela era em gestação. Um comércio e um método de produção tão cruéis e tão imorais definhariam diante daquela publicidade que uma grande revolução atira sobre as fontes da riqueza. O poderoso Governo britânico determinou a ruína do comércio nas Antilhas, agitando em casa e conspirando na França entre homens que, sem o saber, cedo teriam poderes em suas mãos. O mundo colonial (ele próprio dividido) e a burguesia francesa, cada um agindo de acordo com os seus próprios propósitos e inadvertidos do perigo que se aproximava, afastavam-se um do outro

34 *Liverpool Papers.* (Manuscritos adicionais, Museu Britânico.) De lorde Dorset a lorde Hawkesbury. v. 38224, p. 118.

35 R. I. e S. WILBERFORCE, *Life of Wilberforce*, Londres, 1838, v. I, p. 228.

36 *Cahiers de la Révolution Française*, Paris, 1935, nº III, p. 25.

ao invés de se aproximarem. Não um líder corajoso, muitos líderes corajosos eram necessários, mas a ciência da História não era o que é hoje em dia e nenhum homem naquela época poderia prever, como podemos fazê-lo hoje, a sublevação que estava por ocorrer[37]. Mirabeau, de fato, disse que os habitantes da colônia dormiam à beira do Vesúvio, mas durante séculos a mesma coisa vinha sendo dita e os escravos nunca haviam feito nada.

Como poderia alguém seriamente temer uma colônia tão maravilhosa? A escravidão parecia eterna e os lucros aumentavam. Nunca antes, e talvez nunca depois, o mundo veria algo proporcionalmente tão deslumbrante como os últimos dias da São Domingos pré-revolucionária. Entre 1783 e 1789, a produção praticamente dobrou. Entre 1764 e 1771, a média de importação de escravos variava entre dez e quinze mil. Em 1786, era de 27 mil e, de 1787 em diante, a colônia passaria a adquirir mais de quarenta mil escravos por ano.

Mas a prosperidade econômica não é garantia de estabilidade social. Esta reside no equilíbrio entre as classes, que muda constantemente. Foi a prosperidade da burguesia que iniciou a Revolução Inglesa do século XVII. Com cada salto na produção, a colônia marchava para a sua ruína.

O enorme aumento no número de escravos estava enchendo a colônia de nativos africanos, mais ressentidos, mais obstinados, mais prontos para uma rebelião do que o crioulo. Do meio milhão de escravos na colônia em 1789, mais de dois terços haviam nascido na África.

Esses escravos estavam sendo usados para a abertura de novas terras. Não havia tempo para permitir o período de aclimatação, conhecido como sazonamento, e eles morriam como moscas. Dos primeiros dias da colônia até a metade do século XVIII, foi ocorrendo alguma melhora no tratamento dos escravos, mas esse enorme número de recém-chegados, que tinham de ser quebrantados e aterrorizados para trabalhar e submeter-se, causava um medo cada vez maior e um aumento do rigor. Em 1784, os administradores, que visitavam uma das vendas de escravos, que algumas vezes serviam como mercado no lugar do tombadilho do navio negreiro onde os escravos eram normalmente negociados, pintaram um quadro revoltante de mortes e moribundos misturados à sujeira. O caso Le Jeune ocorreu em 1788. Em 1790, De Wimpffen relatou que nenhum artigo do Código Negro era de fato obedecido. Ele mesmo uma vez sentou-se a

---

37 Escrito em 1938.

uma mesa com uma mulher, bela, rica e muito admirada, que havia mandado atirar um cozinheiro descuidado ao forno.

O problema de alimentar esse enorme crescimento na população escrava tornava a luta entre os latifundiários e a burguesia marítima, em torno do Exclusivo, mais amarga do que nunca. Os latifundiários, depois de 1783, rasgaram uma pequena brecha na camisa de força que os prendia. Uma vez sentido o cheiro de sangue, queriam a carne.

Os mulatos educados em Paris durante a guerra dos Sete Anos tinham voltado para casa, e sua educação e suas realizações encheram os latifundiários de ódio, inveja e medo. Foram esses últimos anos que viram a mais violenta legislação ser lançada contra eles. Proibidos de ir para a França, onde aprendiam coisas que não eram boas para eles, permaneciam em casa para aumentar a força da insatisfação.

Com o crescimento do comércio e dos lucros, o número de latifundiários que podiam se dar ao luxo de deixar as suas propriedades a cargo de administradores aumentou. Por volta de 1789, somando-se à burguesia marítima, havia um grande grupo de proprietários absentistas na França, ligados à aristocracia pelo matrimônio, para quem São Domingos não era mais que uma fonte de receitas para ser gasta em Paris, na vida luxuriosa da Paris aristocrática. Tão longe penetraram esses parasitas na aristocracia francesa que um memorando de São Domingos para o Rei diria: "Senhor, sua corte é crioula," sem distorcer muito a verdade.

A prosperidade afetou até mesmo os escravos. Um número cada vez maior deles podia poupar dinheiro, comprar a liberdade e entrar para a terra prometida.

Essa era a São Domingos de 1789, a mais lucrativa colônia que o mundo jamais conhecera; para o olhar casual, a mais próspera e florescente possessão na face da terra; para o analista, uma sociedade dilacerada pelas contradições internas e externas que em quatro anos poderia ter a sua estrutura fendida em tantos pedaços que não poderiam nunca ser reunidos novamente[38].

Foi a burguesia francesa que acendeu o pavio. Essa estranha sociedade de São Domingos não passava de um exagero berrante, uma grotesca caricatura

38 Paródia dos versos da canção de ninar de Humpty Dumpty, o homem-ovo, que, ao cair do muro, quebrou a cabeça em tantos pedaços que não poderiam nunca ser colocados no lugar novamente. (N. do T.)

do *ancien régime*[39] da França. A burocracia realista, incompetente e esbanjadora não poderia administrar as finanças da França: a aristocracia e o clero chuparam o sangue do campesinato até a última gota; impediram o desenvolvimento do país; apossaram-se vorazmente dos melhores lugares e consideravam a si próprios quase tão superiores à capaz e vigorosa burguesia quanto os fazendeiros brancos em relação aos mulatos.

Mas a burguesia francesa também era orgulhosa, e nenhum de seus membros era mais orgulhoso do que a burguesia marítima. Vimos a sua riqueza. Eles sabiam que eram os fundamentos da prosperidade do país. E estavam-no comprando da aristocracia. Construíam grandes escolas e universidades, liam Voltaire e Rousseau, enviavam seu linho para as colônias para ser lavado e obter a coloração certa e o perfume e mandavam seu vinho para duas ou três viagens de ida e volta às colônias para dar-lhe o verdadeiro sabor. Eles, assim como os outros burgueses, irritavam-se por causa das suas desvantagens sociais; o estado caótico da administração francesa e das finanças francesas os obstruíram e aos seus negócios. Um duro inverno, em 1788, entornou o caldo. A monarquia já estava falida e a aristocracia fez uma oferta para recuperar o seu antigo poder; os camponeses começaram a se revoltar e a burguesia viu que havia chegado a hora para ela governar o país, de acordo com o modelo britânico, em colaboração com os seus aliados, a aristocracia radical. Na agitação, na qual a Revolução Francesa começou, a burguesia marítima tomou a frente. A burguesia de Dauphiné e da Bretanha, com seus portos em Marselha e Nantes, atacou a monarquia mesmo antes da abertura oficial dos Estados-gerais; e Mirabeau, o primeiro líder da Revolução, era o deputado por Marselha.

Por todo o país, os *cahiers*[40], ou listas de queixas, rebentavam. Mas o povo francês, como a vasta maioria dos europeus atuais, tinha muitas das suas próprias queixas para se preocupar com o sofrimento dos africanos, e apenas poucos *cahiers*, principalmente de clérigos, exigiam a abolição da escravatura. Os Estados-gerais reuniram-se. Mirabeau, Pétion, o prefeito de Paris, o padre Gregório, Condorcet e todos os membros da Amigos dos Negros eram deputados. Todos prometiam a abolição. Mas abolição para a

---

39 Em francês, no original. Antigo Regime, ou seja, a monarquia. (N. do T.)

40 Em francês, no original. Cadernos onde eram anotadas as reivindicações da população para serem levadas aos Estados-gerais. (N. do T.)

burguesia marítima significava ruína. No momento, entretanto, os Estados-gerais atracavam-se com o Rei.

Enquanto a burguesia francesa liderava o ataque contra a monarquia absolutista em casa, os fazendeiros seguiam o exemplo nas colônias. E, como na França, as divisões geográficas de São Domingos e seu desenvolvimento histórico moldavam o movimento revolucionário e a iminente insurreição dos escravos.

O orgulho da colônia era a grande Planície do Norte, da qual Le Cap era o porto principal. Ao norte fazia fronteira com o oceano e ao sul com uma cadeia de montanhas que corria quase todo o comprimento da ilha e tinha por volta de 35 quilômetros de comprimento e entre seis e doze quilômetros de largura. Cultivada desde 1670, era coberta de fazendas que facilmente davam uma para a outra. Le Cap era o centro econômico, social e político da ilha. Em qualquer levante revolucionário, os fazendeiros da Planície do Norte e os mercadores e advogados de Le Cap tomariam a frente. (Mas os contingentes de escravos da Planície do Norte, em estreita proximidade uns com os outros, rapidamente tomavam consciência das várias mudanças na situação política e estariam, correspondentemente, prontos para uma ação política.)

Muito diferente era a Província Ocidental, com as suas fazendas isoladas espalhadas por amplas áreas. Em distritos como Artibonite, Verretes, Mira-belais e São Marcos, havia muitos proprietários mulatos, alguns com grandes fortunas.

A Província do Sul era uma espécie de pária, algo escassamente povoado, tendo o mulato como maioria. O lado oriental, Cabo Tiburón, ficava a apenas uns 35 quilômetros da Jamaica e lá o contrabando era particularmente forte.

Já em 1788, a Província do Norte tomou a liderança. Formou um comitê secreto para assegurar a representação nos Estados-gerais. Em Paris, o grupo dos nobres ricos absentistas formava um comitê com o mesmo propósito. Os dois grupos colaboraram e os nobres de Paris se recusaram a aceitar o veto do Rei. No final de 1788, os latifundiários convocaram assembleias eleitorais e elegeram uma delegação, algumas das quais consistiam de aliados seus em Paris. Em seu *cahier* exigiam a abolição da justiça militar e a instituição de um poder judiciário civil; que toda a legislação e as taxas a serem votadas pelas assembleias provinciais estivessem sujeitas apenas à aprovação do Rei e de um Comitê Colonial reunido em Paris, mas eleito por eles. Ao restringir os direitos políticos dos proprietários de terra, os fazendeiros efetivamente excluíram os brancos pobres, que tinham pouco interesse em toda essa agitação. Dos escravos e mulatos, nem sequer fizeram menção. Os escravos não contavam, e os mulatos conseguiram permissão da amedrontada burocracia para enviar uma delegação a Paris às suas próprias custas. Mas um número de fazendeiros na colônia e uma boa quantidade em Paris, o Clube Massiac[41], encaravam esse desejo de ser representado nos Estados-gerais com desconfiança. A agitação pela abolição do comércio de escravos na Inglaterra, a propaganda dos Amigos dos Negros, a disposição revolucionária da França encheram-nos de pressentimentos. A representação nos Estados-gerais por um pequeno número de deputados não surtiria nenhum efeito, mas poderia atrair o brilho da publicidade e despertar o interesse político sobre o estado da sociedade em São Domingos: exatamente o que eles não queriam. Mas, se o grupo de pró-representação era minoria, com uma meta positiva eles passariam a ser intrépidos e confiantes. Os seus oponentes, com a consciência pesada e procurando apenas evitar problemas, não poderiam opor a eles uma resistência efetiva. A representação colonial na Assembleia da metrópole era uma inovação nunca vista naquela época, mas os representantes de São Domingos, aproveitando-se do fermento revolucionário de Paris, contornavam as objeções do Rei e do ministro. Eles peticionaram à nobreza, que os ignorou. Mas, quando Luís tentou intimidar o Terceiro Estado e os deputados foram para a sala do jogo da pela[42] jurar que como representantes do povo eles nunca se separariam, Gouy d'Arsy, líder da facção colonial, com arrojo liderou os seus nobres coloniais até essa reunião histórica. Por gratidão a esse apoio inesperado, a burguesia deu-lhes as boas-vindas e, então, a França admitiu o princípio da representação colonial. Cheios de confiança, esses donos de escravos reivindicavam dezoito cadeiras, mas Mirabeau voltou-se ferozmente para eles: "Vós reivindicais representação proporcional ao número de habitantes. Os negros livres são proprietários e pagam impostos, mas ainda não tiveram permissão de votar. E, quanto aos escravos, ou eles são homens, ou não o são; se os latifundiários

41 Clube organizado em torno do barão de Massiac, da região da Provença de mesmo nome. (N. do T.)

42 *Tennis court*, no original, ou quadra de tênis, devido ao fato de o jogo da pela ser semelhante ao tênis. No dia 20 de junho de 1789, os deputados do Terceiro Estado reuniram-se na sala do *Jeu de Paume* (jogo da pela), onde prestaram o juramento conhecido como *Serment du Jeu de Paume*, no qual seus membros se comprometiam "a jamais se separarem (...) até que seja estabelecida a Constituição...". (N. do T.)

os considerarem homens, libertá-los-ão e farão deles eleitores e elegíveis; se acaso não o considerarmos como tal, teremos nós, ao distribuir os deputados de acordo com a população da França, que considerar o número dos nossos cavalos e das nossas mulas?".

São Domingos tinha direito a apenas seis deputados. Em menos de cinco minutos, o grande orador liberal colocou o caso dos Amigos dos Negros claramente, diante de toda a França, em palavras inesquecíveis. Os representantes de São Domingos perceberam por fim o que eles haviam feito: tinham atrelado as fortunas de São Domingos à assembleia de um povo em revolução e dali em diante a história da liberdade na França e da emancipação em São Domingos seria una e indivisível.

Inadvertidos desses desenvolvimentos de vulto, os latifundiários de São Domingos caminhavam de vitória em vitória. Como na França, os últimos meses de 1788 em São Domingos haviam sido difíceis. A França fora obrigada a proibir a exportação de grãos e, sob tais circunstâncias, o Exclusivo era uma imposição despótica que ameaçava a ilha com a fome. O Governador abriu alguns portos para navios estrangeiros; o intendente Barbé de Marbois concordou com umas pequenas aberturas para começar, mas recusou sancionar a sua ampliação. O problema chegou ao conselho do Rei, que repudiou o Governador, exonerou-o e indicou outro para o seu lugar, enquanto os latifundiários pediam a cabeça do intendente. Essa era a situação quando, em um dia de setembro, um barco adentrou o porto e o capitão, desembarcando apressadamente, correu pelas ruas de Le Cap, gritando as novas do 14 de julho[43]. O Rei estivera preparando a dispersão da Assembleia Constituinte pela força, e as massas de Paris, armando-se, tomaram a Bastilha, que era um símbolo da reação feudal. A grande Revolução Francesa havia começado.

---

43 Queda da Bastilha: início da revolução popular. (N. do T.)

III
PARLAMENTO E PROPRIEDADE

Aproximadamente todos os crioulos em São Domingos ostentavam uma cocarda vermelha[1], sendo os principais agitadores aqueles fazendeiros mais pesadamente endividados com a burguesia marítima. A milícia transformou-se em uma Guarda Nacional, imitando a Guarda Nacional da França[2] revolucionária. Os latifundiários dotaram-se de uniformes chamativos e condecorações militares; denominavam-se capitães, brigadeiros e generais. Linchavam os poucos que se lhes opunham abertamente e, não tendo inimigos contra quem lutar, acabavam por inventar algum. Um destacamento da Guarda Nacional marchava de Le Cap em campanha contra alguns pretos rebeldes e, após ter errado por várias horas, retornou à cidade com um dos seus mortalmente ferido, não pelos pretos rebeldes, pois não havia nenhum, mas pelas balas de seus próprios companheiros. Quando, dois anos mais tarde, estourou a insurreição, os primeiros chefes foram aqueles negros que haviam servido de guias nessa estúpida expedição.

Para escapar de serem linchados, Barbé de Marbois e alguns dos mais impopulares burocratas fugiram para a França e, desafiando o Governador, o Comitê Provincial reivindicou a direção dos assuntos e começou a fazer preparativos para uma eleição na Província do Norte. Em janeiro de 1790, chegou uma permissão do ministro para formar uma Assembleia Colonial, e três corpos provinciais convocaram essa Assembleia para a cidade de São Marcos.

O Governador de Peynier era velho e fraco, mas mesmo um homem forte teria ficado em dificuldades. Porque a monarquia absoluta, paralisada pela Revolução em Paris, não poderia mais dar apoio aos seus representantes nas colônias. Os brancos pobres, assim que ouviram falar da queda da Bastilha, desertaram seus amigos burocratas e se juntaram à Revolução. Havia apenas

1 Insígnia redonda usada no chapéu. A vermelha era símbolo da Revolução. (N. do T.)

2 Exército de cidadãos que substituiu o Exército do Rei, depois da Revolução. (N. do T.)

uma esperança para os burocratas: os mulatos; e o Governador instruíra os comandantes dos distritos a adotar uma nova atitude para com eles. "Tornou-se mais necessário do que nunca não lhes dar motivos para se sentirem ofendidos; devemos encorajá-los e tratá-los como amigos e como brancos."[3] Começava a retroceder o preconceito racial. Embora possa ser triste, esse é o caminho por onde a humanidade progride. Os oradores de festas e os historiadores fornecem a prosa poética e as flores.

O plano teve um sucesso formidável e os mulatos, apenas por causa do medo que tinham da violência assassina dos brancos pobres e dos revolucionários, em toda a parte sustentavam a burocracia real e militar. A cobiça fortalecia o preconceito. No começo da agitação, os brancos, que naquele ensejo controlavam o movimento, fizeram concessões aos mulatos ricos. Mas o ingresso dos brancos pobres mudou completamente a situação. Os inflamados, e altamente endividados, políticos que estavam, a partir de então, liderando a revolta em São Domingos e os brancos pobres, destituídos de posses, queriam exterminar os mulatos e confiscar-lhes as propriedades. Os brancos eram apenas trinta mil. Os mulatos e os negros livres contavam com o mesmo número, mas que aumentava muito mais rapidamente do que o de brancos. Amargurados pela perseguição, eles chamavam os brancos de intrusos e a si mesmos de nacionais. Os revolucionários espalhavam que, a menos que os mulatos fossem controlados, logo seriam mais numerosos do que os brancos e os expulsariam das colônias. Naquela ocasião, os mulatos estavam se unindo à contrarrevolução.

Próximo do final do ano, chegaram as notícias do sucesso dos mulatos em Paris. No dia 22 de outubro, a Assembleia Nacional os recebera e o presidente, em resposta à petição deles, dissera que nenhuma parte da nação apelaria pelos seus direitos em vão para os representantes reunidos na Assembleia do povo francês. No dia 4 de dezembro, o conde Charles de Lameth, um dos faróis da Revolução naqueles dias, com um entusiasmo revolucionário proferiu estas palavras famosas:

"Sou um dos maiores proprietários de terras em São Domingos, mas declaro-vos que prefiro perder tudo que possuo lá do que violar os princípios que a justiça e a humanidade consagraram. Declaro-me tanto

---

3 MICHEL, *La Mission du Général Hédouville à Saint-Domingue*, Porto Príncipe, Haiti, 1929, v. I, p. 11-2.

pela admissão dos mestiços nas assembleias administrativas como pela libertação dos negros!".

Não apenas direitos políticos para os mulatos, mas abolição da escravatura. Essas notícias levaram São Domingos à fúria. Como poderiam eles saber que tais palavras foram proferidas em um sentido pickwickiano[4]; que Lameth, um liberal da ala direita, seria um dos mais tenazes inimigos tanto dos direitos políticos dos mulatos como da abolição da escravatura? Os mulatos começaram a ser aterrorizados.

Lacombe, um mulato, reivindicou direitos políticos e sociais para o seu povo. Os brancos de Le Cap enforcaram-no imediatamente, justificando que, ao encabeçar a petição com "Em nome do Pai, do Filho e do Espírito Santo", ele fugira da fórmula estabelecida. M. de Baudière, um senescal de cabelos brancos, esboçou uma petição moderada para alguns dos mulatos tentando melhorar o *status* destes. Os brancos do distrito vizinho lincharam-no, desfilando com a sua cabeça em um chuço, e desrespeitosamente mutilaram o seu cadáver. Os líderes desse terror eram os brancos pobres: os administradores e capatazes das fazendas e as massas da cidade. Em algumas freguesias do Norte, os latifundiários brancos haviam convocado os mulatos para as assembleias primárias. Os brancos pobres rejeitaram a participação deles e o seu exemplo gradualmente se difundiu pelo país onde esses brancos pobres gozavam de assentos em assembleias das quais os ricos proprietários de cor eram excluídos. Uma assembleia primária da Província Ocidental chegou a declarar que os homens de cor não teriam permissão de prestar juramento civil sem adicionar à formulação geral a promessa de respeito para com os brancos.

Os mulatos do Artibonite e Verrettes, ricos e numerosos, recusaram-se a prestar todo e qualquer juramento e espalharam o chamado pela insurreição aos seus irmãos pela ilha. Os brancos apelaram para todas as suas forças e o levante fracassou. Mas os colonos mais ricos ficaram completamente assustados. Os líderes dos mulatos fugiram e houve apenas poucas prisões. Apesar do estridente clamor dos brancos pobres, os ricos latifundiários não tentaram nenhuma represália. Contudo, por todo o país e especialmente na Província Ocidental, eles estavam ficando nervosos com o comportamento dos brancos pobres. Estes, antes respeitosos, por um momento sentiam-se lisonjeados pelo fato de serem tratados como iguais. Mas eles estavam avançando, ávidos de

4 Referente ao romance de CHARLES DICKENS, *As aventuras do sr. Pickwick.* Frase cujo sentido é diferente daquele que parece. (N. do T.)

usar a revolução para o propósito de se tornarem mestres e funcionários graduados. Nas eleições para a nova assembleia, usaram de intimidação e violência contra os brancos mais ricos na tentativa de obter maioria. Os latifundiários ricos começaram a olhar mais para a até então odiada autoridade real e em direção a um compromisso com a outra casta de proprietários de escravos, os mulatos ricos. São Domingos tinha recebido as notícias da queda da Bastilha em setembro. Então, quase seis meses depois, na presença dos brancos pobres revolucionários e dos revolucionários extremistas na Assembleia Colonial, a rica São Domingos estava seguindo os burocratas e se aproximando cada vez mais dos mulatos ricos. Deus havia feito, indubitavelmente, o sangue negro inferior ao branco; o Exclusivo era uma monstruosa imposição; a burocracia, um fardo. Mas esses proprietários de centenas de escravos estavam já preparados para fechar os olhos para o velho dogma centenário da sua casta, em face dos perigos que viam pela frente.

A Assembleia Colonial, diz Deschamps, acreditava sinceramente ser uma assembleia constituinte em miniatura. Mas os grosseiros brancos de São Domingos não tinham sequer uma centelha daquele sentimento exaltado que levou a burguesia revolucionária além para dignificar a tomada do poder com a Declaração de Independência ou dos Direitos do Homem. Eles não desperdiçaram tempo, mas deram seguidos golpes no Exclusivo, repudiando o controle da Assembleia Nacional. E deviam obediência apenas ao Rei. Mas, aqui, seus problemas começaram.

A Assembleia da Província do Norte era composta principalmente de advogados e comerciantes de Le Cap que representavam os grandes interesses comerciais e financeiros da burguesia marítima. Para eles, qualquer ruptura com a França significava a ruína. Sob essa nova constituição, os homens de São Marcos dariam a última palavra a respeito dos milhões de francos que deviam à França. E, quando a Assembleia de São Marcos passou um decreto condenando a usura dos comerciantes e advogados de Le Cap, a Assembleia Provincial do Norte (claro que com o mais elevado patriotismo) rompeu com São Marcos imediatamente, retirando-se com seus membros. Mas, ainda que eles se opusessem à Assembleia de São Marcos, os homens da Planície do Norte eram, eles mesmos, burgueses ligados à burguesia marítima da França e, portanto, defensores da Revolução e inimigos da burocracia real. São Domingos, então, tinha três partidos brancos: a burocracia real, ou seja, a contrarrevolução, que se tornava cada vez mais forte à medida que os ricos colonos se retiravam da Assembleia de São Marcos; a própria Assembleia de São Marcos, os patriotas, como eles chamavam a si próprios; e a Assembleia Provincial, que assistia a ambos os lados, mas ora apoiando o Governo como um elo com a França. Todos os três desprezavam os mulatos bastardos, mas precisavam deles. A Assembleia Provincial do Norte começara fazendo-lhes propostas. A burocracia monarquista estava claramente cultivando boas relações. A Assembleia de São Marcos fazia então investidas em troca do apoio na luta pela independência[5].

Os mulatos não lhes dariam ouvidos e, como consequência, os patriotas voltaram a acreditar que homens livres de cor eram contrários às leis de Deus e do homem e deveriam ser exterminados. Para eles, nesse humor feroz, chegou um decreto do dia 8 de março, emitido pela Assembleia Constituinte na França.

A burguesia francesa tinha de encarar a questão colonial em algum momento, mas evitava o problema tanto quanto podia.

Em setembro de 1789, a delegação dos mulatos dirigiu-se ao Clube Massiac e pediu o apoio dos brancos para os direitos que ela estava por exigir da Assembleia Nacional. O Clube Massiac rejeitou a petição. Mas aqueles habitantes da colônia também queriam independência e secretamente tentaram barganhar com Raimond, o líder dos mulatos: os direitos dos mulatos em troca do apoio à independência[6]. Raimond recusou. Tudo então dependia da Assembleia Nacional. Mas os brancos da colônia juravam que a concessão de direitos aos mulatos significaria a ruína das colônias, e a burguesia não queria que isso acontecesse. De repente, as massas parisienses entraram novamente na política, deram aos mulatos uma base inabalável para as suas reivindicações e completaram a confusão colonial da burguesia.

A tomada da Bastilha no 14 de julho fez mais do que intimidar o Rei e a Corte. Assustou a burguesia, que se apressou em formar a Guarda Nacional, excluindo dela estritamente os pobres. Mas a burguesia apressou-se

5 Delegado Roume ao Comitê de Segurança Pública, *Les Archives du Ministère des Affaires Étrangères. Fonds divers, section Amérique*, nº 14, *folio* 258. Ver também em relação a isso Garran-Coulon, *Rapport sur les troubles de Saint-Domingue, fait au nom de la Comission des colonies, des Comités de Salut Publique, de Législation, et de la Marine, réunies*, 4 volumes, Paris, 1798, v. II, p. 7-8.

6 GARRAN-COULON, *Rapport sur les troubles de Saint-Domingue...*, v. II, p. 6.

também para lucrar com o golpe dado contra a monarquia. Redigiu a Declaração dos Direitos do Homem e do Cidadão, afirmando que todos os homens nasciam livres e iguais e abolindo a distinção de castas do feudalismo para sempre. A Constituinte votou a versão final quase por unanimidade, mas o Rei não a assinaria e secretamente preparava a contrarrevolução. Essas notícias chegaram a Paris e as massas, principalmente as mulheres, marcharam em direção a Versalhes. Ainda confiando no Rei, levaram-no a Paris (longe, como pensavam, dos seus mal-intencionados conselheiros) e a Assembleia acompanhou-o. Novamente derrotado e mais uma vez não pela burguesia e sim pelo povo, o Rei assinou. Era o começo de outubro, e quinze dias depois, no dia 22 de outubro, os mulatos apareciam às portas de uma Câmara ainda ecoando a famosa declaração e reivindicavam os Direitos do Homem.

A burguesia não sabia o que fazer nem o que dizer. Raimond, o líder, era um distinto advogado parisiense; Ogé era membro da Amigos dos Negros e amigo do padre Gregório, de Brissot, do marquês de Condorcet e de todo aquele grupo brilhante. Tal era o seu talento, que se dizia sobre ele que não havia posição à qual ele não pudesse aspirar. Como poderia uma Assembleia que mal havia aprovado os Direitos do Homem recusar-se a aliviar essas pessoas das injustiças que estavam sofrendo? Baseavam suas reivindicações não apenas em questões abstratas, mas na riqueza, e ofereceram seis milhões como caução para a dívida nacional. Era uma proposta irrefutável, e o presidente deu-lhes cordiais, se bem que cautelosas, boas-vindas. Mas os homens da colônia, em Paris, não aceitavam nada disso. Ameaçavam a burguesia com o espectro de uma revolta de escravos, por um lado, e com a sua própria independência, por outro; e a burguesia marítima, temerosa pelos seus milhões em investimentos e pelo seu comércio, corava, mas colocava os Direitos do Homem no bolso sempre que a questão colonial vinha à baila. Desgraçadamente para si mesma, a burguesia não era homogênea e a ala radical na Câmara patrocinou a causa dos mulatos. A Assembleia, até então unânime sobre os Direitos do Homem, dividiu-se em duas: a extrema direita e a extrema esquerda, com os vacilantes no centro.

À direita estavam os deputados da colônia, os proprietários absentistas e os representantes da burguesia marítima, com todas as suas ramificações. Os colonos estavam buscando a independência, ou pelo menos uma boa medida de autonomia, para quebrar o Exclusivo e livrar-se da burocracia monárquica. A burguesia marítima, em harmonia com eles no ataque à burocracia, estava determinada a manter do Exclusivo tanto quanto pudesse. Ambos os partidos concordavam sobre a necessidade daquilo que eles chamavam de "ordem" nas colônias, e os colonos, como homens conscientes, diziam que a "ordem" só poderia ser mantida se os mulatos fossem colocados nos seus devidos lugares. Na Assembleia, os deputados coloniais disseram o mínimo possível, abstendo-se em todas as resoluções, atrasando todas as discussões que tratassem das colônias; acusavam os Amigos dos Negros de servirem a interesses estrangeiros, negando que mulatos e negros livres sofressem injustiças e jurando que todas as injustiças aos mulatos e aos negros livres seriam reparadas nas assembleias coloniais. Conspiravam junto à burguesia marítima para impedir que mulatos e negros voltassem a São Domingos, e também ampliaram essa proibição aos brancos que eram simpáticos à causa dos mulatos. Quando se queixavam ao ministro, este replicava que não havia dado ordens para evitar o livre acesso, mas que não tinha autoridade para interromper esse constrangimento. Não era a última vez na História que a contrarrevolução e o interesse dos ricos na revolução encontrariam um terreno comum no problema colonial.

Do outro lado, estavam os radicais, os humanitários e os filósofos, os intelectuais do momento, liderados pelos Amigos dos Negros. Considerados sonhadores e homens pouco práticos, a solução que propunham, ou seja, direitos aos mulatos e gradual abolição da escravatura, serviria melhor aos interesses da França e, o tempo prová-lo-ia, aos interesses dos próprios homens da colônia. Mas quando foi que a propriedade deu ouvidos à razão, senão quando intimidada pela violência? Contra a riqueza, as ligações e as intrigas sem escrúpulos dos interesses estabelecidos, mesmo os propagandistas mais radicais estavam indefesos. A sua força residia nas massas, e as massas de Paris ainda não estavam interessadas na questão colonial, mesmo que dessem um apoio geral às reivindicações dos mulatos.

Mas, com exceção das tíbias tentativas dos Amigos dos Negros, todos conspiravam no sentido de se esquecer dos escravos.

No começo, a direita tinha o controle da situação, mas a questão colonial frequentemente dividia a burguesia, embaraçava-a, aniquilava sua moral e enfraquecia sua capacidade de lidar com os grandes problemas domésticos que enfrentava. Com as palavras de Mirabeau soando em seus ouvidos, os colonistas queriam que as questões coloniais fossem removidas da discussão geral e propuseram que deveriam ser transferidas para uma comissão colonial, que consistiria de dez mercadores e dez habitantes. A assembleia terminou em desordem. No dia 3 de dezembro, iniciou-se um grande debate e o movimento pela comissão foi derrotado. No dia seguinte, Charles de Lameth fez o seu grandiloquente discurso, e doravante a concessão de direitos aos mulatos seria encarada como o primeiro passo rumo à abolição da escravatura.

No dia 30 de janeiro de 1790, os mulatos, patrocinados pelos Amigos dos Negros, fizeram uma nova petição. "Protestantes, comediantes, judeus, parentes de criminosos", todos receberam os seus direitos políticos da Assembleia. Os mulatos, porém, continuavam excluídos. A Assembleia fez ouvidos moucos, mas por volta de fevereiro as notícias de São Domingos, Martinica e Guadalupe eram tão sinistras que no dia 2 de março a Assembleia nomeou uma comissão para ir até os documentos e emitir um parecer em cinco dias. Era exatamente nisso que o Clube Massiac, os deputados da colônia e a burguesia marítima estavam apostando e tinham tudo preparado. A comissão, desinteressada em aparecer, consistia de doze membros, dez dos quais representavam alguns ramos do comércio colonial. E, para completar, os intrigantes apontaram Barnave para presidente.

Barnave é uma das grandes figuras da Revolução Francesa. Era burguês até a medula, um advogado com uma inteligência clara e fria. Para ele, uma vez que a burguesia obtivesse a Constituição e tivesse limitado os privilégios, a Revolução estaria terminada. Como todo verdadeiro burguês, tinha um imenso respeito pelo sangue azul e real. Era íntimo dos Lameths e vivia na casa deles, e por meio deles mantinha uma relação bem próxima com os absentistas e com o Clube Massiac. O Clube Massiac não poderia encontrar melhor advogado. Barnave era hábil debatedor e popular. Ainda o cercava a publicidade revolucionária de umas poucas palavras apaixonadas sobre os que haviam morrido nos dias de julho. O Clube Massiac mantinha seus olhares sobre ele há muito tempo. Em fevereiro, o presidente do Clube enviou a Barnave um memorando sobre a questão colonial, que este havia pedido, e assim ocorreu que, nomeado em 2 de março, ele tinha o seu relatório pronto em 8 de março. Naquele dia, falando para a Comissão, propôs tudo o que qualquer habitante da colônia sensato poderia esperar. Estes deveriam ter permissão de elaborar a sua própria Constituição e modificar o Exclusivo, sujeitando ambos à aprovação da Assembleia Nacional. Ao esboçar o decreto, as palavras "escravo" e "mulato" não foram utilizadas, pois a Assembleia não suportaria escutá-las. Mas Barnave colocou os "colonistas e as suas propriedades" sob a guarda especial da nação, e os escravos eram propriedades. O decreto também declarava culpado de crime contra a nação qualquer um que tentasse se opor a qualquer ramo do comércio com as colônias, direta ou indiretamente. Isso era um aviso aos Amigos dos Negros e deu o *quietus* oficial para todas as conversas a respeito da abolição do tráfico. Entusiasmada por tal sabedoria e sensibilidade, a burguesia interrompeu a leitura do decreto com aplausos, e Mirabeau, Pétion e os outros deputados da esquerda que tentaram invocar os Direitos do Homem foram silenciados com gritos. Os conservadores radicais de São Domingos se opuseram ao decreto pois este não lhes garantia o bastante, mas a Assembleia rejeitou-o com arrogância.

Os Amigos dos Negros haviam sido derrotados, mas eles aprontavam--se para o debate a respeito das instruções que acompanhariam o decreto. Barnave, na sua fala inicial e nas próprias instruções, não fez nenhuma referência à candente questão dos direitos dos mulatos e dos negros libertos. A Assembleia lutava duramente para passar por cima desse problema embaraçoso, mas o padre Gregório quebrou a conspiração do silêncio. O artigo 4 das instruções dava o voto a "todas as pessoas" de 25 anos que preenchessem certas qualificações como proprietários e residentes. Gregório dizia entender que isso incluía os mulatos. Um deputado por São Domingos protestou. Um outro deputado propôs que a discussão fosse encerrada. De Lameth, o mesmo que havia gorjeado tão alto três meses antes, concordou que a "proposta indiscreta" de Gregório não deveria ser discutida, e a Câmara decidiu mesmo não a discutir. A burguesia, não querendo enfrentar o problema, enviou esse decreto ambíguo a São Domingos e ficou esperando pelo melhor.

O decreto de 8 de março provocou gritos de raiva nos revolucionários de São Marcos. O artigo 4 dizia "pessoas" e eles provaram que os mulatos não eram pessoas: se pessoas significam homens, então o decreto incluía escravos. Dar direitos a esses mulatos era o mesmo que assinar sua própria sentença de morte, pois esses amigos da burocracia contrarrevolucionária inundariam uma nova assembleia. Juraram que nunca dariam direitos políticos a uma "raça bastarda e degenerada" e lançaram um novo terror contra os mulatos. Mas os burocratas estavam ganhando coragem. Muitos dos deputados de São Marcos estavam eles próprios se afastando, indignados com as pretensões de seus companheiros e com medo das consequências.

Dos 212 membros originais, menos da metade permaneceu. Percebendo que aumentava o número daqueles que os apoiavam, os realistas decidiram acabar com a revolução em São Domingos, e De Mauduit, o comandante das tropas, marchou contra os Patriotas.

A Assembleia de São Marcos não tinha forças com as quais pudesse contar. No ancoradouro de Porto Príncipe havia um navio, o *Léopard*, cuja tripulação tinha sido convertida para o Partido Patriota pela Municipalidade. Indefesos diante das tropas de De Mauduit e encarando a aniquilação, 85 patriotas, dos quais 64 eram pais de família, decidiram embarcar no *Léopard* e ir para a França para defender sua causa pessoalmente. A burocracia, usando as cocardas brancas dos realistas, permaneceu como senhora da situação, e todos os partidos decidiram esperar para ouvir o que a França tinha a dizer. Enquanto isso, todos afiavam as suas facas. Era evidente que a justiça política estava do lado dos batalhões mais fortes. Os mulatos, que gostariam de usar as cocardas brancas dos realistas, foram proibidos pelos burocratas triunfantes. Rejeitados na França, humilhados em casa, os mulatos organizaram uma revolta. Foi o conflito entre a burguesia e a monarquia que levou as massas de Paris para o cenário político. Foi o conflito entre brancos e mulatos que despertou os escravos adormecidos.

Se não foi instigado pelos Amigos dos Negros, pelo menos foi com o acordo deles que Ogé deixou Paris para liderar a revolução em São Domingos. E para isso ele foi ajudado e instigado por ninguém menos do que Clarkson[7].

Ogé entrou secretamente em Londres, onde encontrou-se com Clarkson[8]. Lá, obteve dinheiro e crédito para comprar armas e munições nos Estados Unidos. Desembarcou em São Domingos no dia 21 de outubro de 1790, e acompanhado de seu irmão e de Chavannes, um dos muitos mulatos que

7 LACROIX, *Mémoires pour servir à l'histoire de la Révolution de Saint-Domingue*, Paris, 1819, V. 1, p. 54-5.

8 Clarkson não ajudaria a organizar uma revolta de mulatos em uma colônia britânica. Ainda assim, era um homem muito sincero, mas a sinceridade de muitos abolicionistas não está sendo questionada aqui. Os missionários não conformistas e as suas congregações foram, sem dúvida nenhuma, motivados por interesses humanitários, aguçados pela sua própria hostilidade em relação à escravidão fabril e às leis de caça. Mas sem Pitt, e os interesses que ele representava, que sucesso eles teriam?

haviam lutado na guerra de independência norte-americana, ele ergueu o estandarte da revolta.

Mas Ogé era um político cujos talentos eram inadequados para a tarefa que tinha pela frente. Milhares de mulatos estavam esperando pelo sinal do líder. Em vez disso, ele proferiu duas proclamações grandiloquentes, não para os que o apoiavam, mas para as autoridades em Le Cap, perguntando sobre a promulgação do decreto de 8 de março. Em vez de ameaçá-los com o levante dos escravos, pois era um bom liberal, assegurou-lhes de antemão que não tinha nenhuma intenção de fazê-lo e apelou para os interesses comuns de brancos e mulatos, já que ambos eram proprietários de escravos. Ogé não cometeu nenhum crime, mas Chavannes massacrou um pequeno número de brancos. Os cocardas vermelhas e brancas juntaram-se. Os mulatos, por todo o país, foram impedidos de se agrupar devido às fortes chuvas e inundações. Mas o impetuoso Ogé lançou-se com algumas centenas de homens sobre Le Cap. Foi derrotado e com alguns companheiros fugiu para território espanhol, de onde foi extraditado.

Os brancos torturaram Ogé e seus companheiros em um julgamento que durou dois meses. Condenaram-nos a ser conduzidos pelo carrasco até a porta principal da igreja com a cabeça descoberta, amarrados por uma corda em volta do pescoço e dos joelhos, com velas de cera nas mãos, a confessar seus crimes e implorar perdão; em seguida, seriam levados à praça de armas, onde teriam seus braços, pernas e cotovelos quebrados em um patíbulo, depois do que seriam amarrados em rodas, com seus rostos voltados para o céu, permanecendo assim por tanto tempo quanto Deus quisesse mantê-los vivos. Seriam então decapitados e os seus bens e propriedades confiscados. A segregação racial seria mantida, até mesmo na morte. A sentença determinava que seriam executados no lado oposto da praça àquele onde eram supliciados os brancos. Chavannes, o soldado, suportou sem nenhum murmúrio, mas Ogé cedeu e implorou clemência. Dois dias depois, o irmão de Ogé sofreu o mesmo destino e outros 21 foram enforcados. Treze deles foram enviados às galés para o resto da vida. Toda a Assembleia Provincial assistiu à execução cerimoniosamente. O brilhante Ogé e seu êxito em Paris tinham sido o orgulho de todos os mulatos de São Domingos, e a maldade do seu julgamento e da sua execução foi uma lembrança marcada a ferro e fogo na memória dos mulatos.

Foi a notícia da tortura e morte de Ogé que deu a toda a França a consciência plena da questão colonial. Até então, a burguesia francesa não havia se perturbado por nenhuma pressão das massas. A Constituinte recusou-se a aceitar o protesto dos homens do *Léopard* e dissolveu a Assembleia de São Marcos; ordenou a eleição de uma nova Assembleia e expediu dois regimentos para ajudar o Governador. Mas, nas instruções, ainda era deixado para os habitantes da colônia o destino dos mulatos. Todos os brancos de São Domingos, fossem contrários ou a favor da independência, estavam unidos em um ponto: a manutenção da escravidão. Direitos para mulatos, hoje? Significava direitos para os escravos amanhã. Eles combateram a questão do mulato como se fosse o posto avançado do seu precioso grupo de escravos. A burguesia francesa entendeu o ponto de vista deles e, calando os Amigos dos Negros na Câmara, intimidou o centro e manteve o *status quo* colonial. Mais uma vez, as massas parisienses romperam a frente de reação e levaram a Revolução adiante.

A grande burguesia havia quase acabado com a Revolução. A Constituição que eles elaboraram dividia as massas em: ativa, aqueles que tinham uma qualificação de propriedade; e passiva, o pobre que havia lutado nas ruas. Os distritos, associações das massas, foram abolidos, e a Guarda Nacional burguesa impôs um rigoroso policiamento a Paris. As massas foram acorrentadas e amordaçadas; e sem as massas os democratas radicais eram meras vozes.

Se o Rei e a Rainha fossem simples abstrações políticas e não seres de carne e osso, teriam vivido e morrido como monarcas constitucionais com um poder imenso. Mas eles consideravam todas as concessões meramente temporárias e planejaram sem cessar com as potências estrangeiras uma intervenção armada. O povo o sabia, como o povo sempre sabe durante uma revolução, e por volta do mês de abril de 1791 as massas de Paris estavam mais uma vez na ofensiva. No dia 18 de abril, Luís e sua família quiseram deixar Paris em direção a Saint-Cloud. Por duas horas, uma grande multidão recusou-se a deixar a carruagem passar, e a família real teve de retornar. Nesses dias turbulentos, chegaram as notícias do martírio de Ogé. Paris, fermentando, recebia essas notícias em fúria revolucionária. Logo, uma tragédia onde Ogé era representado como herói seria encenada para casas cheias. Quando, no dia 7 de abril, a questão colonial chegou de novo ante a Câmara, o padre Gregório tomou a palavra e exigiu um adiamento de quatro dias para preparar um debate. Moreau de Saint-Méry logo se opôs, exigindo uma votação imediata à moda antiga. Mas aquilo não iria funcionar por muito tempo. A proposta pelo adiamento foi aceita e uma data fixada. Por fim, a burguesia estava cara a cara com a questão colonial.

O debate foi um dos maiores que a Constituinte já vira. Robespierre despertou os deputados para o fato de que estavam participando de um jogo perigoso em tão flagrante violação dos princípios sobre os quais as suas próprias posições se assentavam:

"Se eu suspeitasse que entre aqueles que se opuseram aos direitos dos homens de cor houvesse alguém que odiasse a liberdade e a Constituição, eu acreditaria que eles estariam simplesmente buscando caminhos e meios para atacar com sucesso os vossos decretos e os vossos princípios. Sempre que é levantada uma questão em que os interesses da metrópole são de imediato concernentes, eles nos dizem: 'vós defendeis sem cessar os Direitos do Homem, mas acreditais neles tão pouco que santificastes a escravidão constitucionalmente' [houve murmúrios na Assembleia]. O supremo interesse da nação e das colônias é em que continueis livres e em que não derrubeis com as próprias mãos os fundamentos da liberdade. Pereçam as colônias [interrupções violentas] se o preço for a vossa felicidade, a vossa glória e a vossa liberdade[9]. Repito: que pereçam as colônias se os seus habitantes desejarem, com ameaças, forçar-nos a decretar o que é mais conveniente aos seus interesses. Declaro, em nome da Assembleia, em nome daqueles membros desta Assembleia que não desejam derrubar a Constituição, em nome de toda a nação, a qual deseja a liberdade, que nós não sacrificaremos aos deputados coloniais a nação, nem as colônias, nem a humanidade inteira".

Foi magnífico, mas não era a abolição. Era apenas a palavra escravidão que Robespierre objetava, não a coisa em si. Todos concordaram em deixar aquilo de lado, ainda que estivesse nas mentes de todos.

Raimond, admitido na tribuna do Parlamento para falar por seu povo, declarou cruamente que aos mulatos deveriam ser dados direitos para que se unissem aos brancos com a finalidade de manter os escravos submissos.

Hora após hora, discurso e discussão, insulto e aplauso comprovaram a magnitude de interesses que se presumia estarem em jogo e a profundidade das paixões desencadeadas. O debate durou quatro dias, com toda a Paris política tomando partido. Entre os espectadores, os representantes comerciais da burguesia marítima ocupavam um lugar especial. Escreviam

---

9 Robespierre nunca disse: "Pereçam as colônias antes que os nossos princípios". Era uma mentira típica da reação, e durou até os nossos dias.

notas para os oradores, faziam gestos de discordância ou de aprovação e, por conta do seu prestígio e da experiência que tinham nos negócios, exerciam uma enorme influência sobre os deputados desinformados e indecisos. Mas todos os corpos populares, os jacobinos[10], os Amigos da Constituição, etc., detestavam o Clube Massiac e sua vergonhosa propaganda a favor da escravidão; as bases políticas estavam entusiasticamente a favor dos mulatos: a defesa dos Direitos do Homem no exterior significava a defesa deles em casa. A força dos partidos estava bem equilibrada e a votação das resoluções e emendas favorecia ora um lado, ora outro. Por fim, na manhã do quarto dia, com os deputados esgotados e incapazes de chegar a uma decisão, Rewbell levantou-se e propôs um acordo. Todo mulato cujos pais fossem ambos livres teria direito a voto. Havia apenas quatrocentos deles, mas isso parecia ser uma saída. O acordo proposto foi levado adiante por uma maioria esmagadora e os espectadores aplaudiram uma dura vitória, pequena em si, mas com implicações de longo alcance. Uma vez que um homem de cor obtivesse os seus direitos, a vitória do resto seria apenas uma questão de trabalho e de tempo.

O rico só está derrotado quando foge para salvar a pele. Sem experiência em revoluções, a burguesia não expurgara os escritórios ministeriais, onde os burocratas realistas ainda tinham assento e tramavam pela restauração do poder real. Os deputados coloniais escreveram para a Constituinte declarando a intenção de não assistir a quaisquer outras sessões e conspiraram com os burocratas para sabotar o decreto. Após muitas semanas, a Constituinte descobriu que, desde o dia em que o decreto fora promulgado, a maior parte da Comissão Colonial vinha se recusando a continuar com os trabalhos. Novos deputados, nomeados para executar a decisão da Câmara, relataram que eles não participariam de uma Comissão cujo objetivo principal era o de se opor à decisão que eles estavam encarregados de cumprir. O decreto mofou nos escritórios do ministro e na noite de 20 de junho a Revolução teve um refluxo, o que proporcionou a oportunidade para Barnave e seus amigos.

Luís, depois de haver completado seus planos de invasão da França no comando da contrarrevolução europeia, fugiu para Varennes, deixando para

10 Clube que se reunia no Convento dos Jacobinos, formado por revolucionários que sustentaram a Junta de Salvação Pública e Robespierre. Foi dissolvido definitivamente em 1799. O termo jacobinismo se refere a uma opinião democrática avançada, por oposição ao liberalismo, mais moderado. (N. do T.)

trás um documento no qual repudiava a Constituição à qual ele havia jurado obedecer. O perjúrio da família real ficava então patente para todas as criaturas na França, incluindo as massas que, advertidas por Marat, ficaram sabendo que isso estava para acontecer e fizeram o possível para evitá-lo. A burguesia estava farta das massas se intrometendo na política e, quando o Rei fugiu, ela estava muito mais preocupada com Paris do que com o traiçoeiro monarca. Nessa grande crise, Barnave surgiu como seu líder e como o seu representante mais verdadeiro. Ele lembrou à Assembleia do que havia acontecido no 14 de julho (o dia em que a Revolução rebentara e colocara esses senhores onde eles estavam). A burguesia deve armar-se, não contra o Rei, mas para colocar as massas no seu devido lugar. Ele chamou os cidadãos às armas, ou seja, a Guarda Nacional burguesa. Sob a firme orientação de Barnave, a Constituinte transferiu o poder executivo para si própria.

Se o povo estivesse vigiando Luís, ele nunca teria escapado, e assim foi o povo que o pegou antes que ele pudesse fazer contato com os inimigos de seu país. Barnave foi mandado como um dos membros da Comissão que deveria levar o Rei de volta a Paris, e esse típico burguês ofereceu seus serviços à Rainha na carruagem: a Paris revolucionária era o inimigo comum. No dia 22 de junho, um deputado proferiu a frase: "O Rei e a Família Real foram sequestrados...". A Constituinte preferia que o povo acreditasse que o Rei agira contra a sua própria vontade. Os radicais tentaram protestar. A Constituinte não queria escutá-los e acompanhou Barnave.

Mas existem épocas nas quais não se pode enganar o povo, e ele invadiu as ruas, dia após dia, exigindo que o Rei perjuro deveria sair. No 14 de julho, segundo aniversário da tomada da Bastilha, as massas se juntaram no Campo de Marte para apresentar uma petição para a deposição do Rei, e a Guarda Nacional burguesa, sob o comando de Lafayette, disparou contra elas. Na presença do povo revolucionário, a reação cerrou fileiras. Marat teve que se refugiar. Danton fugiu para Londres. Barnave, os irmãos Lameths, Malouet e Vaublanc (estes dois últimos tentaram provar que os escravos eram felizes) juntaram-se aos Feuillants[11] ou partido do Rei e dominaram a Assembleia. Em agosto, chegaram cartas do Governador Blanchelande relatando em pormenores a violenta recepção do decreto de maio pelos habitantes da colônia. Blanchelande, que recebia instruções do Clube Massiac, ficou

11 Sociedade política de constitucionais que se reunia em um convento da Ordem de Cister cujos religiosos eram conhecidos como Feuillants. Entre seus membros, encontravam-se Lafayette, André Chénier e Mirabeau. (N. do T.)

do lado deles e predisse as calamidades que deveriam se seguir se o decreto fosse cumprido quando comunicado oficialmente: Barnave e seus amigos estavam ainda tentando impedir o despacho. Um novo ministro deu ordens estritas para que ele fosse enviado de uma vez. Os funcionários da Câmara Municipal foram persuadidos a desobedecer; por causa disso, o decreto nunca chegou oficialmente a São Domingos; os comissários que deveriam fazer com ele fosse cumprido nunca chegaram. Petições e protestos foram enviados de São Domingos. Petições (muitas delas, fictícias) chegaram também das cidades marítimas. Com a Paris revolucionária intimidada e submetida do lado de fora, os democratas na Câmara perderam a influência. O centro estava sob a influência dos Feuillants, e na última semana de existência da Constituinte, Barnave, que não frequentava a Comissão Colonial desde a derrota do dia 15 de maio, apareceu na tribuna e propôs a revogação do decreto de maio.

"Esse regime", disse Barnave, "é absurdo, mas está estabelecido e uma pessoa não pode manipulá-lo grosseiramente sem desatar a maior das desordens. Esse regime é opressivo, mas dá sustento a vários milhões de franceses. Esse regime é bárbaro, mas um barbarismo ainda maior resultará se interferirmos nele sem o necessário conhecimento."

A hipocrisia burguesa é, não raro, a mais verdadeira das sabedorias, e um grande império e mentes honestas adoecem juntos. Barnave era honesto, mas tolo. Em vez de seguir o exemplo de seus amigos do outro lado do canal e de se atrever a dizer que a Constituinte estava retendo os direitos no interesse dos próprios mulatos, ele, com cada palavra, exasperava a Constituinte e dava munição aos inimigos em Paris e em São Domingos. Mas a Assembleia, na defensiva contra a revolução, rendeu-se e em 24 de setembro revogou o decreto de 15 de maio. Em 28 de setembro, outro decreto ordenou a partida de novos comissários para São Domingos, e no dia 29 a Constituinte deixaria de se reunir.

A questão colonial não era um dos interesses de menor importância da Assembleia Constituinte. Longe de ser uma assembleia de teóricos e visionários como os conservadores gostam de retratá-los, os representantes políticos da burguesia eram sensatos homens de negócio; sensatos demais, pois não tinham preconceitos de cor. Tinham uma profunda vergonha das injustiças que estavam perpetuando, mas, estando a ponto de perder tanto, deixaram-se apavorar pelos deputados coloniais. Devido a essa covardia, pagaram caro, no país e no exterior. Era a questão colonial que desmoralizava a Constituinte. Jaurès, que era tão fraco quanto aos eventos coloniais, mas tão forte nas assembleias parlamentares, esboçou essa desmoralização com a profunda percepção de um grande parlamentar. Até então, diz Jaurès, a burguesia revolucionária tinha sido razoavelmente honesta[12]. Se eles [os burgueses] tivessem limitado os privilégios, ao menos teriam agido com clareza. Mas, para evitar conceder aos mulatos os Direitos do Homem, tiveram de apelar a um recurso tão baixo e a negociações tão escusas que destruiriam a sua integridade revolucionária. Foi a consciência pesada da Constituinte sobre a questão colonial que a colocou à mercê dos reacionários quando Luís fugiu. "Sem dúvida nenhuma, se não fosse pelos compromissos de Barnave e do seu partido sobre a questão colonial, a atitude geral da Assembleia após a fuga para Varennes teria sido diferente." Mas não eram os mulatos quem eles temiam, eram os escravos. A escravidão corrompera a sociedade de São Domingos e tinha então corrompido a burguesia francesa no primeiro entusiasmo e orgulho da sua herança política.

A reação triunfou. Mas as etapas de uma revolução não são decididas nos parlamentos, são apenas ali registradas. Os radicais concentravam as suas forças no Clube Jacobino, que conduziria a Revolução à conclusão. Barnave e os Lameths foram, durante muito tempo, oráculos do clube, mas um dia depois do encerramento da Constituinte o clube os expulsou pelo fato de terem tomado partido a favor de se privar os mulatos dos Direitos do Homem. A ruptura, iminente desde o massacre no Campo de Marte, estava aberta.

Mas, enquanto isso, e os escravos? Eles ouviam falar da Revolução e conceberam-na à sua própria imagem: os escravos brancos da França se levantaram e mataram os seus senhores e, assim, passaram a gozar os frutos da terra. Isso era grosseiramente impreciso, de fato, mas eles haviam apanhado o espírito da coisa. Liberdade, Igualdade e Fraternidade. Antes do final do ano de 1789, houve levantes em Guadalupe e na Martinica. Já em outubro, em Forte Dauphin, um dos futuros centros da insurreição de São Domingos, os escravos estavam se agitando e realizando reuniões de

12 JAURÈS, *Histoire socialiste...*, v. II, p. 225-6.

massas nas florestas durante a noite. Na Província do Sul, observando a luta entre os seus senhores a favor e contra a Revolução, eles mostraram sinais de inquietação. Em algumas fazendas isoladas houve movimentos. Todos sangrentamente reprimidos. Literatura revolucionária circulava entre eles. Mas os habitantes da colônia estavam, eles próprios, dando um exemplo melhor do que o de todos os panfletos revolucionários que chegavam à colônia. De Wimpffen perguntou-lhes se não tinham medo de travar perpétuas discussões sobre liberdade e igualdade diante dos escravos. Mas a sua própria disposição era violenta demais para ser contida. A facilidade que tinham em recorrer às armas, linchar, assassinar e mutilar os mulatos e os inimigos políticos estava mostrando aos escravos como se adquiria e se perdia a liberdade e a igualdade.

Nenhum dos homens que deveriam liderar seus irmãos para a liberdade estava em atividade nesse momento, até onde sabemos. Dessalines, já com quarenta anos, servia como escravo para o seu senhor negro. Christophe ouvia as conversas no hotel onde trabalhava mas não tinha ideias construtivas. Toussaint lia sozinho seu Raynal: "Um chefe corajoso é tudo o que é preciso". Ele diria mais tarde que, desde a época em que os problemas surgiram, sentia-se destinado às grandes coisas. Exatamente o que, todavia, ele não sabia; ele e seus irmãos escravos apenas assistiam aos seus senhores destruindo-se a si próprios, da mesma forma que os africanos assistiram, de 1914 a 1918, e assistirão novamente, sem ter de esperar muito[13].

Mas a São Domingos branca não estava pensando nos escravos em 1791, nem sequer pensava muito nos mulatos, exceto quando era para linchar e para roubar. A fraqueza do Governo desencadeou a rivalidade entre os brancos ricos e pobres e, em torno das palavras de ordem de liberdade e igualdade, cocardas brancas e vermelhas lutavam pela supremacia com a violência peculiar dos proprietários de escravos e o temperamento inflamado dos trópicos. Em março, dois regimentos de soldados eram aguardados em São Domingos para ajudar o Governador a manter os patriotas em ordem. Os habitantes de Porto Príncipe preparavam-se meticulosamente para conquistá-los do Governo realista. Abriram os cafés para eles, saudaram-nos com música e danças e farta comida e bebida, dizendo-lhes que o Governo era a contrarrevolução, como de fato o era. Os soldados se recusaram a

13 Escrito, lembremos, em 1938. (N. da E.)
A Segunda Grande Guerra começou em 1939. (N. do T.)

obedecer aos seus comandantes e ao Governador, e uniram-se ao Partido Patriota. Os soldados de De Mauduit, ainda leais, sob o fogo cruzado da população e dos recém-chegados da França, foram apanhados no ardor revolucionário. Voltando-se contra De Mauduit, eles o assassinaram e mutilaram seu corpo, sem lhe poupar nenhuma indignidade. Hostis como os brancos pobres e os patriotas eram em relação aos mulatos ricos, não desprezavam a aliança com os mulatos patriotas. Uma mulata que segurou os pés de De Mauduit para que a cabeça dele pudesse ser mais facilmente cortada foi recompensada com a direção do hospital. Rigaud, um líder dos mulatos que fora feito prisioneiro por De Mauduit, foi libertado pela população. Uma nova municipalidade assumiu as funções do Governo, e um desertor maltês, cujo nome era Pralotto, assumiu o comando da artilharia. As freguesias da Província Ocidental aceitaram o novo Governo e De Blanchelande, o Governador, fugiu para Le Cap, onde os comerciantes e advogados o tomaram como um potencial prisioneiro.

Tudo isso ocorreu em março de 1791, porém algo mais havia acontecido. Os soldados franceses, ao desembarcar em Porto Príncipe, deram o abraço fraternal a todos os mulatos e negros, dizendo-lhes que a Assembleia na França declarara que todos os homens eram livres e iguais. Em várias partes perto de Porto Príncipe os negros estavam se armando e rebelando-se. De um golpe, apareceram com tamanha força e determinação que foram necessários a *maréchaussée* e todos os proprietários nas vizinhanças para suprimi-los. Os proprietários coloniais tinham de atirar e de ir à carga, e os escravos não se renderiam até que os seus líderes estivessem caídos. Uma dúzia foi enforcada. O enforcamento teria resolvido tudo, e o marquês de Caradeu, um rico fazendeiro, comandante da Guarda Nacional de Porto Príncipe, conquistou a admiração dos seus companheiros, proprietários de escravos, devido ao seu vigor e à engenhosidade como propagandista do enforcamento: "Se houver algum problema em matá-los, tudo o que temos a fazer é chamar Caradeu, que já fez cinquenta cabeças rolarem na Fazenda Aubry (...) e para que todos soubessem disso espetou-as em chuços ao longo das cercas da sua fazenda, ao modo das palmeiras". Para homens como aqueles, as notícias do Decreto de Maio dando direitos a quatrocentos mulatos era um perigoso sintoma e uma afronta inenarrável. Linchavam os mulatos, pisoteavam a bandeira francesa, abjuravam a França e não podiam sequer mencionar a palavra França ou franceses sem praguejar e amaldiçoar. A nova Assembleia, que deveria substituir a dissolvida Assembleia de São Marcos, reuniu-se em Léogane no começo de agosto e passou uma série de resoluções designadas para assegurar a independência. Para ficar mais perto do centro dos acontecimentos, os membros decidiram transferir-se para Le Cap, onde estava o Governador. Mas alguns dos deputados nunca chegariam lá, sendo assassinados no caminho por negros rebelados do Norte. Esses, por sorte sua, não tinham deputados em Paris escutando promessas de parlamentares e enfraquecendo a sua vontade. Negligenciados e ignorados pelos políticos de todas as marcas e gêneros, eles se organizaram à sua própria maneira e lutaram pela liberdade, finalmente.

IV
AS MASSAS DE SÃO DOMINGOS COMEÇAM

Ê! Ê! Bomba! Heu! Heu!
Canga, bafio té!
Canga, mouné de lé!
Canga, do ki la!
Canga, do ki la!
Canga, li!

Os escravos trabalhavam na terra e, como os camponeses revolucionários de qualquer lugar, desejavam o extermínio de seus opressores. Mas, trabalhando e vivendo juntos em grupos de centenas nos enormes engenhos de açúcar que cobriam a Planície do Norte, eles estavam mais próximos de um proletariado moderno do que qualquer outro grupo de trabalhadores daquela época, e o levante foi, por essa razão, um movimento de massas inteiramente preparado e organizado. Pela dura experiência, aprenderam que esforços isolados estavam condenados ao fracasso, e nos primeiros meses de 1791, dentro e nos arredores de Le Cap, eles estavam se organizando para a revolução. O vodu[1] era o meio da conspiração. Apesar de todas as proibições, os escravos viajavam quilômetros para cantar, dançar, praticar os seus ritos e conversar; e então, desde a Revolução, escutar as novidades políticas e traçar os seus planos.

Boukman, um *papaloi* ou alto-sacerdote[2], um negro gigantesco, era o líder. Como capataz de uma fazenda, acompanhava a situação política tanto entre os brancos como entre os mulatos. Por volta do final de julho de 1791, os negros de Le Cap e arredores estavam prontos e aguardando.

1 Palavra de origem duvidosa, provavelmente daomeana, que designaria as boas e as maléficas divindades. O vodu é um sincretismo religioso similar ao candomblé no Brasil. (N. do T.)

2 Alto-sacerdote: cargo equivalente ao de bispo na Igreja católica. A grande sacerdotisa é denominada *mamaloi.* O sacerdote que conduz o culto é o *hougan* enquanto a sacerdotisa é conhecida por *mambo.* (N. do T.)

O plano foi concebido em escala massiva e eles visavam ao extermínio dos brancos e à tomada da colônia para si. Havia talvez doze mil escravos em Le Cap, seis mil dos quais eram homens. Uma noite, nos subúrbios e nos arrabaldes de Le Cap, os escravos estavam prontos para atear fogo às plantações. Ao avistarem o fogo, os escravos da cidade massacrariam os brancos, e os escravos da Planície do Norte completariam a destruição. Eles haviam percorrido um longo caminho desde o esquema dos envenenamentos em massa de Mackandal.

O plano não foi inteiramente bem-sucedido. Mas quase. O alcance e a organização dessa revolta mostram que Boukman foi o primeiro daquela linhagem de grandes líderes que os escravos deveriam lançar em tal profusão e rapidez durante os anos que se seguiriam. Que tão ampla conspiração não fosse descoberta até que tivesse estourado é um testemunho da solidariedade dos escravos. No começo de agosto, os escravos em Limbé, que seria daí até o final da revolução um dos centros da tormenta, levantaram-se prematuramente e foram esmagados. Essa revolta de Limbé mostrou que era perigoso demorar. Três dias depois, representantes das freguesias de toda a Planície reuniram-se para fixar a data. Deputados, a caminho de Le Cap para a primeira sessão na Assembleia Colonial, a começar no dia 25 de agosto, encontraram um bando de escravos na estrada que os ofenderam e até mesmo os agrediram. No dia 21 de agosto, foram feitos alguns prisioneiros e De Blanchelande, o Governador, interrogou-os pessoalmente no dia seguinte. Não obteve muito deles, mas entendeu, vagamente, que estava para haver algum tipo de levante. Tomou precauções para proteger a cidade dos seus escravos e ordenou que patrulhas cobrissem os arrabaldes. Mas esses brancos menosprezavam demais os escravos para acreditar que fossem capazes de organizar um movimento em larga escala. Não conseguiram obter dos prisioneiros os nomes dos líderes; e que tipo de precauções eles poderiam tomar contra os milhares de escravos em centenas de plantações? Parte da ralé branca em Le Cap, sempre pronta para pilhar e saquear, foi denunciada como estando ligada a algum tipo de trama. De Blanchelande estava mais interessado nesses do que nos negros.

Na noite do dia 22, uma tormenta tropical eclodiu, com relâmpagos e rajadas de vento e pesadas torrentes de chuva. Carregando tochas para iluminar o caminho, os líderes da revolta se reuniram em uma clareira na floresta densa de Morne Rouge, uma montanha acima de Le Cap. Lá, Boukman deu as últimas instruções e, após fazer uns encantamentos de vodu e beber o sangue de um porco imolado, estimulou seus seguidores com uma oração proferida em *créole*[3], que, como tantas coisas faladas em tais ocasiões, permaneceu: "O deus que criou o sol que nos dá a luz, que levanta as ondas e governa as tempestades, embora escondido nas nuvens, observa-nos. Ele vê tudo o que o branco vê. O deus do branco o inspira ao crime, mas o nosso deus nos pede para realizarmos boas obras. O nosso deus, que é bom para conosco, ordena-nos que nos vinguemos das afrontas sofridas por nós. Ele dirigirá nossos braços e nos ajudará. Deitai fora o símbolo do deus dos brancos que tantas vezes nos fez chorar, e escutai a voz da liberdade, que fala para os corações de todos nós".

O símbolo do deus dos brancos era a cruz, que, como católicos, eles penduravam no pescoço.

Naquela mesma noite, começaram a agir. Os escravos de Gallifet eram tão bem tratados que a frase "feliz como os negros de Gallifet" tornou-se um provérbio escravo. Contudo, devido a um fenômeno observado em todas as revoluções, foram eles que mostraram o caminho até ela. Cada um dos grupos de trabalho de escravos matou seus respectivos senhores e queimou as fazendas até as cinzas. As precauções que De Blanchelande tomara salvaram Le Cap; mas os preparativos, por outro lado, tinham sido tão minuciosos e tão completos que, em poucos dias, metade da famosa Planície do Norte seria uma ruína fumegante. Visto de Le Cap, todo o horizonte era uma muralha de chamas; dessa muralha, subiam continuamente grossas colunas de fumo, através da qual línguas de fogo saltavam para o próprio céu. Por aproximadamente três semanas, o povo de Le Cap mal podia distinguir o dia da noite, enquanto uma chuva flamejante de palhas de cana, levadas pelo vento como flocos de neve, voava sobre a cidade e sobre os navios no porto, ameaçando a ambos com a destruição.

Os escravos destruíam sem cansar. Como os camponeses na Jaqueria[4] ou os destruidores Ludditas[5], buscavam a salvação da maneira mais óbvia: pela destruição daquilo que causara o seu sofrimento; e se destruíam muito

3 Fenômeno linguístico que ocorre nas colônias, geralmente com uma língua de origem europeia e outra de origem africana formando uma terceira. O mesmo que crioulo. (N. do T.)

4 Insurreição camponesa ocorrida no decorrer da guerra dos Cem Anos (em 1358) na França, contra os nobres e homens de armas franceses, ingleses e de Navarra, devido à miséria provocada pela invasão inglesa durante o cativeiro do rei João. Jacques é o epíteto do aldeão francês. (N. do T.)

5 Movimento contra a mecanização da indústria têxtil na Inglaterra no início do séc. XIX, que propunha a destruição das máquinas, as quais estavam custando vários empregos. O termo deriva do nome de Ned Ludd, personagem legendário. (N. do T.)

era porque muito haviam sofrido. Eles sabiam que enquanto essas fazendas permanecessem de pé o seu destino seria trabalhar nelas até o esgotamento. A única coisa a fazer era destruí-las. De seus senhores, eles haviam recebido a violação, a tortura e, à menor provocação, a morte. Pagaram na mesma moeda. Por dois séculos, a civilização mais evoluída mostrou-lhes que o poder era usado para descarregar a sua vontade sobre aqueles que controlava. Agora que detinham o poder, fizeram como haviam sido ensinados. No frenesi do primeiro encontro, mataram todos, não obstante poupassem os padres a quem temiam e os médicos que tinham sido bondosos com eles. Eles, cujas mulheres foram submetidas a incontáveis violações, violaram todas as mulheres que lhes caíram nas mãos, frequentemente sobre os corpos ensanguentados dos seus maridos, pais e irmãos. "Vingança! Vingança!" era o grito de guerra, e um deles carregava uma criança branca espetada em uma lança como estandarte.

E, no entanto, foram surpreendentemente moderados[6], então e depois, muito mais humanos do que os seus senhores foram ou jamais seriam para com eles. Contudo não manteriam esse espírito de vingança por muito tempo. As cruezas da propriedade e do privilégio são sempre mais ferozes do que as vinganças da pobreza e da opressão. Pois as primeiras visam perpetuar uma injustiça ressentida, enquanto para as outras é uma paixão momentânea logo aplacada. Conforme a revolução ia ganhando terreno, eles poupavam muitos dos homens, mulheres e crianças que surpreendiam nas fazendas. Apenas em relação aos prisioneiros de guerra não tinham clemência. Arrancavam-lhes a carne com torqueses em brasa, queimavam-nos em fogo brando e chegaram a serrar ao meio um carpinteiro entre duas de suas pranchas. Não obstante, em todos os registros daquela época não havia um único exemplo de torturas tão demoníacas como enterrar homens brancos até o pescoço e melar as cavidades de sua face para atrair insetos, ou explodi-los com pólvora, ou qualquer das mil e uma bestialidades às quais eles foram submetidos. Comparado com o que os seus senhores haviam feito a eles a sangue-frio, o que faziam era insignificante, e foram estimulados pela ferocidade com a qual os brancos de Le Cap tratavam todos os prisioneiros escravos que lhes caíam nas mãos.

Como de costume, a força do movimento de massas arrastava em sua vigília revolucionária seções inteiras daquelas classes que lhe estavam mais próximas. Os negros livres se juntaram a ela. Um fazendeiro de Porto Magot havia ensinado

6 Esta afirmação foi criticada. Eu a mantenho. (C. L. R. J.)

seu capataz negro a escrever e a ler, tornara-o livre, deixara-lhe de herança dez mil francos e deu à sua mãe uma porção de terra na qual ela poderia fazer uma plantação de café. Mas esse negro levantou os escravos da fazenda de seu senhor e os da de sua própria mãe, ateando fogo a elas, e foi juntar-se à revolução, o que acabou por lhe valer um alto comando.

Os mulatos odiavam os escravos negros: primeiro, porque eram escravos, e segundo, porque eram negros. Mas, quando viram que de fato os escravos estavam entrando em ação em tão larga escala, contingentes de jovens mulatos de Le Cap e arrabaldes se apressaram a unir-se aos até então desprezados negros e lutar contra o inimigo comum.

Tiveram sorte, pois as tropas em Le Cap eram pequenas e De Blanchelande, temeroso dos escravos e da ralé branca da cidade, preferiu agir na defensiva. Um ataque foi feito pelas tropas regulares que repeliam os escravos; mas De Blanchelande, rendendo-se aos temores despertados na cidade, chamou de volta o destacamento. Isso deixou a revolução senhora da zona rural. Adquirindo coragem, os negros expandiram a destruição para a Planície. Se tivessem o mínimo interesse material nas fazendas, não teriam destruído tão desordenadamente. Mas não tinham. Após algumas semanas, pararam por um momento para se organizar. Foi nesse período, um mês após a revolta ter começado, que Toussaint Bréda juntou-se a eles e fez uma entrada discreta na História.

Parece certo que ele estivera em contato secreto com os dirigentes, mas, assim como muitos homens de melhor educação do que os das bases, ele carecia da audácia que eles tinham no momento da ação e esperou para ver como as coisas iriam ficar. Enquanto isso, como detestava a destruição, manteve os escravos de seu senhor em ordem e impediu os trabalhadores revolucionários de atearem fogo à fazenda. Enquanto todos os outros brancos da vizinhança corriam para Le Cap, a senhora Bayou de Libertas permanecia na fazenda, protegida por Toussaint. O próprio Bayou de Libertas estava em um acampamento de fazendeiros não muito longe dali, de guarda contra os escravos, mas ia todos os dias até a fazenda. Toussaint, então como sempre senhor de si e de todos aqueles que estavam perto dele, manteria a sua insustentável situação por mais de um mês. Contudo, assim que a insurreição cresceu, preocupado pelo esforço de proteger a propriedade, seu senhor e senhora, e percebendo que a senhora De Libertas não corria perigo, decidiu que a velha vida estava acabada e uma nova começava. Avisou a senhora De Libertas que havia chegado a hora de ir para Le Cap; colocou-a em uma carruagem apinhada de coisas de valor que pertenciam a ela e enviou-a sob os cuidados do irmão dele, Paul. Toussaint enviou a própria esposa e os dois filhos da casa para um lugar seguro na São Domingos espanhola. Então, vagarosamente, pôs-se a caminho do acampamento de escravos revoltados.

O homem que tão deliberadamente decidira se juntar à revolução tinha 45 anos, uma idade avançada para aquela época, já grisalho, e conhecido de todos como o velho Toussaint. Do caos de São Domingos, que existia então e perduraria pelos anos que se seguiram, ele deitaria as fundações de um Estado negro que dura até os dias de hoje. Desde o momento em que se juntou à revolução, ele foi o seu líder e caminhou sem nenhuma rivalidade séria em direção ao primeiro posto. Já estabelecemos claramente as vastas forças impessoais em operação na crise de São Domingos. Mas homens fazem a História, e Toussaint fez a história que fez porque era o homem que era.

Ele havia tido oportunidades excepcionais, e tanto em mente como em corpo estava muito além do escravo médio. Embora a escravidão embote o intelecto e degrade o caráter do escravo, não havia nada daquela estupidez e degradação em Toussaint.

O posto de administrador de cabeças de gado dera-lhe experiência em administração, autoridade e contato com aqueles que tocavam a fazenda. Homens que, por pura habilidade e caráter, se encontram ocupando postos normalmente reservados a pessoas de criação, educação e classe diferentes normalmente realizam suas tarefas com cuidado excepcional e trabalho devotado. Além dessa educação prática, ele tinha, como vimos, sido capaz de ler um pouco. Leu os *Comentários*[7] de César, o que lhe deu uma certa ideia de política, de arte militar e da conexão entre ambas. Tendo lido e relido o vasto volume do Padre Raynal nas Índias Ocidentais e Orientais, ele adquirira uma base completa em economia e política, não apenas sobre São Domingos, mas sobre todo o grande império europeu que estava metido na expansão colonial e no comércio. Finalmente, ele havia adquirido a excepcional experiência que foi a dos últimos três anos da revolução em São Domingos. A fazenda ficava a apenas três quilômetros de Le Cap, e suas tarefas o levavam frequentemente à cidade. As massas do povo aprendem muito durante uma revolução, mais ainda um homem como Toussaint.

[7] *Commentarii de Bello Gallico,* de autoria de Júlio César, sobre a campanha dos romanos contra os gauleses. (N. do T.)

Seu intelecto magnífico teve todavia certas oportunidades para cultivar a si mesmo nos afazeres gerais, tanto em casa como fora: desde o começo ele manobrou com uma segurança sobrenatural entre os partidos locais de São Domingos e entre as forças internacionais em ação.

Uma coisa importante para o seu futuro foi a sua retidão de caráter. Desde a infância, provavelmente, nunca havia sido chicoteado como ocorria a muitos escravos. Ele próprio nos conta que ele e sua esposa estavam entre os poucos afortunados que tinham adquirido modestos recursos materiais e iam de mãos dadas e muito felizes trabalhar no pequeno pedaço de terra que alguns dos escravos cultivavam para si. Ao lado desse conhecimento e dessa experiência, através da força natural de caráter, adquiriu um formidável domínio sobre si mesmo, tanto sobre o corpo como sobre a mente. Quando menino, era tão frágil e delicado que seus pais não esperavam que ele vivesse e recebeu a alcunha de "Varetinha". Desde criança, esteve decidido a adquirir não apenas conhecimento, mas um corpo forte, e fortaleceu a si próprio por meio dos mais severos exercícios, de modo que quando chegou aos doze anos superava todos os meninos da sua idade na fazenda em feitos atléticos. Podia atravessar a nado um rio perigoso, montar em um cavalo a todo galope e fazer tudo o que quisesse com ele. Quando já contava com aproximadamente sessenta anos, continuava a ser o melhor cavaleiro em São Domingos; habitualmente cavalgava duzentos quilômetros por dia, e montava seu cavalo com tanta graça e naturalidade que ficou conhecido como o centauro das savanas.

Quando jovem, costumava sair à procura de mulheres. Então, decidiu se estabelecer. Recusando-se a viver em concubinato, o que era predominante entre todas as classes de São Domingos, mais particularmente entre os escravos, casou-se com uma mulher que já possuía um filho. Ela teve um filho de Toussaint, juntos viveram em muita harmonia e amizade, tanto quando ele foi senhor de toda a São Domingos como nos dias em que era um simples escravo. Devido à vida que tantos levavam na colônia, devido à reputação que ele tinha entre os negros e às oportunidades que a sua posição oferecia, tal comportamento era atípico para um homem que havia começado a vida como Toussaint e que, nos dias de sua grandeza, era afeiçoado à companhia de mulheres atraentes.

Desde a infância ele fora taciturno, o que o distinguia dos seus conterrâneos, um povo falador e que gostava de discutir. Era muito pequeno, feio e de formas grosseiras, mas, embora sua expressão geral fosse de benevolência, tinha olhos de aço e ninguém jamais ria em sua presença. Sua relativa cultura, o sucesso na vida, o caráter e a personalidade deram-lhe um enorme prestígio entre todos os negros que o conheciam, e já era um homem de certa importância entre os escravos muito antes da revolução. Ciente de sua superioridade, nunca teve a menor dúvida de que seu destino seria liderá-los; nem aqueles com quem travou contato demoravam muito em reconhecer esse fato.

Não se poderia imaginar nada de mais calculado para revoltar sua mente organizada do que o espetáculo apresentado pelo campo dos escravos. Muitos homens ficavam inteiramente nus; outros vestiam trapos imundos feitos de retalhos de seda e cetim saqueados nas fazendas. Suas armas eram umas poucas pistolas e rifles que eles tinham confiscado, velhas espadas enferrujadas, implementos agrícolas, lanças com pontas de ferro, peças de aro de metal; na verdade, qualquer coisa em que pudessem deitar as mãos. Não tinham munição e a cavalaria montava cavalos velhos e mulas abatidas pelo cansaço. Estavam divididos em dois grandes grupos: um comandado por Biassou e outro por Jean François, enquanto um terceiro líder era Jeannot. Jean François era natural de São Domingos, de boa aparência, muito inteligente e de um espírito orgulhoso que o fizera fugir de seus senhores e tornar-se um quilombola muito antes da revolução. Além de contar com uma excepcional inteligência, era muito corajoso, muito sensato e de uma tenacidade que não admitia a derrota. Biassou era um brigão, sempre embriagado, sempre pronto para a mais violenta e mais perigosa façanha. Também tivera uma vida mais fácil do que o comum, tendo pertencido a uma instituição religiosa, os Pais de Caridade, não muito longe de Le Cap. Jeannot era o escravo que havia liderado a tola expedição dos brancos de São Domingos nos primeiros dias da revolução, quando, trajando os seus uniformes militares, procuravam um inimigo contra quem treinar.

Assim como os seus senhores brancos mais bem-educados, os escravos se apressavam em se cobrir com todos os ornamentos e títulos da profissão militar. Os oficiais se autodenominavam generais, coronéis, marechais, comandantes, e os líderes se condecoravam com pedaços de uniformes, fitas e ordenações que encontravam nas fazendas ou tomavam do inimigo morto em combate. Biassou denominou-se brigadeiro. O mesmo aconteceu com Jeannot. Mais tarde, Jean François intitulou-se (como o fazem os Governadores das colônias europeias até os dias de hoje) almirante, *generalíssimo* e cavaleiro da Ordem de São Luís, enquanto Biassou, após um desentendimento com Jean François, assumiu o título de "Vice-rei dos Territórios Conquistados".

Contudo, apesar desses absurdos que serviam ao propósito de impressionar os seus inferiores, como os arreios, as dragonas de ouro e as variegadas ordens da realeza do século XX, Jean François e Biassou eram homens nascidos para comandar. Nada menos que uma disciplina de ferro teria mantido a ordem no meio daquele corpo heterogêneo de homens recém-libertos da escravidão, e Biassou e Jean François impuseram-na com mãos de ferro. Jeannot era um monstro cruel que costumava beber o sangue das suas vítimas brancas e cometer crueldades abomináveis. Jean François o prendeu, julgou e fuzilou: uma diferença visível entre o comportamento dos fazendeiros brancos no caso de Le Jeune. Jean François logo percebeu que teria pela frente uma longa guerra e ordenou o plantio de provisões. Assim, desde cedo, os líderes dos escravos estavam mostrando um sentido de ordem, disciplina e capacidade de governar.

Muitos emissários da contrarrevolução realista conseguiram aproximar-se dos escravos. Os padres, em grande número, permaneceram entre eles. Mas mesmo os mulatos fracassaram em expulsar esses líderes negros, e Jean François e Biassou, que estavam no comando desde o começo da revolução, continuariam senhores de seus respectivos bandos até o fim. Toussaint ingressou no bando de Biassou. Levando em conta o seu conhecimento sobre ervas, Biassou designou-o médico do exército do Rei, e desde o começo Toussaint esteve nos postos mais altos de seus conselhos.

Quando as massas atingem o estádio revolucionário, necessitam, acima de tudo, de uma direção clara e vigorosa. Mas o primeiro golpe falhou e Jean François e Biassou, embora pudessem manter a ordem, não tinham a mais vaga ideia do que fazer em seguida. De Blanchelande enviou-lhes uma intimação exigindo que se rendessem. Eles se recusaram, mas em sua réplica chamavam a si próprios de serventes de Deus e do Rei e ingenuamente convidaram os brancos para pegar todas as suas posses e deixar a ilha para aqueles que a haviam banhado com o seu suor.

Para esses líderes políticos desnorteados, Toussaint trouxe o conhecimento superior e os vícios políticos que em geral o acompanham.

Os escravos se revoltaram porque queriam ser livres. Mas nenhuma classe dominante jamais admitiu tais coisas. O grupo dos cocardas brancas acusava os patriotas e os Amigos dos Negros de fomentar a revolta, enquanto os cocardas vermelhas acusavam os realistas e a contrarrevolução na França.

Os brancos pobres acusavam os mulatos e os massacravam assim que os viam nas ruas[8].

A Assembleia encarregou-se da colônia. Não pediria ajuda à França, mas enviaria embaixadores aos britânicos na Jamaica, aos espanhóis e aos Estados Unidos. Ela não temia a revolução. Tinha mais medo dos escravos em Le Cap e da ralé das cidades, sempre pronta para fomentar a anarquia pela oportunidade do saque. Esses brancos pobres se recusavam a lutar a menos que lhes fossem dados dois terços daquilo que encontrassem nas fazendas como despojos. Mas a maioria dos mulatos, ansiosos a respeito de suas propriedades, apresentaram--se como voluntários para servir e ofereceram suas esposas e crianças como reféns como prova de boa-fé. A Assembleia (que não sabia nada, até então, da reviravolta de 24 de setembro) prometeu não apenas fazer cumprir o decreto de 15 de maio mas ampliá-lo a todos os mulatos, fossem os seus pais livres ou não. Mas isso só poderia ser feito, dizia a Assembleia, após o decreto ter alcançado a colônia e quando os problemas estivessem superados.

Os fazendeiros manobravam para enganar os mulatos, mas contra os escravos eles conheciam apenas uma arma: o terror. Os negros tinham as paliçadas cobertas com as cabeças de suas vítimas brancas. A Assembleia Colonial espetava as cabeças dos negros em chuços colocados em toda a extensão das estradas que conduziam a Le Cap. Quando Boukman foi morto (lutando corajosamente), a Assembleia espetou a cabeça dele em Le Cap com um cartaz: "Esta é a cabeça de Boukman, chefe dos rebeldes". Os brancos construíram três patíbulos em Le Cap e quebravam de vinte a trinta negros na roda todos os dias. Com a sua habitual desconsideração com os escravos, mesmo sendo estes propriedade, eles massacravam todos aqueles que encontravam pela frente, até mesmo os das fazendas que ainda não haviam se revoltado. Os senhores denunciavam os que os ajudavam a escapar. Os escravos se apresentavam aos seus senhores, procurando refúgio da devastação do campo, ou simplesmente porque tinham medo, ou ainda porque estavam cansados da revolução, e acabavam sendo mortos quando avistados. O resultado era que todos, tanto os tímidos como os arrojados, logo entendiam que não havia esperança a não ser por meio da revolução, e eles afluíam para se juntar às suas fileiras. Em poucas semanas, os insurgentes chegaram a aproximadamente cem mil.

Para ajudar os escravos e confundir os fazendeiros brancos, chegou a notícia de uma revolta de mulatos na região ocidental. No começo de agosto,

8 LACROIX, *Mémoires pour servir...*, v. I, p. 91.

um destacamento de mulatos cansados das perseguições e dos linchamentos praticados pelos brancos pobres, que agora pontificavam como funcionários graduados nas municipalidades revolucionárias, saiu furtivamente de Porto Príncipe e reuniu-se em La Croix-des-Bouquets, um distrito que ficava aproximadamente a oito quilômetros da capital. De todas as partes da Província Ocidental, os mulatos começavam a enviar contingentes para lá e com uma educação que, embora não fosse tão difundida entre eles quanto entre os brancos, mas que era imensamente superior à dos negros meio selvagens, encontraram de imediato uma liderança admirável.

O mais famoso entre eles era Rigaud, um mulato legítimo, ou seja, o filho de um branco com uma negra. Tivera uma boa educação em Bordéus e ali aprendeu o ofício de ourives. Diferentemente de Toussaint, Jean François e Biassou, já era um soldado treinado. Havia se alistado como voluntário no exército francês que lutara na guerra de independência dos Estados Unidos; tornou-se um oficial não comissionado e também tinha servido em Guadalupe. Odiava os brancos, não apenas pelas humilhações que ele, um soldado culto e viajado, tinha de sofrer, mas também porque eles tinham inveja do seu ofício de ourives, que naqueles dias era um importante negócio.

Um tipo bastante diferente de homem era Beauvais, membro de uma família de mulatos, livre havia muito tempo e rica. Ele também foi educado na França, serviu como voluntário nas Forças Armadas e lutou como oficial não comissionado na guerra americana de independência. Ao voltar para casa, passou a ocupar um cargo de professor. Não era apenas um homem de excepcional bravura; alto, de bela aparência e distinto, era conhecido como um dos homens mais belos de São Domingos e, naquela época e naquele país de licenciosidade, destacava-se pela severidade do seu modo de vida e pelo encanto das suas maneiras. Seu próprio povo o amava e não seria difícil para os brancos (quando acuados) esquecerem-se da cor de Beauvais.

Esses eram os dois soldados. O político era Pinchinat, que estudara bastante na França. Nos primeiros dias da revolução, ele voltou para São Domingos para liderar os mulatos. Em 1791, já com noventa anos, era um homem que gostava de se divertir e de levar uma vida desregrada, mas que odiava os brancos com todo o ódio de um caráter perverso. Era um dos políticos mais acabados e bem mereceu a qualificação de homem de gênio, dada a ele por Pamphile de Lacroix[9]. "Que homem para redigir e fazer acordos", um outro líder mulato escreveria sobre ele, "ele é único".

9 *Mémoires pour servir...*, v. I, p. 183.

Sob tais líderes, e treinados para a luta na *maréchaussée*, os mulatos eram uma força formidável. Por essa razão, a contrarrevolução realista, na parte ocidental, procurou fazer uso deles.

Humus de Jumecourt, comandante do distrito de La Croix-des-Bouquets e Cul-de-Sac, propôs uma aliança garantindo-lhes todos os direitos em troca de apoio para a contrarrevolução, ou, como ele chamaria isso, o Governo legítimo da ilha. Pinchinat recusou, mas ofereceu, apesar disso, uma frente única contra seus inimigos comuns: a Municipalidade de Porto Príncipe e a Assembleia Provincial do Ocidente. De Jumecourt concordou, e os comandantes realistas e os brancos ricos da parte ocidental começaram a se juntar aos mulatos em La Croix-des-Bouquets. Havia alguns negros livres no alto comando dessa tropa, de modo que os negros desprezados estavam agora comandando os brancos. Os mulatos também incorporaram em suas forças um corpo de quilombolas, alcunhado de "Os Suíços" para imitar a guarda pessoal de Luís XVI[10]. Cheios de desdém por homens de cor e odiando-os mais ainda devido ao seu persistente realismo, os patriotas atacaram La Croix-des-Bouquets. Eles sofreram uma pesada derrota, tendo "Os Suíços" lutado com grande bravura. Poucos dias mais tarde, os mulatos e os brancos dos distritos vizinhos se reuniram em La Croix-des-Bouquets, onde os mulatos propuseram aos brancos o esboço de um acordo com as suas reivindicações de igualdade plena. A nona e última cláusula consistia de quatro palavras: "Caso contrário, guerra civil". Os brancos aceitaram as exigências imediatamente.

Os patriotas de São Domingos sempre estiveram prontos para esquecer o preconceito racial em troca de algo sólido. Após ter sido derrotado no campo de batalha, Caradeu, o líder dos patriotas, ofereceu a Beauvais direitos para os mulatos em troca de um acordo de independência sem a intervenção dos realistas[11]. Beauvais recusou. Nessa época, aproximadamente todos os fazendeiros ricos haviam desertado dos patriotas, e mesmo os ricos mercadores de Porto Príncipe não tinham nada a tratar com eles. No dia 19 de outubro, um acordo incorporando todas as exigências dos mulatos foi assinado por todos os partidos. A Assembleia Provincial do Ocidente seria dissolvida imediatamente; os deputados brancos da Província Ocidental na Assembleia Colonial deveriam ser chamados de volta; dois batalhões da Guarda Nacional seriam recrutados

---

10 A guarda pessoal dos monarcas franceses era formada por soldados recrutados na Suíça e conhecida como *Guardas Suíços*. (N. do T.)

11 SAINTOYANT, *La Colonisation française pendant la Révolution (1789-1799)*, Paris, 1930, v. I, p. 59.

entre os mulatos, a memória de Ogé seria reabilitada, e esse conjunto apresentado para a ratificação na Assembleia Nacional e para a aprovação do Rei. O líder dos brancos estendeu a mão em sinal de amizade.

"Nós vos trazemos, finalmente, palavras de paz; não queremos mais barganhar convosco, queremos apenas concordar com as vossas exigências; viemos animados pelo espírito de justiça e de paz, para dar-vos o autêntico reconhecimento dos vossos direitos; para pedir-vos que vejais nos cidadãos brancos apenas amigos e irmãos, pois a colônia, em perigo, propõe-vos, implora-vos que vos junteis a eles, para que, juntos, tragais pronta assistência aos nossos problemas. Aceitamos integralmente e sem nenhuma reserva o acordo que vós nos propondes. Infelizmente, circunstâncias infelizes, das quais sem dúvida estais conscientes, fizeram-nos hesitar por um momento. Mas a nossa coragem quebrou todos os obstáculos e impusemos silêncio a todos os preconceitos mesquinhos, ao mísero desejo de dominação. Possa o dia em que a tocha da razão nos iluminar a todos ser lembrado para sempre. Possa esse ser o dia do esquecimento dos nossos erros, do perdão pelas feridas todas. Daqui para frente, sejamos combatentes apenas pelo zelo do bem comum."[12]

O "preconceito mesquinho" e o "mísero desejo de dominação" eram os brancos pobres que se viam sendo empurrados para o segundo plano. Mas as notícias da revolução de escravos no Norte tinham despertado todos aqueles que possuíam escravos, e eles queriam paz.

Todas as quatorze freguesias da Província Ocidental aceitaram os termos, e no dia 24 de outubro uma grande cerimônia de reconciliação ocorreu em Porto Príncipe. Os líderes dos brancos e os líderes dos mulatos marcharam em Porto Príncipe de braços dados, com as suas tropas atrás de si recebidas por salvas de artilharia e gritos mútuos de "Unidade e fidelidade". Na euforia geral, um capitão da Guarda Nacional branca pulou sobre uma carreta de canhão e proclamou Caradeu comandante da Guarda Nacional da Província Ocidental. Houve um aplauso ruidoso que foi renovado quando ele nomeou Beauvais o segundo em comando. Então, todos foram para a igreja celebrar com um *Te Deum* como estipulado no acordo. Restava ainda uma dificuldade: "Os Suíços". O que deveria ser feito deles? Os brancos argumentavam que mandá-los de volta para as fazendas seria ruim para os escravos e concordaram em deportá-los para uma praia deserta no México[13]. Entre os líderes, Rigaud

---

[12] Citado de DESCHAMPS, *Les Colonies pendant...*, p. 257-8.

[13] O capitão do navio foi pago para isso, mas desembarcou-os na Jamaica. O governador inglês de lá, com muita raiva, embarcou-os de volta. A Assembleia Colonial mandou matar a todos, com exceção de uns vinte, os quais enviou de volta para a parte ocidental da ilha a fim de induzir o preconceito nos negros contra os mulatos.

e Pétion, mulatos, lutaram pelos "Suíços"; Lambert, um negro livre, apoiou a deportação. Com "Os Suíços" fora do caminho, a paz parecia assegurada, os direitos dos mulatos garantidos e a contrarrevolução bem posicionada para agir.

Mas, em Le Cap, a Assembleia espumava de raiva por causa dessas ocorrências na parte ocidental. Os comandantes realistas das forças locais, M. de Rouvrai e M. de Touzard, pressionaram os patriotas do Norte para garantir os direitos dos mulatos.

"Mas, vós diríeis, deveremos nos entregar às ameaças de uma casta inferior e dar-lhes direitos civis como recompensa pelos males que nos causaram? (...) Algum dia", disse De Rouvrai, "as risadas de desdém com as quais vós saudais essas importantes verdades, que eu ouso dizer-vos, transformar-se-ão em lágrimas de sangue. (...) Na guerra de 1756, a Inglaterra tentou tomar Cuba e lorde Albermarle recebeu ordens para sitiar Havana. Ele desembarcou com dezoito mil homens; seis meses depois, tinha apenas mil e oitocentos. (...)

"Onde, pergunto, está o exército capaz de cumprir o nosso propósito? (...) Vós tendes mais alguém além dos mulatos? Não. Então, por que rejeitais a ajuda que eles vos oferecem?

"Eu não acabei ainda, tenho outras verdades para dizer-vos e devo contá-las. A França, neste momento, tem seus olhos fixos em São Domingos. (...) É impossível que as reivindicações dos mulatos não sejam ouvidas na França; mesmo que sejam injustas, serão bem recebidas. O decreto constitucional que vós acreditais ser irrevogável, que considerais como seu paládio[14], será, inevitavelmente, modificado. (...)"

A Assembleia prometeu conceder direitos aos mulatos, mas depois de os problemas estarem superados. É verdade que havia uma revolta de escravos. Mas os brancos já haviam apelado para a França, e dar direitos aos mulatos, que os sobrepujavam numericamente, seria entregar a colônia, civil e militarmente, a esses novos-ricos bastardos e aos seus aliados da contrarrevolução. Os brancos podiam ver os resultados daquela aliança profana no Ocidente. Tinham De Blanchelande, o Governador, em seu poder e despejavam a sua ira sobre o acordo.

14 Sinônimo de "salvaguarda". O termo se refere à estátua de Palas em Troia, de cuja preservação dependia a segurança da cidade. (N. do T.)

A parte ocidental era irredutível na questão da unidade e repudiou as proclamações da Assembleia e o Governador. Mas, seis dias depois da cerimônia de reconciliação, chegou à colônia o decreto de 24 de setembro, pelo qual a Constituinte tinha retirado todos os direitos dos mulatos e mais uma vez colocado o destino deles nas mãos dos brancos. "Preconceitos mesquinhos" e o "mísero desejo de dominação" levantaram as cabeças novamente e as feridas mal curadas tornaram a se abrir. As intrigas de Barnave e Cia. estavam chegando para ficar.

O dia 21 de novembro foi designado para a ratificação do acordo. Porto Príncipe estava dividida em quatro sessões para votar e três já haviam votado em favor da ratificação. Isso, para os brancos pobres, significava a ruína, e Pralotto e seu bando esperavam a oportunidade de criar um motivo para romper. Este veio na pessoa de um negro livre, um membro das forças mulatas, que ou havia sido insultado ou talvez insultara alguns brancos. Ele foi imediatamente capturado e enforcado. Apesar da moderação dos mulatos, a luta começou nas ruas. Os mulatos, tomados de surpresa, recuaram. Um incêndio espalhou-se pela cidade, pelo qual foram responsabilizados. Pralotto e seus seguidores massacraram cidadãos brancos ricos, mulatos, homens, mulheres e crianças e saquearam as riquezas do distrito abastado da cidade, enquanto as chamas se espalhavam para queimar dois terços de Porto Príncipe, cujas perdas foram estimadas em cinquenta milhões de francos.

Os mulatos tinham sido muito pacientes e tolerantes, mas agora pareciam enlouquecidos. Pinchinat, o homem das proclamações, publicou um chamado para a batalha:

"Corramos, meus amigos, para sitiar Porto Príncipe. Enfiemos nossas armas sangrentas, vingadoras do perjúrio e da perfídia, no peito desses monstros da Europa. Há muito tempo, vimos servindo como vítimas para suas paixões e manobras insidiosas; há muito tempo e em demasia vimos gemendo sob a sua canga de ferro. Destruamos nossos tiranos, enterremo-nos com eles até o menor vestígio da nossa degradação, arranquemos pelas suas mais profundas raízes essas ervas daninhas do preconceito. Recrutemos alguns, persuadamos outros, prometamos, ameacemos, arrastemos no nosso rastro os decentes cidadãos brancos. Mas, acima de tudo, caros amigos: união, coragem e rapidez. Trazei armas, bagagem, canhões, munições de guerra e provisões e vinde de uma vez juntar-vos atrás de uma mesma bandeira. É ali que nós todos devemos perecer, ou tomar vingança por Deus, pela Natureza, pela lei e pela humanidade, por tanto tempo ultrajados nesse clima de horror".

O irmão de Rigaud escreveu a seus amigos: "Corro para a vingança. (...) se o meu destino não for morrer nessa expedição, deverei voltar logo para me juntar a vós. (...) Vida longa para a liberdade, vida longa para a igualdade, vida longa para o amor". Os brancos ricos e os comandantes realistas seguiram os mulatos, mas os irmãos Rigaud, Beauvais e Pinchinat (apesar do tratamento dado aos "Suíços") eram revolucionários genuínos, que colocavam a liberdade antes da propriedade. Num delírio de excitação e fúria, eles convocaram os escravos da Província Ocidental e os guiaram para a revolução. No Norte avançado, os escravos estavam liderando os mulatos; no lado ocidental atrasado, os mulatos estavam liderando os escravos. Não é necessária muita sabedoria para prever as consequências.

No Sul, brancos e mulatos estavam a ponto de fazer um pacto sobre o modelo do lado ocidental. Todos os termos tinham sido acordados, quando Caradeu fez uma visita ao Sul e realizou uma intriga tão bem-sucedida que o acordo de unidade foi rompido. Tão logo as notícias da ruptura em Porto Príncipe chegaram até eles, os mulatos e os brancos, cada grupo por si, tomaram as armas. Os mulatos tornaram-se senhores de Jacmel e de outras cidades. Em legítima defesa, os brancos do Sul, em menor número que os mulatos, levantaram os escravos.

No Norte, alguns proprietários brancos e mulatos fizeram um acordo. A Assembleia o rejeitou e esses mulatos uniram-se aos escravos.

Os brancos cometiam atrocidades terríveis contra os mulatos. Mataram uma mulher grávida, cortaram seu ventre, tiraram o bebê para fora e o deitaram às chamas. Queimavam-nos vivos, inoculavam-nos com varíola. Naturalmente, os mulatos pagaram na mesma moeda[15].

Mas ali, como em toda a parte, foram os colonos brancos quem iniciaram essas atrocidades e excediam todos os seus rivais em barbárie, pelo fato de serem treinados em violência e crueldade pela maneira com que tratavam os escravos.

Essa era a São Domingos onde os três comissários, Saint-Leger, Mirbeck e Roume, teriam de restabelecer a ordem, quando desembarcaram em Le Cap

[15] Para um resumo bem documentado dessas atrocidades, ver SCHOELCHER ,*Vie de Toussaint-L'Ouverture*, cap. VI.

no dia 29 de novembro de 1791. Eles foram bem recebidos pela Assembleia e acolhidos com uma imponente cerimônia. Emitiram uma proclamação anunciando enganosamente que estava para chegar um enorme contingente de tropas. Para a sua surpresa e alegria, foi como se esse ato pudesse produzir um milagre.

Biassou, Jean François e os outros líderes negros, entre eles Toussaint, depois de quatro meses de insurreição, chegaram a um beco sem saída. Uma insurreição deve render vitórias, e os brancos estavam satisfeitos em assegurar a linha de fortificações conhecida como cordão do lado ocidental e evitar que a insurreição penetrasse na Província Ocidental. Os antigos escravos poderiam devastar o campo em volta, mas aquela devastação estava tornando impossível a sobrevivência deles mesmos. A fome começou a eliminá-los. Assustados com o que consideravam uma posição sem esperança, e com medo de serem levados à submissão pela derrota, Jean François e Biassou ofereceram paz aos comissários em troca da liberdade de algumas centenas de líderes. Jean François sabia que isso era uma traição. "Falsos princípios," escreveu esse líder trabalhista com quatro meses de experiência, "farão desses escravos pessoas muito obstinadas; dirão que foram traídas." Mas, se os comissários concedessem liberdade para aqueles, eles cooperariam com as tropas do Rei e caçariam os que recusassem a se submeter. Jean François sabia que os negócios seriam difíceis e perigosos e assim o disse; prova da paixão pela liberdade que enchia os corações dos negros. Mas ele estava preparado para fazer tudo o que pudesse para ajudar, e para aliviar sua consciência descreveu deslealmente os seus seguidores como uma multidão de negros vindos da África que não conhecia mais do que uma palavra em francês. Na extensa e cruel lista de líderes que haviam traído as valentes, embora ignorantes, massas, ele estava no topo e Toussaint já estava envolvido nela até o pescoço.

Embora trabalhando em uma posição subalterna, teve uma participação decisiva nas negociações, e a obra-prima da correspondência diplomática que os emissários dos escravos apresentaram à mesa da Assembleia revelou a distância que havia entre os homens que algumas semanas antes tinham pedido aos brancos para deixar a ilha e a já completamente desenvolvida maturidade política de Toussaint. Até o fim dos seus dias, mal conseguiria falar o francês; ele, literalmente, não poderia escrever mais do que uma palavra sem os mais grosseiros erros de gramática e de ortografia. Anos depois, quando era senhor de São Domingos, escreveu para Dessalines: *"Je vouss a vé parlé pour le forli berté avan theire..."*. Ele queria dizer: *"Je vous avais parlé du Fort Liberté avant-hier...*"[16]. Nunca pôde fazer melhor do que isso. Mas ditava no francês bastardo da região ou em *créole*, e seus secretários escreviam e rescreviam até que ele encontrasse o exato significado daquilo que queria dizer.

A carta[17] começa por enfatizar que a proclamação do Rei tinha aceitado formalmente a Constituição francesa e "muito clara e precisamente" havia pedido um espírito de "justiça e moderação" para ajudar a restaurar um país que tinha sofrido os repetidos choques de uma grande revolução. Esse espírito conciliatório deveria atravessar os mares. "Passemos agora para a lei relativa às colônias do dia 28 de setembro de 1791. Essa lei dá às colônias o direito de decidir sobre o *status* dos homens livres de cor e dos negros livres." Toussaint e os outros traidores não queriam apenas liberdade, mas direitos políticos. Contudo, promessas não eram o bastante. Eles defenderiam as decisões da Assembleia Colonial "até a última gota de sangue", mas essas decisões deveriam ser "revestidas das devidas formalidades". Seguia-se uma longa apologia pelos males que eles ajudaram a infligir "nessa rica e importante colônia". Mas não sabiam das novas leis quando escreveram a primeira carta. "Hoje, quando tomamos conhecimento das novas leis; hoje, quando não podemos duvidar da aprovação da pátria-mãe para todos os atos legislativos que vós decretareis com referência ao regime interno da colônia e ao *status* de cidadãos, não nos mostraremos refratários." Após outro longo apelo à Assembleia para aproveitar essa oportunidade de restabelecer a ordem imediatamente "em uma colônia tão importante", a carta tocava na difícil questão dos escravos. "As leis que entrarão em vigor a respeito do *status* de pessoas livres ou não deverão ser as mesmas em toda a colônia." Isso era obviamente um dedo apontando para os acordos da Província Ocidental. "Seria mesmo do vosso próprio interesse se dissésseis, por meio de um decreto referente à sanção do Governador, que é a vossa intenção vos ocupar da sorte dos escravos, sabendo que são eles o objeto da vossa preocupação." Visto que os escravos tinham confiança em seus chefes, se a Assembleia desse a tarefa de pacificação a esses chefes, os escravos ficariam satisfeitos, o que facilitaria a restauração do "equilíbrio que havia sido rompido". A conclusão era um protesto de boa-fé e desejo de um rápido acordo. Liberdade para os líderes, todavia, era "indispensável". A carta era assinada por Jean François e Biassou, dois outros e dois comissários *ad hoc*, um dos quais era Toussaint.

16 "Eu vos havia falado de Fort Liberté anteontem." (N. do T.)

17 LACROIX, *Mémoires pour servir...*, v. I, p. 148-52. Para a correspondência integral ver *Les Archives Nationales*, DXXV, 1.

Nesse hábil uso de conexão tanto moral como política entre a terra-mãe e a colônia, ao acenar aos colonistas com a oportunidade de restaurar a antiga prosperidade "dessa grande e importante colônia"; nessa firme, porém delicada, insistência a respeito dos direitos políticos, devidamente certificados por lei, para o homem liberto, sua exuberância sempre que tratava de coisas que nada custam como a paz, a boa vontade etc., a carta poderia ter vindo da pena de um homem que tinha passado toda a sua vida na diplomacia. O redator, conhecendo o temperamento dos colonistas, deu-se ao trabalho de até mesmo sugerir-lhes exatamente como os escravos estavam para ser enganados e levados de volta à escravidão; nenhum imperialista dos dias de hoje, com trezentos anos do tradicional engodo atrás de si, poderia ter enfeitado suas presas com palavras mais belas: "a restauração do equilíbrio rompido" como uma frase para a escravidão não teria envergonhado a Comissão de Mandatos da Liga das Nações[18]. Jean François escrevera que a coisa era difícil mas poderia ser feita, e que eles estavam não apenas preparados, mas capacitados para fazer o seu trabalho de Judas. A carta fornecia provas abundantes. A traição política não é monopólio da raça branca, e essa abominável perfídia, logo após as insurreições, mostraria que a liderança política é uma questão de programa, de estratégia e de tática, e não da cor daqueles que lideram, da unidade de origem com a sua gente, nem dos serviços que hajam prestado.

Os importantes e poderosos colonistas recusaram. Tratar com esses bandidos que mataram, queimaram e mutilaram? Impossível. Os comissários protestaram em vão. Os coloniais, totalmente confiantes de que arrastariam sem dificuldades esses cães revoltados de volta aos seus canis, responderam que garantiriam perdão apenas para os criminosos arrependidos que retornassem ao trabalho. A mensagem terminou com o lacônico pedido aos enviados: "Caiam fora!". Os coloniais brancos não poderiam entender que Biassou não era mais um escravo, mas o líder de quarenta mil homens. Quando essa mensagem chegou até ele, perdeu a calma e lembrou-se dos prisioneiros brancos. "Vou fazê-los pagar pela insolência da Assembleia que ousou escrever-me com tão pouco respeito!", e ordenou que fossem mortos. Toussaint, que sempre detestou o derramamento de sangue desnecessário, acalmou seu chefe.

18 Organização internacional criada após a Primeira Grande Guerra e substituída pela Organização das Nações Unidas em 1946. (N. do T.)

Os comissários desapontados organizaram uma entrevista com Jean François. A Assembleia Colonial acusou-os de planejar a contrarrevolução. Os comissários convidaram-nos a enviar delegados.

No local e na hora determinados, Jean François apareceu, conduzindo seu cavalo pelas rédeas. Ao vê-lo, o sr. Bullet, um colonial, ficou tão dominado pelo ódio, que deu nele com seu chicote de cavalo. Jean François, ferozmente enraivecido, voltou para o seu bando e a paz ficou pendurada por um fio. Nesse momento perigoso, Saint-Leger teve a presença de espírito e a coragem para avançar sozinho entre os negros hostis e falar-lhes gentilmente. Tão tocados ficaram com esse inesperado comportamento que Jean François se pôs aos pés dos homens da França. Ele reiterou sua promessa. Pela liberdade de quatrocentos dos líderes e pelo perdão do passado, ele conduziria os negros de volta à escravidão. Os comissários lhe pediram, como garantia de boa-fé, para devolver os prisioneiros. Ele concordou e pediu em troca sua esposa, prisioneira em Le Cap, a quem os brancos não se atreveram a executar por medo de represálias. A entrevista terminou amigavelmente, com Jean François assegurando aos comissários que tinha ficado "comovido por ver enfim homens brancos que demonstravam humanidade".

No dia seguinte, enviou os prisioneiros prometidos para Le Cap. Mas os negros ficaram provavelmente sabendo que havia algo no ar. Os prisioneiros estavam sob uma forte escolta, incluindo Toussaint, que era quase que suficiente para salvá-los das hostilidades daqueles que encontrassem pelo caminho. Os membros da delegação apresentaram-se à mesa da Assembleia. O presidente nem sequer queria falar-lhes e comunicou-se apenas por meio de notas. "Continuai dando provas do vosso arrependimento e dizei àqueles que vos mandaram para encaminhar-vos para os comissários: é apenas pela sua intervenção que a Assembleia pode chegar a uma decisão sobre o vosso destino." Ele esperava causar aos negros a impressão de que os comissários estavam subordinados à Assembleia e teve sucesso. A Assembleia era tão desdenhosa que nem incluiu as negociações nas atas. Toussaint tinha plenos poderes, e em uma vã tentativa para quebrar o orgulho dos coloniais, reduziu secretamente o número dos homens a serem libertados de quatrocentos para sessenta[19]. Os coloniais não queriam nem ouvir falar nisso. Então, e apenas então, Toussaint chegou a uma decisão inalterável da qual ele nunca vacilou e pela qual morreu. Liberdade total para todos, a ser alcançada e assegurada

---

[19] Toussaint revelou isso nos seus anos derradeiros. Ver SANNON, *Histoire de Toussaint--L'Ouverture,* Porto Príncipe, Haiti, 1933, v. III, p. 18.

pela própria força. Os revolucionários mais extremistas são formados pelas circunstâncias. É provável que, olhando para as hordas selvagens de negros que o rodeavam, tenha se magoado demais diante da perspectiva de guerra e de barbárie que deveria acompanhar a liberdade, ainda que tardia. Ele estava disposto a um grande esforço para chegar a um acordo com os coloniais. Provavelmente esperava por uma tentativa de um tratamento melhor. Mas sendo levado a tomar essa decisão, como era seu jeito, não mais olhou para trás. Na volta, disse aos seus chefes para não procurarem os comissários para nada[20]. Eles tinham apenas a faculdade de interceder e seus poderes estavam subordinados aos da Assembleia. Biassou, que tinha reivindicado uma entrevista, esquivou-se dela.

Daí por diante, seria guerra, e a guerra precisa de soldados treinados. Toussaint abandona seu posto de médico dos exércitos do Rei e assume o título de general-brigadeiro, e então começa a treinar o exército. Apenas uma vez em sua vida política ele não conseguiu enfrentar uma emergência com ação ousada e correta.

Na Província Ocidental, Rigaud, Beauvais e Pinchinat estavam utilizando como agente nos campos de trabalho um jovem escravo chamado Hyacinth. Ele tinha 21 anos, mas ia de fazenda em fazenda alegando, como vários líderes das revoltas agrícolas o fizeram, que era inspirado divinamente. Podemos julgar a ignorância dos escravos do lado ocidental, no começo da revolução, a partir do fato de que tanto Hyacinth como outros homens e Romaine, a profetisa, fortaleceram a sua autoridade com atributos divinos, enquanto Jean François e Biassou no Norte, desde o começo, almejavam uma revolução social. Os negros afluíram ao exército confederado de mulatos e de brancos em La Croix-des-Bouquets, e no dia 31 de março desenrolou-se a batalha entre os confederados e os patriotas de Porto Príncipe. Os escravos eram quase todos nativos africanos. Armados apenas com facas, lanças, enxadas e paus com pontas de ferro, eles foram para a batalha. Liderados por Hyacinth, lançavam-se contra as baionetas dos voluntários de Porto Príncipe e dos soldados franceses sem medo ou preocupação pelas descargas dos canhões de Pralotto que rasgavam as suas fileiras: se fossem mortos, acordariam novamente na África. Hyacinth, com uma cauda de boi nas mãos, correu de fileira em fileira gritando que esse talismã

20 LACROIX, *Mémoires pour servir...*, v. I, p. 157.

espantaria a morte. Ele se lançava contra o inimigo assumindo a dianteira das tropas, passando ileso pelas balas e pelos tiros de canhão. Com esse líder, os africanos eram invencíveis. Agarravam-se aos cavalos dos dragões[21] e derrubavam os seus cavaleiros. Enfiavam os braços nas bocas dos canhões para retirar suas balas e chamavam seus companheiros: "Venham, venham, nós as pegamos". O canhão era disparado e eles eram feitos em pedaços. Entretanto, outros apinhavam-se sobre os canhões e sobre os canhoneiros e, disparando sobre eles, silenciavam-nos. Nada poderia destruir sua devoção e, após seis horas, as tropas de Porto Príncipe debandaram. Mais de uma centena de soldados haviam sido mortos, mas aproximadamente dois mil escravos estavam estirados nos campos de batalha. O exército combinado investiu então sobre Porto Príncipe.

Os brancos não estavam apenas lutando contra os mulatos, mas reivindicando ao Governador para evitar que perturbadores da paz vindos da Assembleia Colonial causassem cizânia no lado ocidental. Enviavam-lhe acordos, diziam que os acatariam não importando o que ele dissesse. Pediram-lhe para publicá-los e enviá-los ao Rei, ao Legislativo na França, aos mercadores dos grandes portos e a todo o mundo[22].

Fossem quais fossem as ressalvas que tinham feito quando elaboraram esse pacto com os mulatos bastardos, os brancos estavam agora ansiosos para consolidar a aliança e Roume estava esmagado pelo peso desses apelos. A revolução, diz Karl Marx, é a locomotiva da História. Eis aqui uma locomotiva que havia trabalhado numa velocidade surpreendente, pois em abril de 1792, nem bem passados três anos da queda da Bastilha, os patriotas brancos de Porto Príncipe estavam sendo sitiados por um exército combinado de comandantes realistas, fazendeiros brancos, mulatos de pele castanha e escravos negros; todos voluntários e, por enquanto, livres e sócios igualitários. Sem dúvida a maioria dos ricos estava apenas esperando o restabelecimento da ordem para colocar os escravos de volta em seus devidos lugares, mas o simples fato de haver uma associação revolucionária e uma igualdade temporária significava que o velho sortilégio estava quebrado e as coisas nunca mais seriam as mesmas.

A Assembleia Colonial, além da guerra contra os escravos e os mulatos, iniciou uma luta feroz com os comissários a respeito da primazia. Em Le

21 Soldados de cavalaria. São conhecidos como *dragões* desde a época dos romanos, por usarem uma insígnia, a dragona, ou um estandarte com a figura de um dragão. (N. do T.)

22 Um memorando dos *Commissaires Conciliateurs des Citoyens Blancs de l'Artibonite. Les Archives Nationales,* DXXV, 2. Uma das oito partes coletadas por Roume e enviadas para a França.

Cap, os patriotas mantiveram de fato o Governador detido por algum tempo e estavam tramando matar Mirbeck, que embarcou para casa no dia 30 de fevereiro. Saint-Leger tinha ido a Porto Príncipe. Os patriotas lá, estimulados pela Assembleia em Le Cap, ameaçaram deportá-lo, e este refugiou-se com os confederados. Saint-Leger e Roume estavam agora seriamente alarmados, não pela revolta dos escravos, mas pelo crescimento da contrarrevolução. Da mesma maneira que Barnave, os Lameths e seus amigos na França, a São Domingos branca estava ficando cansada dos cocardas vermelhas e começava a olhar uma vez mais para a autoridade real. O exército confederado parecia todo de cocardas brancas. Mas, nessa mesma hora, Pinchinat se reunia com Saint-Leger, e o que disse a este cavalheiro fez com que ele fugisse apressadamente para a França. Roume também deveria partir três dias depois, mas numa conversa, por casualidade, farejou uma trama realista e ficou para repeli-la. Os realistas de fato pensaram que São Domingos não estava madura para a colheita. Mas estavam enganados. Pinchinat fazia um jogo astuto. Os realistas, que esperavam utilizar os mulatos, agora achavam que tinham sido eles os usados. Como Beauvais disse a Roume depois:

"Nós nunca fomos as vítimas do ludíbrio dos cocardas brancas. Tínhamos de conquistar nossos direitos, precisávamos de auxiliares. Se o diabo tivesse se apresentado em pessoa, nós o alistaríamos. Esses cavalheiros ofereceram-se e nós os usamos, enquanto permitíamos que acreditassem que éramos nós quem estava sendo enganado".

O decreto de 4 de abril vinha agora para confirmar a vitória dos mulatos e permitir que eles abertamente apoiassem a Revolução Francesa – por um tempo.

A questão colonial exauriu a Constituinte depois de desgastar-lhe os nervos, de onde todos os membros foram excluídos por lei do Legislativo que se reuniu no dia 1º de outubro. Os novos deputados não estavam em melhor situação no que dizia respeito à questão colonial; somando-se aos Direitos do Homem para os mulatos, eles agora encaravam uma revolta de escravos.

À direita estavam os Feuillants, ou Partido do Rei, liderados na questão colonial por Vaublanc, que aprovava a condição de escravos, mesmo mulatos. A esquerda estava mais forte desde as eleições. Embora houvesse mais de cem deputados jacobinos no Legislativo, eles estavam divididos; na extrema esquerda, estavam Robespierre e a Montanha[23]; na direita, os brissotinos, ou

23 Ala esquerda dos jacobinos. Assim chamada porque os parlamentares chefiados por Robespierre e Marat sentavam-se nos degraus mais elevados na Convenção. (N. do T.)

seguidores de Brissot, mais conhecidos na História como girondinos[24]. As massas de Paris, organizadas na Comuna, seguiam os jacobinos. Robespierre e a Montanha lutariam pelos direitos dos mulatos. O mesmo faria Brissot, mas o seu grupo estava composto por Vergniaud, Guadet e outros, deputados de fato das cidades marítimas. Os girondinos eram assim chamados devido à província da Gironda, cuja principal cidade era Bordéus. Vergniaud era deputado por Bordéus e todas as cidades marítimas estavam firmemente contra os Direitos do Homem para os mulatos.

O que primeiro os assustou foi o modo com que as notícias da insurreição chegavam à França. Paris as recebia por um jornal britânico. O embaixador inglês dava informações sobre a seriedade do levante; informações essas que ele recebia da Jamaica por meio de Londres. O *Moniteur*, dia após dia, perguntava, por que nenhuma notícia de De Blanchelande? No dia 7 de novembro, o *Moniteur* imprimiu uma cópia da carta que os coloniais haviam escrito ao Governador da Jamaica. Apenas no dia 8, foi lida uma carta de Blanchelande requisitando tropas na Câmara. A burguesia marítima começava a olhar para esses coloniais com um olhar diferente: os mulatos ao menos eram fiéis à França e sólidos partidários da escravidão.

O primeiro problema eram as tropas para sufocar a revolta. Mas, em uma revolução, a revolução vem em primeiro lugar. As alas direita e esquerda do Legislativo queriam saber quantas tropas seriam enviadas e quem as controlaria. O Rei continuava no comando do Exército e da Marinha; os oficiais eram realistas e o centro da contrarrevolução; os ministros do Rei e os oficiais continuavam na ativa, em Paris e em São Domingos. Colocar um exército e uma frota nas mãos dessas pessoas era colocar armas que, após suprimida a insurreição, talvez antes mesmo, poderiam ser usadas contra a própria Revolução e colocariam a mais rica colônia da França inteiramente nas mãos realistas. Jacobinos e Feuillants lutaram contra isso dia após dia. Mas, ainda que fosse uma questão de reprimir uma revolta escrava, o Legislativo, como a Constituinte, não toleraria o uso da palavra escravo. Quando um deputado no transcurso de uma palestra começou a dizer. "Mas os escravos são propriedade dos latifundiários da colônia...", ocorreram os protestos rotineiros e pedidos para que o orador fosse chamado à ordem. O Legislativo, mais à esquerda, era, talvez por essa razão, ainda

---

24 O mesmo que brissotinos ou rolandistas, foram denominados por Robespierre como "a facção". Faziam parte da ala direita da Convenção. (N. do T.)

mais sensível do que a Constituinte. A Comissão Colonial, desejando como de hábito fazer com que tudo fosse acertado no Ministério, não faria nenhum relatório. Mas os Amigos dos Negros estavam muito mais poderosos agora, e Brissot fez uma advertência: se a Comissão não apresentasse seus relatórios em dez dias, ele abriria uma discussão no dia 1º de dezembro. Durante o intervalo, delegados da Assembleia Colonial chegaram a Paris, e no dia 30 de novembro um deles, Millet, expôs o caso dos colonistas. É provável que nunca, em nenhuma assembleia parlamentar, tivesse havido tantas mentiras impudentes reunidas em um único discurso.

A descrição que Millet fazia da escravidão provava que essa era a forma mais feliz de sociedade conhecida, fosse na Idade Antiga, fosse na Moderna.

"Vivemos em paz, cavalheiros, entre nossos escravos. (...) Deixemos que um homem inteligente e culto compare o deplorável estado em que esses homens viviam na África com a vida fácil e agradável que desfrutam nas colônias. (...) Resguardados de todas as necessidades da vida; rodeados por facilidades desconhecidas na maioria dos países da Europa; seguros em desfrutar da sua propriedade, pois tinham propriedade e isso era sagrado; amparados nas enfermidades com um zelo e uma atenção que buscaríeis em vão nos hospitais mais famosos da Inglaterra: protegidos, respeitados nas debilidades da velhice, em paz com suas crianças e com suas famílias (...) libertados após cumprirem importantes serviços. Era esse o quadro, real e sem adornos, do governo de nossos negros e esse governo doméstico aperfeiçoou-se particularmente nos últimos dez anos com um cuidado tal que não achareis similar na Europa. A mais sincera ligação unia o senhor ao escravo; dormíamos em segurança no meio desses homens que haviam se tornado nossos filhos e muitos dentre nós nem sequer tinham trancas e ferrolhos nas portas."

Supunha-se que essa era a situação dos escravos até 1787, o ano anterior ao caso Le Jeune. Terror, para manter os escravos submissos, confirmado em milhares de documentos?

Nada disso! De fato, havia uma pequena quantidade de senhores rígidos e ferozes. "Mas qual era o destino desses homens cruéis? Estigmatizados pela opinião pública, vistos com horror por qualquer pessoa honrada, marginalizados de qualquer sociedade e sem crédito nos negócios, viviam em opróbrio e desonra e morriam na miséria e desesperança (...)"

O que foi que mudou esse idílico estado de coisas? Neste ponto, entra em cena o vilão.

"No entanto, cavalheiros, uma sociedade toma forma no seio da França e prepara, à distância, a destruição e as convulsões às quais estamos sujeitos. (...) E, longe de estarmos aptos a continuar com o nosso trabalho, essa sociedade força-nos a renunciar a ela semeando o espírito de insubordinação entre os nossos escravos e a ansiedade entre nós."

Ao lançar sua bomba nos Amigos dos Negros, Millet voltou-se para a Assembleia. Ele sabia qual era o ponto nevrálgico.

"Em breve dirão que esta Sociedade exigirá que o comércio de escravos seja eliminado, o que significa que os lucros que viriam dele para o comércio francês serão entregues a estrangeiros, pois esses filósofos românticos nunca convencerão a todos os poderes da Europa que o seu dever é abandonar o cultivo nas colônias e deixar os nativos da África entregues à barbárie de seus tiranos em vez de empregá-los em qualquer outra parte. Ao servir a um senhor bondoso, exploram um terreno que ficaria sem cultivo sem eles e do qual as ricas produções são, para a nação que as possui, uma grande fonte de indústria e prosperidade."

Mulatos? Eles e os brancos viviam em paz; mais ainda: felizes.

"Os laços afetivos e de simpatia que existiam entre essas duas classes de homens" seriam reforçados pelas leis justas e humanas que uma assembleia colonial pudesse promulgar. Mas aqui também os Amigos dos Negros perfidamente imitavam a pose dos brancos, bem como as suas demonstrações de vaidade e o esforço em resistir a reivindicações justas.

Mas ninguém pode mantê-la para sempre, menos ainda homens educados na tradição intelectual francesa. Antes de Millet concluir, ele mesmo, repentinamente, deixou cair a sua elegante roupagem e proporcionou uma breve visão da São Domingos branca em toda a sua vaidosa nudez.

"Esses homens grosseiros [os negros] são incapazes de conhecer a liberdade e desfrutá-la com sabedoria, e a lei imprudente que poderia destruir seus preconceitos seria para eles e para nós uma sentença de morte."

A Legislatura escutou em silêncio. Não se tratava de um malabarismo com a palavra escravidão: era a coisa em si apresentada à burguesia para que esta a endossasse por toda a eternidade. Jaurès observou que não houve aplausos, nem mesmo naquelas enojadas interrupções com as quais o Legislativo estava habituado para expressar a sua desaprovação à simples menção da palavra escravidão. Quando Millet terminou, o presidente convidou os delegados para receberem as honras da sessão. Mas era demasiado. Alguém da extrema esquerda levantou-se colérico:

– Como, sr. Presidente, sua Excelência pôde convidar para a Assembleia homens que acabaram de ultrajar a filosofia e a liberdade; homens que acabaram de insultar. (...)

Mas os lucros do comércio de escravos eram demais para a Assembleia e a própria esquerda não tinha coragem para enfrentar esse negócio.

No dia seguinte, Brissot tomou a palavra e, em favor dos mulatos, fez um brilhante discurso, que se tornaria célebre. Ele mostrou que os brancos abastados estavam ansiosos pela paz e prontos para proporcionar aos mulatos direitos políticos; os patriotas, na sua grande maioria extremamente endividados com a França e decididos pela independência, tinham inveja dos mulatos, que não deviam e estavam determinados a manter o privilégio de raça, o que era mais caro para eles, ainda mais agora que repousavam sobre fundações tão inseguras.

"É por isso que podemos explicar a existência simultânea no coração de um mesmo colonista: da aversão aos homens de cor que reivindicam seus direitos, aos comerciantes que cobram suas dívidas, ao Governo livre que deseja que a justiça seja feita para todos."

Mais uma vez, os burgueses lutaram entre si em torno da questão do direito dos mulatos. Dessa vez, a disputa durou semanas, dentro e fora da Câmara. Vaublanc tomou o lugar do absentista Barnave, mas os Amigos dos Negros travavam uma discussão dentro do acordo entre brancos e mulatos, e a burguesia marítima estava então convencida de que a única maneira de salvar a colônia era conceder direito aos mulatos: a negociação que os patriotas tinham com outros países serviu para abrir seus olhos quanto à real natureza desses cavalheiros. Vergniaud e Guadet estavam prontos para convencer seus clientes de que a velha política era falsa. Os grandes proprietários de navios, mercadores e traficantes lançaram-se sobre os colonistas. O grupo de Barnave, os Feuillants, formava o Ministério do Governo, mas a Revolução estava se animando de novo. Os Feuillants foram derrubados no dia 10 de março e um ministério girondino tomou posse, com Roland na liderança, mas com *madame* Roland e Brissot como guias intelectuais. No dia 24 de março, por uma ampla maioria, o Legislativo emitiu um decreto dando plenos direitos políticos aos homens de cor. Alguns tentaram argumentar que as decisões da Constituinte eram sagradas, mas um deputado da esquerda, seguido por aplausos, rechaçou a teoria de que o Legislativo estava ligado definitivamente pelos decretos da Constituinte e corajosamente declarou a soberania do povo sobre os direitos de assembleias formais. Três novos representantes foram indicados com plenos poderes e amplas forças para aplicar o decreto e restaurar a ordem, e no dia 4 de abril a assinatura do Rei tornou o decreto lei.

Mas e os escravos? Os escravos haviam se revoltado pela liberdade. A revolta devia ser suprimida. Mas ao menos deveria haver uma promessa de perdão, de tratamento generoso no futuro. Nenhuma palavra. Nem mesmo de Vaublanc, da direita; nem sequer de Robespierre, da esquerda. Robespierre fez papel de palhaço ao objetar violentamente o termo "escravidão" e propor substituí-lo por "sem liberdade". Brissot referiu-se, de passagem, a eles como infelizes, e foi tudo.

"A causa desses homens de cor é assim a causa dos patriotas do Terceiro Estado e finalmente do povo, há tanto oprimido."

Assim falava Brissot, e Brissot, como representante do Terceiro Estado, estava preparado para ajudar o Terceiro Estado dos mulatos e dar ao povo, na França e em São Domingos, frases. Os camponeses da França continuavam clamando pela Assembleia para que os livrasse das obrigações feudais. Os brissotinos não fariam isso. Não tocariam na propriedade, e os escravos eram propriedade. Blangetty, um deputado, propôs uma moção por alforria gradual. O Legislativo não queria nem mesmo discutir esse ponto. No dia 26 de março, dois dias após o decreto favorável aos mulatos, Ducos teve a coragem de propor que todas as crianças mulatas fossem libertadas, "seja qual for o *status* da sua mãe". O Legislativo em fúria votou a questão anterior e a Ducos não foi nem mesmo autorizado falar sobre a sua moção. Os Amigos dos Negros, bons liberais, estavam agora no poder e ficaram tão calados sobre a escravidão quanto qualquer colonista. Os escravos, que ignoravam a política, haviam agido certo em não esperar por esses eloquentes construtores de frases. Toussaint, esse astuto estudioso da política francesa, leu e percebeu.

Toussaint, sozinho entre os líderes negros, com liberdade para todos na cabeça, naqueles primeiros meses de 1792 unificou os milhares de negros ignorantes e sem treinamento em um exército capaz de enfrentar tropas europeias. Os insurgentes desenvolveram um método de ataque baseado na sua esmagadora superioridade. Eles não se lançavam em massa como fanáticos. Organizavam-se em grupos, escolhendo lugares cobertos de árvores de tal forma que pudessem envolver o inimigo, procurando esmagá-lo com seu peso numérico. Eles realizavam essas manobras preliminares em absoluto silêncio, enquanto seus sacerdotes (os negros), cantavam o *wanga*[25] e mulheres e crianças dançavam e cantavam em frenesi. Quando atingiam o grau necessário de excitação, os combatentes atacavam. Se se deparavam com resistência, batiam em retirada sem se exaurir, mas à menor hesitação na defesa tornavam-se extremamente audazes e, lançando-se ao canhão, pululavam sobre os seus oponentes. No começo, nem conseguiam usar as armas que capturavam e costumavam apontar a culatra para o lado errado. Foi desses homens, "incapazes de falar mais do que uma palavra em francês", que um exército teve de ser formado. Toussaint poderia ter milhares de seguidores. Era sua característica começar com umas poucas centenas de homens, devotados a ele, que aprendiam a arte da guerra com ele desde o começo conforme combatiam lado a lado contra as tropas francesas e os colonistas. No campo, ele os preparava e treinava persistentemente. No mês de julho de 1792, tinha pouco menos de quinhentos homens consigo, os melhores da tropa revolucionária. Esses, e não as perorações no Legislativo, seriam decisivos na luta pela liberdade. Mas ninguém dava muita atenção a Toussaint e seus seguidores negros. Feuillants e jacobinos na França, brancos e mulatos em São Domingos continuavam a ver a revolta dos escravos como uma imensa baderna que deveria ser sufocada a tempo, uma vez que a divisão entre os senhores de escravos estava encerrada.

---

25 Encantamento usado para provocar o mal, ao contrário do *garde*, que é um encanto protetor. (N. do T.)

V
E AS MASSAS DE PARIS TERMINAM

Seis mil homens, quatro mil guardas nacionais e dois mil soldados de linha partiram da França em quinze navios para acabar com todas aquelas brigas entre os proprietários de escravos em São Domingos e para suprimir a revolta dos negros. Os comissários eram Sonthonax, jacobino de direita, amigo de Brissot; Polverel, que havia proposto a expulsão de Barnave e de seus amigos dos jacobinos e também era um seguidor de Brissot; e um tal de Ailhaud, uma nulidade. A expedição era adequada à tarefa em vista. Mas ela não poderia escapar à divisão que cindia toda a França depois de julho de 1789.

Os comissários eram revolucionários e os comandantes, oficiais do Rei. Antes de o barco partir, Desparbes, o comandante, discutiu com os comissários sobre a primazia e dirigiu às tropas palavras "confusas e inconstitucionais". Discutiram tão alto que foram ouvidos pelos oficiais e pelos homens. Discutiram novamente, mas a respeito do método de desembarque, e separaram-se tão logo desembarcaram. A Guarda Nacional eram os civis da Revolução. As tropas eram soldados do Rei. Tão logo Desparbes desembarcou, em vez de mobilizar todas as suas forças para um ataque contra os escravos, conspirou com os realistas locais, e os guardas nacionais foram distribuídos entre os diversos acampamentos, sob oficiais realistas. Os comissários carregaram consigo a bordo a Revolução. Eles iam ao seu encontro. Mas, o que era infinitamente mais importante para os escravos, deixaram-na no navio.

Partiram de Rochefort em meados de julho. Antes de alcançarem São Domingos, as massas de Paris, cansadas dos equívocos e da incompetência dos parlamentares, haviam tomado o problema em suas mãos e derrubaram os Bourbons do trono.

Para escapar às demandas dos camponeses, ao desejo dos trabalhadores de que fosse fixado um preço máximo para os alimentos e a outros problemas candentes da Revolução, os girondinos, dezessete dias depois do decreto de

4 de abril, mergulharam o país numa guerra contra a Áustria. O exército era meio realista, meio revolucionário. Maria Antonieta estava enviando os planos de guerra ao inimigo. A França revolucionária parecia incapaz de se organizar, e lá os realistas esperavam a entrada dos estrangeiros para levantar-se e massacrar a Revolução. Os girondinos, temendo a contrarrevolução, mas com mais medo ainda das massas parisienses, não tomaram medidas contra os realistas, e o povo de Paris, levado à exasperação, assaltou as Tulherias em 10 de agosto. Aprisionaram a família real, o Legislativo foi dissolvido e um novo parlamento, a Convenção Nacional[1], foi convocado. As massas aplicaram uma justiça dura contra os conspiradores realistas nos massacres de setembro e tomaram a defesa da França em suas próprias mãos, sujas, mas fortes e honestas. O Governo girondino se propôs a deixar Paris. Os trabalhadores proibiram-no. Eles armavam dois mil voluntários por dia e, com os realistas à sua retaguarda, calmos há muito tempo, saíram cantando alegremente para expulsar a contrarrevolução do solo francês. Se a França revolucionária foi salva, foi devido a eles.

O que isso tinha que ver com os escravos? Tudo! Em tempos normais, não se podia esperar que os trabalhadores e camponeses franceses tivessem qualquer interesse na questão colonial, da mesma forma que não se pode esperar um interesse semelhante por parte dos trabalhadores ingleses ou franceses nos dias de hoje. Mas, naquele momento, eles haviam se levantado. Atacavam a realeza, a tirania, a reação e a opressão de todos os tipos, os quais abrangiam a escravidão. O preconceito de raça é superficialmente o preconceito mais irracional e, devido a uma reação perfeitamente compreensível, os trabalhadores de Paris, que eram indiferentes em 1789, a essa altura detestavam acima de tudo aquela parte da aristocracia que eles denominavam "aristocratas da pele"[2]. Em 11 de agosto, um dia depois da queda das Tulherias, Page, conhecido agente dos colonistas na França, escreveu para casa quase em desespero: "Um único espírito reina aqui: é o horror à escravidão, o entusiasmo pela liberdade. É uma exaltação que conquista todas as mentes e cresce a cada dia"[3]. Daí por diante, as massas

1 Assembleia que, na França revolucionária, sucedeu a Assembleia Legislativa e funcionou de 20/09/1792 a 29/10/1795. Ela proclamou a República, condenou o Rei à morte e instituiu o Comitê de Salvação Pública. No princípio, estava dividida entre os montanheses, os girondinos e a Planície. (N. do T.)

2 GARRAN-COULON, *Rapport sur les troubles...*, v. IV, p. 21.

3 *Débats entre les accusés et les accusateurs dans l'affaire des Colonies*, 6 volumes, Paris, 1798. Relatório oficial do julgamento de Sonthonax e Polverel. Publicado por GARRAN-COULON, v. II, p. 223.

de Paris seriam a favor da abolição e seus irmãos negros de São Domingos, pela primeira vez, teriam aliados apaixonados na França.

A Convenção Nacional seria eleita e deliberaria sob a influência dessas massas. Os escravos de São Domingos, por meio da insurreição, haviam mostrado à França revolucionária que poderiam lutar e morrer pela liberdade, e o progresso lógico da Revolução na França havia levado à ribalta massas que, quando falavam em abolição, pensavam tanto na teoria como na prática.

Mas é preciso organização e tempo para traduzir o sentimento das massas em ação, e, naquele momento, a Revolução tinha questões mais urgentes para tratar do que a escravidão.

Quando os novos comissários desembarcaram em 18 de setembro, nem eles nem o povo de São Domingos sabiam algo sobre o 10 de agosto.

Eles vieram principalmente para tratar da questão dos mulatos. Para sua agradável surpresa, encontraram o assunto resolvido. Três anos de guerra civil e um ano de revolução dos escravos haviam, finalmente, ensinado alguma coisa aos fazendeiros brancos. Tão logo as notícias do decreto chegaram, todos os brancos, no Norte, no lado ocidental e no Sul, aceitaram-no. No dia 14 de julho de 1792, os brancos ofereceram um jantar aos homens de cor; alguns dias depois, estes retribuíram. O Governador, o comandante da estação naval e o tesoureiro escreveram aos comissários para dizer que todos os brancos haviam concordado em aceitar o decreto[4]. Naturalmente, ainda

4 Anexos do relatório dos comissários do ministério da Marinha, 30 de setembro de 1792. *Les Archives Nationales* DXXV.
a) D'Augy, presidente da Assembleia Colonial, num discurso aos comissários quando de sua chegada: "(...) para não deixar qualquer dúvida nos senhores quanto à nossa perfeita submissão à lei de 4 de abril passado, em favor dos homens de cor e negros livres".
b) Carta de Girardin, comandante da estação naval: "Vós me perguntais, cavalheiros, quais são os sentimentos dos soldados e dos marinheiros relativamente à lei de 4 de abril. Seus sentimentos quanto à execução desta lei são excelentes, para esta e para todas as outras leis. Quando a lei fala, eles sabem como obedecer, desde que ninguém procure corrompê-los. (...)". Girardin alertou os comissários contra os "facciosos" em Le Cap que desejavam quebrar "a harmonia que existe entre os habitantes respeitáveis, brancos e de cor. (...)". Ele sugeriu que os comissários desembarcassem em São Marcos, onde a "união entre todos os cidadãos é perfeita".
c) Carta de De Blanchelande, o Governador, aos comissários: "A lei de 4 de abril foi publicada e aceita por toda a colônia branca".
Carta de Souchet, o tesoureiro, aos comissários: "Os senhores encontrarão aqui a lei de 4 de abril universalmente aceita. (...)".
Carta de Delpech, outro oficial: "Os senhores verão (...) que o primeiro objetivo da sua missão, aquele de assegurar a execução da lei de 4 de abril, causar-lhes-á poucos problemas, mas os senhores terão de tomar algumas precauções. (...)".

existia o preconceito racial. Isso não pode ser destruído em um dia ou em um ano. Mas os brancos queriam a paz, e, na recepção cerimonial, o presidente branco da Assembleia, o prefeito branco de Le Cap, todos tratavam a disputa com os mulatos como uma coisa do passado. Duas coisas os preocupavam. Uma delas era a escravidão.

"Não trouxemos meio milhão de escravos das costas da África para torná-los cidadãos franceses", disse o presidente da Assembleia a Sonthonax, e este o tranquilizou.

"Reconheço", disse ele, "em São Domingos apenas duas classes de homens: os livres, sem distinção de cor, e os escravos."

Mas o segundo problema era a Revolução. Tanto cocardas brancas como vermelhas esperavam pela ajuda dos comissários. Os realistas viam nos comissários agentes designados pelo Rei; os revolucionários viam neles membros do Clube dos Jacobinos. Sonthonax, como era inevitável num jacobino e brissotino, estava do lado da Revolução. Ele reorganizou o Governo para concentrar o poder nas mãos da Comissão e incluiu em seu conselho tanto mulatos como negros livres. O próximo passo seria então, obviamente, o ataque aos escravos, antes que as tropas começassem a sentir os efeitos do clima. Mas aquele ataque vigoroso jamais foi realizado.

No começo de outubro, São Domingos recebeu as notícias do 10 de agosto. Não era uma simples questão de lealdade para com um monarca. A burguesia destrona rapidamente o seu rei em favor de uma república, se desta forma puder salvar a própria pele e os próprios bens. O 10 de agosto era mais do que isso. Era o lance das massas pelo poder, não com discursos, mas com armas. Não poderia haver trégua em nenhum lugar do território francês depois de 10 de agosto. Os realistas, sob Desparbes, e os revolucionários, sob Sonthonax, pularam uns nos pescoços dos outros. Os mulatos lutaram por Sonthonax, que foi vitorioso e degredou Desparbes e os outros líderes realistas para a França. A Revolução triunfava. Entretanto Sonthonax estava disposto a abolir a discriminação contra os mulatos; mas os brancos pobres e a ralé, embora revolucionários, estavam furiosos por ver pessoas ricas de cor gozarem tanto do favor de Sonthonax. Eles estavam enfurecidos pela

---

O próprio Sonthonax escreve ao ministro que Roume enviou as mesmas notícias do Sul e do lado ocidental.

Todavia, o sr. Lothrop Stodddard, seguindo alucinadamente as suas teorias raciais, chega ao ponto de dizer, na p. 187 de *The French Revolution in San Domingo* (Boston & Nova York, 1914), que os soldados e marinheiros "possuíam a mesma repugnância dos colonistas à lei de 4 de abril".

inveja e pelo preconceito de raça. Sonthonax chamou-os de "aristocratas da pele" e posicionou-se conforme o espírito e a letra do decreto de 4 de abril. Mais uma vez, a divisão entre os governantes deu mais espaço aos governados.

Todavia, o que parecia ser uma boa sorte não foi fundamentalmente acidental. O primeiro indício de uma forma de sociedade completamente desajustada ou em processo de bancarrota é que as classes dirigentes não conseguem chegar a um acordo sobre como salvar a situação. Essa divisão cria uma brecha, e as classes governantes continuarão a lutar entre si, enquanto não temerem que as massas tomem o poder. A insurreição, porém, parecia estar nos estertores. Laveaux, o comandante francês, mesmo com poucos soldados, derrotou Toussaint e expulsou os escravos revoltosos de suas posições. Fome e doenças dizimavam suas forças. Foi então que quinze mil homens, mulheres e crianças famintos, com seus soldados derrotados e empurrados para as montanhas, imploraram para ser recebidos de volta. Toussaint e seu bando de algumas centenas de homens, treinados há pouco mais de um ano, estavam indefesos na multidão, e Jean François e Biassou, embora em maior número, ainda mais fracos do que ele. Candy, que liderava um bando de mulatos, havia desertado dos negros e se unido aos comissários, dando início àquela vacilação dos mulatos que deveria ter consequências bastante desastrosas no futuro. No começo de 1793, Laveaux preparava um ataque final para completar a debandada da insurreição, quando foi chamado de volta pelos comissários.

A Revolução havia transbordado as fronteiras da França. No dia 21 de janeiro de 1793, o Rei foi executado. Os exércitos revolucionários estavam então colecionando vitórias, e as classes governantes da Europa se armavam contra este novo monstro: a democracia. Em fevereiro, começou a guerra contra a Espanha; depois, contra a Inglaterra; e foi para defender as costas contra o inimigo estrangeiro que Sonthonax convocou Laveaux. A maré revolucionária desceu novamente para a planície, para não mais refluir, e Toussaint começava a aparecer com os loureiros do porvir.

Naquele momento, os negros não sabiam onde estavam seus verdadeiros interesses. E se não sabiam não era por culpa deles, pois a Revolução Francesa, ainda nas mãos dos liberais e "moderados", estava claramente inclinada a levar os escravos de volta à sua velha escravidão. Assim, quando os espanhóis em São Domingos ofereceram aliança aos negros contra o Governo francês, naturalmente aceitaram. Eis aqui homens brancos que lhes ofereciam armas, munições e suprimentos, reconhecendo-os como soldados, tratando-os como iguais e pedindo-lhes que atirassem contra outros brancos. Todos se precipitaram para juntar-se às tropas espanholas, e Jean François e Biassou foram indicados como tenentes-generais[5] do exército do Rei da Espanha. Toussaint também foi, mas ditou seus próprios termos aos espanhóis como líder independente, e não como subordinado de Biassou. Ele tinha seiscentos homens, bem treinados e absolutamente devotados a ele, e recebeu o título oficial de coronel[6]. Como todos os outros negros, Toussaint atacou a República, sem Deus nem rei, e lutou em nome da realeza, tanto da espanhola como da francesa. Mas para ele essas palavras de ordem já eram meramente políticas e não convicções.

O espantoso é a sua maturidade. Jean François e Biassou estavam perfeitamente satisfeitos com suas novas posições oficiais. Mas Toussaint propôs ao marquês d'Hermona, seu superior imediato, um plano para conquistar a colônia francesa ao conceder a liberdade a todos os negros[7]. D'Hermona concordou, mas Don García, o Governador, não. Frustrado, ele, que estava com os espanhóis há menos de quatro meses, antes de junho escreveu a Laveaux[8] oferecendo-se para juntar-se aos franceses e lutar contra os espanhóis, se este, porventura, reconhecesse a liberdade dos negros e concedesse anistia geral. Laveaux recusou e Toussaint, desconcertado, permaneceu com os espanhóis.

Mas as coisas iam de mal a pior com os franceses, e em 6 de agosto, Chanlatte, um oficial mulato, criação de Sonthonax, ofereceu a Toussaint a "proteção" da República caso ele trouxesse as suas forças. Em política, termos abstratos escondem traição. Toussaint recusou e brandamente respondeu que "os negros desejavam um rei e que eles deporiam suas armas apenas quando ele fosse reconhecido". Sem dúvida Chanlatte pensou que ele fosse

---

5 Posto inexistente nas Forças Armadas brasileiras, situado acima do general de divisão e abaixo do general de exército. (N. do T.)

6 Marechal de campo.

7 SANNON, *Histoire de Toussaint-L'Ouverture*, Porto Príncipe, 1933, v. II, p. 220. Toussaint menciona o plano sem dar pormenores, mas não poderia ser diferente do que foi descrito, pois foi imediatamente depois disso que ele escreveu a Laveaux.

8 O próprio Toussaint, em carta de 18 de maio de 1794, lembra a Laveaux da sua oferta antes dos desastres de Le Cap, em junho de 1793. A carta está em *La Bibliothèque Nationale,* MSS. Department. As cartas de Toussaint a Laveaux e documentos afins, classificados em ordem cronológica, ocupam três volumes. Elas são de grande importância. A *Vie de Toussaint--L'Ouverture*, de Schoelcher, retira muitas citações dessas cartas, e deveria ser consultada se for conveniente. Ver. p. 98-9.

um africano ignorante e fanático, pois muitos historiadores, mesmo depois de estudar a carreira de Toussaint, ainda continuavam a acreditar que ele tivesse uma fé "africana" na realeza. Nada estava mais longe da mente de Toussaint. Embora aliado aos espanhóis, ele continuava ousadamente a organizar os negros sob a palavra de ordem de liberdade para todos. Em 29 de agosto, publicou uma convocação:

"Irmãos e amigos. Eu sou Toussaint L'Ouverture. Meu nome talvez vos seja conhecido. Estou encarregado da vingança. Desejo que a Liberdade e a Igualdade reinem em São Domingos. Trabalho para trazê-las à vida. Uni-vos a nós, irmãos, e lutai conosco pela mesma causa, etc.

"Seu servo muito humilde e muito obediente.

"[Assinado] Toussaint L'Ouverture,
"General dos Exércitos do
Rei, pelo Bem Público"[9].

Esse curioso documento mostra que Toussaint já havia mudado seu nome de Bréda para L'Ouverture[10] e tinha motivos para esperar que ele fosse conhecido. Mas o mais notável era a confiança com que ele montava em dois cavalos ao mesmo tempo. Usava de seu prestígio como general dos exércitos do Rei, mas convocava os negros em nome da liberdade e da igualdade, o lema da Revolução Francesa, da qual a realeza era inimiga declarada. Nenhum deles ajudaria aos seus propósitos, e assim ele usava ambos.

Sonthonax continuava a governar com severidade no Norte, os brancos aceitavam de má vontade a vitória da Revolução, os mulatos agarravam-se avidamente a todos os postos do Governo. Sonthonax, embora mais tarde se enojasse dessa avidez, apoiou-se neles e deportou para serem julgados na França todos os que cheiravam à contrarrevolução. Justamente nesse momento, Galbaud chegava da França, indicado como Governador no lugar de De Blanchelande, que havia sido preso e enviado para lá por Sonthonax. Quando Galbaud chegou a Le Cap, Sonthonax estava em Porto Príncipe

9 *Lettres de Toussaint-L'Ouverture*, La Bibliothèque Nationale (MSS. Dept.)

10 L'Ouverture significa "a abertura". Laveaux ou Polverel teriam dito, ao saber de outra vitória de Toussaint: "Este homem faz aberturas em todo lugar", de onde se originou o novo nome. Não é improvável que os escravos o chamassem L'Ouverture devido à falha nos seus dentes. Mais tarde ele retirou o apóstrofo.

visitando Polverel. Os brancos de Le Cap, quase todos contrarrevolucionários, deram a Galbaud, que tinha propriedades em São Domingos, uma recepção barulhenta. Sonthonax e Polverel sabiam o que isso significava e, voltando apressadamente de Porto Príncipe, demitiram Galbaud e seu pessoal e os colocaram num navio para serem levados à França. Mas Galbaud não iria assim tão facilmente. Os marinheiros da frota tomaram seu partido. Ele desembarcou com um contingente; os brancos da contrarrevolução se juntaram a ele e juntos expulsaram os comissários e suas forças da cidade. Sonthonax, temendo a derrota e o extermínio, deu ordens para que os escravos e prisioneiros de Le Cap fossem armados; ao mesmo tempo, prometendo o perdão e a liberdade aos escravos insurgentes que cercavam a cidade, atiçou a turba contra Galbaud e os brancos. Os marinheiros de Galbaud, embriagados pela vitória e pelo vinho, haviam justamente deixado de lutar para pilhar, quando dez mil negros desceram das colinas para a cidade. A estrada dos morros corria ao longo da linha da costa e os marinheiros que permaneceram nos navios na baía puderam vê-los, horas a fio, como um enxame em direção a Le Cap. A contrarrevolução fugiu para o porto, deixando tudo para trás. Galbaud teve de se jogar ao mar para chegar a um barco, e, para completar o desbaratamento dos realistas, o fogo irrompeu e queimou totalmente dois terços da cidade, destruindo centenas de milhões em propriedades. Dez mil refugiados se amontoavam nos navios na baía e partiram para os Estados Unidos da América; a grande maioria deles jamais retornou. Foi o fim da dominação branca em São Domingos.

Foi assim que a São Domingos branca destruiu a si própria. A lenda atual de que a abolição da escravatura levou à destruição dos brancos é uma mentira vergonhosa, típica dos meios pelos quais a reação acoberta os crimes no passado e procura bloquear o progresso no presente. Em maio de 1792, os brancos tropeçavam uns nos outros para conceder os direitos aos mulatos, e Roume diz que, quando o decreto de 4 de abril chegou, eles o publicaram no dia seguinte[11]. Era tarde demais. Se o tivessem feito um ano antes, no início da revolução dos escravos, teriam conseguido dominá-la antes que ela se espalhasse. Por que não o fizeram? Preconceito de raça? Nada disso. Por que Carlos I e seus seguidores não foram razoáveis com Cromwell? Em 1646, dois anos depois de Marston Moor[12], a sra. Cromwell e a sra. Ireton tomaram

---

11 Roume ao Comitê de Segurança Pública. Relatório de 18 de Ventoso (1793), *Les Archives du Ministère des Affaires Étrangères*. Documento de grande valor.

12 Local onde Cromwell, em julho de 1644, alcançou a vitória na Primeira Guerra Civil. (N. do T.)

chá com Carlos em Hampton Court[13]. Cromwell, um grande revolucionário mas também um grande burguês, desejava chegar a um acordo. Por que Luís, Maria Antonieta e a Corte não foram razoáveis com os revolucionários moderados, antes de 10 de agosto? De fato, por quê? A monarquia na França tinha de ser arrancada pela raiz. Os que estão no poder jamais cedem, e admitem a derrota apenas para tramar e conspirar para reconquistar seu poder e seus privilégios. Se, na França, a monarquia fosse branca, os burgueses, mestiços e as massas, negras, a Revolução Francesa teria sido registrada na História como uma guerra de raças. Mas, embora na França fossem todos brancos, lutaram do mesmo modo. A luta de classes termina ou na reconstrução da sociedade ou na ruína comum das classes em luta. A Revolução Francesa assentou as bases da França moderna. O país, como um todo, era forte o suficiente para aguentar o choque e beneficiar-se dele, mas a sociedade escravocrata de São Domingos era tão corrupta e podre que não poderia aguentar nenhuma pressão e pereceu como merecia perecer.

Sonthonax retornou a Le Cap, uma cidade quase arruinada. Para sua surpresa, depois de terminada a pilhagem, os escravos não permaneceram com os comissários. Juntando o que haviam saqueado, eles voltaram à sua vida perambulante nas colinas e para seus aliados espanhóis. Os franceses enviaram embaixadores para persuadi-los, mas todos eles, Toussaint inclusive, responderam que apenas poderiam obedecer a um rei e que apenas reconheceriam os comissários quando tivessem um rei, tendo-lhes sido ensinado cuidadosamente pelos espanhóis esse sofisma. Os oficiais realistas estavam desertando Sonthonax em favor dos espanhóis e, agora, para completar as dificuldades dos comissários, os escravos que ainda não tinham se revoltado, atiçados pela fermentação revolucionária à sua volta, recusavam-se a continuar escravos. Eles apinhavam as ruas de Le Cap, exaltados como num comício religioso, e clamavam por liberdade e igualdade. Nas fazendas que até aqui haviam escapado à destruição, acontecia a mesma coisa. Os brancos proprietários de escravos que ainda permaneciam em São Domingos haviam aprendido muito nos últimos dois anos. Um deles, que possuía centenas de escravos, contou a Sonthonax que seria melhor declarar a abolição. Sonthonax soube que Jean François estava pronto para reunir os negros em torno ao seu estandarte conclamando todos a se libertarem. Cercado de todos os lados e procurando apoio contra os inimigos, em casa e no exterior, Sonthonax

13 Suntuoso palácio situado no sudoeste de Londres. Uma das residências reais. (N. do T.)

proclamou a abolição da escravidão em 29 de agosto de 1793. Foi a sua última cartada e ele não podia mais jogar.

Na Província Ocidental, Polverel, embora insatisfeito, aceitou o decreto e persuadiu os brancos remanescentes a não se oporem a ele. Por ora, sem outra alternativa, eles aceitaram. Mas o decreto foi um fracasso. Os que foram libertados por Sonthonax permaneceram fiéis a ele; mas Jean François, Biassou e outros soldados experientes permaneceram aliados aos espanhóis, e Toussaint, embora não fosse fiel aos espanhóis, ainda se recusava a passar para os franceses.

No Sul, os escravos haviam se revoltado contra os brancos e os mulatos e estavam conquistando muitas vitórias. Mas no lado ocidental os mulatos ainda dominavam. Rigaud e Beauvais, com seus aliados brancos, haviam capturado Porto Príncipe há muito. Enxotando os realistas, o exército dos mulatos estabeleceu uma dominação mulata. Mas quando a luta acabou eles escolheram os escravos mais valentes e ofereceram-lhes a liberdade se conduzissem os demais de volta à escravidão e os mantivessem em ordem. A oferta foi aceita, e cem mil escravos foram levados de volta às fazendas: destino inevitável de qualquer classe que se deixe guiar por outra. Seguros dos seus escravos, muitos dos proprietários mulatos no lado ocidental, embora mantendo o Governo em suas mãos, estavam furiosos com o decreto de abolição e abandonaram a Revolução, à qual deviam tanto. A propriedade, branca e mulata, reuniu-se novamente sob a bandeira da contrarrevolução.

Sonthonax tentou desesperadamente reconquistar os escravos negros. Mas, a despeito de todas as tentativas de Laveaux, usando o decreto de abolição como uma evidência de boa vontade para com os negros, Toussaint não se juntaria aos franceses. Seu bando crescia rapidamente agora, não apenas em número mas também em qualidade. Muitos oficiais realistas desertores, em vez de se juntar às forças espanholas, preferiam associar-se a uma tropa de negros que anteriormente eram franceses, esperando conquistar novamente a influência sobre eles e usá-los para os seus próprios fins. Eles se juntaram ao grupo de Toussaint. Este aprendeu a arte militar ortodoxa com aqueles, usou-os para treinar suas tropas e organizou um Estado-maior eficiente. Não existiam mapas do distrito. Ele convocou os habitantes locais, aprendeu com eles a geografia das suas vizinhanças e, com seus primitivos rudimentos de geometria, foi capaz de elaborar mapas proveitosos. Um dos seus guias era Dessalines, que não sabia ler nem escrever e tinha o corpo marcado pelas chibatadas, mas era um soldado nato e logo obteria um alto comando.

A força de Toussaint crescia, tanto devido ao seu destemor na luta como à sua maestria em política e em intrigas. Com o tenente-coronel Nully desertando para Toussaint, os franceses indicaram Brandicourt para o seu posto. Toussaint escolheu trezentos de seus homens e preparou uma emboscada para Brandicourt. Quando os homens de Brandicourt se aproximaram, não foram alvejados, mas inquiridos:

– Quem vem lá?

– A França!

– Então que o vosso general venha e fale com o nosso; nenhum mal acontecerá a ele!

Brandicourt, que estava no centro, ordenou o ataque, mas seus homens lhe imploraram que parlamentasse com Toussaint. Assim que Brandicourt se apresentou, foi apanhado e levado a Toussaint, que lhe ordenou que escrevesse uma ordem para que suas forças se rendessem. Em lágrimas, Brandicourt escreveu a Pacot, seu segundo em comando, que fora feito prisioneiro e deixava para ele a decisão que julgasse melhor. Toussaint rasgou a carta e insistiu para que Brandicourt redigisse um comando direto para a deposição das armas. Brandicourt escreveu e, quando recebeu a carta, Pacot, que estava secretamente em contato com Toussaint, disse aos outros oficiais:

– Fazei o que quiserdes, mas eu me renderei!

Os três destacamentos uniram-se às forças de Toussaint, sem um golpe. Quando Toussaint voltou ao campo, comandando aquelas tropas brancas, seus próprios homens ficaram tão alarmados que ele teve dificuldade em convencê-los de que os recém-chegados eram aliados, e seu chefe D'Hermona estava igualmente espantado.

Essa vitória incruenta deu-lhe Dondon. Ele marchou sobre Marmelade, onde um combate árduo durou o dia todo. Vernet, o comandante mulato, chamado de covarde por Polverel, achou-se em dificuldades e logo desertou para Toussaint com 1200 homens. Toussaint tomou Ennery e o comandante desse forte uniu-se a ele. Entre ele e Gonaïves havia apenas Plaisance; mas foi rechaçado por uma legião de mulatos do lado ocidental, que recapturou Ennery. Depois de uma curta pausa para reagrupar as suas forças, retomou Ennery e, em dezembro de 1793, ocupou Gonaïves. Voltando, tomou Plaisance, e Chanlatte, o comandante, aderiu a ele com todas as suas tropas. Todas as guarnições de São Marcos, Verrettes, Arcahaye, desesperadamente isoladas, renderam-se a Toussaint e integraram-se às suas forças. A abolição da escravidão, base da propriedade em São Domingos, havia enfraquecido o moral dos comandantes republicanos e, entre juntar-se aos contrarrevolucionários sob Toussaint e ser massacrados pelas suas forças, a escolha era fácil, principalmente porque o general negro já havia conquistado uma grande reputação pela sua humanidade, coisa muito singular na São Domingos daqueles dias. Assim, nos primeiros meses de 1794, Toussaint controlou o cordão ocidental, da colônia espanhola até o mar, e havia isolado a Província do Norte, a Ocidental e a do Sul. Os espanhóis controlavam todos os postos fortificados na Província do Norte, com exceção da própria Le Cap e de dois outros, e todos sabiam que isso era um feito de Toussaint. Este ainda estava subordinado a Jean François e a Biassou, mas agora ele tinha quatro mil homens e, sob o seu comando, havia negros, mulatos e brancos, antigos oficiais do *ancien régime* e antigos republicanos. Mas a maioria era negra, e Dessalines, Christophe e Moïse haviam sido escravos. Toussaint era o comandante incontestável, já um mestre na arte da guerra e um negociador habilidoso. Mas, embora tivesse combatido sob a bandeira da contrarrevolução, ele sabia onde estava o seu poder e, sob os próprios narizes dos comandantes espanhóis, continuava a conclamar os negros à liberdade.

Jean François e Biassou, seus rivais, agora eram os ídolos dos colonistas franceses refugiados. Dois anos antes, estes nem mesmo falariam com aqueles, mas a revolução é um grande mestre e aqueles fazendeiros franceses, "os novos súditos do Rei da Espanha"[14], conforme eles se denominavam, comparavam Jean François e Biassou aos "grandes generais da Antiguidade" e esperavam que eles limpassem as montanhas, "restabelecessem a ordem" e depois tomassem Le Cap. Biassou, Jean François e D'Hermona montaram um plano de campanha e Biassou começou a agrupar suas forças, eliminando alguns dos acampamentos que Toussaint havia montado. Toussaint tornou a montá-los e sublevou os negros. Para raiva e desgosto dos coloniais, ele insistia em violar as "promessas sagradas" do Rei espanhol, ao prometer ele mesmo "liberdade geral para todos os escravos que tivessem voltado aos seus deveres" e que estivessem preservando a ordem. Os coloniais elogiavam Biassou, "cuja conduta merecia a admiração geral", mas maldiziam Toussaint e a sua liberdade para todos, chamavam-no traidor do Rei e pediam sua cabeça.

14 *Lettres de Toussaint-L'Ouverture,* La Bibliothèque Nationale. Esta e outras passagens citadas são de uma queixa feita pelos emigrados coloniais ao governador espanhol, datada de 4 de abril de 1794. Ver Schoelcher, p. 92.

Toussaint exercia um domínio extraordinário sobre todos os homens com os quais travava contato, e o marquês d'Hermona, que o admirava muito, não podia ou não queria fazer nada.

E, enquanto Toussaint realizava esses milagres no Norte, os britânicos complicavam ainda mais as coisas ao realizarem uma tentativa armada de capturar São Domingos, agora aparentemente sem defesa.

Desde o início da revolução, os fazendeiros estavam proferindo ameaças de que buscariam a suserania da Inglaterra e, depois da revolta dos escravos em 1791, ofereceram a colônia a Pitt. Mas São Domingos não era a África, onde todos incursionavam à vontade. A interferência significaria guerra com a França. Portanto, os ingleses recusaram, mas se ocupavam em elaborar esquemas e planos de conquista. Em dezembro de 1792, o tenente-coronel John Chalmers, especialista em assuntos das Índias Ocidentais, escreveu um memorando a Pitt sobre o que ele chamou a "imensa, imensa importância" de São Domingos[15]. "A situação deplorável das Índias Ocidentais francesas", escreveu Chalmers, "parece gritar implorando a proteção da Grã-Bretanha." E, por incrível que pareça, essa proteção parecia ser muito lucrativa. "As vantagens de São Domingos para a Grã-Bretanha são inúmeras e dariam a ela o monopólio do açúcar, do anil, do algodão e do café. Por muitos anos, a ilha daria tal ajuda e força à indústria, que seria sentida agradavelmente em todas as partes do Império. Isso impediria toda a migração dos três reinos para os Estados Unidos, a qual, sem aquela aquisição, manter-se-á e aumentará a prosperidade deles até essa tornar-se alarmante e prejudicial."

Chalmers apoiava a opinião inglesa avançada sobre o declínio das Índias Ocidentais Britânicas. "As possessões da Grã-Bretanha nas Índias Ocidentais são relativamente deficientes, diminutas, muito espalhadas e, portanto, incapazes de ser defendidas." Eis uma oportunidade para remediar esse triste estado de coisas. Por meio de uma aliança com a Espanha, "ofensiva e defensiva", os dois países poderiam manter a França e os Estados Unidos fora das Índias Ocidentais e se firmar lá. A Grã-Bretanha tentaria tomar toda a São Domingos, mas, caso as circunstâncias ou os poderes unidos decidissem que o total seria "grande demais para a sua escala política", ela deveria, fosse como fosse, assegurar a parte norte da ilha.

---

15 Chatham Papers, G. D. 8/334. Diversos papéis relacionados à França, 1784-1795. (Public Record Office.)

O patriótico coronel terminou com uma nota característica: "Por mais sombrio e perigoso que seja o atual estado da Europa, desses males podem surgir contudo os maiores e mais duradouros benefícios em razão de uma guerra bem conduzida, terminada com uma pacificação feliz. (...) Assim, humildemente esperamos que os beligerantes vejam a extrema necessidade de confiná-la [a França] aos limites estabelecidos à época da morte de Henrique IV, abrangendo todos seus domínios externos, com exceção de São Domingos e da ilha de Bourbon".

A preocupação do coronel Chalmers sobre a "imensa, imensa" importância de São Domingos era um tanto injustificada. Aqueles eram exatamente os sentimentos de Pitt. No momento em que a guerra parecia iminente, Dundas despachou quatro colonistas franceses para Williamson, Governador da Jamaica, com uma carta de apresentação. Imediatamente depois da declaração de guerra, as negociações começaram e, em 3 de setembro de 1793, foi assinada a capitulação[16]. A colônia aceitaria a proteção da Grã-Bretanha até a paz. Modificações seriam introduzidas no Exclusivo, mas o *ancien régime* seria restabelecido, com a escravidão, a discriminação dos mulatos e tudo mais. Clarkson e Wilberforce ficaram a lamentar e a deplorar[17] a peculiar falta de entusiasmo que Pitt demonstrava agora em relação à causa que havia advogado com tanta insistência alguns anos atrás.

Se alguma vez existiu um bom negócio, esse parecia ser um deles. Petições de todas as partes da ilha asseguravam aos britânicos que eles seriam bem recebidos por todas as pessoas possuidoras de propriedades e, em São Domingos, quem mais contava? Todas as despesas seriam reembolsadas com a renda dessa colônia. O general Cuyler disse a Dundas que não tivera "quaisquer apreensões quanto aos nossos sucessos nas Índias Ocidentais"[18]. Pitt e Dundas insistiram na expedição, com um descaso temerário até mesmo pela segurança da Inglaterra. Dundas quase "perdeu a calma"[19], com uma certa demora. Para Pitt, "as Índias Ocidentais eram o primeiro ponto

16 Colonial Office Papers, Jamaica. C.O. 137/91, 25 de fevereiro de 1793.

17 James Stephen a Wilberforce: "O sr. Pitt, infelizmente para si mesmo, para o seu país e para a humanidade, não tem zelo suficiente na causa dos negros para lutar por eles decisivamente como deveria, tanto no seu gabinete como no Parlamento". 17 de julho de 1797. R. I. E S. Wilberforce, *Life of Wilberforce*, Londres, 1838, v. II, pp. 224-5.

18 Fortescue MSS (Historical Manuscripts Commission), v. II, p. 405, 17 de julho de 1793.

19 Fortescue MSS, Dundas a Granville, 12 de outubro de 1793, v. II, p. 444.

a ser assegurado"[20]. O que São Domingos significava naqueles dias pode ser avaliado pelo fato de que, embora uma invasão francesa ameaçasse a Grã-Bretanha, mesmo assim o envio da expedição não deveria ser retardado. "Serão então necessários esforços adicionais para fazer com que o país cuide da sua defesa interna."[21] Dois anos depois, esse mesmo Dundas diria ao Parlamento que a guerra nas Índias Ocidentais era "de parte deste país (...) não uma guerra por riquezas ou engrandecimento local, mas uma guerra por segurança"[22]. Dundas sabia que nem mesmo um único membro do Parlamento acreditaria nele. Mas o Parlamento sempre havia concordado em falar nesses termos para manter o povo quieto.

No dia 9 de setembro, a expedição britânica de novecentos homens deixou a Jamaica e aportou em Jérémie no dia 19. Os proprietários são os mais entusiasmados agitadores de bandeiras e patriotas em qualquer país, mas apenas enquanto usufruem das suas possessões: para salvaguardá-las eles desertam de Deus, do Rei e do país num piscar de olhos. Todos os proprietários de São Domingos correram para acolher os ingleses, defensores da escravidão. Soldados, como os irmãos Rigaud e Beauvais e os destacamentos comandados por eles, e políticos como Pinchinat permaneceram com os franceses; mas o proprietários mulatos, especialmente da Província Ocidental, preferiam seus escravos à liberdade e à igualdade. Toda a luta em torno de Porto Príncipe foi esquecida. Quando Beauvais protestou junto a Savary, o prefeito mulato de São Marcos não escondeu o seu ponto de vista:

"Enquanto as proclamações dos comissários civis asseguravam um futuro feliz e próspero, executei as suas instruções; mas, a partir do momento em que vi que eles estavam preparando a trovoada que está agora troando por todos os lados, tomei medidas para salvaguardar nossos cidadãos e preservar nossas propriedades".

O irmão de Ogé ficou com Savary.

Com tal acolhida, nada poderia deter os ingleses. No começo de 1794, eles estavam de posse de toda a costa do golfo de Porto Príncipe, com exceção da capital; toda a Província Ocidental; a maior parte do Sul, exceto um pequeno território defendido pelas tropas de Rigaud; e o importante forte de Môle São Nicolau. Das outras ilhas das Índias Ocidentais chegavam notícias ainda mais espantosas do triunfo da Grã-Bretanha e da contrarrevolução. No dia 3 de fevereiro, uma força britânica de sete mil homens e dezenove navios

20 *Ibid.* A Granville, julho de 1793, v. II, p. 407-8.
21 *Ibid.* Dundas a Grenville, 11 de outubro de 1793, v. II, p. 443.
22 18 de fevereiro de 1796.

saiu de Barbados e, em dois meses, havia capturado Martinica, Santa Lúcia e Guadalupe. Williamson, Governador da Jamaica, tinha informações de que na própria Le Cap "todas as pessoas de propriedade"[23] (em suas próprias palavras) estavam esperando para recepcioná-los. Ele escreveu a Dundas sobre o "prodigioso"[24] comércio que estavam fazendo agora com São Domingos, e esperava que esses negócios fossem incrementar correspondentemente os lucros ingleses. Dundas congratulou-se cordialmente com ele por esse sucesso surpreendentemente rápido[25].

Foi um momento crucial na história humana. Se os ingleses pudessem resistir em São Domingos, a melhor colônia do mundo, eles tornar-se-iam novamente uma força nas águas americanas. Em vez de abolicionistas, seriam os mais poderosos praticantes e defensores do tráfico de escravos[26], numa escala que sobrepujaria tudo o que eles tinham feito anteriormente. Mas havia um problema mais urgente. Se os britânicos completassem a conquista de São Domingos, o império colonial da França revolucionária estaria perdido; seus vastos recursos seriam desviados para os bolsos ingleses e a Grã-Bretanha poderia voltar para a Europa e lançar seu Exército e sua Marinha contra a revolução.

Sonthonax, Polverel e Laveaux sabiam disso e lutavam para salvar São Domingos para a Revolução.

"Se for necessário que nos escondamos numa dupla ou numa tripla cadeia de colinas", disse Santhonax a seus seguidores em Le Cap, "eu vos mostrarei o caminho. Talvez não tenhamos outro asilo que os desfiladeiros, outro alimento que água e bananas, mas viveremos e morreremos livres." Os ingleses tentaram subornar Laveaux, pois revolucionários eram, naturalmente, pessoas baixas que agiam da forma que agiam por dinheiro ou ambição. Laveaux, um nobre durante o *ancien régime*, desafiou o major James Grant para um duelo, o qual, todavia, declinou. "Pereçamos, cidadão", escreveu Sonthonax a um dos seus oficiais. "Sim, pereçamos mil vezes antes de permitir que o povo de São Domingos caia novamente na escravidão e na servitude. Se formos derrotados, deixaremos para

---

23 Colonial Office Papers, Jamaica. C. D. 137/91. A Dundas, 13 de julho de 1793.

24 *Ibid.* C. D. 137/92. A Dundas, 9 de fevereiro de 1794.

25 *Ibid.* C. D. 137/91. 13 de dezembro de 1793.

26 Em terras novas boas, como São Domingos ainda oferecia, e mais tarde o Brasil, os escravos, embora caros, davam bom lucro e muitas vezes eram a única força de trabalho disponível.

os britânicos apenas ossos e cinzas." Os ingleses o intimaram a entregar Porto Príncipe. Com um punhado de homens, ele desdenhosamente recusou e os ingleses se retiraram. Mas no fim de maio uma força unida de soldados ingleses e exilados franceses atacou a cidade. Traidores deixaram que eles entrassem em um importante forte nos subúrbios, e Sonthonax e Polverel, escoltados por Beauvais e por um pequeno destacamento de negros, fugiram para Jacmel. Era 4 de junho e os britânicos celebravam a tomada da capital no aniversário do Rei. O resto seria apenas uma questão de dias.

Toussaint, oficial espanhol e, portanto, aliado dos ingleses, via todas as suas esperanças secretas irem a pique graças às vitórias britânicas. Ele estava acompanhando o progresso da abolição na Inglaterra[27]. Mas, a partir do momento em que parecia haver uma real possibilidade de conquistar São Domingos, o projeto de lei da abolição começou sua longa carreira como se fosse uma planta resistente às mudanças de estação. A República francesa, a monarquia constitucional inglesa e a autocracia espanhola, embora enquanto uma delas sorrisse, a outra fechasse a cara, conforme as exigências do momento, não se deram ao trabalho de esconder que, em última análise, o negro só poderia esperar o chicote do feitor ou a baioneta. Uma vez que os britânicos fossem senhores de São Domingos, os espanhóis e os ingleses se voltariam contra os negros e conduzi-los-iam de volta aos grilhões. Sonthonax havia abolido a escravidão, mas ele não tinha autoridade para tal. Apenas o Governo republicano da França poderia decidir essa questão, e o Governo republicano não disse uma palavra.

A despeito dos sentimentos pelos escravos na França, a Convenção nada fez por mais de um ano. Enquanto Brissot e os girondinos permanecessem no poder, nenhuma palavra seria dita sobre os escravos. Mas Brissot e seu partido não poderiam subsistir. Eles não reprimiriam as especulações da burguesia com a moeda, não fixariam preços máximos para os alimentos, não taxariam os ricos para financiar a guerra, não aprovariam a legislação necessária para abolir os tributos feudais, não ratificariam a ocupação das terras pelos camponeses. Com medo de Paris, eles não manteriam o país todo sob um forte governo

27 SAINTOYANT, *La Colonisation française*..., v. II, p. 148.

central e, a despeito da incessante insurreição e da conspiração realistas, eles ficaram presos a um sistema federal no qual a burguesia nas províncias estaria fora do controle da Paris revolucionária. Foram eles, e não Robespierre e a Montanha, que instituíram os tribunais revolucionários, dirigidos, não aos contrarrevolucionários, mas a todos aqueles que propusessem qualquer "lei agrária ou qualquer outra lei que subvertesse a prosperidade territorial, comercial ou industrial". Robespierre não era comunista, mas estava preparado para ir além dos girondinos, e as massas, que agora já sabiam o que queriam, deixaram os girondinos e deram o seu apoio a Robespierre e à Montanha, ou seja: à extrema esquerda. Dumouriez, o general girondino que comandava as tropas de campo, desertou para a contrarrevolução. As massas parisienses, abandonando a Comuna de Paris, até agora o real centro revolucionário da cidade, organizaram o seu próprio centro independente: o famoso Evêché; e, nos dias 31 de maio e 2 de junho, com firmeza mas com muita moderação, fizeram com que os líderes girondinos se retirassem da Convenção, colocando-os em prisão domiciliar e oferecendo reféns de suas próprias fileiras como garantia de sua segurança. Quando a História for escrita como deve ser, os homens ficarão admirados do comedimento e da grande paciência das massas, e não da sua ferocidade. Os girondinos escaparam e, indo para as províncias, juntaram-se à contrarrevolução.

Naqueles dias difíceis, Robespierre e a Montanha deram à França um governo forte. A Convenção aboliu finalmente as leis feudais, colocou um fim nos abusos mais gritantes e conquistou a confiança do povo. A despeito das intrigas políticas dos líderes, o Governo (enquanto hostil ao comunismo) confiou no povo, pois não havia mais ninguém em quem confiar. Uma rara exaltação de sacrifício e devoção passou pela França e pela Paris revolucionárias. Como na Rússia, sob Lenin e Trotski, o povo era informado honestamente das vitórias ou derrotas; os erros eram reconhecidos abertamente e, onde até hoje a reação enxerga apenas alguns milhares de pessoas caindo sob a guilhotina, Paris, entre março de 1793 e julho de 1794, viveu uma das épocas supremas da História política. Jamais, até 1917, as massas teriam uma influência tão poderosa – pois não era mais do que uma influência – sobre nenhum governo. Nesses poucos meses de sua maior aproximação ao poder, elas não se esqueceram dos negros. Sentiam-se como irmãos em relação a eles e odiavam os proprietários de escravos, que sabiam apoiar a contrarrevolução, como se os próprios franceses tivessem sofrido sob o chicote.

Não era apenas Paris mas toda a França revolucionária. "Criados, camponeses, trabalhadores e aqueles que trabalhavam como jornaleiros nos campos"[28] em toda a França estavam cheios de um ódio virulento contra a "aristocracia da pele". Muitos sentiam-se tão comovidos com os sofrimentos dos escravos que deixaram de tomar café, imaginando que este estivesse encharcado do sangue e do suor de homens transformados em animais[29]. Que nobre e generoso o povo trabalhador da França! E aqueles milhões de ingleses não conformistas que escutavam seus clérigos e davam força ao movimento inglês pela abolição da escravidão! São essas as pessoas que os filhos da África e os amantes da humanidade lembrarão com gratidão e afeto, e não os oradores que peroravam na França, nem os hipócritas da "filantropia mais cinco por cento"[30] das Câmaras do Parlamento Britânico.

Essa era a França à qual, em janeiro de 1794, chegaram três deputados enviados por São Domingos à Convenção: Belay, um escravo negro que havia comprado a sua liberdade, Mills, um mulato, e Dufay, um branco. No dia 3 de fevereiro eles assistiram à sua primeira sessão. O que aconteceu ali não foi premeditado.

O presidente do Comitê dos Decretos dirigiu-se à Convenção:

– Cidadãos, o vosso Comitê de Decretos verificou as credenciais dos deputados de São Domingos. Elas foram consideradas em ordem, e proponho que eles sejam admitidos aos seus lugares na Convenção!

Camboulas ergueu-se:

– Desde 1789 que a aristocracia de nascimento e a aristocracia da religião foram destruídas; mas a aristocracia da pele ainda permanece. Esta também está nos estertores finais e a igualdade foi consagrada. Um homem negro, um homem amarelo estão prestes a ser admitidos nesta Convenção, em nome dos cidadãos livres de São Domingos!

Os três representantes de São Domingos entraram no salão. A face negra de Bellay e o rosto amarelo de Mills incitaram longas e repetidas salvas de palmas. Lacroix, de Eure-et-Loire, foi o seguinte:

– A Assembleia está ansiosa para ter em seu meio alguns dos mesmos homens de cor que sofreram a opressão por tantos anos. Hoje, temos dois deles. Peço que a sua introdução seja marcada pelo abraço fraterno do presidente!

---

28 F. CARTEAU, *Les Soirées bermudiennes*, Bordéus, 1802. Autêntico, pois Carteau era um colonista, oponente da abolição e relata as suas próprias experiências.

29 *Ibid.*

30 CECIL RHODES: "A filantropia pura é boa, à sua maneira, mas a filantropia com mais cinco por cento é melhor".

A moção foi acolhida entre aplausos. Os três deputados de São Domingos dirigiram-se ao presidente e receberam o beijo fraternal enquanto no salão ressoavam novos aplausos.

No dia seguinte, Bellay, o negro, proferiu um longo e ardente discurso, associando os negros à causa revolucionária e pedindo à Convenção que declarasse abolida a escravidão. Era apropriado que um negro, antes um escravo, fizesse o discurso que introduziu um dos atos legislativos mais importantes jamais aprovados por nenhuma assembleia política. Ninguém falou depois de Bellay. Em vez disso, Levasseur, do Sarthe, propôs uma moção:

– Quando elaboramos a Constituição do povo francês não demos atenção aos infelizes negros. A posteridade muito nos reprovará por isso. Reparemos o mal e proclamemos a liberdade para os negros. Senhor presidente, não deixes que a Convenção seja desonrada por uma discussão!

A Assembleia levantou-se aclamando. Os dois deputados de cor apareceram na tribuna e se abraçaram, enquanto os aplausos dos membros e visitantes reboavam pelo salão. Lacroix conduziu o mulato e o negro até o presidente, que os beijou, quando os aplausos começaram novamente.

Cambon chamou a atenção da casa para um incidente que havia ocorrido entre os espectadores:

– Uma cidadã de cor que assiste regularmente às sessões da Convenção sentiu-se tomada de tamanha alegria por ver-nos dar a liberdade a todos os seus irmãos que desmaiou [aplausos]. Peço que esse fato seja mencionado nas atas e que essa cidadã seja admitida à sessão e receba pelo menos esse reconhecimento por suas virtudes cívicas!

A moção foi aprovada e a mulher foi até a banca na frente do anfiteatro e sentou-se à esquerda do presidente, enxugando as lágrimas entre outra explosão de aplausos.

Lacroix, que havia falado no dia anterior, propôs então a redação do rascunho do decreto:

– Peço que o ministro da Marinha seja instruído para despachar imediatamente informações às colônias para dar-lhes as boas-novas da sua liberdade, e proponho o seguinte decreto: a Convenção Nacional declara abolida a escravidão em todas as colônias. Em consequência, declara que todos os homens, sem distinção de cor, domiciliados nas colônias, são cidadãos franceses e têm todos os direitos assegurados na Constituição!

Acabaram-se todas as conversas e manobras, a sabotagem dos Barnaves, a memória conveniente dos brissotinos. Em 1789, Gregório havia proposto a igualdade para os mulatos e a abolição gradual. Ele fora tratado da mesma maneira que alguém seria tratado hoje na África do Sul se propusesse igualdade social e política apenas para africanos educados e abrandamento da escravidão e das leis de passagem[31] para os demais. Como Gregório, essa pessoa seria denunciada como bolchevique e teria sorte se escapasse ao linchamento. Todavia, quando as massas se revoltam, como hão de se revoltar um dia, e tentam acabar com a tirania de séculos, não apenas os tiranos mas toda a "civilização" levantam as mãos horrorizados e clamam para que a "ordem" seja restaurada. Se a revolução carrega custos muito elevados, a maior parte deles foi herdada da ganância dos reacionários e da covardia dos assim chamados moderados. Muito antes da abolição, o mal havia sido feito nas colônias francesas e não foi a abolição mas sim a recusa em proclamá-la que o causara.

Naquele tempo, entre todas as colônias francesas, apenas em São Domingos a escravidão havia terminado e a espontaneidade generosa da Convenção foi apenas um reflexo do desejo impetuoso que percorria toda a França de acabar com a tirania e com a opressão em todos os lugares. Mas a generosidade do espírito revolucionário era, ao mesmo tempo, a política mais razoável. Robespierre não esteve presente àquela sessão e não aprovou a medida. Danton sabia que a Convenção havia sido arrebatada por um excesso de sentimentalismo, e achava que ela deveria ter sido mais cautelosa. Mas aquele mestre da tática revolucionária não podia deixar de perceber que o decreto, ao ratificar a liberdade que os negros haviam conquistado, estava-lhes dando um interesse concreto na luta contra a reação britânica e espanhola.

"Os ingleses estão acabados", gritou ele, "Pitt e suas conspirações estão condenados."

Mas, enquanto a Revolução se inchava com orgulho justificado, os ricos se enfureciam, continuando a ser desavergonhados e obstinados. Tão logo o decreto foi aprovado, a burguesia marítima enviou aos deputados da Convenção um "comunicado (...) por motivo da emancipação dos negros".

"Bravo! Cem vezes bravo, nossos senhores. Esse é o grito que ressoa em todos os nossos locais de negócios, quando a imprensa pública chega todos os dias e nos traz os pormenores de vossas grandes operações. Certamente, temos todo o tempo para lê-los com calma, pois não temos mais nenhum trabalho a fazer. Não há mais construção de navios nos nossos portos, menos ainda de

31 Leis que, posteriormente, evoluiriam para o sistema de *apartheid*. Lembramos que este livro foi escrito em 1938 e que, hoje, graças às gigantescas lutas populares que resultaram na ascensão de Nelson Mandela, tais leis não mais existem de direito. (N. do T.)

barcos. As fábricas estão desertas e as lojas estão até mesmo fechadas. Assim, graças aos seus sublimes decretos, todo dia é feriado para os trabalhadores. Podemos contar mais de trezentos mil, em nossas diversas cidades, que não têm outra ocupação que, de braços cruzados, comentar as notícias do dia, os Direitos do Homem e a Constituição. É verdade que a cada dia eles ficam mais famintos, mas quem precisa pensar no estômago, quando o coração está contente?"

A Convenção, ela própria burguesa, não estava muito satisfeita depois que o entusiasmo inicial terminara[32], mas as massas e os radicais saudavam o decreto como outra "grande clareira na floresta de abusos"[33].

Não se sabe exatamente quando as notícias chegaram às Índias Ocidentais. Mas em 5 de junho, no dia seguinte às celebrações do aniversário do Rei e da captura de Porto Príncipe, os comandantes ingleses em St. Kitts ouviram dizer que sete navios franceses haviam escapado à frota inglesa e aportaram na Guatemala. No comando estava Victor Hugues, um mulato, "uma das maiores personalidades da Revolução francesa, para quem nada era impossível"[34], que havia sido tirado do seu posto de promotor público em Rochefort e enviado para as Índias Ocidentais. Hugues trouxe apenas 1500 homens, mas trouxe também a mensagem da Convenção aos negros. Não havia exército negro nas ilhas Windward, como em São Domingos. Ele tinha que constituir um com os escravos inexperientes. Mas ele lhes passou a mensagem revolucionária e os vestiu com as cores da República. O exército negro caiu sobre os vitoriosos ingleses, começou a expulsá-los das colônias francesas e depois levou a guerra para as ilhas inglesas.

Toussaint recebeu a notícia do decreto em algum momento de maio. O destino dos franceses em São Domingos estava por um fio, mas agora que o decreto de Sonthonax havia sido ratificado na França ele não hesitou um momento e imediatamente disse a Laveaux que queria juntar-se a ele. Laveaux, entusiasmado, aceitou a oferta e concordou em promovê-lo a general de brigada, e Toussaint respondeu com tanto vigor e audácia que deixou toda São Domingos pasma. Enviou ao desprovido Laveaux uma quantidade de boa munição dos depósitos espanhóis. Depois, persuadiu seus seguidores para que também mudassem, e todos concordaram: soldados franceses, os antigos escravos das tropas e todos os

32 SAINTOYANT, *La Colonisation française*..., v I, p. 330-3.

33 A frase é de Grégorio.

34 SIR HARRY JOHNSTON, *The Negro in the New World*, Londres, 1910, p. 169.

seus oficiais, negros e brancos realistas que haviam desertado a República para juntar-se a ele. O seu comportamento na missa era tão devoto que D'Hermona, observando-o comungar certo dia, comentou que Deus, se descesse à terra, não encontraria alma mais pura que Toussaint L'Ouverture. Numa manhã de junho, Toussaint, tendo comungado com sua devoção habitual, investiu sobre o assustado Biassou e debandou as suas tropas. Depois, numa campanha tão brilhante quanto aquela na qual ele havia capturado a linha de campos para os espanhóis, recapturou-a para a França, conquistando-a ou convencendo os comandantes e os homens, de forma que, quando se juntou aos franceses, ele tinha quatro mil soldados, a Província do Norte quase capturada e os espanhóis, Biassou e Jean François não apenas afugentados, mas desmoralizados. Os britânicos, que tinham recebido reforços havia muito esperados, já estavam calculando quanto da São Domingos conquistada eles poderiam surrupiar de seus aliados, os espanhóis. Nesses assuntos, quanto mais temos, melhor para as nossas aspirações, escreveu Dundas a Williamson. Quando estavam justamente prestes a engolir a presa, Toussaint saltou sobre eles com um dos seus pulos de tigre. Capturou todas as suas posições à margem direita do Artibonite, expulsou-os para além do rio e, não fosse por uma sequência de percalços inesperados, teria tomado o seu reduto de São Marcos.

VI
A ASCENSÃO DE TOUSSAINT

A relação de forças em São Domingo havia mudado completamente e, embora poucos o reconhecessem na época, Toussaint e os negros seriam, dali em diante, os fatores decisivos da revolução. Toussaint tornou-se o oficial francês no comando de um exército de aproximadamente cinco mil homens, mantendo uma linha de campo ou posições fortificadas entre as Províncias do Norte e a Ocidental e havia penetrado nesta última até a margem direita do Artibonite.

Rigaud, no Sul, adiantou-se sobre Beauvais e estava ocupado na sua própria campanha contra os britânicos. A República, fraca no mar, não podia mandar ajuda. Tanto os britânicos como os espanhóis, graças à frota e à riqueza britânicas, estavam bem supridos de armas e de dinheiro. Os britânicos haviam dominado alguns dos distritos mais férteis da colônia e a anteriormente rica Planície do Norte, que, embora estivesse de novo sob o domínio francês, se encontrava praticamente devastada. Os proprietários traíam a República sempre que podiam. Tudo o que ela podia oferecer era liberdade e igualdade. E era o bastante. Durante anos, Pitt e Dundas continuaram a despejar homens e dinheiro nas Índias Ocidentais contra aqueles que gostavam de chamar de bandidos. Favorecidos pelo clima, os trabalhadores negros, que até havia bem pouco tempo eram escravos, e os mulatos fiéis, liderados pelos seus próprios oficiais, infligiram aos britânicos a mais dura derrota que já ocorreu a uma força expedicionária daquele império entre os tempos de Isabel e a Grande Guerra[1]. A história completa permaneceu escondida por mais de um século, até que fosse desenterrada em 1906 por Fortescue, o historiador do Exército britânico. Ele colocou a culpa em Pitt e Dundas, "aqueles que estavam bem prevenidos de que, naquela ocasião, teriam de lutar não apenas contra franceses pobres e doentes, mas contra a população negra das Índias Ocidentais. Até então, eles despejavam

[1] Primeira Grande Guerra (1914-1918), cuja principal causa foi a exclusão da Alemanha do expansionismo colonial, a qual passou a visar, inicialmente, a uma posição nos Bálcãs. (N. do T.)

as suas tropas nessas ilhas pestilentas na expectativa de que, por meio disso, destruiriam o poder da França, apenas para descobrir, quando já fosse tarde demais, que tinham praticamente destruído o próprio Exército britânico"[2].

Laveaux dirigia agora sozinho a colônia, pois Sonthonax e Polverel foram chamados de volta, acusados, por alguns colonos emigrados, de traição e de todos os tipos de crime. Esses, tendo abandonado a monarquia, juntaram-se aos jacobinos e trataram de fazê-lo muito antes do decreto de 4 de fevereiro. Mas, embora Toussaint, obediente, informasse seu chefe de cada procedimento, estava praticamente livre no comando do contingente das forças e do seu distrito. Tudo dependia do exército. Os soldados de Toussaint eram, na sua maioria, africanos nascidos fora da colônia, incapazes de falar mais do que uma palavra em francês, conforme zombava Jean François. Os oficiais em comando eram, como Toussaint, antigos escravos. Além de Dessalines, havia Christophe, que deixara o hotel para procurar o bando de Toussaint nas montanhas, o irmão deste, Paul L'Ouverture, e Moïse, que tinha atravessado o Atlântico quando criança e fora adotado por Toussaint, passando por seu sobrinho. O exército, com exceção de alguns oficiais brancos, era um exército revolucionário por completo e esse fato constituía a sua maior força.

Se a República, a liberdade e a igualdade eram o moral do exército, seu âmago era o próprio Toussaint. Ele obtivera o seu primeiro comando em outubro de 1792, e em menos de dois anos nós o encontramos escrevendo mais de uma vez que uma longa experiência o ensinara sobre a necessidade de estar ele mesmo no local dos acontecimentos, pois, de outra maneira, nada correria bem.

Sua presença tinha aquele efeito eletrizante característico dos grandes homens em ação. "Eu os fazia enxergar a posição do inimigo e a absoluta necessidade de acabar com ele. Os valentes republicanos, Moïse, J. B. Paparet, Dessalines e Noel, responderam, em nome de todos os chefes, que enfrentariam qualquer tipo de perigo, que iriam para qualquer lugar e que estariam comigo até o fim." As fileiras, embora exaustas, responderam da mesma maneira e marcharam contra mosquetes e tiros de canhões "sem sacar uma única arma, com as pistolas nas cartucheiras". "Nada", dizia

2 FORTESCUE, *History of the British Army*, Londres, 1909, v. IV, parte 2, p. 385.

Toussaint, "poderia resistir à bravura dos *sans-coulottes*."[3] Certa vez, depois que a munição acabara, lutaram com pedras. Ele vivia junto a seus homens e atacava à frente deles. Se um canhão tinha de ser movido, ele próprio ajudava, e por causa disso esmagou uma das mãos nesse processo. Todos o conheciam há poucos meses, quando era apenas o velho Toussaint. Dividia todas as recompensas e perigos. Mas era contido, impenetrável e rigoroso, com os hábitos e as maneiras dos aristocratas de berço.

"Recebi vossa carta, além das minutas das reuniões", escreveu ele a alguns oficiais. "Percebi com prazer a maneira pela qual tendes expulsado o inimigo, e só tenho elogios a fazer pelo modo com que os estais exterminando, com a coragem digna dos bons republicanos."

"Mas vejo, cidadãos, com muita dor, que as ordens que vos dei para manobrardes nos territórios do inimigo e expulsá-los de lá não foram colocadas em prática. Se tivésseis concordado com a execução das ordens que vos enviei (...) todos os campos do outro lado do Artibonite teriam sido destruídos. (...) Vós pisoteastes as minhas ordens."

As suas extraordinárias habilidades, o seu silêncio, a agudeza da sua língua quando falava mantinham à distância mesmo o seu oficial de maior confiança. Eles o adoravam, mas temiam-no mais do que o amavam. Mesmo Dessalines, o Tigre, tinha medo de Toussaint, e essa reserva excessiva e esse distanciamento, embora aumentassem com o tempo – e um dia trariam sérias consequências –, eram de inestimável valor naqueles primeiros dias de anarquia.

As tropas, frequentemente, ficavam sem comida e tinham de procurar a cana-de-açúcar. Mesmo quando algumas armas chegaram, elas não estavam em condições de uso. "Recebi dois mil rifles, mas estavam em más condições. (...) Devo prepará-los, muitos são bastantes curtos e esses eu devo dar aos soldados da cavalaria. (...) Vários dos rifles dos sétimo e oitavo regimentos são inúteis."

Os britânicos e os espanhóis, tendo tudo do que precisavam e sabendo da condição dos homens de Toussaint, enviavam-lhes agentes para oferecer armas, equipamentos e um bom soldo. Desde Laveaux até os trabalhadores, os britânicos fizeram ofertas em dinheiro, mas não há registros de nenhum

3 Literalmente, "sem calção", no singular alcunha dada pelos aristocratas franceses aos revolucionários que usavam calças grosseiras em vez de calções. Tornou-se sinônimo de patriota. (N. do T.)

sucesso significativo com os homens de Toussaint. O moral do exército revolucionário estava muito alto.

Toussaint tinha a primazia da liberdade e da igualdade, as palavras de ordem da Revolução. Elas eram grandes armas em uma era de escravos, mas as armas devem ser usadas e ele as usou com a graça e a habilidade de um esgrimista.

Bandos de quilombolas infestaram a zona de guerra e o mais poderoso deles era um grupo de cinco mil homens comandado por Dieudonné. Rigaud e Beauvais estavam tentando obter a sua cooperação, mas Dieudonné não tinha confiança neles, dizendo que não obedeceria a nenhum mulato, e entrou em negociações com os britânicos. Estes fizeram todos os arranjos para comprá-lo para o seu lado, mas o que os atrapalhava decisivamente nessa campanha era a sua política reacionária. Não podiam nem mesmo mentir em larga escala: era muito perigoso, e os seus ricos aliados os tinham desertado de vez. Tinham de ser tão cautelosos, mesmo que fosse para fazer acertos com Dieudonné, que ele ficou desconfiado e retirou-se. Beauvais e Rigaud ouviram falar das negociações entre os britânicos e Dieudonné e pediram a Toussaint para usar a sua influência. Com apenas uma das cartas que ditava, Toussaint mudaria toda a situação.

"(...) não posso acreditar nos dolorosos rumores, que estão sendo espalhados, de que tu abandonaste teu país para te aliares aos ingleses, inimigos jurados da liberdade e da igualdade.

"Será possível, meu caro amigo, que no exato momento em que a França triunfa sobre todos os realistas e nos reconhece como filhos por meio de seu benévolo decreto do 9 de Termidor, fornecendo-nos todos os direitos pelos quais temos lutado, que tu deixar-te-ias enganar pelos nossos antigos tiranos, aqueles que usam a metade de nossos infelizes irmãos para atar a outra metade às correntes? Por um tempo, os espanhóis cegaram meus olhos, mas não demorei muito para reconhecer a sua canalhice. Eu os abandonei e enganei-os muito bem. Voltei ao meu país, o qual me recebeu de braços abertos e recompensou-me também. Eu te imploro, meu querido irmão, que sigas o meu exemplo. Se tens razões especiais para desconfiar de generais como Rigaud e Beauvais, do Governador Laveaux, que é um bom pai para todos nós e em quem a nossa pátria-mãe depositou confiança, ela deve ao menos merecer a tua. Tenho esperanças de que não me renegues, pois sou um negro como tu e, asseguro-te, não desejo nada mais que te ver feliz e aos nossos irmãos. Na minha opinião, acredito que a nossa única esperança seja servir à República francesa. É sob a sua bandeira que somos verdadeiramente livres e iguais. É assim que vejo, meu caro amigo, e não creio que eu esteja enganado. (...)" A carta merece uma segunda leitura; cada sentença vai diretamente ao alvo.

"Se é possível que os ingleses tenham conseguido convencê-lo, crê em mim, meu querido irmão, abandona-os. Une-te aos honrados republicanos, e juntos botemos esses realistas para fora de nosso país. Eles são patifes que querem nos colocar de novo sob o jugo daquelas vergonhosas correntes que tanto nos custou para quebrar." Ele pedia unidade: "Lembra-te, meu querido amigo, que a República francesa é una e indivisível e é isso que proporciona a sua força e a faz vitoriosa sobre todos os inimigos".

O tempo mostraria até onde Toussaint estava sendo sincero nessas referências constantes à República francesa.

Seus emissários levaram sua carta ao acampamento de Dieudonné e leram-na para a sua tropa que se encontrava reunida. Quando os negros ouviram o que estava sendo lido, irromperam em insultos contra Dieudonné e seus amigos, prova conclusiva de que, embora fossem ignorantes e incapazes de se orientar entre a grande quantidade de proclamações, mentiras, promessas e artimanhas que os cercavam, assim mesmo queriam lutar pela liberdade. Laplume, o segundo em comando de Dieudonné, aproveitando-se dessa desilusão, imediatamente prendeu-o e a dois de seus seguidores. Isso também era obra de Toussaint, que havia instruído seus homens de que, se Dieudonné estivesse completamente persuadido pelos britânicos, teriam de chamar de lado alguns dos chefes e, com "extrema energia", mostrar-lhes que estavam sendo enganados. Dieudonné foi atirado à prisão, mas Laplume, em vez de se juntar a Rigaud ou a Beauvais, juntou-se às forças de Toussaint com três mil homens. Toussaint escreveu apressadamente a Laveaux pedindo-lhe que fizesse de Laplume coronel. "Eu vos asseguro que isso produzirá o melhor efeito", e Laveaux sancionou a indicação. Rigaud e Beauvais dificilmente poderiam ter ficado tão satisfeitos. Uma força de três mil homens era uma imensa aquisição e Toussaint conquistou-a com uma carta e uma delegação.

Se o exército era o instrumento do poder de Toussaint, as massas eram seus alicerces, e seu poder cresceu com a influência adquirida sobre elas. Vindas diretamente do aviltamento da escravidão, elas ingressaram em um mundo de assassinatos indiscriminados e de violência. Os espanhóis convidaram oitocentos franceses que estavam nos Estados Unidos para retornar a Porto Príncipe. Depois de um sermão, o padre Vasquez deu o sinal a Jean François, que passara a manhã com ele no confessionário. Os soldados espanhóis juntaram-se ao grupo de Jean François e, silenciosamente, mataram mais de mil franceses: homens, mulheres e crianças. Ao menos, não reclamariam suas propriedades de novo. Esses eram os modelos de civilização para aqueles que haviam sido escravos. Grandes extensões de terra da Província Ocidental estavam sendo continuamente castigadas pelas batalhas, devastadas e queimadas. No campo de luta, ricos e pobres, negros e brancos, todos morriam de fome. Não era de admirar que os trabalhadores negros estivessem continuamente em estado de insurreição.

O medo de que a escravidão fosse restabelecida era sempre a causa dos problemas. Os britânicos não pretendiam aboli-la, tampouco os espanhóis. A permissão para que regimentos negros pudessem ser formados só foi concedida em 1795[4], e mesmo então era terminantemente proibido prometer a liberdade a qualquer um que servisse sob os britânicos[5]. Mas as coisas não podiam continuar assim, e os britânicos levaram os negros a lutar a seu lado como mercenários. Todas as facções ludibriavam os negros ignorantes, manipulando seus temores e acusando as outras facções – os franceses e o próprio Toussaint – de quererem restaurar a escravidão. Os britânicos e espanhóis podiam fazer a sua propaganda acompanhada de ofertas de dinheiro e armas. Jean François disse aos negros que apenas um rei tinha autoridade para torná-los livres e, por conseguinte, eles deveriam lutar ao lado do Rei espanhol. Alguns fazendeiros escondiam o decreto de seus escravos. Os negros já desconfiavam dos latifundiários brancos. Agora, as maquinações dos britânicos e dos espanhóis estavam ensinando àqueles que começavam a entender a política que todos os brancos nas colônias eram iguais, aves de rapina que se alimentavam da ignorância e da falta de experiência das grandes massas de trabalhadores negros.

Por esses negros, sem disciplina cívica, que se embruteciam em um país dilacerado pela revolução e pela guerra, que sabiam apenas que queriam permanecer livres, embora confundidos e enganados por todas as facções, Toussaint tinha uma profunda e apaixonada simpatia. "Ó meus irmãos africanos!" Assim se dirigiu a eles em uma proclamação. "Vós, que me custastes tantas fadigas, tanto trabalho, tanta preocupação; vós, cuja

4 FORTESCUE, *History of the British Army*, v. IV, parte 2, p. 452.
5 *Ibid.*, p. 469.

liberdade está selada por mais da metade do vosso sangue; por quanto tempo serei castigado por ver meus filhos ingênuos fugirem dos conselhos de um pai que os idolatra!" Embora um autocrata, era daquela forma que ele se sentia em relação à sua gente. "São sempre os negros que sofrem o pior!" era uma expressão frequente em seus lábios; e pôde-se sentir um horror natural nele ao ouvir a notícia de um levante provocado pelos britânicos entre os trabalhadores de um distrito na Província do Norte. "Vós não tereis muita dificuldade em prever de onde vem essa terrível desgraça. É então possível que os trabalhadores sempre sejam os brinquedos e os instrumentos de vingança daqueles monstros que o inferno soltou sobre esta colônia? (...) O sangue de tantas vítimas clama por vingança, e a justiça humana e a divina não podem tardar em deter o culpado."

Ao primeiro aviso de insurreição, ele mesmo acorreria. Os distritos mais difíceis ficavam ao redor de Limbé, Plaisance, Marmelade e Port-de-Paix, os primevos centros da revolta na Província do Norte e destinados a manter o primeiro lugar até o fim. No começo de 1796, por exemplo, Toussaint tomou conhecimento de que os trabalhadores de Port-de-Paix tinham se armado e massacrado alguns brancos. Em uma noite, ele cobriu a longa distância existente entre Verretes e Port-de-Paix. Chamou os negros para se unirem e fez-lhes uma preleção sobre a maneira pela qual deveriam se comportar. Se fossem ofendidos, assassinatos não seriam o meio para que as ofensas fossem reparadas. Um deles falou por todos:

– Ai de mim, general! Querem nos tornar escravos de novo. Não existe igualdade aqui, como aquela que parece haver lá, no nosso lado do mundo. Olham-nos com maldade, perseguem-nos. (...)

As provisões deles eram levadas por menos do que valiam; os brancos tomavam suas galinhas e seus porcos. Se protestassem, eram jogados nas prisões e para sair de lá tinham de pagar.

– As razões que me destes parecem justas, disse Toussaint –, mas mesmo que tivésseis uma casa cheia delas teríeis vos mostrado errados diante dos olhos de Deus!

Eles imploraram-lhe para que os organizasse:

– Organizai tudo, e seremos tão bons que todos serão forçados a esquecer o que acabamos de fazer.

No dia seguinte, Toussaint convocou uma reunião de todos os negros do distrito. Fê-los jurar que trabalhariam duro e que seriam obedientes. Nomeou um comandante. Os trabalhadores gritaram:

– Viva a República! Viva a liberdade, viva a igualdade, viva o Governador Laveaux, viva Toussaint L'Ouverture! E dançaram e aplaudiram quando ele partiu.

Infelizmente, houve outra insurreição logo em seguida, e o líder e doze de seus seguidores foram julgados por um tribunal militar e fuzilados no mesmo dia. Toussaint acorreu novamente e descobriu que os britânicos tinham feito intrigas entre eles, dando-lhes armas e munições. Toussaint não prendeu ninguém, não deu um tiro sequer, mas conversou com eles e pôde levá-los de volta ao serviço.

Nem sempre ele era tão bem-sucedido. "Fui eu mesmo falar-lhes e tentar trazê-los à razão. (...) Eles se armaram e eu recebi, como prêmio por minhas aflições, uma bala na perna, o que até hoje me provoca dor."

Mas os anos de 1795 e 1796 foram marcados pelo aumento da confiança que os trabalhadores da Província do Norte tinham nele, não apenas como soldado, mas como homem devotado ao interesse deles, em quem podiam confiar diante de qualquer dificuldade que se lhes apresentasse. O homem que estava a seu lado na luta contra a escravidão. Devido à atividade incessante em favor deles, ganhou-lhes a confiança, e entre um povo ignorante, faminto, atormentado e nervoso, as palavras de Toussaint, proferidas em 1796, eram lei; podia-se confiar que a única pessoa a quem obedeceriam na Província do Norte era Toussaint.

Mas, apesar da ignorância e da desordem, havia um novo espírito no ar. A São Domingos negra havia mudado e nunca mais seria a mesma, quer lutasse contra os ingleses, espanhóis ou franceses. Mesmo Jean François, realista, rejeitou as propostas de Laveaux com um desprezo marcante. "Até que eu veja o sr. Laveaux e outros cavalheiros franceses do seu gabarito darem suas filhas em casamento a negros, só então acreditarei em sua fingida igualdade."

Todos os negros franceses, desde os trabalhadores de Porto Príncipe que exigiam igualdade até os oficiais do Exército, estavam cheios de um imenso orgulho por serem cidadãos da República francesa "una e indivisível", que trouxe liberdade e igualdade ao mundo. Oficiais de diferentes cores não aceitariam convites oferecidos para um grupo[6]; como bons republicanos, recusariam curvar-se e rastejar diante de um marquês espanhol, que ficava furioso com a impertinência desses negros[7]. Cinco anos de Revolução haviam forjado essas

6 *Lettres de Toussaint-L'Ouverture. La Bibliothèque Nationale.*
7 *Ibid.*

espantosas mudanças. Toussaint sempre se dirigia aos negros como cidadãos franceses: o que a França pensará se souber que a vossa conduta não é digna de verdadeiros republicanos?

Devoção à República e aversão à realeza e a tudo o que ela representava enchem os documentos da época. Jean François publicou um decreto "Em nome do Rei, seu Senhor", oferecendo a seus "irmãos" em Dondon provisões, armas e tudo de que precisassem, a partir do momento em que passassem para o lado espanhol. A Municipalidade de Dondon deu-lhe uma resposta cheia de desprezo.

Alguns republicanos propuseram se render? "Se houvesse entre nós homens baixos o suficiente para retomar os seus grilhões, abandoná-los-íamos a vós de bom grado. (...)

"A liberdade que os republicanos nos oferecem dizeis ser falsa. Somos republicanos e, por conseguinte, livres por direito natural. Apenas reis, cujos próprios nomes expressam o que há de mais vil e baixo, se atrevem a atribuir-se injustamente o direito de degradar à escravidão homens como eles, a quem a natureza fez livres.

"O Rei da Espanha vos proveu abundantemente de armas e de munições. Usai-as para apertar ainda mais as vossas cadeias. (...) Quanto a nós, não precisamos mais do que de pedras e paus para fazê-los dançar a carmanhola[8]. (...)

"Recebestes comissões e tendes garantias. Guardai vossas librés e pergaminhos. Um dia, servir-vos-ão, assim como os pedantes títulos de nossos antigos aristocratas um dia serviram a eles. Se o Rei dos franceses, que arrasta a sua miséria de Corte em Corte, tem necessidade de escravos para auxiliá-lo na sua magnificência, deixai-o procurá-los entre outros reis cujo número de escravos é o mesmo que o de súditos.

"Acabais, vis escravos que sois, por nos oferecer a proteção do Rei, vosso senhor. Aprendei e dizei a Casa Calvo (o marquês espanhol) que os republicanos não podem tratar com um Rei. Deixai-o vir e vinde com ele, estamos prontos para receber-vos como fazem os republicanos. (...)"

Esse era o estilo e o tom de Toussaint e de seus homens. Nem os britânicos, nem os espanhóis poderiam derrotá-los. Tudo o que tinham a oferecer era dinheiro, e há épocas na História humana em que o dinheiro não é suficiente.

Um exército que cresce e a confiança dos trabalhadores negros livres significavam poder. Mas Toussaint percebeu prematuramente que o poder político

8 Expressão de uma famosa canção francesa da Revolução, a "Ça Ira".

é apenas um meio para um determinado fim. A salvação de São Domingos dependia da restauração da agricultura. Era uma tarefa quase insuperável em uma sociedade desorganizada, dependente do trabalho de homens que acabavam de sair da escravidão, rodeados por todos os lados pela raivosa cupidez e violência dos franceses, espanhóis e britânicos. Toussaint se referia a isso desde os seus primeiros dias de comando.

"Trabalhar é preciso", clamou, "é uma virtude, é para o bem geral do Estado." Suas regras eram duras. Os trabalhadores eram mandados trabalhar vinte e quatro horas depois que ele assumia o controle de um distrito e autorizava os comandos militares das freguesias a tomarem as medidas necessárias para mantê-los nas plantações. A República, escreveu, não tem utilidade para homens estúpidos e incapazes. Era trabalho forçado e restrição de movimentos. Mas a necessidade não tolerava barreiras. Ele mantinha a confiança dos trabalhadores, pois insistia em que os salários deveriam ser pagos e era firme da mesma maneira com os proprietários brancos. Todos, "proprietários ou não", estavam sob a autoridade de suas respectivas freguesias e fazendas. Se eles não obedecessem, suas propriedades seriam confiscadas. Desde o começo da sua carreira de administrador, Toussaint tinha uma política clara na mente, em relação aos brancos, e ele nunca a modificou.

Ele conhecia esses donos de terra: franceses hoje, ingleses amanhã; realistas, republicanos; completamente sem princípios, exceto na medida em que esses ajudassem a preservar suas fazendas. Todavia, eles tinham o saber, a educação e a experiência de que a colônia precisava caso a prosperidade estivesse para ser restaurada. Haviam trabalhado na França e nos Estados Unidos; tinham cultura, o que apenas uma parte dos mulatos e nenhum dos escravos tinham. Toussaint, por esse motivo, tratava-os com extrema paciência, auxiliado por um caráter íntegro ao qual aborrecia o espírito de vingança e o derramamento de sangue desnecessário de qualquer espécie. "Sem retaliações, sem retaliações!" era a sua constante exortação aos seus oficiais, depois das campanhas. Eram as suas fazendas que esses brancos queriam e ele lhes dava, sempre disposto a esquecer as traições se trabalhassem na terra. Quando Mirabelais foi tomado dos britânicos, Toussaint encontrou entre eles mais de trezentos emigrados da Província do Norte. Teria sido a coisa mais simples livrar-se desses traidores do país e defensores da escravidão. Eles próprios não o teriam poupado, certamente. Convocou-os e fê-los jurar lealdade à República. Alguns que queriam retornar às suas freguesias pediram-lhe passaportes e ele os satisfez. Suas fazendas haviam sido, é claro, confiscadas. Toussaint procedeu a investigações procurando um meio de restituí-las.

Ele indicou brancos para postos governamentais com a confiança dos velhos governantes realistas. "Tornei Guy comandante militar e Debuisson, seu ajudante. São dois franceses corajosos que muito contribuíram para converter seus camaradas cidadãos. (...) Confiei a administração a Jules Borde, que acredito ser um bom republicano e dono da habilidade necessária para levar adiante a sua tarefa. Ele tem a boa vontade de seus camaradas cidadãos, que apoiam minha escolha." Recomendou um outro branco crioulo que o acompanhou em uma expedição: "(...) e que se comportou de maneira honrosa. Estou completamente seguro de seu civismo". O que esses brancos (com as lembranças que tinham do passado) pensavam ao ser observados, inspecionados e admitidos a postos com tanta certeza por alguém que já fora um escravo, ninguém sabe. Mas não há nenhum registro de desrespeito ou hostilidade franca. Talvez eles odiassem em particular esse estado de coisas, mas teria sido difícil obter qualquer resposta nesse sentido. Toussaint tinha o seu exército formado por pessoas oriundas da escravidão, comandado por oficiais da mesma origem, o qual ele mantinha intacto e livre de possíveis elementos de desagregação. Mas era tão sinceramente gentil com os brancos naquela penosa condição, que eles não deixavam de apreciar isso. "Muito me amargura", escreveu a Laveaux, diante das notícias de uma insurreição, "muito me amargura o destino que pesou sobre alguns brancos desafortunados que fracassaram em seus negócios." Assim ele se sentia em relação a toda a gente negra e branca. Os brancos passaram a reconhecer que poderiam confiar nele para protegê-los dos trabalhadores, prontos para dar cabo deles ao menor sinal de retorno à escravidão. Conforme passavam a confiar nele, muitos voltavam para as fazendas. Mulheres brancas contaram a Laveaux da atenção e da ajuda que receberam desse "homem espantoso", e chamavam de pai "o velho que foi escravo" com a sua desprezada pele negra. Nas próprias palavras de Laveaux, a freguesia de Petite-Rivière, onde visitou Toussaint, ofereceu o agradável espetáculo de mostrar mais de quinze mil trabalhadores de volta ao trabalho, todos cheios de gratidão à República: negros, brancos e mulatos; trabalhadores e proprietários; todos abençoavam o "comandante virtuoso" cujo cuidado mantinha a ordem e a paz entre eles.

O que deve ter pensado Laveaux, um conde do *ancien régime*, um francês ilustrado em uma época de luzes, ao receber semanas seguidas essas cartas de Toussaint, um antigo escravo? Algumas delas são magníficas. Toussaint era igualmente mestre na arte da proclamação, da manobra delicada como a sua carta a Dieudonné, ou do despacho militar.

"O inimigo não tomou a precaução de montar na estrada de São Marcos acampamentos de reserva para a garantia da retirada. Usei de uma artimanha para atraí-lo para a estrada. Eis como foi:

"Da estrada de Verretes ele podia enxergar todos os meus movimentos; então, fiz meu exército marchar para Mirabelais, onde o inimigo poderia vê-lo e teria a impressão de que eu estava enviando um grosso reforço para lá. Pouco depois, fiz com que o destacamento voltasse para a cidade de Petite-Rivière, passando por trás de uma colina, sem que fosse percebido. O inimigo caiu direto na armadilha; parecendo apressar a sua retirada. Lancei, então, um grosso contingente de cavalaria através do rio, colocando-me à frente com o objetivo de alcançar o inimigo rapidamente, mantendo-o ocupado para dar tempo à minha infantaria, que vinha atrás com um canhão para juntar-se a mim. Essa manobra foi maravilhosamente bem-sucedida. Eu havia tido o cuidado de enviar um canhão de quatro polegadas de Petite-Rivière até a fazenda Moreau em Detroit para golpear o inimigo no flanco direito durante a sua passagem. Enquanto eu o assediava com a cavalaria, a infantaria avançava em grande velocidade com o canhão. Logo que ela nos alcançou, fiz com que duas colunas passassem, para a direita e para a esquerda, para pegar o inimigo nos flancos. Assim que essas colunas chegaram à distância de um tiro de pistola, servi o inimigo à moda republicana. Ele prosseguiu mostrando sempre uma vanguarda corajosa. Mas o primeiro tiro de canhão que despejei entre seus homens, o qual lhe causou um dano enorme, fê-lo abandonar primeiro uma carroça e depois um canhão. Redobrei a carga e capturei mais três canhões, duas carroças cheias de munição e outras sete cheias de feridos que foram imediatamente enviados para a retaguarda. Então, ocorreu que o inimigo começou a debandar e aqueles que se encontravam na ponta da retirada deram de cara com a boca de um canhão, aquele que eu havia despachado de Detroit para a fazenda Moreau. E quando o inimigo viu-se surpreendido pela frente, pela retaguarda e por todos os lados, aquela bela figura, o impertinente Dessources, pulou do cavalo e atirou-se no mato enquanto os escombros do seu exército gritavam: 'Cada um por si!'. A chuva e a escuridão fizeram-me interromper o encalço. Essa batalha se estendeu das onze da manhã até as seis da tarde e custou-me apenas seis mortos e um número igual de feridos. Cobri a estrada de corpos por uma extensão maior do que uma légua. A minha vitória foi das mais completas e, se o célebre Dessources tiver bastante sorte para entrar em São Marcos novamente, será sem canhão e sem bagagem; em resumo, só com a roupa do corpo, como se costuma dizer. Ele perdeu tudo, até mesmo a honra, se é que um ignóbil realista é capaz de ter honra. E se lembrará, por muito tempo, da lição republicana que lhe dei.

"Tenho o prazer de vos transmitir, general, os louvores que devo a Dessalines. (...) O batalhão de *sans-culottes* acima de todos, que levou chumbo pela segunda vez, demonstrou uma grande bravura."

Eis aí não apenas o soldado nato, mas o escritor nato. O despacho tem a autêntica sineta dos grandes capitães. O destacamento de Dessources era um destacamento famoso de crioulos brancos e a notícia dessa vitória dos *sans-culottes* de ébano sobre os velhos fazendeiros se espalhou por toda a colônia, aumentando o prestígio dos negros e voltando as atenções para Toussaint.

Tanto em administração como em guerra, é a mesma coisa. Laveaux, desde o começo, parecia ter dado carta branca a Toussaint, e o próprio Toussaint assentou-se em um gabinete completo como um ditador fascista, exceto pelo fato de ele mesmo fazer o serviço.

Os britânicos abriram uma brecha no rio Artibonite com a finalidade de inundar a parte baixa da planície e impedir os soldados de Toussaint de avançar. As chuvas alargaram essa brecha de tal maneira que chegou a ter pelo menos sessenta metros. Ele pôs-se a bloqueá-la com raízes, árvores e rochas. Contava com mais de oitocentos homens trabalhando nisso há oito dias já e mantê-los-ia assim até que terminassem, porque se a brecha fosse deixada no estado em que se encontrava, quando começasse a estação das chuvas, a terra seria devastada pelo transbordamento do rio e o cultivo seria arruinado.

Parece-me, ele advertiu Laveaux, que precisais enviar-me alguns barcos equipados com canhões para atravessar diante de Caracol, Limonade, etc., com o objetivo de impedir que naves, que não participam do conflito, atraquem em qualquer um desses portos. "É do nosso interesse interceptar as provisões e as ajudas que possam receber por mar."

A Espanha e a França assinaram a paz no Tratado de Basileia em setembro de 1795. Toussaint advertiu Laveaux para que não pensasse que os espanhóis se manteriam neutros. Ele os conhecia bem. Odiavam o fato de serem os negros livres e certamente manter-se-iam em contato com os britânicos, e Laveaux deveria continuar, por isso, a vigiar as comunicações.

Ele mudou a cidade de Verretes. Ela estava em posição ruim para a defesa, sendo dominada por terreno circunvizinho. Ele traçou o plano de uma nova cidade no meio de um soberbo cerrado, completamente aberto e plano.

Guerra, política, agricultura, relações exteriores, problemas administrativos de longo alcance, pormenores ínfimos: lidava com eles como quer que viessem; tomava decisões e as comunicava a Laveaux, mas, como era característico do seu tato, sempre como se fosse um subordinado. Quando Laveaux, esquecendo-se do aviso que Toussaint lhe havia dado quanto à traição dos espanhóis, foi castigado por causa disso, Toussaint gentilmente disse: "Eu não falei?". Mesmo as decisões que ele devia saber que eram irrevogáveis, submetia-as à aprovação de Laveaux. Em nenhuma carta pensou ser necessário explicar qualquer acusação ou queixa contra ele por Laveaux; todavia, escreveu: "Receberei sempre com prazer as reprimendas que vós dirigis a mim. Se as merecer, será uma prova da amizade que tendes por mim". Uma forte amizade cresceu entre os dois homens de origens bem diferentes. Foram unidos pela revolução. Laveaux era bondoso, correto e devotado à emancipação do negro. Toussaint, extremamente desconfiado e bastante reservado, tinha fé absoluta em Laveaux e nunca confiou em nenhum outro homem negro, branco ou pardo. Laveaux sentia o mesmo em relação a ele, e uma carta de Laveaux para Toussaint, que sobreviveu, está endereçada ao seu "amigo mais íntimo, Toussaint". Entre todos os problemas, militares, políticos e outros, há esta nota de forte apego mútuo: "Importante. Estou te mandando algumas trufas. Faze o favor de aceitá-las daquele que te deseja a melhor saúde e que te abraça com todo o carinho. Todos os meus oficiais te garantem respeito e fidelidade.

"P. S. General, a nossa ansiedade em te ver cresce a cada dia. Por quanto tempo estaremos privados desse prazer?"

Sete dias depois, parecia que a visita iria acontecer: "Vejo com prazer que tu não tardarás em vir nos visitar. Espero-te com a maior ansiedade, assim como meus homens, que, com muito ardor, desejam te ver e, ao mesmo tempo, demonstrar a afinidade que têm por ti".

Laveaux, está claro na resposta de Toussaint, escreveu usando o mesmo tom. Toussaint agradeceu, com reconhecimento, a graça do seu comandante. "Não sei expressar meu reconhecimento por todas as coisas agradáveis que me disseste e o quanto estou feliz por ter um pai tão bom, que me ama tanto, como tu. Fica certo de que teu filho é teu amigo sincero e que te apoiará até a morte. Meu exército te agradece pelas gentis lembranças e encarrega-me de te assegurar seu apego e sua submissão. (...)

"Eu te abraço com todo o carinho e estejas certo de que participo de todas as tuas dificuldades e preocupações."

A febre amarela dizimou as tropas britânicas, que tiveram milhares de mortes, mas reforços chegavam sempre e o dinheiro era despejado para financiar exércitos de franceses proprietários de escravos, brancos e mulatos, além de tropas negras. Às vezes, as intrigas internas e o dinheiro britânico tornavam a posição de Toussaint muito débil. Mas a liberdade e a igualdade triunfaram como Danton sabia que triunfariam. Toussaint e Rigaud colocaram os ingleses em xeque. Victor Hugues derrotou-os batalha após batalha: 1795, diz Fortescue, é o ano mais desafortunado na história das Forças Armadas britânicas. O responsável foi o decreto de 4 de fevereiro. Toussaint, preocupado com tudo, enviou uma delegação pessoal à República na França para provar sua lealdade e informar dos cuidados com os quais ele vinha executando as suas tarefas como soldado e protetor do cultivo, e também, sem dúvida, para explorar a política francesa. Ele não deixava nada escapar. Reuniu os franceses e assumiu o comando em maio de 1794. No começo de 1796, era procônsul em seu distrito, governando e lutando como se não tivesse feito mais nada na vida.

Diante de tamanhas habilidade, energia e fascinação, Laveaux capitulou completamente. Nos primeiros meses de 1796, toda a São Domingos sabia que Toussaint L'Ouverture, o general de ébano, era o primeiro nos conselhos e na afeição do Governador.

VII
OS MULATOS TENTAM E FRACASSAM

A superioridade cria inimigos. Os revolucionários realistas brancos havia muito já tinham marcado Toussaint como seu inimigo número um. Um deles, depois de fazer uma lista dos republicanos mais perigosos, assinalou-o especialmente: "Quanto a Toussaint, ele é o grande pai". Mas os brancos não eram mais uma força em São Domingos. Os mulatos eram os potenciais governantes e viam naquela crescente reputação e amizade do líder negro com Laveaux uma ameaça à dominação que consideravam sua por direito. Os mulatos e alguns negros livres preenchiam a maioria dos cargos importantes nas tropas (exceto naquelas comandadas por Toussaint), nas municipalidades e na administração geral. Villate, o comandante de Le Cap, era mulato. Os mulatos do Sul estavam sob a liderança de Rigaud, Beauvais e Pinchinat, que estavam assediando os ingleses e construindo um Estado mulato. Aqueles mulatos que foram escravos davam-se por felizes ao se ligar aos líderes de sua casta que precisavam de efetivos.

Todavia, na Província Ocidental os mulatos constituíam um problema. Muitos dos proprietários ricos juntaram-se aos britânicos, mas os fazendeiros franceses que haviam negociado com Williamson repudiaram o decreto de 4 de abril (depois de toda oratória e polêmica, quem se importava com isso agora?); nada os satisfaria a não ser a colônia como era antes. Williamson deu a entender ao Governo britânico que, se dispusesse de autoridade para executar o previsto no Código Negro, conquistaria a colônia imediatamente[1]. Dundas recusou[2]. Williamson, imediatamente, percebeu que poderia fazer promessas, conquistar a colônia e depois fugir às obrigações. Dundas parecia pensar que alguns milhares de reforços seriam suficientes para derrotar aqueles bandidos negros, sem a promessa de concessões perigosas.

Mas, a despeito dessas recusas, os proprietários mulatos mantinham-se, um tanto apreensivamente, a favor dos britânicos. Sempre que Toussaint

1 A Dundas, em 17 de janeiro de 1794. Colonial Office Papers, Jamaica, C. D., 137/92.

2 *Ibid.* C. D. 137/93, 5 de julho de 1794.

capturava alguma área, conforme sua política habitual, ele os recebia de bom grado desde que estivessem dispostos a jurar lealdade à República. Mas, tão logo voltava as costas, eles começavam a fazer intrigas e a conspirar para trazer os ingleses de volta. O primeiro grande ataque a São Marcos sofreu a traição dos mulatos; em São Marcos, Mirabelais, Verrettes e em todo o distrito do Artibonite, eram o principal apoio dos britânicos, os quais, sem eles, teriam sido expulsos bem antes de 1798. Eles levaram Toussaint a perder muitas das suas importantes capturas. "Qual não foi a minha surpresa hoje ao saber que os rebeldes de São Marcos e os de Mirabelais nos haviam tomado Verrettes e diversos outros postos, obrigando os nossos a recuar. (...) Esse revés nos atingiu apenas por causa da perfídia dos homens de cor deste distrito. Jamais sofri tantas traições. E agora juro que, daqui por diante, os tratarei de maneira bem diferente do que até então. Sempre que eu os tomava como prisioneiros, tratava-os como um pai benevolente. Esses ingratos miseráveis retribuíram procurando entregar-me aos nossos inimigos." Depois de muitas intrigas com os republicanos no grande e belo distrito de Mirabelais, Toussaint foi bem-sucedido e informou Laveaux, com grande alegria, que estava de posse do mesmo "sem derramamento de sangue": o que sempre foi importante para ele. Infelizmente, algumas semanas depois, a sua guarnição foi expulsa de lá. Os mulatos haviam-no enganado novamente. Finalmente, ele perdeu a paciência: "Esses velhacos conspiram mais que nunca (...) há uma conspiração. (...) Precisais saber que um homem de cor está à frente dela". Os mulatos abandonariam o exército de Toussaint durante um combate, juntando-se ao inimigo. "Canalhas", "velhacos", "patifes", Toussaint não se continha. Eles espalhavam notícias de que Toussaint desejava entregar o país aos ingleses. "Todo o ódio desses canalhas está dirigido contra mim. É por meio de tais imposturas que eles incitam o povo." Mais tarde, porém, uma outra nota insinuava-se em suas queixas: "Os inimigos da liberdade e da igualdade juraram dar cabo de mim. (...) Devo perecer em alguma emboscada à qual eles planejam me atrair. Que me prendam direito, pois se falharem eu não os pouparei. (...) Aqueles cavalheiros dizem que é necessário livrar-se de mim a qualquer custo." Uma das conspirações, afirma ele, tem Chanlatte no comando, e Chanlatte foi oficial no exército republicano. Toussaint, um homem que havia sido escravo, com seu exército de antigos escravos liderados por homens que também haviam sido escravos, que era a força mais poderosa de São Domingos, foi essencialmente um homem dos trabalhadores negros; e não apenas os mulatos que gravitavam em volta dos britânicos, mas também os mulatos republicanos observavam aquela ameaça a si próprios que era a intimidade entre Toussaint e Laveaux, bem como os interesses deste e a sua popularidade junto às massas negras. Não era uma questão de cor, mas sim cruamente uma questão de classes, pois os negros que foram livres anteriormente aderiram aos mulatos. Sendo pessoas de posses e posição sob o *ancien régime*, encaravam os antigos escravos essencialmente como pessoas a serem governadas.

Laveaux gostava dos negros por causa deles mesmos e amava Toussaint pelos serviços que prestara e porque era Toussaint. Seus relatórios ao ministro estão repletos de elogios a eles. Mas ele também os amava por medo aos mulatos e por acreditar que os negros seriam um contrapeso ao poder dos mulatos.

Estes achavam que eles próprios poderiam governar o país, visavam à independência, e alguns dos brancos locais conspiravam juntamente com eles. Laveaux alertou o ministro[3] para o fato de que esses cidadãos mulatos desejavam dominar tudo, dominar todos os lugares e usufruir de tudo que pudessem. Os mulatos e os antigos negros livres de Le Cap não toleravam ver um ex-escravo saindo-se bem nos negócios ou conquistar qualquer posição[4]. Villate encheu a Guarda Nacional de Le Cap de mulatos, colocou os antigos escravos na prisão, desobedeceu às ordens de Laveaux, escreveu-lhe cartas insultuosas e conspirou com os mulatos do Sul.

"Ah! Se Rigaud tivesse se comunicado comigo, a colônia teria sido salva há muito tempo."

Laveaux ouviu de Villate essa e outras observações semelhantes e implorou ajuda ao ministro.

"Os chefes que foram escravos são o esteio da liberdade e da República. Defendo firmemente a opinião de que, sem eles, já teria havido grandes movimentos pela independência." As ameaças constantes dos mulatos, ao mesmo tempo em que lutava contra os britânicos, estavam desgastando Laveaux. "Tenho sido compelido, movido pelo amor ao meu país, à minha pátria, a suportar tudo com uma paciência sobre-humana." Mas ele não poderia aguentar por muito mais tempo.

Seu quartel-general ficava em Port-de-Paix. Em julho de 1795, a Convenção concluiu um tratado de paz com a Espanha e, em outubro, instruiu Laveaux a transferir seu quartel-general para Le Cap; Vilatte havia dominado

3 Relatórios ao ministro da Marinha. *Les Archives Nationales*, DXXV, 50.

4 *Ibid*. Relatório de 17 de Messidor, ano IV.

Le Cap por três anos e agora Laveaux, Governador e comandante-chefe, vinha para reduzi-lo, junto com seus companheiros, a uma posição subordinada. Quando Laveaux chegou, libertou os negros das prisões. Muitos mulatos moravam sem pagar aluguel em casas abandonadas pelos antigos residentes. Perrod, o tesoureiro, avaliou as casas e fez com que pagassem aluguel, e eles levantaram o grito contra a tirania. As coisas estavam chegando a um ponto crítico. No começo de 1796, Pinchinat e um colega, de passagem para Paris, chegaram a Le Cap. Em vez de prosseguir viagem, Pinchinat se ocupou em Le Cap, foi levado aos acampamentos, onde se dirigiu aos soldados, escreveu diversas cartas aos sulistas e depois voltou ao Sul para criar um álibi.

Se a intimidade e a admiração de Laveaux por Toussaint tinham uma sólida base política, a intimidade e a admiração de Toussaint por Laveaux também a tinham. Nada escapava a Toussaint. Ele vinha observando há algum tempo as manobras dos mulatos e de Vilatte, desde o início de sua associação com Laveaux. Depois de ter sido indicado como comandante do Cordão Ocidental, ele perguntou, bem-humorado, ao coronel Pierre Michel, ex-escravo, porque não o tinham mantido informado sobre as intrigas de Vilatte em Le Cap. Nos dois anos seguintes, Toussaint e Vilatte estiveram em conflito. Vilatte queixou-se a Laveaux de que Toussaint proibira os proprietários de vender seu café em Le Cap. Toussaint, indignado, negou a acusação e anexou diversas correspondências para provar a sua falsidade. "Acredito que o senhor seja justo o bastante, general, para não fazer um julgamento precipitado (...) e espero que não creia que eu seja capaz de ter cometido tal falta. (...) Se Vilatte fosse um de meus verdadeiros amigos, ele também teria me comunicado sobre as acusações que lhe foram apresentadas a meu respeito. Apesar do fato de meus irmãos em Cap François estarem intrigando contra mim desta forma, nada tenho a dizer contra eles. Eu os vejo sempre como irmãos e amigos. Pela graça de Deus, o tempo fará com que o senhor conheça a verdade." Toussaint era sempre muito cuidadoso com a sua reputação. Caso ele não possuísse uma virtude, ele a assumiria. Todavia, neste caso, a sua indignação e os ares de santidade pareciam justificados. Quando os mulatos o traíram, Toussaint chamou-os de canalhas, amaldiçoou os realistas, os britânicos e os espanhóis, mas, apesar das intrigas que havia por toda parte, e apesar da intimidade das cartas, não havia uma única insinuação maldosa contra ninguém. Durante toda a sua vida, ele lutou pela conciliação entre inimigos e por acertos pacíficos em todas as disputas.

Mas ele não era um homem que se deixasse ser apanhado de surpresa. Tinha agentes em Le Cap. No início de março, soube que a conspiração dos mulatos estava madura e poderia estourar a qualquer momento. Por que outro motivo ele escreveria a Laveaux esta carta, dois dias antes do dia 20? "Sim, general, Toussaint é vosso filho. O senhor lhe é muito caro. Vosso túmulo será o dele e ele vos apoiará mesmo com o risco da própria vida. Seu braço e sua cabeça estão sempre à vossa disposição e, caso ele tombe, levará consigo a doce consolação de haver defendido seu pai, seu virtuoso amigo e a causa da liberdade."

Mas é bastante certo que ele nada disse a Laveaux sobre as suas suspeitas, pois Laveaux, embora ciente da tensão que existia, foi tomado de surpresa.

Às dez horas da manhã do dia 20 de março, Laveaux estava em seu quarto, em Le Cap, conversando com outro oficial. Repentinamente, seis ou oito pessoas entraram precipitadamente, todos mulatos, "nem um negro, nem um branco". Ele pensou que fosse alguma briga que queriam que julgasse. Em vez disso, os intrusos o encheram de insultos e golpes. Seu ajudante de campo correu em sua defesa, mas os atacantes prenderam Laveaux, o outro oficial e o ajudante de campo. Laveaux estava de chinelos, e na luta eles escorregaram dos seus pés. Descalço e de cabeça descoberta, os mulatos arrastaram o Governador pelos cabelos e pelo braço até a prisão. Perrod, o Tesoureiro, já estava lá. Ficaram dois dias na prisão, sem ver ninguém e sem nenhuma assistência. Às oito horas do segundo dia, a Municipalidade veio até Laveaux, disse que estava em estado de desespero por causa da sua prisão, que aquilo era abominável, etc., etc., e que esperava que ele saísse em breve.

Mas a Municipalidade também participava da conspiração. Assim que Laveaux foi preso, decretou que ele e Perrod haviam "perdido a confiança pública". Ela nomeou Vilatte Governador de São Domingos. Este escreveu a Pageot, comandante militar do Norte, e a Casa Calvo, na São Domingos espanhola, para informá-los de sua nova função.

Mas a conspiração jamais teve a menor possibilidade de sucesso. O ubíquo Toussaint vinha observando o seu desenvolvimento e tinha homens em pontos estratégicos. Pierre Michel comandou um batalhão em Fort Liberté, perto de Le Cap. Pierre Michel viera da África num navio negreiro e havia sido escravo. Ele foi libertado pela revolução, não sabia ler nem escrever, mas havia subido desde as bases até tornar-se coronel. Era um bom soldado, ditava relatórios claros e concisos e até mesmo traçava sua assinatura com tinta, em cima daquela que alguém havia escrito a lápis. Era um homem bastante aplicado, ousado e ambicioso, com o dom da intriga. Enquanto manteve contato com Toussaint para enfrentar Vilatte, ele mesmo estava conspirando contra Toussaint, visando ao comando do Norte para si mesmo. Tais eram os homens criados por cinco anos de revolução.

Assim que Michel soube da prisão de Laveaux, compreendeu o que estava em jogo. Agrupou sob seu comando os oficiais que eram fiéis ao Governo. Imediatamente, escreveu a Toussaint, que estava em Gonaïves, a 75 milhas de distância, e instruiu todos os chefes negros da vizinhança para convocar trabalhadores armados e marchar sobre Le Cap para libertar "o seu amigo Laveaux". Ele prendeu um emissário de Vilatte, descobriu em seu poder uma lista com seis nomes e enviou-a a Toussaint, seu oficial superior, para que tomasse providências. As massas negras na cidade, convocadas pelos amigos do Governo, corriam pelas ruas gritando: "Todo poder à lei! Todo poder à lei!".

Toussaint estava em Gonaïves quando recebeu a notícia do golpe de Estado. "O quê!", escreveu a Laveaux. "Eles tiveram a audácia de vos ameaçar e de empunhar armas contra vós. O que estão fazendo? Eles voltarão aos seus deveres, ou eu tomarei mil vidas por uma."

Ele despachou dois batalhões para marchar contra a cidade, um deles sob o temível Dessalines. Escreveu cartas ameaçadoras a todos os lugares onde suspeitava que Vilatte tivesse adeptos, e essas cartas foram suficientes para manter quietos os postulantes revolucionários.

Endereçou uma de suas inflamadas proclamações aos cidadãos de Le Cap: "(...) Ao desrespeitar o Governador, desrespeitastes a França. O que dirá nossa pátria-mãe, quando souber da vossa conduta irregular para com o vosso representante? (...) Olhai, olhai para o distrito do Artibonite e vide as crueldades inauditas que os ingleses praticam contra vossos irmãos. Alguns são embarcados em botes e afogados no mar, e os demais são marcados no rosto e acorrentados como escravos de galés. Mesmo as mulheres de cor são obrigadas a abandonar as suas casas e a se esconder no mato para se salvar das barbaridades dos seus inimigos. Vós, ao contrário, podeis viver pacificamente em vossas casas. Mas não, vós procurais confusão. (...)". Alguns dias depois, ele mesmo chegou a Le Cap, à frente de sua guarda pessoal e cavalaria. Mas a essa altura a insurreição já estava quase acabada. Laveaux havia sido solto e Vilatte fugiu de Le Cap com um pequeno grupo de partidários pessoais. As massas negras na cidade e no campo estavam com Laveaux. Toussaint, triunfante, lutou pela paz. Enviou uma delegação a Vilatte, para convidá-lo a voltar a Le Cap, e os delegados saíram, acompanhados por uma centena de mulheres negras. Vilatte disse a eles que esperava que Laveaux fosse morto por esses mesmos negros a quem dedicava tantos favores. No entanto, concordava em encontrar-se com Toussaint, mas queria que fosse Toussaint a vir até ele. Mas este, suspeitando de uma emboscada, recusou-se. Enquanto isso, as mulheres negras que acompanhavam a delegação, ao ouvirem as insinuações dos soldados de Vilatte, voltaram correndo ao quartel-general de Laveaux fora de Le Cap, e dispararam por toda a cidade gritando que Laveaux e Perrod tinham dois navios no porto, cheios de correntes, para submeter os negros novamente à escravidão. Imediatamente, os soldados que haviam apoiado Laveaux cercaram a sua casa, pedindo sua cabeça. Eles iam matá-lo, mas Toussaint surgiu à frente da multidão, conduziu-a ao armazém principal, abriu as portas e mostrou-lhes que não havia correntes. Os negros ficaram satisfeitos, tanto pela demonstração como pela confiança que tinham em Toussaint, general negro, outrora escravo como eles mesmos.

Mas, embora a insurreição tivesse sido dominada, Laveaux, percebendo a fraqueza da sua posição, não tomou medidas punitivas. Doze navios britânicos e dois americanos bloqueavam Le Cap. Os líderes mulatos estavam obviamente prontos para a insurreição. Laveaux suspeitou de uma trama e fez tudo o que pôde para evitar uma revolta, que poderia contar com a conivência dos ingleses. Os mulatos reclamavam que o poder deveria ser dividido: um homem não poderia detê-lo todo.

No dia primeiro de abril, Laveaux, acompanhado por Toussaint, foi a Le Cap e reuniu o povo e o exército no campo de paradas. Ele sabia que os mulatos esperavam que fizesse alguma alteração no Governo em favor deles, restabelecendo Vilatte no cargo com maiores poderes. Para assombro de todos e alegria desenfreada dos negros, ele proclamou Toussaint assistente do Governador e jurou que jamais faria nada sem consultá-lo. Chamou-o de salvador da autoridade constituída, o Espártaco de ébano, o negro que Raynal havia previsto que vingaria os ultrajes feitos à sua raça. Toussaint, cheio de gratidão, cunhou uma de suas frases famosas: "Abaixo de Deus, Laveaux".

Os historiadores franceses datam a elevação de Toussaint sobre os mulatos e representantes franceses na mente dos negros a partir desse dia memorável, e não sem uma condenação de Laveaux. É privilégio dos historiadores serem sábios depois dos acontecimentos e, quanto mais tolo o historiador, tanto mais esperto quer parecer. Laveaux não podia fazer nada. Toussaint queria que ele demitisse Vilatte. "O catecismo dominicano diz: perdoai as nossas ofensas, Senhor, assim como perdoamos aqueles que nos têm ofendido[5]. Mas, num exército, sem subordinação não há disciplina, e sem disciplina não há exército. Se um tenente não é subordinado a seu capitão, o subtenente, o sargento e o soldado também não se subordinarão. De qualquer forma, é isso o que penso, general." Laveaux não podia tomar aquela medida. Temia que a guerra civil pudesse levar à perda da colônia. Mas escreveu ao ministro explicando o que havia feito. Ao nomear Toussaint, ele "havia impedido os planos daqueles homens inclinados ao mal". Laveaux estava certo de que Rigaud também estava na conspiração. Os mulatos haviam sido bloqueados momentaneamente, mas a autoridade francesa na colônia estava em perigo e Laveaux bem perto de um colapso.

"Ah, cidadão!", suplicou ele ao ministro. "Não percais tempo. Enviai tropas, uma força poderosa; enviai comissários, leis e tudo o que for necessário para que sejam respeitadas. Qualquer demora fará com que a França perca os quatro anos de trabalho e de fadiga que nós, os verdadeiros republicanos, sofremos."

O Governo francês, alarmado com o crescimento das aspirações dos mulatos, apressou-se em enviar uma comissão, que desembarcou em Le Cap no dia 11 de maio de 1796. Ela consistia de cinco homens: Giraud e Leblanc e três outros que haviam tomado parte na história de São Domingos: Raimond, o Mulato; Roume, que foi enviado para tomar posse da São Domingos espanhola, entregue à França pela Espanha no Tratado de Basileia; e nosso velho amigo, Sonthonax. Felizmente para ele, Sonthonax chegou a Paris logo depois da queda de Robespierre. Foi julgado e triunfantemente absolvido das acusações levantadas contra ele pelos colonistas. Era conhecido como amigo dos negros, e a França agora não tinha medo dos negros, mas dos mulatos. Assim, Sonthonax foi enviado com a missão especial de controlar os mulatos. Ele trouxe apenas 1200 homens, mas abundantemente armados e municiados. No dia 17 de agosto, quatro meses depois que Sonthonax desembarcara, o Diretório[6] confirmou a promoção de Toussaint por Laveaux à posição de general de divisão, bem como a de Pierre Michel e outros ex-escravos como generais de brigada. A França, ainda envolvida numa luta de vida e morte na Europa, estava-se apoiando nos negros, não apenas contra os ingleses, mas contra a ameaça de independência dos mulatos. Assim, o prestígio de Toussaint como líder dos negros elevava-se rapidamente.

5 Evangelho de São Mateus (6,12) e Evangelho de São Lucas (11,4). (N. do T.)

6 Governo revolucionário francês instituído pela Constituição do ano III, após a queda de Robespierre. Caracterizou-se por proteger a propriedade e os privilégios políticos dos proprietários. (N. do T.)

VIII
OS BRANCOS ESCRAVIZAM NOVAMENTE

Sonthonax, mais ditatorial e voluntarioso do que nunca, dominou a comissão e iniciou uma política acentuadamente em favor dos negros. Ele amava os negros, dizia que gostaria de ser um negro e vivia abertamente com uma mulata.

Se todos os brancos fossem como Sonthonax, os trabalhadores teriam perdido seus ressentimentos contra os brancos, o que para eles representava apenas a oposição à escravatura. Por Laveaux e Sonthonax, eles fariam qualquer coisa. Mas os negros não podiam confiar nos antigos proprietários de escravos; os britânicos subornavam, faziam intrigas e forneciam dinheiro e armas, e as insurreições continuavam por toda a colônia. Sonthonax escreveu secretamente ao Diretório dizendo que os negros odiavam os brancos, mas que ele compreendia a razão desse ódio. Três semanas depois de desembarcar, ele publicou um decreto em *créole*, no qual declarava que qualquer pessoa que fosse apanhada dizendo nos mercados ou em qualquer outro lugar que os negros não haviam adquirido a liberdade definitiva, ou que um homem poderia ser propriedade de outro, seria considerado traidor do seu país e punido. Para tranquilizar pessoas tão sensíveis à liberdade, ele aboliu a detenção por dívidas e colocou em liberdade todos os que estavam presos por causa desse delito.

Trabalhou duramente para incutir-lhes a necessidade de trabalhar. Na França todos são livres, disse ele, porém todos trabalham. Mas postou-se firmemente contra a coerção. Trabalha duramente, era o seu conselho, mas não te esqueças de que ninguém tem o direito de obrigar-te ou dispor do teu tempo contra a tua vontade. Proibiu rigorosamente o açoite nas plantações. Instituiu escolas nas quais os negros recebiam educação elementar e aprendiam a história grega e a romana. Mandou filhos de negros e mulatos à França para serem educados numa escola especial que a República criara para eles. Anunciou que não pagaria salário a quem não soubesse assinar o nome. E assim, em todas as casas de Le Cap, podia-se ver homens e mulheres negros, alguns com até cinquenta anos de idade, aprendendo a ler e a escrever.

Nos distritos rurais, os trabalhadores suplicavam a Sonthonax para que lhes trouxessem até mesmo crianças europeias que soubessem ler e escrever. Os negros reconheciam a sua ignorância e queriam aprender com os brancos; ser guiados por homens da França, homens como Laveaux e Sonthonax; ser ensinados por crianças brancas. Tudo o que queriam era ver-se livres para sempre do medo da escravidão. Mas os ingleses estavam presentes, gastando milhões para escravizá-los de novo. Eles sabiam que os antigos proprietários de escravos, para os quais ora trabalhavam como homens livres, tornariam a escravizá-los na primeira oportunidade que tivessem. Sua esperança era Toussaint, um negro, antes um escravo, com o seu exército de negros, antes escravos. Todos os trabalhadores negros de São Domingos tinham os olhos voltados para ele.

Quando Sonthonax chegou, Toussaint era o segundo na hierarquia militar, abaixo apenas de Laveaux. Detinha a confiança do Governo francês, que lhe enviara presentes e cartas de congratulações e incumbira-se da educação de seus filhos em Paris. Com Laveaux e Sonthonax, seus representantes em São Domingos, ele estava em excelentes termos. Os mulatos do Norte estavam desacreditados, e Toussaint, com seu exército e o apoio das massas, era o homem mais poderoso de São Domingos. Poderia datar desse momento a sua tentativa ambiciosa de tornar-se senhor da ilha? Muitos estão convencidos disso, mas certamente é uma visão falsa. O certo é que Toussaint desejava tornar-se comandante-chefe, e então, com toda a delicadeza, ele sugeriu a Laveaux que poderia ajudá-lo a voltar para a França, caso o desejasse.

A Constituição francesa do ano III havia concedido a São Domingos sete deputados nas duas Câmaras. As eleições deveriam ocorrer em setembro de 1796 e, em agosto, Toussaint declarou a Laveaux que poderia elegê-lo como representante: Laveaux havia sacrificado sua saúde, sua esposa, seus filhos e precisava de um descanso das intrigas e das facções de São Domingos. A desculpa era perfeita. Laveaux havia trabalhado em São Domingos durante os anos da revolução e da invasão dos britânicos. Sem poder viajar para a França, ele havia suportado o peso principal das lutas, primeiro contra os escravos e depois contra os espanhóis e ingleses, como Governador e comandante-chefe. Suas cartas ao ministro mostram o quanto ele sentira a tensão e agarrou essa oportunidade. De qualquer forma, ele não suspeitava das intenções de Toussaint, ou, se sabia, não guardou ressentimento. Eles continuaram a ser os amigos mais íntimos depois da volta de Laveaux à França; mantiveram uma correspondência pessoal e Laveaux sempre foi o mais ardoroso defensor de Toussaint.

Mas, naquela mesma eleição, Sonthonax também foi eleito representante da colônia no Parlamento francês, embora tivesse chegado havia apenas alguns meses. Uma das razões para Toussaint sugerir a volta de Laveaux era a de poder contar com um representante da confiança dos negros na França. E por essa mesma razão Sonthonax queria retornar. A situação política havia mudado na França desde a abolição da escravidão sem nenhum debate, e os que apoiavam a causa da liberdade dos negros tinham boas razões para estar inquietos.

Robespierre e a Montanha haviam detido o poder até julho de 1794. O Terror salvara a França, mas, bem antes de julho, Robespierre havia ido longe demais e agora estava ficando para trás das massas revolucionárias. Nas ruas de Paris, Jacques Varlet e Roux pregavam o comunismo, não na produção mas na distribuição: era uma reação natural à especulação desenfreada da nova burguesia. Todavia, Robespierre, mesmo tão revolucionário, continuava a ser um burguês e havia chegado ao limite extremo da Revolução burguesa. Ele perseguia os trabalhadores: durante essa fase do Terror, pereceram bem mais trabalhadores do que aristocratas. Em junho de 1794, os exércitos revolucionários conseguiram uma grande vitória na Bélgica; imediatamente, a continuação do Terror foi vista pelo público como uma ferocidade faccional e não como uma necessidade revolucionária. As alas direita e esquerda da Convenção combinaram atacar aquele ditador sinistro e, quando ele conclamou o povo, não obteve a antiga resposta. Algumas das seções vieram, mas houve uma demora, começou a chover e elas voltaram para casa. O ardor revolucionário que os havia inspirado desde agosto de 1792 tinha-se acabado, por obra do próprio Robespierre. Parece que este temia constantemente uma ruptura entre o revolucionamento extremo de Paris e o resto do país, mas ele destruiu a sua ala esquerda e, desta forma, selou a própria sorte.

A tragédia foi que as massas de Paris, abandonando-o ao seu destino, abriram a porta para inimigos ainda piores. Os sucessores de Robespierre eram a nova burocracia, os especuladores financeiros, os compradores das propriedades da Igreja, toda a nova burguesia. Eles eram inimigos da realeza (que os levaria à guilhotina, caso essa classe retornasse) e estavam ávidos por igualdade social, mas determinados a manter as massas no seu devido lugar, e desejavam aliar-se à velha burguesia, e até mesmo a uma parte da aristocracia, numa exploração conjunta das novas oportunidades criadas pela Revolução. Quando as massas perceberam o que acontecia, elas tentaram, por duas vezes em 1795, reaver o seu antigo poder. Mas a nova França burguesa era forte demais para eles. Foram derrotados, a reação aumentou e, enquanto ela crescia, os antigos proprietários de escravos, arrastando-se para fora de suas prisões e de seus esconderijos, levantaram a cabeça novamente e exigiram que a "ordem" fosse restaurada em São Domingos e nas colônias.

Na manhã seguinte, a Convenção não parecia muito satisfeita com a abolição. Robespierre parecia duvidar da própria utilidade das colônias e, provavelmente com a ideia de barganhar com a Grã-Bretanha, fez saber que não desejava tratar da questão colonial, diante do que todos ficaram quietos[1]. O felizardo Sonthonax, que era brissotino e, portanto, inimigo de Robespierre, havia chegado de volta à França antes da queda deste último e corria novamente o perigo de ir para a guilhotina. Mas, com a morte de Robespierre, a questão colonial veio à tona novamente. Antes que a Convenção fosse dissolvida, Boissy D'Anglas elogiou a magnífica defesa de São Domingos por Toussaint, Rigaud e seus exércitos e declarou que eles mereciam a aprovação do país. Gouly, deputado colonial, opôs-se a essa resolução, mas sem sucesso. Contudo ele fez um longo discurso, em cujas entrelinhas podia-se perceber as garras da restauração, e a Convenção mandou imprimir esse documento.

A nova Constituição deu à França um Diretório de cinco membros e duas Casas: o Conselho dos Anciãos e o Conselho dos Quinhentos. Os dois organismos eleitos num pleito restrito reunido em novembro de 1795. A nova burguesia dominava ambas as Casas. Os jacobinos, cansados e desacreditados, estavam em minoria. Vaublanc, que havia fugido depois de 10 de agosto, e uma forte camarilha eram membros do Conselho dos Quinhentos, e os emigrados da colônia mantinham uma agitação constante dentro e fora do Parlamento, pedindo a "restauração da ordem" nas colônias. O que seria essa "ordem"? Os negros não tinham dúvida quanto ao tipo de "ordem" que os emigrados colonistas desejavam restaurar. Estes não falavam abertamente em "escravidão", pois a revolução estava muito próxima, mas a São Domingos negra começou a ouvir que Page (que havia escrito a carta de 11 de agosto) e seu amigo Bruley bem como Vaublanc e outros notórios inimigos da liberdade colonial estavam novamente em atividade na França. Os negros podiam lidar com os brancos

---

[1] SAINTOYANT, *La Colonisation française...*, v. I, p. 229-30.
Havia uma curiosa aliança entre Robespierre, Fouquier-Tinville, comandante dos tribunais revolucionários, e alguns dos colonistas emigrados. Ver em particular o relatório de Dufay, o representante dos brancos entre os três primeiros deputados de São Domingos. *Les Archives Nationales*, DXXV, 57.

locais cujos discursos ou ações indicassem a volta à escravidão. A República sempre fora vista por eles como amiga. Mas agora, ouvindo o que acontecia na França e sabendo quem estava no novo Parlamento e o que diziam, suas dúvidas aumentavam e eles começaram a perguntar a todos os estrangeiros que chegavam à colônia vindos da França se a República estava sendo sincera dando-lhes a liberdade.

A República de 1794 havia sido sincera dando-lhes a liberdade, mas a República de 1796 seria igualmente sincera em tirá-la. Além do seu clamor pela restauração da "ordem" (enquanto negros e mulatos, sob o comando de Toussaint e Rigaud, exauriam o sangue da Inglaterra, a principal inimiga da República), os burgueses marítimos e os colonistas abriam fogo contra Sonthonax, como executor dos brancos e causador de todos os problemas.

Sonthonax chegou a São Domingos em maio de 1796, durante os preparativos para as eleições de agosto em São Domingos, e com a reação colonial crescendo em demasia na França ele pensou, tanto em sua defesa como em benefício dos negros, que seria melhor se voltasse à França como deputado.

A burguesia marítima e os fazendeiros haviam feito uma infinidade de intrigas sobre a questão colonial até que as massas de Paris deram à colônia a oportunidade de adaptar-se às novas condições. Então, assim que chegaram ao poder novamente, demonstraram mais uma vez a velha ganância, a desonestidade e a trapaça. Os danos que causariam desta vez seriam quase nada comparados com o que haviam feito entre 14 de julho de 1789 e 10 de agosto de 1792. Quando tudo terminasse, eles culpariam os revolucionários.

Sonthonax elegeu-se facilmente, mas, embora desejasse partir, todos suplicaram-lhe que ficasse. São Domingos ainda estava desestabilizada e a influência dele era forte. Seu nome ainda era um talismã junto aos negros e, numa insurreição que teve lugar no centro revolucionário de Port-de-Paix, na qual brancos foram massacrados, os trabalhadores gritavam: "Viva Sonthonax! Viva Sonthonax!". Obviamente, os negros, assim como os cavalos, os cachorros, os gatos e alguns animais selvagens, julgavam um homem não pela cor da sua pele, mas pela forma como ele se comportava. Agentes britânicos, bem municiados de dinheiro, estavam sempre no meio deles, incitando o conflito e encorajando as desordens. Os realistas franceses faziam o mesmo. A situação estava muito incerta e todas as classes, brancos e negros, pediram a Sonthonax que não partisse. A Municipalidade de

Le Cap, os representantes mulatos e negros, Clairveaux[2], Moïse e Christophe suplicaram-lhe que ficasse. Moïse, que supostamente tinha um ódio implacável pelos brancos, disse a Sonthonax que, caso este partisse, ele se demitiria, pois a colônia, quase que certamente, seria lançada no caos[3]. E, numa reunião dos comissários, Raimond, Leblanc e Giraud disseram-lhe que, se ele se fosse, eles também não ficariam[4]. Temiam por suas vidas. Pressionado de tal forma, Sonthonax ficou[5]. Tido na França como executor dos brancos e desagregador da colônia, na realidade ele era um centro de aglutinação de negros e brancos, desde que fossem ambos republicanos. Mas ele não tinha piedade dos antigos proprietários de escravos, e estes eram os que mais faziam barulho na França. Toussaint também o pressionou para que ficasse e, longe de ter tramado a eleição de Sonthonax para se ver livre dele, como se acredita comumente, ele disse ao Diretório que a segurança da colônia dependia de Sonthonax continuar como comissário, pelo menos até que fosse declarada a paz com a Inglaterra.

Infelizmente, Sonthonax, verdadeiro representante da Revolução, também era agente da República francesa, enviado para assegurar que a França e não os mulatos governassem a colônia.

O baluarte mulato era o Sul, sob Rigaud, que conduzia a guerra contra os britânicos com tal habilidade e vigor que foi elogiado repetidamente, até mesmo por um historiador inglês *tory*[6]. Em 1797, Rigaud dominava grande parte do Sul. Ele tinha seis mil homens e um destacamento de cavalaria. Cada um dos chefes de batalhão comandava um arraial com poderes absolutos, exercendo todas as funções civis e políticas. Nenhum negro tinha patente mais alta que a de capitão e, ao contrário de Toussaint, Rigaud mantinha os brancos sob sujeição rígida, excluindo-os de todas as posições importantes.

---

2 Clairveaux, Maurepas e cem outros signatários a Sonthonax, 30 de setembro de 1796. *Correspondance du citoyen Sonthonax,* v. II, p. 370, *La Bibliothèque Nationale.*

3 *Ibid.*, Moïse a Sonthonax. 21 de setembro de 1796. *Correspondance du citoyen Sonthonax,* v. II, p. 372.

4 Relatório das Deliberações da Comissão por Pascal, o secretário, 25 de Vendemiário, ano V. *Les Archives Nationales,* DXXV, 45.

5 Cópia das minutas da Assembleia Eleitoral, 20 de Frutidor, ano IV, e dias seguintes. *Les Archives Nationales,* DXXV, 45.
A crença mantida por longo tempo de que Toussaint promoveu a eleição de Sonthonax para se ver livre dele é, pois, diretamente contraditória aos fatos.

6 FORTESCUE, *History of the British Army,* Londres, 1906, v. IV, parte 1.

Rigaud tinha, indubitavelmente, uma mentalidade estreita. Usava sempre uma peruca marrom de cabelos lisos para parecer o mais que pudesse com um branco. Essa sensibilidade quanto à cor, em homens ativos, em geral é acompanhada de grande amargura contra a raça opressora, e a estreiteza da organização de Rigaud, bem como a exclusão de brancos e negros de todas as posições de poder, sem dúvida tinha algo a ver com o seu caráter pessoal. Mas, fundamentalmente, era devido às próprias circunstâncias dos mulatos. Eles eram, sem dúvida nenhuma, numericamente inferiores aos negros. Mais do que os negros analfabetos, eles sabiam da propaganda dos emigrados e das intrigas para a restauração da supremacia branca. Toussaint não confiava absolutamente nos brancos, mas os negros eram tão atrasados que ele tinha de utilizar os brancos. Os mulatos estavam mais bem guarnecidos. Embora nem todos fossem educados, eram em número suficiente para governar. E se estabelecessem uma oligarquia de mulatos os acontecimentos, passados e futuros, provariam que os brancos, pelo menos, seriam as últimas pessoas a ter suas queixas ouvidas.

Rigaud e seus seguidores haviam abandonado a escravidão, mas eram duros com os trabalhadores negros. Eles fizeram com que estes compreendessem que a sua liberdade devia-se aos mulatos, confinavam-nos nas plantações, e as prisões de Rigaud estavam repletas de brancos e negros a ferros, mas vazias de mulatos. Seu principal conselheiro era Pinchinat, e eles restauraram o cultivo a tal ponto que Rigaud jamais pediu assistência financeira ao Governo francês e pagava a sua própria munição. Todavia, era um verdadeiro amigo da República. Recusou todo suborno oferecido pelos britânicos e, ao contrário de Toussaint, atirava sem piedade em qualquer um, mesmo mulato, que conspirasse com os ingleses. Quaisquer que fossem as instruções de Sonthonax, ele deveria deixar Rigaud sossegado, pelo menos até alcançarem a paz. Mas, excessivamente confiante, ele ocupou-se de Rigaud sem ter os meios necessários para executar a sua vontade. Estava havia pouco na colônia quando enviou ao Sul uma delegação de três homens: o general Desfourneaux e Rey, brancos, além de Leborgne, um mulato. Desfourneaux deveria controlar o exército de Rigaud, a delegação teria de restabelecer a igualdade entre os cidadãos de todas as cores (as instruções de Sonthonax eram particularmente severas nesse particular). Ela devia ainda investigar se a conspiração de 20 de março tinha raízes no Sul, prender Pinchinat e trazê-lo a Le Cap para ser julgado pelo seu papel naquela trama; Pinchinat, que era o ídolo do Sul e dos mulatos em toda a colônia. Toussaint aconselhou Sonthonax a não tentar fazer tal coisa. Ele e Rigaud se respeitavam e até mesmo se admiravam. Rigaud jamais teve ciúmes pessoais de Toussaint por este ser negro[7] e cooperou na luta contra os britânicos, seguindo ordens de Toussaint. Este acreditava que Sonthonax deveria convocar uma reunião. Alertou Sonthonax para em hipótese alguma enviar Rey, que era inimigo de Rigaud e tentara assassiná-lo em Les Cayes. Sonthonax não lhe deu ouvidos.

Jamais houve uma expedição tão destinada ao fracasso, e suas aventuras dão uma ideia bem aproximada do caos social com que Toussaint tinha de lidar.

Rigaud, embora desconfiado, deu as boas-vindas aos comissários e tratou-os com grande respeito. Eles apreciaram devidamente o poder que Rigaud e seus oficiais exerciam. Mas, ignorando isso, aonde iam incitavam os trabalhadores contra o governo de Rigaud, dizendo-lhes que os mulatos os estavam oprimindo. A inquietação entre trabalhadores e soldados surgia em todos os lugares pelos quais os delegados passavam.

A sua conduta pessoal era insatisfatória. Gastavam grandes quantias, jogavam durante horas nas residências onde se hospedavam e divertiam-se com mulheres fáceis. Rigaud estava comprometido com uma jovem, Marie Villeneuve. Rey a seduziu e, quando Rigaud foi vê-lo, disse-lhe sorrindo:

– Rigaud, quero que conheças a moça mais bonita de Les Cayes, mas promete-me que não contarás a ninguém!

Levando-o ao quarto, afastou o cortinado da cama e mostrou-lhe Marie Villeneuve. Rigaud, homem de notório temperamento irascível, atirou-se sobre Rey, derrubou-o e estava a ponto de jogá-lo na rua pelo balcão quando os criados entraram e o impediram. Um dos comissários tolamente indagou a Rigaud o que ele pensava que aconteceria se eles prendessem Pinchinat. Mas Rigaud e os mulatos continuaram a demonstrar uma paciência exemplar. A delegação tentou enviar uma expedição ao território inimigo. Desfourneaux, no posto de oficial superior, não aceitava os conselhos dos oficiais locais, e sua coluna foi duramente derrotada. Ao voltar, cheio de raiva, ele prendeu o tesoureiro do Sul, como lhe havia sido ordenado, e também prendeu um oficial mulato por uma ofensa qualquer. Enquanto estava sendo conduzido ao porto, esse oficial encontrou um grupo de seus próprios soldados. Correu para eles, conseguindo ficar a salvo entre seus homens, e a insurreição latente começou.

---

7 Essa é mais uma das lendas persistentes, agora desacreditada pela massa de documentos reproduzida por Michel, em *La Mission du Général Hédouville*...

Os soldados europeus e a Guarda Nacional eram apoiados pela delegação do Governo, mas todos os mulatos tomaram o partido de Rigaud. Naquela noite, o irmão dele levantou os trabalhadores negros, que, embora tivessem um destino duro pela frente, seguiriam sempre qualquer um que acreditassem estar do seu lado contra a escravidão. Beauvais, ciente de que os delegados eram merecedores de uma dura reprovação, mas reconhecendo a sua autoridade como representantes do Governo, tentou fazer as pazes entre as duas partes. Os mulatos se recusaram a ouvi-lo e disseram que esperariam por Rigaud. Rey e Desfourneaux fugiram, e os mulatos e os negros em plena insurreição massacraram um grande número de brancos, que estavam, é claro, do lado dos comissários. Leborgne e Kerverseau, um outro oficial europeu, foram salvos apenas porque Beauvais, embora impotente em parar a agitação, nunca os deixou, nem por um momento.

Rigaud era o único homem que poderia restabelecer a calma, mas Rigaud não viria. Ele adorava uma expressão: "Como é terrível a ira do povo!", e quando ficou sabendo do massacre em Les Cayes tudo o que fez foi repetir essa frase vezes seguidas. Por fim, Kerverseau e Leborgne deram autoridade para Rigaud restabelecer a ordem. Rigaud publicou um decreto afirmando que tinha sido colocado oficialmente no controle do Governo e imediatamente a calma foi restabelecida. Leborgne e Kerverseau partiram, e Rigaud continuou senhor do Sul. Ele e a sua gente tinham sido brutalmente provocados, mas eram culpados de rebelião. Sonthonax recusou-se a receber as delegações que a Municipalidade de Les Cayes lhe enviara para explicar as infelizes ocorrências. O Sul tentou por intermédio de Roume, o outro comissário. Roume também se recusou a ouvir. A Municipalidade enviou dois brancos a Paris para advogar essa causa. Quando, depois de um certo atraso, eles lá chegaram, voltaram-se contra Rigaud e se tornaram seus acusadores ao invés de defendê-lo. Sonthonax reorganizou a divisão geográfica de São Domingos de forma a trazer dois distritos do Sul para a jurisdição do Governo. Os habitantes, estimulados por Rigaud, expulsaram os oficiais que Sonthonax enviara para tomar posse. Sonthonax mandou uma proclamação denunciatória. Os cidadãos de Les Cayes arrastaram-na nas ruas no rabo de um asno. Pinchinat, eleito entre outros como representante do Parlamento francês pelo Sul, não foi autorizado a tomar assento quando chegou a Paris. A cisão entre o Sul sob Rigaud e o Governo, tanto em São Domingos como na França, estava completa. Mas Rigaud enviou um representante para colocar essa questão a Toussaint. Sonthonax ouviu isso e queria vê-lo preso. Toussaint recusou e protegeu o homem de

Rigaud. Então, nos últimos meses de 1796 e no começo de 1797, Toussaint estava bem próximo de Rigaud, que ocupava uma posição muito incerta. Os britânicos tiveram uma boa oportunidade durante toda essa confusão e poderiam ter conquistado a colônia. Chegaram a afirmar que, por essa época, Rigaud havia entrado em negociação com eles. Como quer que tenha sido, os mulatos, repelidos pela República, aproximaram-se dos negros de Toussaint, mas, enquanto Rigaud e sua gente viam Sonthonax como o seu pior inimigo, Toussaint mantinha a mais amistosa relação com o comissário. Procurado pelos negros, pelos mulatos e pelos brancos, o agradável e discreto Toussaint foi gradualmente se tornando um homem em São Domingos de quem tudo dependia.

Sonthonax continuou a governar com energia. Seus outros colegas, com exceção de Raimond, abandonaram-no. Roume estava na São Domingos espanhola. Sonthonax fazia intrigas entre os generais negros, mas apenas em favor de seu próprio poder e sem nenhum planejamento contra a liberdade deles. Rochambeau, um general branco, opunha-se à riqueza e ao domínio dos generais negros e Sonthonax mandou-o embora de uma vez. Contra a arrogância dos brancos ou dos emigrados brancos, era um inimigo tão feroz quanto qualquer trabalhador negro. Ele queria varrer os aristocratas da face da terra. Toussaint costumava enviar auxílio ao seu antigo senhor nos Estados Unidos, Bayou de Libertas. Ele desejava que voltasse, mas curvou-se diante da lei contra os emigrados, e Sonthonax ficou particularmente satisfeito com esse exemplo do civismo de Toussaint. Sonthonax conduzia frequentes demonstrações revolucionárias e fazia com que as crianças nas escolas passassem muitas horas cantando os hinos da Revolução.

Mas ele também trabalhou pela restauração da colônia. Le Cap foi parcialmente reconstruída e as plantações começaram a florescer. Numa fazenda na Planície do Norte, um pequeno negro chamado Brossard detinha a confiança tanto dos negros como dos brancos. Ele fez com que os homens trabalhassem mediante a promessa de uma quarta parte da produção e levantou o capital para recomeçar a plantação. A experiência foi um grande sucesso e as plantações eram arrendadas pelo Governo sob esse novo princípio. Toussaint encorajou seus generais e outros notáveis a adotarem esse sistema, pelo qual todos, inclusive o Estado, lucrariam. Dessalines chegou a ter trinta fazendas arrendadas. Toussaint popularizou algumas palavras de ordem repetindo-as muitas vezes: “Eu não quero ser um negro qualquer da costa" era uma delas, referindo-se às necessidades primitivas dos africanos da costa dos escravos. "A garantia da liberdade dos negros é a prosperidade da agricultura" era outro dito seu que se espalhou entre os negros. A bandidagem, a vagabundagem, os assassinatos ainda continuavam a existir, como continuaram na França até o advento de Bonaparte; mas, dilacerada e devastada como estava São Domingos, a colônia estava melhorando nos primeiros meses de 1797. Toussaint foi indicado como comandante-chefe e Governador, por recomendação de Sonthonax, que o instalou em Le Cap numa imponente cerimônia.

O nome de Sonthonax estava na boca de todos os negros. Ali estava, visão espantosa, um homem branco que protegia a liberdade e os privilégios de todos, tanto trabalhadores como generais, como se ele mesmo tivesse sido escravo alguma vez.

No dia 17 de agosto de 1797, Toussaint foi a Le Cap e apresentou-se a Sonthonax. Depois de alguns minutos, foi visitar o comissário Raimond e disse-lhe que a colônia estaria em sério perigo se Sonthonax não partisse imediatamente. Não desejava usar de violência contra Sonthonax, devido à sua posição de oficial, mas Raimond, sendo seu irmão comissário, deveria pedir-lhe que partisse para Paris para assumir o posto de deputado. Ele afirmou que não poderia declarar as suas razões.

Raimond ficou atônito, como era de esperar. Toussaint e Sonthonax eram grandes amigos. O que teria acontecido? Ele também estava assustado. Aquele era um passo muito sério, de consequências incalculáveis. No dia seguinte, Toussaint disse a Raimond que Sonthonax estava preparando uma catástrofe, que os brancos que ainda estavam em São Domingos seriam mortos. Ele acusou Sonthonax de desejar levantar os negros contra os brancos. Eles discutiram com Toussaint, sem resultado, e tentaram mostrar-lhe a gravidade desse passo, que poderia levar à desordem e à guerra civil numa colônia que finalmente estava em paz. Raimond e Pascal, secretário-geral da Comissão, dirigiram-se a Sonthonax e relataram o que haviam ouvido. Toussaint então chegou, mas Sonthonax disse que preferia conversar a sós com ele. Por quê? Sonthonax não conseguiu convencer Toussaint e finalmente concordou em partir, se Toussaint lhe desse uma carta de despedida.

No dia seguinte, Raimond e Pascal retornaram e Toussaint, ainda mantendo silêncio quanto às suas razões, falou-lhes da carta proposta. Os dois foram até Sonthonax e voltaram com um rascunho, que pediram a

Toussaint para assinar e fazer com que seus oficiais também assinassem. Toussaint convocou seus oficiais e a carta foi lida para eles. Alguns, com os quais Sonthonax já havia falado, recusaram-se a assinar; outros, tentando descobrir o que significava aquilo, disseram que esperariam para ouvir quais as intenções do próprio comissário. Pascal correu a Sonthonax e implorou-lhe que tornasse as coisas mais claras, dizendo o que pretendia fazer. Mas Sonthonax, sabedor da atitude desses oficiais, recusou-se a dizer qualquer coisa e parecia mesmo disposto a resistir. Toussaint então disse aos oficiais que poderiam assinar ou não, conforme quisessem. Sonthonax, disse ele, queria ir para a França para assumir seus deveres de deputado e havia solicitado essa carta. Toussaint os havia convocado para assinarem a carta e não para deliberarem sobre ela, pois isso seria contra a lei. Alguns assinaram, entre eles Moïse e Christophe. Outros foram embora, mas alguns voltaram mais tarde, dispostos a assinar. Toussaint não lhes permitiu. Disse que não estava pedindo que o atendessem e que estava disposto a assinar a carta sozinho e assumir toda a responsabilidade. Aquilo era típico de Toussaint, que havia sido treinado como escravo e depois como soldado. Ele jamais se dava ao trabalho de explicar muita coisa aos subordinados. O dever deles era obedecer.

A carta estava cheia de elogios a Sonthonax pelo seu trabalho e falava da necessidade de alguém como ele estar na França para defender a liberdade dos negros. Raimond levou a carta com as assinaturas a Sonthonax, que respondeu com outra epístola lisonjeira. Toussaint, que sempre conduziu as intrigas diplomáticas da maneira mais cerimoniosa, respondeu com uma nova carta. A Sonthonax fora dado o prazo de três dias, mas este procurava ganhar tempo, incitando os oficiais fiéis a ele. Um dia, às quatro horas da manhã, Toussaint disparou um canhão como alarme e enviou o general Agé para dizer a Raimond que, se Sonthonax não partisse imediatamente, ele entraria na cidade e o embarcaria a força. Era o fim de Sonthonax. Na companhia de sua amante, de Raimond e de alguns oficiais leais, Sonthonax atravessou as ruas de Le Cap a caminho do navio. A população observou-o partir, emudecida de tristeza e de assombro. Ele era imensamente popular junto aos negros, mas Toussaint disse que deveria ir, e depois disso nada poderia salvá-lo.

O que estava por trás daquele episódio, um enigma não resolvido até hoje? A explicação de Toussaint, o segredo que ele guardava, era que, desde o final de 1796, Sonthonax havia-lhe sugerido, diversas vezes, para massacrar os brancos e declarar a independência da colônia. Foi isso que Toussaint escreveu numa extensa carta[8] ao Diretório, em que ele fez um relato, de forma dramática, das diversas entrevistas nas quais Sonthonax lhe havia feito tais propostas.

Eis aqui uma parte da história de Toussaint. Ele foi empossado como comandante-chefe no dia 2 de maio de 1797. Naquele dia, depois da cerimônia, ele montava o seu cavalo para voltar a Gonaïves quando Sonthonax o deteve, pediu-lhe que entrasse em sua casa e novamente tocou no assunto[9].

– Estou muito, muito contente, estou encantado por te ver como comandante-chefe das Forças Armadas da colônia. Estamos agora em posição de fazer exatamente o que desejamos. Tens influência sobre todos os habitantes. É imperativo que executemos o nosso projeto. Este é o melhor momento, as circunstâncias jamais foram tão favoráveis, e ninguém melhor do que tu e eu para agir.

– Isso quer dizer, comissário, que tu me desejas destruir (...) matar todos os brancos e tornar-nos independentes. Mas tu me prometeste que não falarias novamente desses projetos, respondeu Toussaint.

– Sim, mas bem vês que é absolutamente indispensável!

E assim continua, página após página, esse curioso diálogo dramático, com os mesmos atores e o mesmo tema, diferindo apenas no tempo e no espaço. Quanto da verdade havia ali? Ninguém sabe ao certo. Quando Sonthonax se defendeu contra essas acusações em Paris, ele disse que havia deixado São Domingos por sua livre e espontânea vontade, o que era mentira. Alegou haver descoberto uma conspiração dos padres e emigrados, dos quais Toussaint era um instrumento, para livrarem-se da Comissão. Isso era tolice. Ele também acusou Raimond de conspirar junto com Toussaint, com a finalidade de convidá-lo, por meio da carta, a partir para a França. Mas tanto Pascal como Raimond poderiam facilmente refutar essa declaração. Se alguém pudesse ser acusado de tramar a independência, disse Sonthonax, seria Toussaint, e o culpou de estar rodeado de emigrados brancos, de organizar a revolta de 1791, de lutar pelo Rei da Espanha e de abandoná-lo apenas quando soube das negociações de paz e de que o Rei da Espanha não precisaria mais dele. De tudo isso, metade era

8 Relatório de 18 de Frutidor, ano V (5/9/1797), *Les Archives Nationales*, A.F. III, 210. Reproduzido parcialmente por SANNON, em *Histoire de Toussaint-L'Ouverture*, v. II, p. 24-40.

9 *Ibid.*

mentira e metade era bobagem. Se, por um lado, Sonthonax não era culpado, por outro a sua defesa era muito pobre.

Mas também não é fácil compreender o ponto de vista de Toussaint. Ele certamente mentia quando disse que estava zangado com Sonthonax por fazer tais propostas de traição. Até poucos dias antes de sua visita a Le Cap, os dois eram bons amigos. Ele afirmou que Sonthonax vinha fazendo tais propostas desde o final de 1796. No dia primeiro de fevereiro de 1797, escreveu ao ministro pedindo que não acreditasse nas insinuações de que Sonthonax e Raimond estivessem traindo os interesses da França e, perguntado se Sonthonax deveria ficar, respondeu: "A segurança de São Domingos, toda sua restauração, exige que o Diretório não permita que ele retorne. (...) Minha ligação com a França, o amor à pátria-mãe e aos meus irmãos obrigam-me a fazer esse pedido aos senhores". No dia 15 de junho, numa carta a Sonthonax, Toussaint a subscrevia com "amizade sem fim". No dia 16 de junho, escreveu a Mentor, outro negro, que as medidas da Comissão haviam sido todas aprovadas. "Como Sonthonax ficará contente! Gostaria de estar perto dele para abraçá-lo e externar a minha satisfação. Essa satisfação faz com que eu esqueça momentaneamente os meus aborrecimentos."[10]

Todavia, algumas semanas depois, para espanto de todos, ele insistia, com toda a força da sua vontade inquebrantável, que Sonthonax deveria partir. Nada que houvesse acontecido em São Domingos poderia explicar isso. A explicação, como tantas coisas na história de São Domingos, deveria ser procurada na França. O que estava acontecendo por lá mudou a visão de Toussaint e, com ela, todo o curso da revolução negra.

Os fazendeiros, na Paris de 1797, eram quase tão barulhentos quanto em 1791, embora não tão poderosos. A Revolução na França estava morta. Babeuf havia chegado à conclusão de que a igualdade política só poderia ser alcançada por meio de uma mudança drástica na organização econômica. A polícia do Diretório relatou que trabalhadores e trabalhadoras liam avidamente os escritos de Babeuf. Mas o entusiasmo combativo dos velhos tempos havia sido quebrado pela derrota e pelo desapontamento. A tentativa de Babeuf falhou miseravelmente, e a burguesia aproveitou a reação para estabilizar-se. Deputados jacobinos respeitáveis, que provavelmente jamais haviam ouvido falar de

10 *Les Archives Nationales*, A.F. 1212. Citação de SCHOELCHER, em *Vie de Toussaint-L'Ouverture*, p. 194.

Babeuf até ele ser preso, foram acusados de terrorismo e anarquismo e, dos 216 antigos membros da Convenção que deveriam sair em março de 1797, apenas uma dúzia foi reeleita. A reação tinha ido tão longe que o presidente dos Anciãos era Barbé de Marbois, o intendente que havia sido expulso de São Domingos pelos patriotas em 1789.

Portanto, Vaublanc e seu partido, imensamente fortalecidos depois das novas eleições, continuavam como nos bons velhos dias. "Por que os negros estão armados?", perguntou Bourdon. "Para destruir todos os partidos?" Os infelizes colonistas brancos haviam diminuído de 40 mil para 25 mil. Alguns dias mais tarde, Bourdon enviou nova mensagem ao Diretório sobre os massacres e denunciou os relatórios oficiais mentirosos. Por que os brancos de São Domingos estavam sofrendo? O Diretório estava perdoando os realistas na França: de 1500 pedidos de restauração de direitos dos emigrados, apenas 166 haviam sido rejeitados. Mas nas colônias essa perseguição continuava. Finalmente, em maio, o Diretório pôde enviar uma mensagem de São Domingos. Era de Toussaint.

O ódio aos ingleses, dizia ele, havia unido todos os partidos. Os ingleses haviam coroado suas atrocidades com a invenção de pelotas crivadas com pontas de aço afiadas que eles jogavam no meio dos soldados republicanos quando a luta era corpo a corpo, sabendo que a maioria dos negros estava descalça. Mas esse odioso artefato resultou em sua própria vergonha: "Os nossos soldados desafiaram essas armas com uma raiva invencível e provaram que nenhum obstáculo poderia deter homens que lutam pela liberdade".

Com essa mensagem emocionante, um eco de uma era que ainda ressoava fracamente em seus ouvidos, os deputados irromperam em aplausos entusiásticos e exigiram que ela fosse impressa. Mas Vaublanc enfureceu-se e rugiu, disse que tudo não passava de um monte de mentiras, nada poderia ser mais ridículo, e, no dia 27 de maio, ele fez o ataque mais feroz já feito contra Sonthonax: "Ele está coberto com o sangue dos brancos. Elaborou leis atrozes, que mesmo os tigres da Líbia não fariam, se os tigres tivessem a desgraça de precisar de leis. Ele criou imposições; apropriou-se de vastas somas, das quais não prestou contas". Nada disso era verdade. Se Sonthonax mandou matar brancos, foi em defesa da República. Não roubara nenhum dinheiro; até o fim dos seus dias, foi um homem pobre. Era a sua legislação em favor dos negros que estava deixando furiosos Vaublanc e os colonistas. Vaublanc acusou Sonthonax e Laveaux de terem contribuído com a maior parte do espírito de insubordinação entre os negros. Dia após dia, insultava Sonthonax e os negros (aqueles negros sem os quais a colônia certamente seria britânica). Barbé acusou os trabalhadores de serem instrumentos passivos e servis dos crimes de Sonthonax. Delahaye disse que São Domingos precisava de novos agentes com força para se impor.

No dia primeiro de junho, o Diretório enviou uma mensagem de Raimond para a Casa, descrevendo tudo o que estava sendo feito para as plantações. Bourdon disse que era tudo um monte de mentiras, que todos os proprietários estavam sendo expulsos e que os comissários estavam enchendo os bolsos de dinheiro. Vaublanc disse que o mesmo barco que havia trazido o despacho de Raimond havia trazido Martial Besse, um general crioulo, que afirmou que a colônia estava numa desordem total. Ele pediu a exoneração de Sonthonax. Garran-Coulon defendeu Sonthonax, mas finalmente uma moção proposta por Vaublanc e Villaret-Joyeuse foi aprovada por maioria absoluta e, no dia 3 de junho, a Câmara decidiu-se pela exoneração de Raimond, Roume e Sonthonax. No decorrer de sua fala, Villaret-Joyeuse disse que o regime militar era o único que poderia salvar São Domingos e salvar os infelizes brancos das adagas dos negros. Ele e Vaublanc exigiram que fosse declarado o estado de sítio em São Domingos, até que a paz fosse alcançada. No dia 12 de junho, o Conselho dos Anciãos aprovou a proposta de exoneração.

Sonthonax certamente tinha amigos na França que o mantinham informado. Toussaint, conforme sabemos, tinha seus agentes particulares. Mas, mesmo sem essas fontes especiais de informação, São Domingos sabia, pois as notícias apareciam todos os dias no *Moniteur*, o jornal oficial. O *Moniteur* de 12 de junho trazia um anúncio de uma carta de lorde G... ao Diretório, solicitando um passaporte para um representante inglês ir a Paris para discutir os termos da paz. A paz já estava no ar há algum tempo. Se os seus termos estavam sendo discutidos, a França logo poderia devotar sua atenção a São Domingos e enviar tropas. Sonthonax conhecia a força da contrarrevolução na França. Podia ver exatamente onde iria acabar a crescente reação. Perderia a cabeça e a colônia teria a escravidão restabelecida. Talvez não tivesse se expressado tão abertamente junto a Toussaint, como foi descrito no despacho deste último. Mas não é impossível que, doente, cansado da reação e temendo pelo futuro, tivesse proposto a Toussaint que ambos tomassem a colônia, limpassem-na dos brancos proprietários de escravos e tornassem-na independente. Toussaint, com muita cautela, afastaria essas investidas sem aborrecer Sonthonax, que era amigo dos negros e não guardava rancor deles. Mas em julho Toussaint recebeu notícias do decreto que exonerava Sonthonax e da acolhida que os discursos de Vaublanc, Barbé e outros haviam recebido.

Obviamente, haveria lutas terríveis mais adiante, e ele e seu aliado Rigaud, caídos em desgraça junto ao Diretório, teriam de lutar. Com sua decisão usual, ele resolveu jogar Sonthonax aos lobos imediatamente. Que outra razão poderia explicar sua *volteface*?

Quaisquer que fossem suas razões para se desfazer de Sonthonax, o fato em si era muito significativo. Daí por diante, o Governo francês suspeitou que Toussaint planejasse tornar a colônia independente, e este temia o intento dos franceses de restabelecer a escravidão. O Diretório, por si, não pretendia restaurar a escravidão. Mas o Diretório talvez não continuasse no poder, e ninguém sabia o que os seus sucessores fariam. Foi nessa época que Toussaint, levado pelos acontecimentos, percebeu a necessidade de manter o poder mesmo tendo de desafiar a França.

A acuidade com que ele previu o curso da política na França foi comprovada pelos acontecimentos dos meses seguintes. Para os homens que agora colhiam os frutos da Revolução, a restauração da "ordem" em São Domingos era apenas mais um item na onda geral de reação que eles impunham à França com a maior rapidez possível. Eles admitiram deputados, até então inelegíveis; suprimiram os clubes revolucionários; revogaram as leis relativas à deportação e à demissão de padres que não jurassem fidelidade à República; e reorganizaram a Guarda Nacional de maneira a excluir os elementos mais democráticos. Mas eles estavam agindo muito rapidamente. Alguns dos seus chefes conspiravam até com a realeza, e a nova burguesia não queria a realeza e o feudalismo de volta. Mesmo as massas, cansadas e enganadas, apoiariam seus novos patrões contra aqueles credos superados e desacreditados. O Diretório observava essa maré de reação e ele próprio, apodrecido pela corrupção, estava impotente para detê-la. De repente, conseguiu as provas de uma conspiração realista e decidiu usá-las contra aquelas relíquias descaradas do *ancien régime*, fossem realistas ou não. Na noite de 18 de Frutidor (isto é, 3 de setembro), eles foram presos. Um golpe de Estado baniu 65 para as Guianas e deteve por algum tempo a degringolada da Revolução. Entre esses 65 estavam Vaublanc, Villaret-Joyeuse, Barbé de Marbois, Bourdon, Delahaye e Dumas, todos inimigos implacáveis do novo regime de São Domingos. A liberdade dos negros estava salva por algum tempo, mas Toussaint havia levado um choque muito sério.

No dia 5 de novembro, ele enviou uma carta ao Diretório que é um marco em sua carreira[11]. Ele ainda não sabia do golpe de Estado de 18 de Frutidor, quando Vaublanc e seu bando receberam o que mereciam. Escreveu ainda com a convicção de que o grupo reacionário de antigos proprietários de escravos tinha muita influência na Legislatura. Não acusou abertamente o próprio Diretório. Mas fez ver que não tinha mais confiança neles e que, daí por diante, os negros iriam vigiar todos os partidos na França.

"O discurso imprudente e incendiário de Vaublanc afetou menos os negros do que o fez a certeza que tinham em relação aos projetos que os proprietários de São Domingos desejavam implantar: declarações insidiosas não deveriam ter nenhum efeito aos olhos dos legisladores sábios que decretaram a liberdade para as nações. Mas os atentados a essa liberdade que os colonistas estão propondo devem ser tanto mais temidos, porque esses planos detestáveis estão cobertos pelo véu do patriotismo. Sabemos que procuram impor alguns desses planos aos senhores por meio de promessas ilusórias e enganadoras, para verem renovadas nesta colônia as antigas cenas de horror. Emissários pérfidos já estão entre nós para levedar o fermento destrutivo preparado pelas mãos dos liberticidas. Mas não serão bem-sucedidos. Juro por tudo que há de mais sagrado. Minha ligação com a França, o conhecimento que tenho dos negros, fazem com que o meu dever seja: não deixar os senhores na ignorância tanto dos crimes que eles premeditam como do juramento que nós renovamos; de enterrarmos a nós outros nas ruínas de um país reanimado pela liberdade, antes de sofrermos o retorno da escravidão.

"Cabe aos senhores, cidadãos diretores, desviar de nossa cabeça a tormenta que os eternos inimigos da nossa liberdade estão preparando nas sombras do silêncio. Cabe aos senhores esclarecer a legislatura, cabe aos senhores impedir que os inimigos do atual sistema se espalhem pelas nossas praias infortunadas para manchá-las de novos crimes. Não permitam os senhores que nossos irmãos, nossos amigos, sejam sacrificados aos homens que desejam reinar sobre as ruínas da espécie humana. Mas não, a sua sabedoria permitirá que os senhores evitem as perigosas armadilhas que nossos inimigos comuns lhes estão armando. (...)

"Com esta carta, envio aos senhores uma declaração que os colocará a par da unidade que existe entre os proprietários de São Domingos que se encontram na

11 Relatório de 14 de Brumário, ano VI. *Les Archives Nationales*, A.F. III, 210. Reproduzido parcialmente por SANNON, em *Histoire de Toussaint-L'Ouverture*, v. III, p. 36.

França e aqueles que estão nos Estados Unidos e os que servem sob a bandeira inglesa. Os senhores verão ali uma resolução, inequívoca e cuidadosamente construída, pela restauração da escravidão; verão ali que a determinação de ser bem-sucedidos levou-os a se envolver no manto da liberdade, para poderem desfechar golpes mais mortíferos. Verão que eles esperam ter a minha complacência para me entregar às suas perfídias, pelo temor por causa dos meus filhos. Não é de admirar que aqueles homens, que sacrificam seu país aos seus interesses, sejam incapazes de conceber quantos sacrifícios o verdadeiro amor ao país pode levar um pai a fazer; um pai melhor do que eles, uma vez que eu, sem hesitar, baseio a felicidade dos meus filhos na felicidade do meu país, que eles, e somente eles, desejam destruir.

"Jamais hesitarei entre a segurança de São Domingos e a minha felicidade pessoal; mas nada tenho a temer. Foi à solicitude do Governo francês que eu confiei os meus filhos. (...) Eu tremeria de horror se fosse nas mãos dos colonistas que os tivesse colocado como reféns; mas, mesmo se assim fosse, quero que eles saibam que, punindo-os pela fidelidade do seu pai, apenas acrescentariam mais um grau ao seu barbarismo, sem esperanças de jamais me fazer falhar no meu dever. (...) Como são cegos! Eles não veem como essa conduta odiosa pode tornar-se o sinal de novos desastres e infortúnios irreparáveis e que, longe de reconquistar aquilo que, a seus olhos, a liberdade para todos fez com que eles perdessem, estão se expondo à total ruína e levando a colônia à inevitável destruição. Será que eles acreditam que os homens que desfrutaram das bênçãos da liberdade esperarão calmamente que ela lhes seja tirada? Eles suportaram seus grilhões apenas enquanto não conheciam nenhuma outra condição de vida que não fosse a de escravo. Mas agora que já a conhecem sacrificariam mil vidas, se as tivessem, para não serem forçados a ser escravos novamente. Mas não, a mesma mão que quebrou as nossas cadeias não nos escravizará novamente. A França não revogará os seus princípios, não nos tirará o maior dos seus benefícios. Ela nos protegerá de todos os nossos inimigos; ela não permitirá que sua sublime moralidade seja pervertida; que aqueles princípios que mais a honram sejam destruídos; suas mais belas conquistas, degradadas; e que seu Decreto de 16 de Pluvioso, que tanto honra a humanidade, seja revogado. *Mas se, para restabelecer a escravidão em São Domingos, isso fosse feito, então eu declaro que seria uma tentativa de se fazer o impossível: nós soubemos enfrentar os perigos para alcançar a nossa liberdade e saberemos como desafiar a morte para mantê-la*[12].

12 A ênfase é de Toussaint.

"Este, cidadãos diretores, é o estado de espírito do povo de São Domingos; esses são os princípios que eles transmitem aos senhores por intermédio de mim.

"Os meus próprios os senhores conhecem. É suficiente renovar, com a minha mão nas suas, o juramento que fiz de cessar de viver antes de a gratidão morrer no meu peito; antes que eu cesse de ser fiel à França e ao meu dever; antes de a deusa da liberdade ser profanada e maculada pelos liberticidas; antes que eles possam arrebatar das minhas mãos esta espada, estas armas que a França me confiou para a defesa dos seus direitos e dos homens e pelo triunfo da liberdade e da igualdade"[13].

Péricles sobre a Democracia, Paine sobre os Direitos do Homem, a Declaração da Independência[14], o Manifesto Comunista são alguns dos documentos políticos que, a despeito da sabedoria ou da fraqueza de suas análises, moveram e sempre moverão os homens, pois os seus autores, em alguns casos a despeito de si mesmos, lembram e despertam as aspirações que dormem no coração da maioria, em todas as eras. Mas Péricles, Tom Paine, Jefferson, Marx e Engels eram homens de educação liberal, formados na tradição da Ética, da Filosofia e da História. Toussaint foi um escravo, libertado há apenas seis anos, carregando sozinho o fardo desajeitado da guerra e do Governo, ditando seus pensamentos nas palavras cruas de um dialeto rude, escritas e reescritas por seus secretários até que a devoção deles e a vontade de Toussaint fossem esculpidas de uma forma adequada. Pessoas superficiais interpretaram sua carreira no sentido de ambição pessoal. Essa carta é a resposta. Ambição pessoal ele tinha. Mas conseguiu realizar o que fez porque, possuidor de grandes dons, encarnou a determinação do seu povo de jamais, jamais ser escravo novamente.

Acima de tudo um soldado e administrador, todavia a sua declaração é uma obra-prima da prosa, não superada por nenhum outro escritor da Revolução. Líder de uma massa atrasada e ignorante, apesar disso ele se constituiu na linha de frente do grande movimento histórico do seu tempo. Os negros estavam assumindo a sua parte na destruição do feudalismo europeu iniciado com a Revolução. E liberdade e igualdade, as palavras de ordem da Revolução,

13 Provavelmente uma citação de uma das cartas do Diretório a ele.

14 Independência dos Estados Unidos da América. A guerra estendeu-se de 1775 a 1782. A independência em relação à Inglaterra foi declarada em 4/7/1776 e entre os seus redatores estava Thomas Jefferson. (N. do T.)

significavam bem mais para eles do que para qualquer francês. Esse é o motivo pelo qual, na hora do perigo, Toussaint, apesar de inculto, encontrava a linguagem e o tom de Diderot, Rousseau e Raynal, de Mirabeau, Robespierre e Danton. E, de certa forma, superou a todos eles. Pois mesmo esses mestres da palavra falada e escrita, por causa das complicações de classe da sua sociedade, muitas vezes faziam pausas, hesitavam, avaliavam. Toussaint pôde defender a liberdade dos negros sem reservas, e isso deu à sua declaração uma força e uma determinação raras nos grandes documentos daquela época. A burguesia francesa não podia entendê-lo. Rios de sangue correriam antes que ela entendesse que, por mais elevado que fosse o tom daquilo que Toussaint escrevia, nada era bombástico ou retórico; era a verdade nua e crua.

IX
A EXPULSÃO DOS BRITÂNICOS

Toussaint enviou um branco, o coronel Vincent, oficial de engenharia e amigo íntimo, ao Diretório para explicar a ação contra Sonthonax. Rigaud cumprimentou-o pela expulsão de Sonthonax e Toussaint, inconteste no comando, preparou-se para varrer completamente os britânicos de São Domingos.

Por muitos anos, Dundas e Pitt aferraram-se à esperança de conseguir a ilha. Em novembro de 1795, numa possível tentativa de conquistar Rigaud, Dundas autorizou Forbes a conceder aos mulatos os mesmos privilégios dos brancos[1]. Mas ele ainda proibia a liberdade das tropas negras. Isso seria o mesmo que vender o cavalo para preservar a estrebaria. Mas a tentativa de conquistar Rigaud fracassou.

No dia 18 de fevereiro de 1796, Dundas dirigiu-se à Câmara dos Comuns. Ele se opunha à moção pela abolição da escravidão e do tráfico de escravos. Em princípio, Dundas concordou com os propositores da moção; esse tipo de acordo era habitual, mas, continuou Dundas: "Com aqueles que argumentavam que o princípio geral do comércio de escravos era inconveniente, imprudente e incompatível com a justiça e com o sentido humanitário da Constituição britânica, ele sempre concordara e ainda continuava concordando. (...)

"Ele se opunha porque pensava que, se a Câmara concordasse, isso colocaria em perigo a paz do país. Tal resolução, se fosse transformada em lei no presente estado de perturbação das colônias, colocá-las-ia totalmente em poder do inimigo". O tolo Barnave não tinha aprendido a argumentar que a escravidão era mantida para beneficiar os escravos. Dundas ia ainda mais longe.

"A guerra nas Índias Ocidentais, da parte deste país, não era uma guerra por riquezas ou por engrandecimento local, mas uma guerra pela segurança."

---

1 FORTESCUE, *History of the British Army*, v. IV, parte 1, p. 468.

Entretanto a perda de homens e de dinheiro era muito grande. No final de 1796, depois de três anos de guerra, os britânicos haviam perdido nas Índias Ocidentais oitenta mil soldados, dos quais quarenta mil realmente foram mortos, número que excedia as perdas totais do exército de Wellington por baixas, desligamentos, deserções e todas as causas, desde o início até o fim da guerra Peninsular[2]. O custo, em São Domingos apenas, foi de £ 300.000 em 1794, £ 800.000 em 1795, £ 2.600.000 em 1796 e, apenas em janeiro de 1797, mais de £ 700.000[3]. No início de 1797, o Governo britânico decidiu se retirar e manter o controle apenas em Môle São Nicolau e na ilha de Tortuga. Mas Toussaint não sabia disso, e ele e Rigaud, estreitos aliados desde a expulsão de Sonthonax, organizaram a campanha final. Em janeiro de 1798, ele estava pronto para o ataque decisivo a Mirabelais, enquanto Beauvais, Rigaud e Laplume deveriam atacar pontos diferentes no Sul para evitar a concentração de forças britânicas.

Toussaint, desejando reconquistar para a colônia os proprietários brancos e mulatos que viviam em territórios controlados pelos ingleses, proibiu rigorosamente todas as pilhagens e destruições a seus soldados e dirigiu aos traidores uma série de proclamações prometendo perdão e plenos direitos como cidadãos franceses se fossem fiéis à República. Sempre um firme adepto das regras da guerra civilizada, ele acreditou ser necessário repreender o general John White pelas barbaridades que as tropas comandadas por ele cometeram.

"Sinto que, embora seja negro e não tenha recebido uma educação tão fina quanto vós e os oficiais de Sua Majestade Britânica, sinto, digo eu, que tal infâmia de minha parte se refletiria sobre o meu país e macularia a sua glória."[4]

Combinando a superioridade militar com a propaganda, Toussaint conquistou sete vitórias em sete dias. Maitland percebeu que o jogo estava perdido e pediu trégua a Toussaint. Ele evacuaria totalmente a Província Ocidental, em troca da proteção das vidas e propriedades dos habitantes sob a dominação inglesa. Era exatamente o que Toussaint desejava, e as negociações já estavam

2 FORTESCUE, v. IV, parte 1, p. 496.

3 FORTESCUE, v. IV, parte 1, p. 546.

4 SANNON, *Histoire de Toussaint-L'Ouverture*, v. II, p.57-8. No v. II, os caps. 3 e 4 contêm um relatório fartamente documentado da última fase da guerra, com longos extratos da correspondência entre Toussaint e Maitland, Hédouville etc. Exceto quando expressamente mencionadas, as passagens citadas neste capítulo (do meu livro) são reproduzidas desses capítulos (do de Sannon).

sendo feitas quando ele soube que o general Hédouville havia desembarcado na São Domingoss espanhola, indicado pelo Diretório como o único agente para a colônia.

Os cinco homens que governavam a França em nome do Diretório ficaram seriamente perturbados com a chegada à França do degredado Sonthonax. Eles nunca haviam desejado restabelecer a escravidão e aprovaram calorosamente os passos dados por Sonthonax para educar os trabalhadores negros. Os colonistas emigrados não lhe deram trégua e, em julho de 1797, depois que as Câmaras votaram a exoneração de Sonthonax, eles indicaram o general Hédouville seu agente especial em São Domingos. Hédouville, soldado experiente, demonstrara possuir notáveis dons diplomáticos em sua pacificação da Vendeia[5], o centro de contrarrevolução mais persistente e mais perigoso da França. Os acontecimentos que precederam o 18 de Frutidor haviam deixado os diretores muito ocupados, e aqueles mesmos eventos haviam enviado os colonistas mais ruidosos à Guiana. Se Sonthonax tivesse chegado à França antes que Vaublanc e seus amigos fossem deportados, ele teria tido sorte se escapasse à prisão. Mas, novamente, ele chegou à pátria logo depois da queda dos seus inimigos e encontrou uma recepção favorável. Os próprios diretores, todavia, estavam agora completamente alarmados. Toussaint tinha deposto o representante deles e havia acusações e contra-acusações de conjuras pela independência. Depois, chegou a carta de Toussaint, alertando-os de que os negros lutariam até a morte contra qualquer indício de restauração do velho regime. Eis um novo fator de complicação. Agora já não eram tanto os mulatos quem deveriam ser temidos, mas os negros, seu exército negro e seu general de ébano. Imediatamente, a atitude para com Rigaud mudou. Hédouville recebeu instruções para partir e fazer todo o possível para deter o poder de Toussaint até que a França pudesse enviar tropas. Ele poderia ter usado Rigaud contra Toussaint. O Diretório não tinha clareza. Desse modo, deu a Hédouville liberdade para perdoar ou prender Rigaud se fosse conveniente ou possível. O Diretório fingiu aceitar de bom grado a deportação de Sonthonax por Toussaint e manteve boas relações com ele. Mas Hédouville tinha tantas

5 As guerras da Vendeia, região situada no lado oriental da França, foram provocadas em nome da monarquia pelos nobres e padres em 1793. Tornou-se o título de um famoso romance de Victor Hugo, *O noventa e três*. A conjura foi atacada pela Junta de Salvação Pública, que a derrotou no mesmo ano. A paz foi assinada pela Convenção em 1795. (N. do T.)

dúvidas sobre a recepção que teria por parte de Toussaint que desembarcou em São Domingos, quartel-general de Roume. Ele chegou em fins de abril, bem a tempo de tomar conhecimento de novos sucessos do negro invencível.

Hédouville reunira informações, de todas as fontes possíveis, sobre os homens que iria encontrar, especialmente sobre Toussaint. E ninguém pôs em dúvida o tipo de homem que ele era. O general Kerverseau, soldado capaz, de caráter forte e correto, indicou-lhe a única linha política possível.

– Ele é um homem de muito bom senso, cujo apego à França não pode ser posto em dúvida; cuja religião garante a sua moralidade; cuja firmeza iguala a sua prudência, que goza da confiança de todas as raças; e que tem por sobre si uma ascendência que nada pode contrabalançar. Com ele, tu podes fazer tudo; sem ele, não podes fazer nada!

É importante lembrar duas frases no tributo de Kerverseau. Primeiro, que Toussaint era devotado à França. Segundo, que Toussaint, em 1798, depois de quatro anos, detinha a confiança de brancos, mulatos e negros. Ele havia determinado esse objetivo para si mesmo, lutado para isso apesar de todas as provocações e obtido sucesso absoluto.

O que Hédouville pretendia fazer? Toussaint não sabia, mas ordenou que fosse recebido com todas as distinções. Em suas cartas para o novo agente, foi cortês mas reservado: "Permita-me fazer-te uma observação como oficial da República. (...) Há homens que, exteriormente, parecem querer a liberdade para todos, mas que interiormente são teus inimigos jurados. (...) O que digo é verdade, sei por experiência." Toussaint era frio até mesmo em suas referências a Roume, amigo sincero dos negros, como revela a sua correspondência privada[6]: "Se o comissário Roume me estima, retribuo com a minha estima por ele e respeito as suas virtudes". Toussaint não confiava em nenhum deles.

Mas, tão logo soube que Hédouville havia chegado, apressou-se em comunicar Rigaud. Embora tranquilizado por Pinchinat em Paris, Rigaud não sabia exatamente quais os passos que Hédouville pretendia dar contra ele. Pediu a Toussaint que o apoiasse contra Hédouville e enviou-lhe um agente confidencial para discutir aquilo que não se atrevia a escrever[7]. O líder negro e o mulato solidarizavam-se completamente.

6 A correspondência de Roume desse período pode ser encontrada em *Les Archives Nationales*, A.F. III, 210.

7 MICHEL, *La Mission du Général Hédouville...*, p. 135.

Prosseguindo nas negociações com Maitland, Toussaint concedeu anistia a todos os fazendeiros que se submeteram aos britânicos e a todos os trabalhadores que haviam lutado a soldo dos ingleses. As únicas exceções eram os fazendeiros que realmente haviam lutado nas fileiras britânicas e os realistas que chegaram em São Domingos provindos de outros lugares. Era um gesto típico de um homem que, em toda sua vida, parecia não ter sido tocado pela comum paixão humana da vingança e jamais deixava que alguma coisa o distraísse de seu objetivo, ou seja, a restauração de São Domingos e a reconciliação de todos os habitantes, brancos, pardos e negros. Ele submeteu os termos da anistia a Hédouville, que os ratificou. Maitland tentou distinguir Toussaint de Rigaud. Toussaint não concordou, lembrando a Maitland que ele era o oficial superior de Rigaud. Mas não pressionou Maitland em demasia. Tudo que queria era que deixasse São Domingos. Todas as propostas e contrapropostas eram enviadas a Hédouville para aprovação, e no dia 30 de abril foi assinado um tratado pelo qual os britânicos evacuariam inteiramente a Província Ocidental.

Os soldados emigrados, Dessources e alguns outros, viscondes e cavaleiros, quebraram os termos da anistia, destruíram canhões e os depósitos de munição, mataram todos os animais e atearam fogo às plantações. Os africanos de Toussaint, por outro lado, famintos e quase nus, marcharam contra as cidades, e tal era a sua disciplina que nenhum ato de violência ou de pilhagem foi cometido. Tão admirável foi a conduta de seu irmão Paul L'Ouverture e de suas tropas em La Croix-des-Bouquets que alguns cidadãos, de todas as cores, escreveram a Toussaint expressando sua satisfação por ter tal oficial no comando do seu distrito. Eles solicitaram uma visita do próprio Toussaint.

A entrada em Port-Républicain[8] foi um triunfo romano. Os trabalhadores negros, que por tanto tempo foram levados a acreditar que haviam nascido para servir, saíram às ruas para ver um exército negro saudado como salvadores de São Domingos, e os brancos apressavam-se a se humilhar diante daquele que chamavam de libertador. Na frente, vinha o clero, com cruzes, bandeiras e turíbulos, e depois os antigos súditos de Sua Majestade britânica. No meio da avenida, havia sido erigido um enorme arco do triunfo. As mulheres brancas mais ricas, montadas em cavalos ou em carruagens abertas, escoltadas por uma guarda de honra composta de

8 Anteriormente, Porto Príncipe.

jovens brancos nativos, saíram para receber o comandante-chefe. Jovens brancas jogavam flores e guirlandas sobre ele. Sempre um modelo de polidez, ele desceu do cavalo e agradeceu-lhes a gentileza. Quatro dos mais ricos fazendeiros brancos de Cul-de-Sac carregavam orgulhosamente um dossel e outros curvaram-se a seus pés, pedindo-lhe que subisse nele. Toussaint viu entre eles alguns homens que haviam sido seus inimigos mais pertinazes e, indignado e humilhado, recusou. "Dossel e incenso", disse ele, "são devidos apenas a Deus."

Naquela noite, a cidade foi iluminada. Em todas as grandes casas havia danças, e 150 pessoas participaram de um banquete. No dia seguinte, o presidente da Câmara Municipal fez um discurso enaltecendo a atuação de Toussaint como "uma obra-prima de política, de sabedoria e de humanidade". A resposta de Toussaint foi típica:

"Aprendei, cidadãos, a apreciar a glória da vossa nova condição política. Ao adquirir os direitos que a Constituição concede a todos os franceses, não vos esqueçais dos deveres que ela impõe a vós. Sede virtuosos apenas, e sereis franceses e bons cidadãos. (...) Trabalhai juntos pela prosperidade de São Domingos, restaurando a agricultura, que é a única que poderá sustentar um Estado e assegurar o bem-estar público. A esse respeito, comparai a conduta do Governo francês, que nunca deixou de proteger, com aquela do Governo inglês, que apenas destruiu. A aparência da vossa zona rural, pela qual passei quando vinha para cá, encheu-me de dor. A sua condição deveria ter-vos convencido, há muito, de que, ao abraçardes os ingleses, estaríeis abraçando apenas uma quimera. Vós pensastes que iríeis ganhar, vós apenas perdestes. (...)

"A liberdade sem abuso que o trabalhador terá, a recompensa que a lei garante ao seu trabalho, prendê-lo-á ao solo que ele cultiva. (...)

"A era do fanatismo está terminada. O reino da lei sucedeu ao da anarquia. (...) Sábio por experiência, o Diretório enviou apenas um agente para cá, o qual foi escolhido dentre seus cidadãos de maior confiança. A glória que ele acabou de adquirir na Europa, as virtudes que o caracterizam, asseguram a nossa felicidade. Ajudemo-lo em sua importante missão por meio da obediência absoluta, e, enquanto ele finca os fundamentos da ventura que prevê, eu cuidarei da vossa segurança, da vossa tranquilidade e da vossa felicidade, enquanto observais os juramentos solenes que fizestes de permanecerdes fiéis à França, acatar a sua Constituição e respeitar as suas leis. (...)"

Sendo um homem de ação, Toussaint habitualmente escrevia e falava como um filósofo. Esse discurso, claro e conciso, era um programa para o país e um gesto pessoal para com Hédouville.

Antes que Toussaint chegasse a Le Cap, os britânicos, ansiosos ainda para terem pelo menos uma parte dessa maravilhosa ilha, subitamente fizeram um forte ataque contra Rigaud, no Sul. Naquele momento, Rigaud estava em perigo e pediu ajuda a Toussaint. Antes que os reforços deste chegassem, Maitland fez uma tentativa de separá-lo de Toussaint. Rigaud respondeu que levaria a guerra contra ele até as extremas consequências.

Toussaint entrevistou Hédouville em Le Cap e depois correu para encontrar-se com Rigaud em Port-Républicain, e os dois se viram pela primeira vez. Rigaud, que há muito desejava encontrar "aquele homem virtuoso", tratou-o com a deferência devida ao comandante-chefe e este, sempre com muito tato, dirigiu-se a Rigaud como se fosse um velho camarada. Com a ajuda dos reforços de Toussaint, o ataque dos britânicos foi rechaçado, e os dois partiram na carruagem de Toussaint para encontrar Hédouville. Conta a tradição (a qual todos os fatos corroboram) que chegaram a Le Cap com cada um concordando em apoiar o outro contra todas as intrigas do agente do Diretório.

O que aconteceu nessa entrevista entre Hédouville e Rigaud é uma das grandes tragédias de São Domingos. Hédouville cobriu Rigaud de atenções, prometeu que a França lhe daria mostras de grande consideração, lamentou os males da colônia, disse-lhe que a melhor maneira de abrandá-los seria ajudá-lo a conseguir realizar suas instruções secretas: a retirada do poder supremo de Toussaint L'Ouverture. Rigaud aproveitou a oportunidade para se colocar numa boa posição junto à França e arruinou a si mesmo, à sua casta e ao seu país, por toda uma geração.

Desde agosto de 1791, os mulatos oscilavam continuamente entre a burguesia francesa e os trabalhadores negros. A instabilidade dos mulatos não reside no seu sangue, mas na sua posição intermediária na sociedade. Foi uma pena que Rigaud, ditador do Sul, não tivesse tido o bom senso de perceber que a França o usaria contra Toussaint e depois, inevitavelmente, voltar-se-ia contra ele.

Diz-se em São Domingos que Toussaint, cujos métodos eram sempre oblíquos, havia se escondido para ouvir a entrevista entre Rigaud e Hédouville. Não foi necessário. Durante essa mesma visita, Hédouville começou a mostrar uma mudança de atitude para com ele. O capitão do navio que havia trazido

Hédouville disse a Toussaint como ficaria satisfeito em poder levá-lo de volta à França no mesmo barco.

– Seu navio não é grande o suficiente para um homem como eu! disse Toussaint.

Outra pessoa ainda o pressionou para que fosse à França, dizendo como ele seria honrado e bem-vindo.

– Irei, quando isto, e ele tocou um arbusto no jardim, for suficientemente grande para me levar!

Toussaint estava alertando Hédouville e seus amigos que não deveriam tomar liberdades com ele. Sendo ele próprio cheio de artimanhas diplomáticas, fingiu estar imensamente impressionado com a cortesia que Maitland havia demonstrado e ainda demonstraria para com ele. Disse repetidamente que os franceses jamais o haviam tratado de maneira tão distinta. Aquilo não era verdade e ele bem o sabia. Laveaux, Sonthonax e o povo de Port-Républicain haviam-no coberto de honrarias e dignidade. Mas Toussaint queria que isso chegasse até Hédouville. Chegou mesmo a escrever para Hédouville sobre as honrarias de Maitland, dizendo que esperava que ele não fizesse objeções a tais cortesias, uma vez que eram feitas a um oficial da República. Assim, enquanto cumpria o seu dever e prestava toda a atenção necessária a Hédouville, fazia com que ele soubesse, por meios diretos e indiretos, que não estava disposto a ser menosprezado e, por sua vez, exigia o respeito e a consideração devidos ao seu cargo. Hédouville, vaidoso e presunçoso, parecia não ser capaz de perceber que estava lidando com um homem que tinha o comando de um exército vitorioso, que tinha por trás de si a grande massa do povo de duas províncias e que nada tinha a aprender de nenhum francês sobre sutilezas e finezas diplomáticas. Ele continuava querendo fisgar o velho negro inculto que falava tão mal o francês.

Rigaud o havia abandonado e Hédouville esperava apenas a oportunidade para atacá-lo. Mas Toussaint continuava a cumprir a missão que havia imposto a si mesmo de expulsar os britânicos causando o menor dano possível à colônia. As forças de Maitland agora se concentravam em Môle São Nicolau, no Norte, e em Jérémie, no Sul. Toussaint, enquanto acumulava tropas para tomá-las de assalto, se fosse necessário, engendrou um de seus mais brilhantes exemplos de negociação diplomática.

Todos os brancos das Índias Ocidentais, tremendo diante do mau exemplo que Toussaint e seus negros estavam dando, viam com consternação a ideia de Maitland chegar a um acordo com um negro, e ninguém mais do que o conde de Balcarres, Governador da Jamaica. Durante as negociações, implorou a Maitland que não evacuasse Môle São Nicolau, mas Toussaint queria conquistar essa cidade sem derramamento de sangue e desejava um tratado comercial com os Estados Unidos, que só ele poderia conseguir se a armada britânica o permitisse. Assim, enquanto negociava, enviava uma mensagem atrás da outra ao irascível Balcarres, alertando-o de que a Jamaica ficava muito perto de São Domingos e que ele poderia facilmente mandar alguns negros em canoas fazerem a travessia para queimar as plantações e começar uma revolta[9]. Balcarres naturalmente informaria Maitland e este, como soldado, poderia avaliar essas ameaças. Os ingleses precisariam conquistar Toussaint ou reconciliar-se com ele, e Maitland sabia que Toussaint não poderia ser conquistado. Assim, informou Toussaint de que queria comunicar-se com ele a respeito de "uns assuntos importantes". Toussaint não deixou dúvidas sobre o que desejava:

– Espero que seja para anunciar a evacuação definitiva dos pontos que os ingleses ainda ocupam nesta parte da República (...) seria a única maneira de parar ou retardar a minha marcha. (...) Embora Jérémie seja tão forte, prometo-vos que derrubarei suas fortificações; mesmo que me custe dois mil homens, eu a tomarei!

Depois disso, Maitland concordou em evacuar Jérémie. Toussaint recebeu de Hédouville a autoridade para levar a cabo essas conversações e enviou o seu representante a Maitland, para negociar em primeiro lugar todos os distritos com exceção de Môle São Nicolau. Mas Maitland desistiu da esperança de manter até mesmo aquele forte e ofereceu-se para evacuar completamente São Domingos. Toussaint aceitou, mantendo Hédouville escrupulosamente informado.

Toussaint, embora continuasse a ser cuidadosamente cortês com Maitland, era muito imperioso. Maitland propôs que, como parte do preço pela evacuação, as fortificações deveriam ser desativadas. Toussaint recusou e exigiu que fossem entregues no mesmo estado em que Maitland as encontrara.

– Acredito que aceitareis essa exigência, caso contrário serei obrigado a interromper as negociações!

Maitland concordou.

Mas, depois de enviar seu mensageiro a Toussaint, enviou um outro a Hédouville para fazer alguns arranjos especiais, não quanto aos termos

---

9 LACROIX, *Mémoires pour servir...*, v. II, p. 334-5.

da evacuação, mas para a efetiva transferência de Môle São Nicolau. Maitland pode ter tido ou não uma intenção maliciosa. Alguns dias depois, sem o menor problema, um instrumento similar foi assinado para a rendição do forte de Tiburón, depois da entrada das tropas de Rigaud em Jérémie. Hédouville declarou posteriormente que Maitland fez isso para despertar a inveja de Toussaint[10]. Se fosse assim, a sua própria conduta poderia ser questionada.

Ele sabia que Toussaint estava conduzindo negociações para a evacuação de Môle com Maitland, mas, ansioso para aumentar o seu próprio prestígio, enviou um representante pessoal ao comandante britânico do forte e expediu uma proclamação garantindo uma anistia, à maneira de Toussaint. Mas os termos combinados não eram satisfatórios para Maitland. Ele os repudiou e informou Toussaint, que ficou sabendo que Hédouville estava em negociações com o comandante-chefe do inimigo, pelas suas costas. Consciente de que a sua conduta havia sido irrepreensível, atacou Hédouville sem pena.

"A minha franqueza me impede, cidadão agente, de esconder que me senti ofendido por esta falta de confiança. (...)

"Em contradição direta com o que vos havia sido autorizado, sem levar em conta a minha posição de comandante-chefe do exército de São Domingos, sem refletir, sem mesmo achar necessário me informar, enviastes oficiais subalternos para negociar (...) e lhes destes poderes que anulam os meus próprios. Parece-me, todavia, que, de acordo com a hierarquia militar, sou eu, como chefe supremo do exército, quem deveria ter transmitido as vossas ordens aos oficiais subalternos. (...) Eu teria preferido que tivésseis declarado abertamente a mim que me achais incapaz de negociar com os ingleses. (...) Nesse caso eu teria sido poupado da necessidade desagradável de fazer contratos escritos e de dar a minha palavra de honra. (...)

"O general Maitland, ao solicitar negociações comigo, compreendeu a hierarquia militar; se ele se dirigiu a mim como comandante-chefe, eu reconheci em vós o representante da nação, pois apenas fiz o tratado depois de obter a vossa aprovação. O que fiz para merecer tamanha desconfiança?"

Ele conseguira encurralar Hédouville e não o poupou. Mas mesmo então ele não desejava um rompimento e concluiu dizendo que, se Hédouville tivesse confiança nele, juntos poderiam salvar a colônia e fazer a agricultura prospe-

10 Relatório ao Diretório de Frimário, ano VII, *Les Archives Nationales*, A. F. III, 210.

rar. Hédouville reclamou em altos brados, gabou-se de todas as coisas que tinha feito e de todo o pessoal militar com quem tinha trabalhado; disse que Toussaint não tinha nada que lhe ensinar os seus deveres. Ele não sabia em que jogo perigoso estava se metendo. Se Toussaint fosse apenas um ambicioso chefe de quadrilha, a França teria perdido a colônia em agosto de 1798. Mesmo enquanto Hédouville estava tão impensadamente provocando o homem de cujo exército e cuja influência tudo dependia, os ingleses, não conseguindo conquistar Toussaint pela força das armas, fizeram um esforço supremo para fazê-lo por meio daquelas mentiras e daqueles enganos conhecidos pelo nome de diplomacia.

Maitland, um inglês preconceituoso, não achava Toussaint muito inteligente[11]. Mas Maitland tinha visto que os negros de São Domingos, agora que tinham experiência, organização e líderes militares, eram adversários à altura de qualquer expedição europeia. Os franceses certamente enviariam uma expedição para restabelecer a autoridade francesa, e um exército francês sangraria até a morte na ilha. Assim, Maitland assumiu como tarefa fortalecer Toussaint ao máximo, para que pudesse derrotar os franceses mais completamente. Convidou Toussaint para uma entrevista, abraçou-o, prestou-lhe honras militares, passou as tropas em revista com ele, deu-lhe presentes magníficos (em nome de Jorge III) e depois propôs que ele tornasse a ilha independente e a governasse como rei[12]. Assegurou-lhe a proteção britânica: "Um esquadrão de fragatas inglesas estaria sempre em seus portos ou em suas costas para protegê-los"[13]; e em troca, pediu a exclusividade do comércio com a ilha. Os americanos também estavam montando um bom comércio com São Domingos; Maitland havia mandado um enviado americano a Toussaint e estava certo de que eles acertariam com os britânicos.

Devido às fortes divergências entre ele e Hédouville, Toussaint recusou. Ele, como Rigaud, tinha poder suficiente para controlar seus aliados à vontade. A França estava impotente e ele poderia conseguir dos ingleses todo apoio e os recursos de que precisasse. A sua recusa mostra a diferença entre ele e Rigaud. Os ingleses, sabia, fariam a aliança e depois, quando ele tivesse rompido com a França, ou entrariam num acordo com esta à custa dele, ou então, com a potente

11 Maitland a Dundas, 26 de dezembro de 1798, *Public Record Office, War Office Papers*, W.O. 1/170 (345).

12 LACROIX, *Mémoires pour servir...*, v. I, p. 346. Lacroix afirma que ele próprio viu as propostas entre os papéis de Toussaint.

13 *Ibid.*

esquadra de fragatas designada para proteger Toussaint, bloqueariam a ilha, derrubá-lo-iam do poder e restaurariam a escravidão. Toussaint não concordou com nada disso. As cartas de Maitland demonstravam, é bem verdade, que ele percebia, como também o perceberam muitos dos franceses que conheciam a ilha, que os negros de São Domingos constituíam um poder. Os britânicos iriam manter a barganha por conta da honra inglesa e também porque não poderiam fazer mais nada. Mas, tão logo a paz fosse declarada, a história seria diferente. Isso não é uma especulação. Antes do fim do ano, Maitland de fato escreveu sobre isso a Dundas, para ter certeza de que a pretendida traição não malograsse: "Talvez não seja necessário acrescentar que, no momento em que for firmada a paz, toda minha visão sobre esse assunto mudará imediatamente". Isso não era necessário. Dundas compreenderia. Para eliminar qualquer sombra de dúvida, Maitland continuou:

"Para diminuir o poder dos franceses e impedir o Diretório de receber os meios que São Domingos lhes poderia oferecer para nos incomodar, seria melhor (durante a guerra) apoiar o suposto poder de Toussaint, esperando que a paz seja restabelecida e que se forme algum tipo de Governo estável na França. Quanto a nós, teríamos um olho na restauração do sistema colonial original, se isso for praticável, e outro na possibilidade de que a França exaura seus meios em homens e dinheiro nessa tentativa (...)"[14] Isso tudo na melhor tradição de como uma civilização mais avançada eleva os povos atrasados. Mas Toussaint apenas expressou o seu pesar e recusou a oferta, agradecendo.

Assim é a História. Mas, se isso fosse tudo, ela seria ilegível. Junto com a resistência material ao aviltante conceito da vida humana e à selvageria desavergonhada de Maitland e de seus instrutores de alto escalão, deve-se notar os elevados princípios pelos quais o antigo escravo guiava a sua vida profundamente prática. Toussaint era então, como sempre foi, devotado à República francesa. Essa devoção o levaria, ao final, a uma morte prematura e cruel. Mas proporcionou-lhe uma vida esplêndida. Para todos os negros, a França revolucionária, que havia decretado a igualdade e a abolição da escravidão, era uma luz entre as nações. A França era de fato para eles a pátria materna. Toussaint, sempre procurando o desenvolvimento dos negros como povo, não desejava romper com a França, com a sua língua, as suas tradições e os seus costumes, para juntar-se à Inglaterra escravagista. Ele seria fiel à França enquanto ela fosse fiel aos negros.

---

14 Maitland a Dundas, 26 de dezembro de 1798. Ver nota 11, neste capítulo.

Mas a guerra não permitiu que a França enviasse suprimentos à colônia, e ele estabeleceu um trato secreto com Maitland, por meio do qual os bens chegariam a determinados portos em navios britânicos e americanos, os quais seriam pagos em produtos de São Domingos. Mais do que isso ele não faria.

Quando Balcarres soube que Maitland estava evacuando São Domingos por completo, escreveu ao Governo da Metrópole protestando. A resposta foi uma obra-prima. Depois de fornecer extensos pormenores a respeito das diversas vantagens da desocupação, concluíram com a inapelável resignação: nada mais havia a ser feito[15].

Tanto no campo de batalha como na Câmara do Conselho, Toussaint havia sido superior aos generais britânicos nas manobras, como fizera antes com os espanhóis, conseguindo tudo o que queria com o menor custo possível para ele mesmo.

Esse foi o fim da malfadada expedição a São Domingos. "Depois de longa e cuidadosa reflexão e estudo", diz Fortescue, "cheguei à conclusão de que a campanha das Índias Ocidentais, tanto a barlavento como a sotavento, que constituíam a essência da política militar de Pitt, custou ao Exército e à Marinha inglesa pouco menos do que cem mil homens; aproximadamente a metade estava morta e os demais, permanentemente incapacitados para o serviço."[16] Por causa de algumas ilhas desoladas ainda em poder dos britânicos, "os soldados da Inglaterra foram sacrificados, seu tesouro esbanjado, sua influência na Europa enfraquecida, o seu braço travado e paralisado por seis anos fatídicos"[17].

Fortescue parece não se dar conta de que Pitt e Dundas estavam disputando a melhor colônia do mundo e um rico mercado para um comércio escravagista que, de outro modo não seria lucrativo.

Fortescue culpa tudo e todos: Pitt e Dundas pela incompetência, o clima, a febre. A febre matou mais homens do que os mulatos e os negros; mas podemos ver como eram poucos os recursos com os quais Toussaint lutava e como eram tantas as intrigas internas contra as quais lutava. São Domingos não foi o primeiro lugar no qual os invasores europeus se depararam com a febre. Foi o decreto da abolição, a bravura dos negros e a capacidade dos seus líderes que causaram o que aconteceu. O grande gesto do povo trabalhador

15 Portland a Balcarres, 6 de janeiro de 1799. *Public Record Office*, C. O. 137/101.

16 FORTESCUE, *History of the British Army*, v. IV, parte 1, p. 565.

17 *Ibid.*, p. 565.

francês para com os escravos negros, contrariando sua própria classe governante branca, ajudou a salvar a Revolução da Europa reacionária. Contida por Toussaint e seus recrutas inexperientes, que cantavam a "Marselhesa" e a "Ça ira", a Grã-Bretanha, o país mais poderoso da Europa, não pôde atacar a Revolução na França. "O segredo da impotência da Inglaterra nos seis primeiros anos de guerra pode-se dizer que foram aquelas duas palavras fatais: São Domingos."[18]

Hédouville sabia disso tudo melhor do que ninguém, mas para ele a expulsão dos britânicos era apenas outra boa razão para que se livrassem de Toussaint imediatamente. A França desejava que a sua autoridade fosse restaurada na colônia. Tratava-se de política e na política não existe gratidão. Mas Toussaint era um negro que tinha sido escravo e, agora que havia reconquistado a colônia para eles, Hédouville e o seu comando não apenas intrigavam contra esse negro, mas o insultavam grosseiramente. Toussaint, muitas vezes, usava um lenço amarrado na cabeça, e alguns desse comando gabavam-se de que quatro homens poderiam entrar no acampamento para capturar o velho macaco de lenço na cabeça. Não apenas Toussaint ouviu isso, mas gradualmente foi-se espalhando entre a massa negra que o agente e seus auxiliares eram hostis a Toussaint, e quem fosse hostil a Toussaint também seria hostil aos negros. Mas é curioso, e característico de Toussaint, que o objeto das brigas mais ferozes eram os emigrados brancos, com Toussaint, um antigo escravo, tomando o seu partido, e Hédouville, um antigo nobre, atacando Toussaint por protegê-los.

Roume também recomendava a reconciliação com os emigrados, mas aconselhou ao Diretório investigar cuidadosamente todos os fazendeiros e permitir que apenas aqueles que houvessem perdido seus antigos preconceitos pudessem voltar à colônia. Mas Toussaint chamava de volta todos os que jurassem fidelidade. Talvez ele sentisse que, além dos valiosos conhecimentos e da educação que tinham, eles deixariam de intrigar e conspirar pelo restabelecimento da escravidão se pudessem voltar e ter a possibilidade de usufruir das suas propriedades. Ele precisava deles, mais do que nunca, para contrabalançar o poder dos mulatos. Alguns desses emigrados, que comandaram tropas negras a soldo dos britânicos, haviam sido excluídos da anistia original. Mas Toussaint sabia que as plantações de São Domingos precisavam

18 *Ibid.*, p. 325.

daqueles negros; sabia também que Maitland iria levá-los diretamente para a Jamaica, onde seriam escravizados. Maitland estava preparado para fazer um acordo por eles, se seus oficiais também fossem aceitos, e Toussaint concordou. Hédouville acusou-o de proteger os inimigos da República. Toussaint recorreu à anistia autorizada por ele e às circunstâncias especiais daqueles oficiais emigrados.

Toussaint, católico sincero, havia perdoado alguns emigrados que juraram fidelidade após um serviço religioso. Hédouville acusou-o de quebrar a lei republicana que proibia associações oficiais com a Igreja. Como as brigas eram contínuas, Toussaint demitiu-se de seu cargo de comandante-chefe.

Podemos julgar quais seriam os seus sentimentos por uma carta que ele enviou a Hédouville, depois que este recusou-se a fazer um pronunciamento sobre a demissão. Essa é, talvez com uma exceção, a carta mais assombrosa de toda a enorme e surpreendente correspondência desse antigo escravo inculto, que, até a idade de 45 anos, isto é, seis anos antes, provavelmente nunca recebera e muito menos escrevera alguma carta.

"Não havia necessidade de citar-me vossas instruções para que eu me lembrasse do vosso valor e da vossa dignidade. Para mim, seria suficiente saber que fostes enviado pela França para que eu vos venerasse. Se respeito tanto o Diretório, do qual sois o agente, por que não vos respeitaria em pessoa e almejaria a vossa aprovação? As provas de confiança com que o Diretório me honrou são preciosas demais para que eu não tenha as vossas no mesmo grau. Mas é porque esses sentimentos estão profundamente gravados no meu coração, e é porque a vossa estima e a vossa confiança são infinitamente preciosas para mim, que, infinitamente alarmado pelo medo de perdê-las, acho necessário revelar-vos meu desespero. Fiel aos meus deveres e aos meus princípios, posso atribuir a má fortuna apenas às pérfidas manobras dos intrigantes contra mim, pessoalmente, e contra a paz e a ordem. (...) Se pedi permissão para me retirar, é porque, tendo servido ao meu país honradamente, tendo-o arrebatado das mãos de inimigos poderosos que lutavam pela sua posse, tendo extinguido o fogo da guerra intestina que por longo tempo o castigou, tendo há muito esquecido uma família querida para a qual me tornei um estranho, tendo negligenciado os meus próprios interesses, sacrificado o meu tempo e os meus anos ao triunfo da liberdade, desejo agora resguardar a minha velhice de um insulto que envergonharia os meus filhos. Sentiria essa vergonha ainda mais sabendo que não a merecia, e certamente não sobreviveria a ela. Não vos escondo que, como parece estardes adiando indefinidamente a concordância ao meu pedido, fá-lo-ei diretamente ao Diretório. Os homens, em geral, são tão inclinados a invejar a glória dos outros e tão ciumentos do bem que eles mesmos não conseguiram que um homem muitas vezes granjeia inimigos pelo simples fato de haver prestado bons serviços. A Revolução Francesa mostrou muitos exemplos dessa terrível verdade. Muitos grandes homens expiaram no exílio ou no patíbulo os serviços que prestaram ao seu país e seria imprudente da minha parte ficar por mais tempo exposto aos dardos da calúnia e da malevolência.

"Uma retirada honrosa e pacífica para o seio da minha família é a minha única ambição. Lá, como no comando dos meus exércitos, estarei sempre pronto para dar um bom exemplo e oferecer os melhores conselhos. Mas aprendi tanto sobre o coração do homem que ora tenho a certeza de que apenas no seio da minha família encontrarei a felicidade."

Essas palavras certamente vinham do coração. Como Vaublanc e os outros estavam nas Guianas, ele não temia a escravidão imediatamente. Percebia que Hédouville poderia dispensá-lo. Resistir significaria uma guerra civil, também contra Rigaud. "A minha conduta, já há algum tempo, principalmente desde a vossa entrevista com o general Rigaud, tem sido uma contínua infração à lei." E, em vez de enfrentar uma guerra civil simplesmente por causa da sua posição pessoal, ele preferia se retirar. Hédouville vinha insistindo em lhe mostrar que, embora fosse comandante-chefe, estava subordinado ao agente. "Conheço vossos poderes", escreveu Toussaint, "é por isso que dirigi a vós a minha demissão e, caso não os conhecesse, vós mos teríeis mostrado, ao lembrar-me incessantemente de que podeis demitir-me, o que me faz pensar que é o vosso ardente desejo fazê-lo."

Não era um blefe. Enviou um secretário ao Diretório para acertar os termos de sua aposentadoria. Os ingleses haviam saído de São Domingos há menos de seis meses. Toussaint iria até o fim, mas, mesmo então, como revela a carta, ele não estava pensando, de forma alguma, na independência da colônia. Ele iria se aposentar. Mas, se qualquer tentativa fosse feita para se atingir a liberdade para todos, ele estaria presente.

Foram as massas de São Domingos que o salvaram. Hédouville estava fazendo os acertos com o Diretório para substituí-lo e os três generais negros, colocando três generais brancos em seus lugares[19], mas não se atreveu a concluí-los, tão grande era a intranquilidade no país e no Exército. Hédouville tentou introduzir um sistema de treinamento para os trabalhadores negros

19 SANNON, *Histoire de Toussaint-L'Ouverture*, v. II, p. 116-7.

junto aos proprietários, por períodos de seis e nove anos, uma estupidez que os britânicos iriam repetir, com estrondoso fracasso, depois da emancipação dos escravos em suas próprias colônias, em 1833. Os negros o aceitariam de Toussaint ou Sonthonax, mas não de Hédouville. Apesar dos pedidos urgentes de Toussaint, o exército não havia sido pago e ressentia-se desse descaso e dos ataques ao seu general. O receio pela liberdade dos negros começou a crescer. Hédouville alegava que Toussaint e os generais estavam espalhando calúnias contra ele entre os trabalhadores. Queria que, como bons cidadãos franceses, ficassem quietos enquanto ele, agora que não tinha mais necessidade deles, preparava a sua demissão para novamente colocar os negros nos seus devidos lugares.

O descontentamento crescia. Hédouville começou a perceber em que posição ficaria sem Toussaint e pediu-lhe que endereçasse uma circular aos comandantes dos distritos para acalmar os negros e demovê-los da sua alegada intenção de revoltar-se e massacrar os brancos. Toussaint repudiou essa calúnia lançada contra o caráter dos trabalhadores e, enquanto endereçava a circular requerida, ele se dissociava da ideia de que os negros estavam apenas aguardando uma oportunidade para massacrar os brancos. Hédouville agora tentava recobrar o terreno perdido junto a Toussaint. Negociava por meio de amigos. Toussaint respondia da mesma forma, mas conservava o distanciamento.

Hédouville desejava restabelecer a autoridade civil como força controladora e naturalmente estava em conflito imediato com os generais de Toussaint. Este havia feito debandar parte das tropas. Elas voltaram ao trabalho de boa vontade, mas Hédouville estava dispensando as tropas negras e confiando a defesa da costa apenas às tropas brancas. Os negros viam isso com muita desconfiança. Hédouville não era Laveaux nem Sonthonax. Os negros não se impressionavam com nada que ele tivesse feito na Vendeia. Repreendeu Moïse com aspereza, injustamente; Moïse retrucou da mesma forma. O país estava tenso e qualquer incidente poderia causar uma insurreição. Toussaint não iria a Le Cap. Disse a Hédouville que fora informado de que não estaria em segurança lá. Hédouville pediu-lhe que fosse a Fort Liberté, onde Moïse estava aquartelado, para acalmar a inquietação. Toussaint arrumou uma desculpa para se demorar. Se Hédouville queria governar, que governasse.

Subitamente, uma rixa pessoal irrompeu na guarnição de Fort Liberté, enquanto Moïse, que era o comandante, estava ausente. Os soldados, representando os trabalhadores, entraram em conflito com a Municipalidade, que era constituída principalmente de mulatos e de velhos negros livres. Uma palavra de Toussaint teria restabelecido a ordem. Em vez disso, Hédouville enviou outro negro, Manginat, com autoridade para depor Moïse e assumir o comando. Perante a lei, por certo Hédouville tinha autoridade para demitir Moïse. Mas essa ação não era apenas injustificada, era estúpida, pois Moïse era, depois de Toussaint, o homem mais popular no Exército, e também sobrinho de Toussaint.

Moïse, retornando ao forte, encontrou Manginat proclamando a sua nova autoridade:

– Tu não sabes guerrear como eu, cidadão Manginat! disse ele. – Toma cuidado.

Mas Manginat, com a autorização de Hédouville, insistiu nos seus direitos. A Guarda Nacional e um destacamento das tropas europeias abriram fogo; um dos irmãos de Moïse foi morto, outro capturado e o próprio Moïse teve de fugir para salvar a pele. Tão logo Hédouville soube disso, demitiu Moïse do serviço e ordenou que fosse capturado, vivo ou morto. Quando Toussaint soube que Hédouville havia dispensado Moïse, deu ordens a Dessalines para marchar contra Le Cap e prender Hédouville.

Toussaint havia dado muita corda ao agente, e Hédouville se enforcou sozinho. No começo, manteve uma aparência de arrogância, mas Moïse reuniu os trabalhadores negros da planície e, quando Hédouville sentiu o nó apertar-lhe o pescoço, enviou a Toussaint o coronel Vincent e um padre para pôr fim à desavença. Mas Toussaint já havia se decidido e agiu com suas costumeiras rapidez e decisão. Apesar de toda a intimidade que tinha com Vincent, mandou prendê-lo. Ordenou que um destacamento interceptasse três oficiais de Hédouville, que serviam sob o comando de Rigaud e traziam cartas. Tentaram resistir e foram mortos. Toussaint então marchou sobre Le Cap. Hédouville não esperou por ele. As tropas de Dessalines já estavam chegando aos arredores da cidade. Hédouville lançou uma proclamação denunciando Toussaint como traidor e fugiu para bordo de um navio que estava no porto. Toussaint, ao chegar a Le Cap, solicitou que Hédouville desembarcasse, mas este recusou-se e partiu para a França, com cerca de mil oficiais, entre brancos, mulatos e negros que eram livres anteriormente, os quais detestavam Toussaint e seus generais que eram escravos anteriormente. A Municipalidade e os que eram cidadãos apressaram-se a dar as boas-vindas a Toussaint e a agradecer-lhe por restaurar a ordem.

O Rubicão[20] havia sido atravessado e, no dia seguinte, em um discurso público em Fort Liberté, Toussaint ousadamente afirmou a sua própria autoridade.

"No preciso momento em que expulso os ingleses da colônia (...) Hédouville escolhe um negro para destruir o bravo general Moïse e o quinto regimento, que tanto contribuíram para a expulsão de nossos inimigos da colônia. São eles que vós queríeis matar. E, se os matásseis, não percebeis que há milhares de negros corajosos que teriam executado a vingança por esse bravo general Moïse e pelo quinto regimento; não vedes que estaríeis expondo todos esses infelizes europeus e suas esposas e seus filhos ao massacre? (...) O que diria a França? (...)

"Eu reintegro Moïse em suas funções anteriores. (...) Aqueles que vivem pela espada morrem pela espada. (...) Hédouville diz que sou contra a liberdade, que desejo render-me aos ingleses, que desejo tornar-me independente. Quem ama mais a liberdade, Toussaint L'Ouverture, escravo de Bréda, ou o general Hédouville, antigo marquês e cavaleiro da Ordem de São Luís? Se eu desejasse me render aos ingleses por que os expulsaria? (...) Lembrai-vos de que existe apenas um Toussaint L'Ouverture em São Domingos e que, à menção do seu nome, todos devem tremer!"

Esse era o novo Toussaint. Ele não desejava romper com a França, mas Hédouville, representante da França, havia dado origem apenas à intranquilidade e a desordens. Daí por diante, ele governaria. Aquela noite ele jantou com Moïse e, num longo monólogo, expressou tudo o que sentia. Foi uma das poucas ocasiões nas quais podemos vislumbrar o que se passava em sua mente.

– Hédouville espalhou que está voltando à França para reunir forças para retornar. (...) Eu não quero lutar contra a França; salvei este país para ela até agora, mas se me atacar eu me defenderei. O general Hédouville não sabe que nas montanhas da Jamaica há negros que forçaram os ingleses a assinar tratados com eles? Bem, eu sou negro como eles, sei como fazer a guerra e, além disso, tenho algumas vantagens que eles não têm, pois posso contar com assistência e proteção!

20 Quando Júlio César regressava da campanha na qual conquistara toda a Gália, recebeu ordens do Senado de desmobilizar o seu exército e voltar a Roma. Não acatou a ordem e, ao atravessar o rio Rubicão, a caminho da cidade, proferiu as célebres palavras: *Alea jacta est* ("A sorte está lançada!"). E, após derrotar Pompeu, recebeu o *Imperium* ou poder supremo. (N. do T.)

Toussaint apontava claramente os britânicos. Mas, embora soubesse que os ingleses agarrariam qualquer oportunidade de se aliar a ele, ele apenas formaria essa aliança se a França o atacasse.

– Finalmente, disse a Moïse e aos outros –, fiz o que devia ter feito. Não tenho nada do que me arrepender. Dou risada de tudo o que Hédouville disser e ele pode vir quando bem entender!

Há aí a mesma nota da responsabilidade pessoal de quando Sonthonax foi embarcado. Ele agia sozinho, tomando suas decisões sem o conselho ou a assistência de ninguém, e seus oficiais, soldados e trabalhadores o seguiam cegamente.

O que ele tencionava? Ele não sabia. Sua mente poderosa, sem a ajuda do exemplo ou da educação, estava vagarosamente elaborando um relacionamento satisfatório com a França, no qual a ligação seria mantida com benefícios para ambos e, ainda assim, ele governaria de forma a que todos esses comissários, agentes e outros não pudessem governar. Ele logo encontraria essa solução. Mas, enquanto isso, enviou Vincent a Roume, em São Domingos, pedindo-lhe que assumisse a posição deixada vaga por Hédouville, até que chegassem instruções de Paris. Mas Roume já era comissário. Quando Hédouville deixou a França, o Diretório estava tão incerto quanto à sua recepção e o seu futuro destino que um membro de sua equipe foi incumbido com um pacote selado que só poderia ser aberto no caso de sua morte ou ausência forçada da ilha. Quando esse pacote foi aberto, continha a indicação de Roume. Dessa forma, Roume foi instalado como sucessor de Hédouville. O fiel Vincent, que aprovou totalmente a expulsão de Hédouville, foi enviado a Paris para apresentar os despachos e explicações de Toussaint[21]. Em seu relatório, Toussaint acusou Hédouville de servir aos interesses do partido que havia sido derrotado em 18 de Frutidor. Várias vezes, ele se referiu a esse golpe de Estado. As maquinações de Vaublanc e dos emigrados perseguiam a ele e aos trabalhadores negros de São Domingos.

Naturalmente, Hédouville chegou a Paris antes de Vincent.

Por meio dele, o Diretório soube[22] que a colônia tinha sido praticamente perdida pela França e que só havia uma forma de salvá-la:

"A exportação de açúcar e café pelos barcos ingleses e americanos fará o dinheiro correr na colônia e ele [Toussaint] não deixará de atribuir esse estado

---

21 *Les Archives Nationales*, A.F. III, 210.

22 Relatório de Frimário, ano VII, *Les Archives Nationales*, A. F. III, 210.

de coisas à sabedoria do seu Governo[23]. Estou convencido de que, cedo ou tarde, essa preciosa ilha escapará à dominação francesa. Não desejo propor as medidas que tomareis para enfraquecer o poder daqueles que a dominam, mas, se ainda não chegou o momento para medidas vigorosas, talvez vos pareça importante criar os germes da divisão entre eles, incrementar o ódio existente entre mulatos e negros e opor Rigaud a Toussaint. Não tenho meios para garantir a pureza das intenções do primeiro, mas, por uma questão de justiça, posso assegurar que só tenho elogios à sua conduta. Vós tereis as provas na sua correspondência. Se eu pudesse ter contado totalmente com ele, não teria hesitado em ir ao Sul, apesar da incerteza de que a viagem para lá não tivesse sido interrompida pelos britânicos. (...)".

Embora o ressentimento racial ainda existisse, não havia hostilidade entre Toussaint e Rigaud. As próprias palavras de Hédouville mostravam que ele havia criado deliberadamente tal rivalidade e que, mesmo agora, ainda não estava bem certo quanto a Rigaud. Antes de expor o plano perante o Diretório, ele havia agido; escrevera uma carta a Rigaud desobrigando-o de toda obediência a Toussaint e autorizando-o a tomar posse dos distritos de Léogane e Jacmel, incorporados ao Sul por um decreto anterior, ainda sem efeito. Seria o suficiente, esperava ele, para iniciar a conflagração e mantê-la em andamento até que a França estivesse pronta para agir. Hédouville e seus superiores pertenciam à mesma casta de Maitland e os seus. Sem nenhum embaraço, chafurdavam com gozo na imundície e no lodo de suas concepções e necessidades políticas. Embora convivessem com os verdadeiros líderes da sua sociedade, representavam a escória da civilização humana e dos padrões morais. Um historiador que encontra desculpas para tal conduta no suposto espírito dos tempos, por omissão ou por silêncio, mostra, dessa forma, que a sua versão dos acontecimentos não deve merecer confiança. Hédouville, afinal, era um produto da grande Revolução Francesa. Voltaire e Rousseau eram termos familiares e morreram antes de a Revolução começar. Jefferson, Cobbett, Tom Paine, Clarkson e Wilberforce já haviam hasteado as bandeiras e levavam vidas que, conforme Maitland e os da sua laia, faziam deles inimigos subversivos da sociedade. Eles tinham as suas razões. Assim como a têm os seus equivalentes de hoje. Enchem nossos jornais e rádios. Esse tipo está em toda a parte, como também estão aqueles que o defendem.

23 Por que não? (C. L. R. J.)

X
TOUSSAINT TOMA O PODER

Toussaint, em seus doze anos de política, nacional e internacional, cometeu apenas um engano sério, o qual encerrou a sua carreira. Percebia logo as necessidades estratégicas e jamais hesitava em executar qualquer política exigida por elas. Agora que ele havia dispensado Hédouville, representante oficial do Governo francês e reconhecidamente seu superior, percebeu que tinha de aniquilar o Estado mulato de Rigaud. O grande perigo seria uma expedição francesa, e era suicídio permitir que Rigaud e seus mulatos permanecessem no controle do Sul e do lado ocidental. Eles certamente dariam as boas-vindas a uma força francesa e provocariam a ruína do Estado negro.

É fácil prejulgar Rigaud. Para ele, a França ainda era a pátria-mãe, que tornara os mulatos e negros homens livres. "Aflijo-me ao ver isto, o golpe mais cruel jamais desfechado contra nós em São Domingos, que retornou à vida pela estrada da Revolução. O Diretório verá sua autoridade anulada nesta colônia. Toda a França acreditará que desejamos *nos tornar independentes*[1], como uma turba de tolos já afirma e acredita."

Rigaud enviou seu pedido de demissão a Toussaint. Caso fosse aceito, ele seria inevitavelmente sucedido por Beauvais, e este, com Toussaint e Roume, poderiam talvez tornar a unidade uma certeza. Rigaud suplicou: "Ele [Roume] sem dúvida vos consultará quanto à escolha do meu sucessor. Devo vos assegurar mais uma vez, cidadão general, da minha fidelidade à França e do meu respeito e imaculada estima pela vossa pessoa". Que desperdício! Que desperdício toda aquela bravura, devoção e sentimentos nobres dedicados a burgueses corruptos e rapaces! Burgueses que ainda eram, aos olhos do desorientado Rigaud, os porta-estandartes da liberdade e igualdade.

Roume recusou-se a aceitar a demissão de Rigaud e, dessa forma, a guerra civil seria inevitável. Com a correspondência que continha a indicação de

1 A ênfase é de Rigaud.

Roume, chegaram dois outros maços de cartas. O que eles continham? Não sabemos. Mas podem ter sido instruções para manter as duas partes separadas a qualquer custo. Roume não queria a guerra, mas agiu como se a sua função fosse evitar que chegassem a um entendimento.

O esforço de Rigaud, que pretendia aposentar-se na França, e o tom de suas cartas a Toussaint mostram o quanto ele se sentia inseguro. Mas o Governo francês realizou seu trabalho diabólico com muita habilidade. Hédouville chegou a sugerir que o Diretório poderia jogar sobre ele, publicamente, a culpa pela cisão para não alarmar Toussaint. O Diretório expressou o seu pesar a Toussaint, ao ver Hédouville retornar, mas aparentava manter a confiança em Toussaint. Todavia, Bruix, o ministro colonial, escreveu cordialmente a Rigaud[2]. Talleyrand, ministro das Relações Exteriores, escreveu encorajadoramente tanto a Toussaint[3] como a Rigaud[4]. Assim a França mantinha o tacho fervendo alegremente.

Maitland deixou São Domingos em novembro de 1798 e no dia 12 de dezembro saiu a seguinte notícia no *London Gazette*:

"Nenhum acontecimento na história da atual guerra foi mais interessante para a causa da humanidade, ou dos interesses permanentes da Grã-Bretanha, do que o tratado que o general Maitland fez com o general negro Toussaint a respeito da desocupação de São Domingos.

"Por esse tratado, a independência daquela valiosa ilha é reconhecida de fato e será garantida contra todos os esforços que a França possa fazer a partir de agora para reconquistá-la. A Inglaterra não apenas deixará de ter despesas com fortificações e exércitos, mas terá também a vantagem de assegurar para si a exclusividade do comércio com a ilha.

"Toussaint L'Ouverture é um negro e, no jargão da guerra, tem sido chamado de bandoleiro. Mas, segundo todos os relatos, é um negro nascido para justificar os clamores de sua espécie e mostrar que o caráter dos homens é independente da sua cor superficial. Os recentes acontecimentos em São Domingos logo chamarão a atenção do público. Parecem que eles foram calculados para agradar a todos os partidos. É um ponto importante resgatar aquela formidável ilha das garras do Diretório, pois, caso este torne a encontrar um lugar

2 4 de Ventoso, ano VII (22 de fevereiro de 1799). *Les Archives du Ministère de la Guerre*. B.7 1.

3 SANNON: *Histoire de Toussaint-L'Ouverture*, v. II, p. 148.

4 19 de Germinal, ano VIII (8 de abril). *Les Archives du Ministère de la Guerre*. B.7 1.

onde firmar os pés, passará a ameaçar incansavelmente, e talvez até a tomar de assalto, a favorita de nossas possessões nas Índias Ocidentais; e, por outro lado, é também um ponto importante, para a causa da humanidade, que um domínio negro seja de fato constituído e organizado nas Índias Ocidentais sob o comando de um chefe ou rei negro. Aquela raça negra que a cristandade para a infâmia acostumou-se a degradar. (...) Todo britânico liberal sentirá orgulho de ver o seu país promover a feliz revolução (...)."

Os britânicos, depois de terem sido expulsos da ilha em setembro, em dezembro já posavam como autores da "feliz revolução" e rejubilavam-se com a liberdade de um povo que, para não voltar à escravidão, havia custado a esses mesmos britânicos a vida de cem mil de seus homens. Além de afagar a vaidade nacional, essa notícia mentirosa seria, é claro, lida pelo Diretório. Tendo, dessa forma, colocado mais uma cunha entre Toussaint e os franceses, Maitland partiu para os Estados Unidos para negociar a divisão do comércio com aquele país.

Harcourt foi enviado antecipadamente a São Domingos, mas Toussaint não queria negociar com os britânicos de jeito nenhum. Ele interpelou Harcourt sobre a notícia que havia aparecido na imprensa. Harcourt respondeu de forma evasiva e teve a estupidez inacreditável de dizer a Toussaint que os britânicos estavam fazendo tais negociações com ele "não tanto devido a quaisquer vantagens militares ou comerciais, mas para testemunhar-lhe a satisfação pela boa-fé e pontualidade na execução dos compromissos (...)"[5].

Quando Maitland foi para os Estados Unidos, descobriu que Toussaint tinha feito seus próprios arranjos com o Governo americano. O presidente já havia autorizado um tratado comercial e indicado um representante para os negócios com São Domingos. Nenhum tipo de pessoa fez os negros sofrerem mais do que os capitalistas da Grã-Bretanha e dos Estados Unidos. Eles têm sido os mais pertinazes advogados do preconceito racial em todo o mundo. Todavia, os americanos competiam com os britânicos nos cumprimentos ao negro Toussaint e pelo comércio com São Domingos. John Hollingsworth, da John Hollingsworth & Co., escreveu a Toussaint:

"Em vós, eu deposito a mais irrestrita confiança e tenho, além disso, o prazer de acrescentar que, tanto quanto sei, essa confiança é recíproca, o que me conforta bastante, pois tenho advogado a negociação proposta com o maior empenho"[6].

---

5 Sobre essas negociações ver a correspondência de Toussaint recolhida pelos franceses. *Les Archives du Ministère de La Guerre.* B.[7] 1.

6 *Les Archives du Ministère de la Guerre.* B.[7] 1.

Quando os agentes britânicos ficaram sabendo o quanto Toussaint havia avançado em relação aos americanos, deixaram de alegar que estavam negociando apenas para agradá-lo; irritaram-se e disseram que cruzadores britânicos bloqueariam a ilha, se os seus navios não pudessem entrar nos portos nos mesmos termos dos americanos. Eis o dilema de Toussaint. A França estava em guerra com a Grã-Bretanha. Como todos os negros franceses, detestava os ingleses. Mas a economia de São Domingos estava à beira do colapso. E, embora ele tentasse evitar um tratado comercial com os inimigos da França, teve de admitir, finalmente, que navios britânicos, carregando a bandeira dos Estados Unidos ou da Espanha, entrassem nos portos de São Domingos. Roume sugeriu que Toussaint prendesse Maitland, o que teria sido fácil. Recusou e, em vez disso, leu para Maitland a carta de Roume e deu sua própria resposta indignada, repelindo aquela sugestão desprezível. Maitland ficou muito impressionado.

Toda aquela Convenção era irregular. Maitland sabia que Toussaint não tinha autoridade e Toussaint estava ciente de que não tinha nenhuma autoridade. Quando a paz fosse alcançada, todos esses problemas seriam resolvidos. Em todo caso, negociar assim com os britânicos, que na verdade estavam em guerra com a França, era algo perigoso, mas era um ato de sábia e corajosa habilidade política. Mesmo Roume, agente do Governo francês, governo que o tinha colocado numa posição muito difícil, teve de admitir que Toussaint tinha uma justificativa. O próprio Diretório aprovou o acordo feito com os Estados Unidos, no *Moniteur* de 26 de Vendemiário, ano VIII (19 de outubro de 1799)[7]. Toussaint não tentou manter segredo. Admitia abertamente que existiam cláusulas secretas na Convenção (promessas mútuas de que um não atacaria o outro), mas que essas cláusulas secretas eram necessárias para a salvação de São Domingos e não constituíam uma traição para com a França[8]. Mesmo Rigaud juntou-se ao coro dos elogios: "Embora meus inimigos, sempre prontos a me magoar, tivessem conseguido diminuir a vossa amizade por mim, nem por isso sou menos admirador do vosso talento e do vosso mérito. (...) Ofereço o tributo de louvor que vós mereceis".

Mas o comércio com os Estados Unidos não poderia ter sido arranjado sem o consentimento dos britânicos. Todavia, Rigaud nada disse a respeito disso. Toussaint, por outro lado, excluiu do acordo os portos do Sul. E mesmo antes

---

7 ARDOUIN, *Études sur l'histoire de Haiti* (Paris, 1853), v. IV, p. 46.

8 SANNON, *Histoire de Toussaint-L'Ouverture*, v. II, p. 151-2. A Convenção foi impressa na íntegra por SCHOELCHER em *Vie de Toussaint-L'Ouverture*, p. 416-9.

de ter assinado de fato com Maitland, no dia 13 de junho de 1799, mais uma vez ele tomou a ofensiva contra Rigaud.

Durante uma proclamação pública, Rigaud defendeu-se com paixão comovente das acusações de que não desejava obedecer a Toussaint por ele ser negro.

"Na verdade, se eu tivesse chegado ao estádio no qual não quisesse obedecer a um negro e se tivesse a estúpida presunção de acreditar que estou acima de tal obediência, sob quais argumentos poderia exigir a obediência dos brancos? Que triste exemplo eu estaria dando àqueles que foram colocados sob as minhas ordens? Ademais, existe mesmo tanta diferença entre a cor do comandante-chefe e a minha? Será que é uma tonalidade de cor, mais ou menos escura, que instila os princípios filosóficos ou que incute os princípios em um indivíduo? E, se um homem é de uma cor um pouco mais clara que a de outro, é necessário que aquele seja obedecido em tudo? Eu não estou querendo obedecer a um negro? Ora, pois toda a minha vida, desde o berço, tenho sido obediente a eles. O meu nascimento não é igual ao do general Toussaint? Minha mãe, quem me trouxe ao mundo, não é uma negra? Não tenho eu um irmão mais velho que é negro e pelo qual sempre tive o mais profundo respeito e ao qual sempre obedeci? Quem me transmitiu os primeiros princípios da educação? Não era negro o professor da cidade de Les Cayes? Não está claro que toda a minha vida fui acostumado a obedecer aos negros? E todos sabem que os primeiros princípios permanecem gravados eternamente nos nossos corações. Consagrei toda a minha vida à defesa dos negros. Desde o começo da Revolução enfrentei tudo pela causa da liberdade. Eu não traí os meus princípios e jamais o farei. Além disso, acredito demais nos Direitos do Homem para pensar que na natureza existe uma cor superior a outra. Reconheço em um homem apenas um homem."

Tais palavras não poderiam ter sido escritas antes de 14 de julho de 1789. Como verdadeiro filho da Revolução, Rigaud sentia-se profundamente magoado pelo fato de as pessoas pensarem que o desentendimento que tinha com Toussaint era devido à cor deste. Toussaint também foi enfático e, embora acusasse a classe dos mulatos de conspirar contra ele, desdenhava a acusação de odiar os mulatos mostrando o grande número de mulatos que lutavam no seu exército e contra Rigaud.

"Sem dúvida, as suscetibilidades, os ciúmes nascidos das diferenças de cor, manifestam-se algumas vezes num grau excessivo, mas as exigências do serviço e a severa disciplina, mais do que nunca, fundiram as três cores nas fileiras do exército. O mesmo estado de coisas existia na administração civil e essa foi uma das consequências mais felizes da igualdade política consagrada pelos princípios da Revolução. A rivalidade de cores não era então a causa inicial do conflito que estava começando. Ela o complicou e a diferença de raça tornou-se um dos seus elementos, quando muitos oficiais de cor, em diversas partes do país, ficaram ao lado de Rigaud e Toussaint teve de tratá-los como traidores."[9]

Essa é a opinião do sr. Pauléus Sannon, ele próprio haitiano, e ninguém escreveu com mais sabedoria e profundidade sobre a revolução de São Domingos e Toussaint L'Ouverture. Ele também vê com muita clareza que os mulatos são uma classe intermediária típica, com toda a instabilidade política que lhe é peculiar.

"Sempre houve também uma maior tradição política entre os homens de cor, bem como uma disposição peculiar, notada com frequência, que tendia a deixá-los particularmente suscetíveis a todas as esperanças e ansiedades que derivavam dos acontecimentos públicos. É essa atitude mental em assumir todas as tendências da guerra de cores que causou a luta entre os chefes militares."

E ele conclui: "Toussaint L'Ouverture não detestava os mulatos mais do que Rigaud odiava os negros. E, se cada qual mal se defendia dos sentimentos contrários que atribuíam ao outro a esse respeito, era porque precisavam ambos da força unida de um partido num conflito em que os partidos se confundiam com as classes e as classes com as cores".

Toussaint, por um momento, parecia disposto a conquistar Beauvais para o seu lado e, por meio dele, aglutinar a colônia. Publicou uma proclamação atacando Rigaud e elogiando Beauvais. Este, devido à amabilidade de caráter que o tornava querido por todos, teve um papel deplorável nessa crise. Caso ele tivesse se declarado audaciosamente a favor de Toussaint, Rigaud mal teria podido lutar, tais eram a sua influência e a importância estratégica do seu comando. Caso ele se declarasse a favor de Rigaud, Toussaint estaria em sério perigo. Mas tão tênue era a amargura devido às classes e aos sentimentos relativos à cor no início da luta, que Beauvais, um mulato entre

---

9 *Histoire de Toussaint-L'Ouverture*, v. II, p. 140.

os mulatos, não conseguia se decidir. Finalmente, desistiu do comando e viajou para a França, honesto até o fim e incapaz de tomar partido naquela guerra fratricida, maliciosamente iniciada pelos eternos inimigos da paz em São Domingos.

Rigaud atacou primeiro em Petit-Gôave. Mas esse refinado soldado, tão brilhante contra os ingleses, audacioso, tenaz e cuidadoso ao mesmo tempo, estava no seu pior momento nessa campanha crucial.

Enquanto Rigaud hesitava e olhava para a França, Toussaint nada esperava dela. Enviando Dessalines para o Sul, viajou para o Norte para esmagar as revoltas. Os negros livres do Norte estavam se revoltando a favor de Rigaud, e até mesmo Pierre Michel, antigo escravo, juntou-se à revolta contra Toussaint e acabou sendo executado. Diante da velocidade dos movimentos de Toussaint e da execução implacável dos traidores, os rebeldes acovardaram-se. "Punam, até mesmo com a morte, aqueles que tentarem fazer o menor movimento."

Apesar da vacilação de Rigaud, o Sul dos mulatos lutou magnificamente no princípio. Todo o seu orgulho foi despertado e a sua amargura pode ser compreendida. Havia o velho ódio entre mulatos e negros. Toussaint havia tentado diminuí-lo, mas ele ainda persistia. Os irmãos Rigaud e outros líderes mulatos tinham um grande histórico de sucessos militares e administrativos, desde os primeiros dias da revolução. As vitórias de Rigaud contra os britânicos eram quase tão importantes quanto as de Toussaint. O moral da população mulata era elevado: quando as cidades eram sitiadas pelos ingleses, as mulheres corriam ao longo das fortificações auxiliando os homens, com o destemor e o desprendimento que revelavam a sua disposição revolucionária. Todos os mulatos eram devotados à República. Rigaud havia executado sem piedade os mulatos traidores, apesar de as mulheres mulatas haverem pedido de joelhos que eles fossem poupados. Ele havia deportado os brancos emigrados. Eles acreditavam que Toussaint, enganado pelos antigos brancos e vendido aos ingleses, contra quem eles haviam derramado tanto sangue, era ao mesmo tempo um traidor da República e um tirano procurando estabelecer uma dominação negra. Eles lutavam como tigres.

A guerra, finalmente, dependia do destino de Jacmel, bloqueada por terra e por mar. Durante cinco meses, Jacmel resistiu sob o comando de Pétion, oficial excepcionalmente capaz que havia desertado das tropas de Toussaint. Os sitiados comiam os cavalos, os cães, os gatos, os ratos, couro velho, a grama das ruas, até que não havia mais nada para comerem.

Rigaud, estranhamente inativo, lutou irresolutamente, esperando pela França. Finalmente Jacmel não conseguiu resistir mais. A guarnição faminta cortou caminho através dos homens de Dessalines e a vitória final de Toussaint parecia mais perto.

Bonaparte, vitorioso nas lutas internas da burguesia que buscava o poder, ainda estava muito ocupado na Europa para se preocupar com São Domingos. Mas Hédouville assegurou-lhe que Toussaint estava vendido aos ingleses. A conversa de Toussaint com Moïse havia sido transcrita pelo secretário branco de Moïse[10] e enviada à França. O relatório de Vincent[11], todavia, era inteiramente favorável a Toussaint. Isso não alterou os planos de Bonaparte, mas Toussaint tinha que ser agradado por enquanto. Bonaparte indicou uma nova Comissão, composta por Vincent, Raimond e o general Michel, para promover a paz entre os dois combatentes. Bonaparte soube por Vincent que Toussaint era o protetor dos europeus e, o que era mais importante, o homem mais poderoso da colônia. Ele confirmou Toussaint em seus postos de comandante-chefe e de Governador, mas evitou cuidadosamente tomar qualquer partido na disputa. Não escreveu diretamente a Toussaint, mas dirigiu uma carta dos cônsules aos cidadãos de São Domingos, assegurando-lhes a sua liberdade, mas notificando-os de que, pela nova Constituição que ele havia outorgado aos franceses, as colônias não poderiam mais ser representadas no Parlamento francês, mas seriam governadas por "leis especiais". Solicitou que, nas bandeiras do Exército, fossem incluídas inscrições dizendo-lhes que eles deviam a sua liberdade à França.

Quando Vincent desembarcou em São Domingos, os ressentimentos raciais estavam em alta. Por toda a colônia, os negros e mulatos diziam que a guerra civil havia sido ateada pelos brancos, para enfraquecer os dois lados e restaurar a escravidão[12]. Os brancos haviam tomado o partido de Toussaint, mas não ficaram satisfeitos quando ele os convocou para o Exército e fez com que marchassem e lutassem contra Rigaud. Mas os trabalhadores negros estavam saturados dos comissários da França e afirmaram que não queriam que os brancos os governassem; que seriam governados por Toussaint. Moïse, que

---

10 SANNON, *Histoire de Toussaint-L'Ouverture*, v. II. Ver notas 4 e 10, no capítulo V.

11 *Précis sur l'état actuel de la colonie de Saint-Domingue. Les Archives Nationales.* A. F. III, 1187.

12 *Précis de mon voyage à Saint-Domingue*, 20 de Pluvioso, ano X, *Les Archives Nationales*, A. F. IV, 1212.

não gostava de Vincent, prendeu-o, e Vincent sofreu muitas privações e quase foi executado pelos guardas. Toussaint pediu desculpas a Vincent, mas a sua prisão dificilmente teria acontecido sem ordem dele, embora as humilhações se devessem provavelmente a sentimentos raciais espontâneos.

Toussaint estava satisfeito por ter seu posto de comandante-chefe confirmado pelo novo regime. Na guerra de proclamações entre ele e Rigaud, isso era um argumento irretorquível contra a acusação de que seria traidor da França. Entretanto os termos vagos da carta confirmavam suas piores suspeitas. Quais seriam essas "leis especiais"? Por que Napoleão não havia escrito a ele pessoalmente? Ele se recusou a fazer a inscrição na faixa.

Mas a guerra vinha em primeiro lugar. Os habitantes do Sul estavam cansados da luta. Toussaint disse que alguém deveria ir até Rigaud e perguntou a Vincent se ele se atreveria. Mas, quando Vincent concordou, Toussaint ficou embaraçado. Ele temia uma armadilha. Foi naquela visita que Vincent notou pela primeira vez que a sua presença desagradava Toussaint[13].

Mas Vincent foi até Rigaud. O governante do Sul, por tantos anos inferior apenas a Toussaint na história de São Domingos, estava muito perturbado. Durante a entrevista, o ódio a Toussaint sobrepujou a razão e ele parecia prestes a cometer o suicídio. Como a França pôde confirmar o traidor Toussaint no comando? Ele continuaria a resistir. Mas Rigaud não contava mais com a confiança dos seus seguidores. Vincent não era apenas o enviado de Toussaint, era representante da França, e a população saudou a sua vinda. Por que deveriam eles continuar lutando? Por que, afinal, começaram a lutar? Mesmo durante a trégua negociada por Vincent, os habitantes de St. Louis receberam Dessalines e seus oficiais e lhes ofereceram um jantar. A certa altura, Vincent temeu pela sua vida, tão violentos eram a raiva e o desespero do enganado e decepcionado Rigaud. Rigaud planejava explodir Cavaillon, capital oficial do Sul, mas o capitão da tropa recusou-se a permitir que isso fosse levado a termo. Percebendo finalmente que tudo estava terminado, o infeliz Rigaud partiu para a França, recusando-se a encontrar Toussaint. Ele sofreu um naufrágio e chegou a Paris apenas no dia 7 de abril de 1801. Solicitou uma entrevista com Bonaparte, o qual ouviu em silêncio o seu longo discurso e depois respondeu:

– General, eu vos culpo por uma coisa apenas: não terdes sido vitorioso!

---

13 *Précis de mon voyage...*

Nos anos da história de São Domingos como Estado independente, seus mulatos e negros lutaram incessantemente num conflito de classes, algumas vezes chegando à guerra civil, como é comum em todas as sociedades, quer sejam homogêneas na cor ou não. Mas, ao primeiro sinal de invasão estrangeira, eles sempre apresentaram ao inimigo uma frente sólida. Essa lição tiveram de aprendê-la pela dura experiência. Mas jamais houve uma oportunidade tão factível para uma negociação viável como no início de sua história sob homens como Toussaint e Rigaud. Entre eles existiu admiração e compreensão mútuas, até a chegada de Hédouville à ilha. O papel de Hédouville não nos concerne. O erro fatal foi de Rigaud. Ele não pôde enxergar tão longe quanto Toussaint, quando este, polida mas firmemente, recusou-se a ser uma mosca na teia da aranha de Maitland.

Com a vitória atingida por volta de agosto de 1800, Toussaint havia resolvido o seu problema apenas em parte. Até então, ele havia se distinguido pela humanidade com que tratava os oponentes vencidos e pela política conciliatória para com os inimigos, mesmo os emigrados brancos, que toda a São Domingos republicana odiava e dos quais desconfiava. Mas as guarnições oficiais do Sul compunham-se principalmente de mulatos. Deixá-los como estavam, depois da amargura da guerra civil, significava que, se uma expedição da França desembarcasse, seria bem recebida, mais ainda do que sob Rigaud. Setecentos dos seus melhores soldados deixaram o Sul e foram para Cuba, para não servir a Toussaint. Ele pediu a Clairveaux, um dos seus comandantes mulatos, para governar o Sul. Era uma concessão aos sentimentos dos mulatos, mas Clairveaux recusou. Dessa forma, a tarefa da pacificação coube, infelizmente, a Dessalines[14].

Toussaint não confiscou propriedades, nem mesmo daqueles que seguiram Rigaud e abandonaram a colônia. Um quarto dos rendimentos dessas plantações ele deu aos trabalhadores, metade recolheu ao Tesouro público e o quarto restante foi guardado para os proprietários. As mulatas haviam conspirado contra ele, mas mesmo durante a guerra afirmou que jamais combateria mulheres e que não daria muita atenção à "tagarelice" delas. Se fossem consideradas culpadas, ele apenas as prenderia e cuidaria para que nada de mau lhes acontecesse. Durante todas as privações da guerra e

14 Ele era comandante da Província Ocidental, mas o Sul estava subordinado a ele.

imediatamente depois, tratou-as com cuidado especial. Mas ele não poderia confiar no exército montado por Rigaud, que era tão leal a este quanto o seu lhe era fiel. Por isso, ordenou a Dessalines que expurgasse as tropas, apesar da anistia. Trezentos prisioneiros foram executados em Léogane e cinquenta outros em Port-Républicain, quase todos oficiais. Toussaint tinha de pôr um fim nisso.

– Eu disse para podar a árvore e não para cortá-la!

Considerando-se as circunstâncias, ele havia sido particularmente humanitário.[15] Mas a população do Sul havia feito a paz acreditando na palavra de Toussaint, a qual ele tinha a reputação de jamais quebrar. Ele havia lutado contra os britânicos e espanhóis e observava estritamente as regras da guerra. Muitos emigrados brancos, traidores de sua pátria, agora usufruíam de suas fazendas e viviam pacificamente sob a sua proteção, depois de servir durante quatro anos no exército inglês. Enquanto isso, o Sul via os irmãos Rigaud serem expulsos e os homens que haviam derramado o seu sangue contra os mesmos brancos pela República serem mortos a sangue-frio pelos soldados de Toussaint. Uma grande amargura contra Toussaint e Dessalines invadiu o coração dos mulatos do Sul. Toussaint sabia o que tinha feito e quais eram os perigos. Mas não podia fazer nada. Ele tinha que manter no Sul, a qualquer custo, um exército no qual pudesse confiar no caso do desembarque de uma expedição francesa.

O Sul estava sob controle. O perigo seguinte, do qual tinham que se defender, era a São Domingos espanhola. Bonaparte havia proibido expressamente Toussaint de anexar aquela colônia. Nesse caso, Toussaint seria dono de toda a ilha, seus recursos e suas fortificações. Mas essa era exatamente a razão pela qual Toussaint iria tomá-la. Ele não deixaria o seu flanco exposto a uma expedição francesa.

[15] Foi dito muitas vezes que Toussaint mandou massacrar milhares de mulatos. Isso é um presente para os historiadores inimigos da raça negra. Infelizmente para eles, não é verdade. Se alguma vez alguém odiou Toussaint, foi o historiador mulato Saint-Remy, que coletou todas as coisas ruins possíveis a respeito de Toussaint na biografia que escreveu. Mas o próprio Saint-Remy, que também era haitiano e escreveu em 1850, registra que "a moderação de L'Ouverture era impressionante, depois do triunfo que ele conseguiu". A cifra de dez mil mulatos assassinados, citada por Lacroix, é simplesmente um disparate. Para discussão dessa mentira muitas vezes repetida, ver SCHOELCHER, *Vie de Toussaint-L'Ouverture*, p. 268-9.

Até então, Roume havia apoiado Toussaint contra Rigaud. Mesmo quando a Comissão composta por Vincent, Raimond e Michel estava a caminho, Roume havia escrito em caráter particular a eles[16], expressando sua admiração e sua confiança em Toussaint e o receio de que o poder pudesse virar-lhe a cabeça; mas tinha convicção de que Toussaint não embarcaria na aventura louca da independência. Roume tinha instruções secretas para incitar Toussaint a investir contra a Jamaica[17]. Isso deixaria ainda mais atadas as mãos de Toussaint e provocaria um claro rompimento com os britânicos. Roume propôs isso a Toussaint, mas este, embora não se opusesse[18], não se enredaria com a Grã-Bretanha para agradar à França. Foram enviados emissários à Jamaica para estimular uma revolta, embora não esteja claro se foram enviados por Roume ou por Rigaud. Os britânicos, todavia, sentiram-se tão ofendidos que confiscaram os armamentos que Toussaint estava transportando por mar para o assédio de Jacmel. Toussaint imediatamente protestou, mas os britânicos lhe pagaram um milhão e meio de francos como compensação e as boas relações foram restauradas[19]. Toussaint estava determinado a não brigar com os britânicos, e estes estavam determinados a não brigar com Toussaint. O esquema para envolver Toussaint com a Jamaica havia falhado. O embate recaiu sobre a São Domingos espanhola.

Os espanhóis ainda estavam no controle; Roume, antes de suceder a Hédouville como comissário, era apenas uma espécie de ministro residente. Nos últimos dias de dezembro, enquanto sitiava Jacmel, Toussaint pediu a Roume que o autorizasse a anexar a colônia. Os espanhóis, dizia ele, estavam roubando os negros da parte francesa da ilha e vendendo-os como escravos. Isso era verdade, mas obviamente apenas um pretexto. Roume havia feito o possível, mas não podia continuar apoiando Toussaint, pois as ordens de Bonaparte eram rígidas. Roume tinha de se defender e, como Toussaint havia admitido representantes comerciais ingleses em São Domingos, ele lançou uma proclamação convocando-o a expulsá-los da colônia e provar que as acusações de infidelidade à França eram infundadas. Toussaint se recusou e Roume pediu permissão para voltar à França. Toussaint poderia ter

16 MICHEL, *La Mission du Général Hédouville...*, p. 139.

17 Carta de Ventoso, ano VII, *Les Archives du Ministère des Colonies.*

18 SCHOELCHER, *Vie de Toussaint-L'Ouverture.* Notas nas p. 270-1.

19 SANNON, *Histoire de Toussaint-L'Ouverture*, v. II, p. 207.

marchado sobre a São Domingos espanhola, mas tinha em alto grau aquela necessidade de todos os ditadores de legalizar seus atos mais arbitrários. Desejava a autorização de Roume. Subitamente, milhares de negros, levados a agir pelos agentes de Toussaint, principalmente por Moïse, marcharam sobre Le Cap, ameaçando pilhar a cidade se Roume não assinasse o decreto que salvaria seus irmãos da escravidão. Roume recusou-se. Durante quase duas semanas, Le Cap ficou com medo da destruição. Para tirar Vincent do caminho, Moïse o enviou para Môle São Nicolau. Os trabalhadores, embora firmes, eram disciplinados e mantiveram perfeita ordem. Finalmente Toussaint chegou e exigiu que Roume assinasse.

– Minha escolha foi feita! respondeu Roume. – A França me vingará!

– Se não assinares o decreto (...) significa o fim de todos os brancos da colônia, e eu entrarei no território espanhol a ferro e fogo! ameaçou Toussaint.

Roume assinou, mas escreveu secretamente ao Governador espanhol encorajando-o a não entregar a colônia aos agentes de Toussaint. Toussaint prendeu Roume e enviou-o a Dondon, onde, com sua esposa e duas filhas, foi mantido sob vigilância. Depois, com a autoridade oficial de Roume, ele e Moïse marcharam sobre a São Domingos espanhola. As tropas espanholas foram derrotadas e, no dia 21 de janeiro de 1800, o Governador espanhol entregou a colônia formalmente.

Toussaint utilizou seus métodos conciliatórios usuais. Indicou o mulato Clairveaux governante da província e seu irmão Paul comandante da guarnição de São Domingos. Enviou proclamações aos habitantes prometendo anistia plena, a qual foi escrupulosamente observada.

Agora, ele era senhor de toda a ilha, um território quase do tamanho da Irlanda, e isso em menos de dez anos. "Encontrei a colônia desmembrada, arruinada, assolada pelos bandidos de Jean François, pelos espanhóis e pelos ingleses, que brigavam pelos seus pedaços. Hoje, ela está livre de seus inimigos, acalmada, pacificada e avançando no rumo de sua completa reconstrução." Ele havia feito essa jactância depois da partida de Maitland. Agora, mais do que nunca, era verdade.

Mas ainda havia Bonaparte e suas "leis especiais". Antes de deixar São Domingos, escreveu a Bonaparte pedindo aprovação para o que havia feito. Acusou Roume de fazer intrigas contra ele e impedir o seu desejo de tomar posse da antiga colônia espanhola. "Tendo decidido tomar posse pela força das armas, fui obrigado, antes de avançar, a convidar o cidadão Roume a desistir de exercer os seus deveres e retirar-se para Dondon até novas ordens. (...) Ele aguarda vossas ordens. Quando quiserdes a presença dele, eu o enviarei a vós."

Isso era um desafio. Toussaint não tentou se defender: "Quaisquer que sejam as calúnias que os meus inimigos tenham achado por bem fazer contra mim, abstenho-me de me justificar; mas, embora a delicadeza me force ao silêncio, o meu dever me ordena que eu impeça Roume de fazer mais danos". Isso era mais do que um desafio e já chegava perigosamente às raias da impertinência, e Bonaparte era o último homem no mundo com quem se pudesse brincar.

Toussaint havia queimado seus navios[20]. Com visão, coragem e determinação, ele estava assentando as fundações de uma nação independente. Mas, confiando demais em seus próprios poderes, ele cometia um engano terrível. Não quanto a Bonaparte ou ao Governo francês. Em nada o seu gênio sobressaía tanto como ao recusar a confiar a liberdade dos negros às promessas do imperialismo francês ou inglês. Seu erro foi negligenciar seu próprio povo. Eles não compreendiam o que ele estava fazendo ou para onde caminhava. Ele não se dava ao trabalho de explicar. Era perigoso explicar; mas era ainda mais perigoso não explicar. O seu temperamento, fechado e retraído, levava-o a confiar no seu próprio julgamento. Assim, as massas pensavam que ele havia tomado a São Domingos espanhola para acabar com o tráfico de escravos e não como salvaguarda contra os franceses. O seu silêncio os confundiu mas não iludiu Bonaparte. Dessalines, seu destemido tenente, não tinha tais escrúpulos. Depois da guerra contra Rigaud, Dessalines disse aos seus soldados:

– A guerra que acabastes de vencer foi uma guerra pequena, mas ainda tendes pela frente duas outras maiores. Uma contra os espanhóis, que não querem abrir mão de suas terras e que insultaram o vosso bravo comandante-chefe; a outra contra a França, que tentará vos escravizar novamente, assim que acabar com os seus inimigos. Nós venceremos essas guerras!

Essa era, e ainda é, a forma de se dirigir às massas, e não foi por acaso que Dessalines, e não Toussaint, finalmente levou a ilha à independência. Toussaint, fechado em si mesmo, mergulhado na democracia, seguia o seu caminho tortuoso, confiante de que precisaria apenas falar para que as massas o seguissem.

20 Ou seja: tomou uma atitude irreversível. Em 1519, durante a submissão dos astecas, Hernán Cortés mandou queimar todos os seus navios, com exceção de um, para mostrar a seus homens que eles só poderiam seguir em frente. (N. do T.)

XI
O CÔNSUL DE ÉBANO

Enquanto durasse a guerra entre a França e a Grã-Bretanha, Toussaint estaria a salvo. Mas a paz poderia ser estabelecida a qualquer momento e com ela viriam as "leis especiais" de Bonaparte.

A colônia fora devastada por doze anos de guerra civil e contra a ofensiva estrangeira. Dos trinta mil homens brancos que havia na colônia em 1789, uma parte havia sido morta e outra emigrara, de tal forma que então restavam apenas dez mil. Dos quarenta mil mulatos e negros livres, sobravam ainda trinta mil; enquanto, dos quinhentos mil negros escravos, talvez uma terça parte tivesse perecido. As fazendas e os cultivos foram arruinados em larga escala. Por aproximadamente dez anos, a população, anteriormente já bastante corrompida, havia sido treinada nas matanças e impregnada de violência. Hordas de saqueadores vagavam pelo campo. A única força disciplinada era o Exército. E Toussaint instituiu uma ditadura militar.

A garantia decisiva da liberdade seria a prosperidade da agricultura. Era a palavra de ordem de Toussaint. O perigo residia no fato de que os negros pudessem se dedicar ao cultivo de um pequeno terreno, produzindo apenas o bastante para as suas próprias necessidades. Ele não poderia permitir que as antigas propriedades fossem fragmentadas, mas atrelaria o interesse dos trabalhadores ao trabalho garantindo-lhes a subsistência e um quarto da produção. Os generais encarregados dos distritos ficaram responsáveis pela diligência dos cultivadores e pela prosperidade do cultivo. Confinou os negros às fazendas ao determinar severas punições. Estava lidando com a gigantesca tarefa de transformar uma população de escravos, após anos de indisciplina, em uma comunidade de trabalhadores livres, e ele o fazia da única forma que imaginava. Em nome dos cultivadores, cuidava para que recebessem seu quarto da produção[1]. Apenas isso era suficiente para assinalar a diferença entre o velho e o novo despotismo.

---

1 Isso foi admitido pelo general Leclerc no decreto de 4/7/1802. *Les Archives du Ministère de la Guerre,* B[7] 5.

Por trás desse despotismo, a nova ordem era bastante diferente da velha. Os trabalhadores negros eram homens livres, e embora pudesse haver descontentamentos com o novo regime, como na Paris de 1800, não lamentavam a falta do velho. Se antes os escravos trabalhavam desde o amanhecer até tarde na noite, começariam então a trabalhar das 5 da manhã às 5 da tarde. Nenhum empregador se atrevia a surrá-los. Dessalines chicoteara alguns homens negros em sua província; Toussaint ameaçou retirar-lhe o comando diante da menor reclamação[2].

Não era apenas um gesto humano. Qualquer regime que tolerasse tais práticas estaria condenado, pois a Revolução havia criado uma nova raça de homens.

A primeira expressão dessa mudança deu-se em agosto de 1791. Roume, que conhecia os trabalhadores negros tão bem quanto conhecia qualquer outro francês, registrou-a em pormenores[3]. No Norte, eles se dispuseram a sustentar a realeza, a nobreza e a religião contra os brancos pobres e os patriotas. Mas logo foram organizados em regimentos e endurecidos pela luta. Eles se organizaram em divisões armadas e em corpos populares, e mesmo enquanto defendiam a realeza adotavam instintivamente, e observavam com rigor, todas as formas de organização republicana. Lemas e palavras de incitamento foram estabelecidos entre os chefes das seções e divisões e deram-lhes pontos de contato de um extremo ao outro das planícies e das cidades do Norte. Isso garantia aos líderes meios de chamar os trabalhadores e mandá-los de volta quando quisessem. Esses procedimentos se estendiam aos distritos da Província Ocidental e eram observados fielmente pelos trabalhadores negros, estivessem eles lutando pela Espanha e pela realeza ou pela República. Roume assegurou a Bonaparte que reconheceu esses lemas, mesmo durante a insurreição que o forçara a autorizar a tomada da São Domingos espanhola.

Em 1911, Hilaire Belloc, ao escrever sobre a Revolução Francesa, alegava que a capacidade instintiva das massas para uma organização revolucionária era algo peculiarmente francês[4]. Era um engano. Ao mesmo tempo que os franceses, os semisselvagens escravos de São Domingos mostravam-se sujeitos às mesmas leis históricas que os trabalhadores avançados da Paris revolucionária; e mais de um século depois as massas da Rússia provariam, mais uma vez, que

---

2 GRAGNON-LACOSTE, *Toussaint-L'Ouverture,* Paris e Bordéus 5, 1877, p. 194.

3 Relatórios ao ministro, 19 e 22 de Prairial, ano VIII. *Les Archives Nationales,* A. F. IV, 1187.

4 HILAIRE BELLOC, *The French Revolution,* Home University Library.

esse poder inato demonstrar-se-ia em todos os povos quando estes estivessem profundamente estimulados e aos quais fosse dada, por uma direção forte e que gozasse de confiança, uma perspectiva clara.

O povo estava fortemente disciplinado. Mesmo quando irrompeu em Le Cap e ameaçou Roume, a sua conduta foi ordeira; nada destruíram, simplesmente entregaram as suas exigências de que fosse interrompido o tráfico de escravos para a São Domingos espanhola e esperaram[5].

Na verdade, o movimento popular adquirira uma enorme confiança em si mesmo. Os antigos escravos derrotaram os colonos brancos, espanhóis ou franceses, e conquistaram então a liberdade. Estavam conscientes da política francesa, pois esta lhes dizia respeito de perto. Homens negros, antes escravos, eram, então, deputados do Parlamento francês; homens negros, antes escravos, negociavam com o Governo francês e com governantes estrangeiros; homens negros, antes escravos, preenchiam os mais altos postos da colônia. Havia Toussaint, antes escravo, inacreditavelmente grandioso, poderoso e de longe o maior homem de São Domingos. Não era preciso ter vergonha de ser negro. A Revolução os despertou, tornou-lhes possíveis as realizações, a confiança e o orgulho. Aquela fraqueza psicológica, aquele sentimento de inferioridade, com os quais os imperialistas envenenam os povos de todas as partes, desapareceram. Roume e outros franceses que viviam em São Domingos e conheciam o povo criado pela Revolução não se cansava de alertar o Governo francês da catástrofe que acompanharia qualquer tentativa de restaurar a escravidão, ou mesmo de impor a sua vontade sobre essas pessoas através de qualquer meio de força. Os mulatos e os velhos negros livres ressentiam-se do despotismo de Toussaint, mas as massas, a princípio, tinham nele inteira confiança.

Seguro de si, Toussaint colocou em ordem a administração com audácia e habilidade. Dividiu a ilha em seis departamentos, e as fronteiras demarcadas por ele permanecem até os dias de hoje. Criou os tribunais de primeira instância e dois de alçada, um na parte francesa e outro na espanhola, além de um Tribunal Superior na capital. Havia também tribunais militares para resolver rapidamente questões de roubo e de crimes nas grandes estradas, bastantes comuns naqueles anos de guerra.

As finanças do velho regime eram complicadas e desgastantes. Toussaint ordenou primeiro que fosse feito "um inventário preciso de nossos recur-

5 ROUME, despacho de 19 e 22 de Prairial, ano VIII. *Les Archives Nationales*, A. F. IV, 1187.

sos"[6]; então, aboliu as numerosas tarifas e impostos que eram apenas uma fonte de fraudes e abusos. Instituiu o *gourde*, a unidade monetária local, um valor uniforme para toda a ilha. Todas as mercadorias e produtos importados ou exportados pagavam um tributo de vinte por cento. Toda propriedade imobiliária arcava com o mesmo valor. Um tributo igual incidia sobre tudo o que era manufaturado para consumo na colônia. Assim, ele seria capaz de se livrar dos numerosos funcionários que o velho sistema exigia; todo contribuinte sabia quanto teria de pagar, e a simplicidade do sistema e a sua estrita supervisão elevaram o padrão de probidade.

Em sua política fiscal procurava avançar tateando o terreno. Reduziu os impostos sobre a propriedade imobiliária de vinte para dez por cento, e, por conselho de Stevens, o cônsul norte-americano, aboliu-a por completo pouco depois. O tributo de vinte por cento sobre a importação funcionava como um freio nas compras dos comerciantes, e Toussaint reduziu-o para dez por cento. Mais tarde, para animar os pobres, diminuiu os impostos sobre artigos de primeiras necessidades para seis por cento. Ele aprendia rápido. Tudo isso estava acontecendo no decorrer do ano de 1801.

O contrabando fora uma característica do velho regime. Toussaint organizou uma polícia marítima. Mercadores que negociavam no exterior eram cuidadosamente examinados; seus nomes faziam parte de uma lista nos postos alfandegários, da qual poderiam ser riscados por desonestidade. Devido a uma ofensa semelhante, os funcionários da alfândega poderiam ser levados para o Tribunal Militar. De nenhum funcionário faltoso Toussaint tinha piedade.

De Raimond, que havia se aliado a Roume contra ele, Toussaint não guardava rancor. Raimond tinha habilidades e Toussaint o indicou como administrador do Patrimônio Nacional, uma importante fonte de renda.

A São Domingos espanhola representava um problema em particular: era atrasada e os espanhóis odiavam Toussaint e seus generais negros. Toussaint acreditava que uma administração sagaz e uma política de conciliação acabariam por conquistá-los. Deu-lhes um Tribunal de Recurso. Consertou as velhas estradas e construiu uma nova e magnífica via de trezentos quilômetros ligando São Domingos a Laxavon. Havia apenas 22

6 NEMOURS, *Histoire militaire de la guerre d'indépendance de Saint-Domingue,* Paris, 1925, v. I, p. 67-93. Um resumo e uma análise dos fatos mais conhecidos com algumas materias adicionais.

usinas de açúcar no lado espanhol e pouco cultivo. Seus habitantes dependiam da madeira e da criação de gado para as suas poucas necessidades. Estimulou-os a empreender o cultivo no estilo francês. Reduziu as tarifas de importação e exportação para seis por cento levando em consideração a pobreza do país. Para estimular o cultivo, proibiu a exportação de madeira, mas logo voltou atrás. Estava espantado pela riqueza potencial da São Domingos espanhola e fez publicar uma magnífica descrição dela oferecendo concessões e incentivando o assentamento.

Toussaint conhecia o atraso dos cultivadores; fazia-os trabalhar, mas queria vê-los civilizados e avançados culturalmente. Fundou tantas escolas quanto podia. Por ser um católico sincero, que acreditava no efeito benévolo da religião sobre o comportamento das pessoas, estimulou a prática da religião católica e escreveu para aquele velho amigo dos negros, o padre Gregório, para que este o aconselhasse. Favorecia os filhos legítimos e os soldados casados e proibia seus oficiais e comandantes de manterem concubinas na mesma casa onde viviam com as esposas, um legado da velha e infame sociedade branca. Ele estava ansioso para ver os negros adquirirem o comportamento social das melhores classes de brancos com os seus modos de Versalhes. Admirado pelo porte e pelo comportamento de um oficial francês, dizia àqueles que estavam à sua volta:

– Meus filhos serão desse jeito!

Como Governador, instituiu em torno de si "círculos" sociais: pequenos e grandes. Todo aquele que fosse convidado para um "círculo grande" tinha de comparecer. Ele próprio vestia um uniforme de serviço de oficial de regimento que contrastava com o brilho dos uniformes daqueles que estavam ao seu redor. Quando chegava, toda a companhia, homens e mulheres, levantavam-se. Ele passeava em volta da sala, conversava com todo mundo e depois partia pela mesma porta pela qual entrara, reverenciando aqui e acolá.

O "pequeno círculo" tinha a natureza de uma audiência pública. Todos os cidadãos entravam no salão do palácio do Governador e Toussaint falava-lhes conforme fosse conveniente. Depois de certo tempo, retirava-se para um pequeno aposento, em frente ao seu quarto, que usava como estúdio, convidando para lá as pessoas com as quais queria conversar. Essas eram normalmente os brancos mais distintos; homens que tinham os conhecimentos e a experiência de que ele precisava e que tão tristemente faltavam aos cultivadores e a alguns dos seus generais. Ali, conversavam sobre a França, a qual ele nunca vira; sobre religião, agricultura e comércio. Quando desejava concluir uma audiência, levantava-se, a companhia se retirava e ele a acompanhava até a porta.

Levantou ricos edifícios em Le Cap e construiu um enorme monumento para comemorar a abolição da escravidão.

Empenho profissional, moralidade social, educação pública, tolerância religiosa, comércio livre, orgulho cívico, igualdade racial; esse antigo escravo esforçava-se de acordo com as suas luzes para colocá-las como os fundamentos do novo Estado. E em todas as proclamações que fazia, em todas as leis e em todos os decretos que instituía, salientava os princípios morais, a necessidade do trabalho, o respeito à lei e à ordem, o orgulho por São Domingos e a veneração à França. Procurava elevar o povo a um certo entendimento acerca das tarefas e responsabilidades da liberdade e da cidadania. Era a propaganda de um ditador; mas ela não se baseava nos propósitos pessoais ou nos interesses mesquinhos de uma classe que oprime outra. Seu governo, como a monarquia absoluta em sua época progressista, equilibrava-se entre as classes, mas o seu governo tinha raízes na preservação dos interesses dos trabalhadores pobres. Com o crescimento da classe dominante negra, as complicações começavam a crescer. Porém, naquele momento, a sua era a melhor forma de governo.

O sucesso coroou o seu trabalho. O cultivo prosperava e a nova São Domingos começou a ser moldada com espantosa rapidez. Em Le Cap foi construído um hotel, o Hôtel de La République, em um estilo que poderia ser comparado ao dos mais finos existentes em qualquer parte do mundo. Era frequentado por negros, brancos locais e americanos, todos em pé de igualdade. À mesma mesa sentavam-se civis, generais e oficiais de qualquer patente, além de altos comandantes. Toussaint comparecia regularmente ali, tomando assento em qualquer lugar vazio como o resto; ele dizia frequentemente que as diferenças de patente não tinham vez fora do serviço público.

O preconceito racial, a maldição de São Domingos por duzentos anos, estava desaparecendo rapidamente. Alguns norte-americanos casavam-se com mulatas. O estigma da cor não poderia florescer, com tantos negros e mulatos a preencher os mais altos postos do país. Viajantes que conheceram Le Cap naquele ano maravilhoso concordavam em que um novo espírito pairava sobre o país[7]. Os teatros voltaram a funcionar e alguns atores negros demonstravam um notável talento. Sem dúvida os pobres eram explorados e permaneciam no

7 BEARD, *Life of Toussaint L'Ouverture*, p. 138.

atraso para que a nova classe governante pudesse prosperar. Mas ao menos eles também estavam em melhores condições do que nunca haviam estado antes. Enquanto por um lado a autoridade a tranquilidade social e a cultura daqueles que, doze anos antes, eram escravos, espantavam todos os observadores, o sucesso da administração de Toussaint podia ser julgado pelo fato de que em um ano e meio ele restaurou o cultivo em dois terços do que fora nos dias mais prósperos do velho regime[8].

Essas eram as ideias e os métodos de governo de Toussaint. A revolução o fizera; mas seria um erro vulgar supor que a criação de um exército disciplinado; que a derrota dos ingleses e espanhóis; que a derrota de Rigaud; que o estabelecimento de um governo forte por toda a ilha; que a crescente harmonia entre as raças; que os objetivos iluminados da administração; seria um erro grosseiro acreditar que tudo isso fosse inevitável. Em um determinado estádio, no meio do ano de 1794, as potencialidades que se agitavam no caos começaram a ser moldadas e soldadas por essa personalidade poderosa, e daí por diante é impossível dizer onde as forças sociais terminam e a marca da personalidade começa. Basta dizer que, se não fosse por ele, a História seria completamente diferente. É essencial para nós, portanto, que procuremos entender que tipo de homem ele era.

Foi a sua prodigiosa atividade que tanto espantou os homens. Ninguém jamais soube o que ele estava fazendo; se estava partindo, se estava ficando, aonde estava indo, de onde estava vindo. Ele tinha centenas de cavalos puros-sangues espalhados pelos estábulos de todo o país, e habitualmente cobria duzentos quilômetros por dia, cavalgando bem à frente de sua guarda e chegando ao seu destino sozinho ou com um ou dois ajudantes bem montados. A inspeção da agricultura, do comércio, das fortificações, dos municípios, das escolas e mesmo a distribuição de prêmios para estudiosos bem-sucedidos; todas essas tarefas ele as realizava por todo o país sem descanso, e ninguém poderia dizer onde o Governador iria aparecer. Ele alimentava deliberadamente esse mistério. Deixava uma cidade em sua carruagem rodeada de guardas. Então, alguns quilômetros

8 NEMOURS, *Histoire militaire de la guerre...*, v. I, p. 17-19. Nemours sumariza a evidência. Idlinger, o tesoureiro (branco) da ilha sob Toussaint, constata o mesmo em um relatório escrito para o Governo francês em 1804. Ver *Les Archives du Ministère des Affaires Étrangère. Fonts divers, section Amérique,* nº 14, fólio 202.

depois, descia da carruagem e cavalgava no sentido oposto. E, após essas corridas-relâmpago pelo campo, estava pronto para ir ao seu gabinete e ditar centenas de cartas até a manhã do dia seguinte. Ditava para cinco secretários de cada vez[9] e, conforme disse a Hédouville durante uma das discussões que tiveram, assumia inteira responsabilidade por qualquer coisa que levasse a sua assinatura e não assinaria nada que ele mesmo não lesse. Levava para as correspondências os mesmos métodos que usava em sua administração. Um secretário escrevia metade de uma carta importante, Toussaint então o mandava cem quilômetros para longe e a concluía por meio de outros.

Era tão senhor de seu corpo como de sua mente. Não dormia mais que duas horas por noite e ficava satisfeito durante dias com duas bananas e um copo de água[10]. Fisicamente destemido, tinha de tomar cuidado com o envenenamento, e nas várias vilas onde ficava as negras preparavam-lhe *callaloos*, uma espécie de sopa de vegetais. Ele podia confiar nessas velhas. Elas não eram ambiciosas e tinham muito orgulho dele para causar-lhe mal. Nos acampamentos, dormia vestido, com botas e esporas; nas cidades, sempre ficava perto do seu par de calças. A qualquer hora da noite, seus mensageiros e oficiais encontravam-no pronto para recebê-los com a decência apropriada.

Não era devido simplesmente à sua habilidade como general o controle que ele tinha sobre seus soldados. Possuía aquela intrepidez física imprudente que fazem os homens seguir um líder mesmo nas situações mais desesperadoras. Do início ao fim de sua carreira, esteve à frente de seus comandados todas as vezes que era necessário um esforço supremo. Em uma determinada batalha, perseguiu o comandante espanhol sozinho por aproximadamente um quilômetro e meio e trouxe consigo dois prisioneiros, e em dez anos acabou sendo ferido dezessete vezes. Mesmo durante as suas viagens habituais, ele corria toda sorte de riscos. Quando já era comandante-chefe, quase afogou-se ao tentar atravessar um rio transbordando montado em um cavalo, e para que conseguisse escapar teve de livrar-se de sua espada. Era capaz de fazer com que os seus soldados realizassem o aparentemente impossível. Durante a marcha para a São Domingos espanhola, quando exigia rapidez, seus homens eram capazes de cobrir uma distância superior

9 NEMOURS, *Histoire militaire de la guerre...*, v. I, p. 126.

10 LACROIX, *Mémoires pour servir...*, v. I, p. 406.

a sessenta quilômetros em apenas um dia e acabavam tendo de refrear o galope para esperar pela cavalaria[11].

Ele parecia levar uma vida encantada. Durante a guerra civil contra o Sul, seus inimigos tentaram emboscá-lo duas vezes. A primeira vez, seu médico, que estava sentado com ele na carruagem, foi morto ao seu lado; vários de seus oficiais foram derrubados das suas montarias e a pena do seu chapéu foi cortada por uma bala. Pouco tempo depois, na mesma jornada, seu cocheiro seria morto e a sua carruagem crivada de balas. Poucos minutos antes disso acontecer, ele havia deixado a carruagem e estava a vários quilômetros longe dali. Não é de admirar que Toussaint chegaria por fim a acreditar que fosse ele próprio o Espártaco negro, o que fora predito por Raynal, como predestinado a conseguir a emancipação dos negros. Os cultivadores, por sua vez, adoravam-no como se ele fosse um servidor direto de Deus.

Seus assessores eram negros; um dos quais, seu sobrinho. Apesar da amplitude de sua visão e de seus propósitos conciliatórios, manteve a maioria esmagadora do contingente de seu exército de negros e de antigos escravos. Mas seus conselheiros pessoais eram todos brancos: Vincent, Pascal, que chegara como secretário da Comissão em 1796, e dois padres italianos. Ele gostava de conversar com os ricos fazendeiros brancos. Mas ninguém, fosse homem ou mulher, jamais teve nenhuma influência sobre ele. Parece que teve apenas um amigo em toda a sua vida: Laveaux. Impenetrável, não confiava em ninguém e não se confidenciava com ninguém. Se tinha alguma fraqueza, esta residia no fato de manter o povo mistificado. Mas mantinha a reputação e era cuidadoso ao manter contato com as pessoas. Tinha a extraordinária faculdade de satisfazer a todo aquele que vinha até ele, e era conhecido em toda a ilha como um homem que nunca quebrava a sua palavra. Mesmo Sonthonax, que era um advogado jacobino e também um perfeito intrigante, disse na Câmara francesa que Toussaint era incapaz de contar mentiras. Mas isso aconteceu antes que Toussaint o acusasse de conspirar pela independência.

Apesar de ser mal constituído de corpo e de ter uma aparência feia, acabava por causar uma forte impressão em todos aqueles que travavam contato

11 NEMOURS, *Histoire de la guerre...*, v. I, p. 146.

com ele. Nos últimos anos, tinha um porte distinto fora do comum. Seu andar era marcial; seus modos, imperiosos. Simples na vida privada, vestia resplandecentes uniformes em ocasiões oficiais, e seus ajudantes de campo seguiam-lhe o exemplo em elegância e exibição. Sabia como ouvir um oficial subalterno com dignidade mas também com afabilidade. Podia reconhecer as demonstrações públicas de respeito e afeição ao mesmo tempo que as evitava com naturalidade e bonomia. Com qualquer tipo de pessoa, encontrava instintivamente o método adequado.

Quando os cultivadores negros vieram até ele, preocupados a respeito da própria liberdade e da dominação branca, ele pegou um vaso de vidro e o encheu com grãos de milho preto; depois, depositou nele uns poucos grãos de milho branco.

– Vós sois o milho preto; os brancos que vos querem escravizar são o milho branco!

Então, chacoalhou o vidro e mostrou-o a eles.

– Vede, os brancos estão espalhados apenas aqui e ali!

Os negros partiram com a confiança restabelecida. Foram até ele dizendo que não desejavam obedecer nem a brancos nem a mulatos (é bem provável que devido a algum insulto ou injustiça lançado contra eles pelos seus antigos senhores). Toussaint pegou um copo de vinho e outro de água, misturou o conteúdo deles e mostrou-lhes o resultado.

– Como podereis dizer-me qual é qual? Devemos todos viver juntos!

Eles partiram satisfeitos.

Um negro que almejava o posto de juiz foi ver Toussaint. Aquele homem não estava apto para o posto. Porém, Toussaint não queria magoá-lo:

– Vós sabeis latim, certamente! disse Toussaint.

– Latim?!

Toussaint desembuchou algumas palavras em latim macarrônico, de que se lembrava provavelmente de documentos oficiais e do serviço litúrgico. O candidato retirou-se convencido de que era incompetente e maravilhado com o conhecimento do Governador.

Ele sentia-se completamente em casa quando estava entre as massas populares; mas, ao mesmo tempo, homens como Maitland e os brancos locais ficavam espantados com seu fascínio singular e a cortesia de suas maneiras. Nada faltava a ser lapidado em Toussaint. Três mulheres brancas do *ancien régime* que viviam no exterior escreveram-lhe pedindo que devolvesse a propriedade que lhes pertencera. Ao responder, Toussaint mostrou alguns dos segredos de seu sucesso com todos os tipos de pessoas.

"Fui honrado com as cartas que vós, tão gentilmente, enviastes para mim. (...) Tenho sempre feito tudo, tanto quanto o meu poder permite, para preservar a propriedade de cada um; a vossa, cidadãs, (...) não sofreu as consequências daqueles infelizes eventos que sempre ocorrem em uma revolução; a vossa propriedade está intacta. O poder para remover o sequestro ao qual foi submetida esta mesma propriedade não pertence a mim; está nas mãos do agente do Diretório. Posso apenas assegurar-vos que a decisão dele será precisamente executada.

"Por mais de três anos, cidadãs, andei pedindo à cidadã Descheaux, vossa mãe, que voltasse para a propriedade dela; meu conselho, infelizmente para ela e para vós, não prevaleceu sobre o do irmão dela. Ainda havia tempo para beneficiar-se (...) de uma proclamação que levava o nome e a autorização do Governo francês. Vossa mãe, porém, preferiu seguir os passos do irmão, Cockerel, em vez de ficar em São Marcos e aproveitar-se da anistia para retomar a posse da propriedade. Ela partiu com o irmão. Não depende mais de mim trazê-la de volta para casa.

"Em consideração a seu marido, o cidadão Fontanges, não posso mais evitar que ele seja registrado como emigrado. Seria colocar-me acima da lei, algo que nunca passou pela minha cabeça e que nunca fez parte dos meus princípios. Quando o agente decidir levantar o sequestro de vossos bens (...) eu não pouparei esforços para pôr o cidadão Fortier, que me recomendastes, na posição de vosso procurador da melhor maneira possível. Se o meu conselho tiver alguma utilidade para ele, eu lhe darei, se ele o quiser, com muito prazer. Fico feliz com a oportunidade de comprovar a imensa admiração que tenho pela vossa boa vontade, em todas as ocasiões que estiverem de acordo com a minha obrigação.

"Espero que aceiteis, cidadãs, o respeito e a consideração que tenho por vós. Sinceramente, desejo a felicidade de vós todas e o retorno de vossa mãe para os vossos braços."[12]

Talvez essa seja a carta onde podemos entender com mais facilidade o alcance e a sensibilidade do gênio autodidata de Toussaint. Na carta que enviara

---

12 SCHOELCHER, *Vie de Toussaint-L'Ouverture*, p. 289.

aos comissários em 1796, na correspondência com Laveaux, nas propostas a Dieudonné, na carta ao Diretório em 1795, no discurso em Port-Républicain depois da expulsão dos ingleses, nas cartas a Hédouville e em seu pedido de demissão; em tudo isso, como aqui nessa carta, complacente, porém cuidadosa, a visão que tinha do absolutamente necessário era infalível; sua sensibilidade era perfeita, e a maneira que encarava um assunto, embora variável, era sempre tingida pela paixão revolucionária, por uma enorme humanidade e por uma postura que nunca decepcionava. Essas cartas, mais do que qualquer outra coisa, mostram que, qualquer que fosse a tarefa que tinha pela frente, ele a realizava com naturalidade.

Em uma comunidade onde tantos permaneciam primitivos e ignorantes, o caráter pessoal e a conduta do líder, surgido do povo, tinham uma significação social. Apesar do despotismo de Toussaint, da sua implacabilidade, da sua impenetrabilidade, da suspeita permanente que tinha de todos ao seu redor e da sua habilidade em diplomacia de larga escala e em lidar com intrigas mesquinhas, até o fim da vida permaneceu um homem simples e delicado, cuja humanidade nunca afogou nos rios de sangue que fluíram tão torrencialmente e por tanto tempo. O seu lema: "sem represálias", vinha do horror natural que tinha ao desnecessário derramamento de sangue. Odiava presenciar o sofrimento de mulheres e crianças em particular. Enquanto o seu exército morria de fome durante a campanha contra os britânicos, ele dava comida a uma mulher branca indigente do distrito. Depois da guerra civil, prestou a mesma assistência caridosa às esposas e aos filhos dos mulatos. Era incapaz de cometer qualquer tipo de maldade, mesquinhez ou ato de vingança. Biassou, seu velho inimigo e rival, fora assassinado e deixou uma viúva na São Domingos espanhola. Toussaint lhe deu uma pensão e, quando foi a São Domingos, viu que ela retornara à sua casa com honras e dignidade. Para a viúva de Chavannes, o mulato que perecera com Ogé, ele deu uma pensão de seis mil francos por ano. Enquanto um ditador moderno atiraria, Toussaint preferia deportar. Sentia um distanciamento peculiar e um profundo desprezo pelos homens que discriminavam Bonaparte, o qual perdoou sua família por várias vezes quando eles o traíram, e, sem nenhum rancor, observava Murat, Talleyrand e Fouché fazerem intrigas e conspirarem contra ele. Toussaint atacaria sem clemência homens como Rigaud, que colocou seus planos em risco, mas, quando um dia um oficial branco que desertara dos ingleses foi capturado e levado de volta, Toussaint simplesmente sorriu para ele e disse:

– Ah, vejo que somos tão amigos que o destino não pôde manter-nos afastados! e não fez mais nada.

Era um homem de sorte no que diz respeito à família, e ela o ajudava a manter o prestígio. Seu irmão Paul era um oficial notável. Moïse e Belair, seus sobrinhos, eram famosos pela coragem. Seu sobrinho Chancy era seu ajudante de ordens. Ninguém podia afirmar que qualquer um deles tivesse essa posição por outro mérito que não uma habilidade notável. Sua mulher morava em uma fazenda no interior e dedicava-se ao cultivo do café. Sempre que Toussaint conseguia escapar de suas tarefas, ia para lá. Os visitantes viam-nos sentados de mãos dadas como nos velhos tempos em que eram escravos. Sua cunhada casou-se com um oficial francês; o velho Pierre Baptiste, que viveu mais de cem anos, não aceitava nenhuma honra ou riqueza e tinha uma vida simples em Le Cap. Quando Toussaint ia à cidade, sua primeira visita era sempre ao velho que lhe havia dado os rudimentos de uma educação.

Adorava as crianças e elas também o adoravam. Um dia, quando voltava de Gonaïves para Ennery, uma pequena órfã de dez anos chamada Rose correu atrás dele gritando:

– Papai, papai, leve-me com o senhor!

Ele desceu do cavalo, pegou-a nos braços e levou-a para sua esposa.

– Aqui está uma órfã que acaba de me chamar de pai. Eu aceitei o título. Aceita tu também o título de mãe!

E Rose tornou-se um membro da família L'Ouverture. Esse era o tipo de atitude que o ligava às pessoas simples do campo. Não fazia isso por propaganda. Era espontâneo, assim como o respeito que tinha pelos mais velhos, a quem sempre dava passagem na rua. Adorava música e sempre tinha flores em seu quarto.

A base de seu poder era formada pelos trabalhadores negros. A sua estrutura era o Exército. Mas, do mais simples negro aos generais franceses e aos mais instruídos, viajados e experientes dos brancos locais, todos reconheciam que devido às suas peculiaridades e ao seu trabalho ele era o número um e, como tal, sê-lo-ia em qualquer esfera. Ele exigia, eles respondiam com total obediência. Tinha seus conselheiros, mas suas proclamações, leis e discursos levavam sua marca pessoal e todas as observações a respeito dele confirmam que não deixava nada para ninguém, fazendo tudo ele mesmo, consultando os amigos e simpatizantes, mas desenvolvendo esquemas em seu próprio estilo reservado e, depois, verificando ele mesmo cada um dos pormenores.

Depois de um certo tempo, nunca mais questionou o futuro. De energia e desejo ilimitados, possuía o fatalismo dos homens que sabem que sua causa é preparada para defrontar qualquer tipo de perigo iminente. Para si, esperava o fim revolucionário habitual. Um descarado espanhol da São Domingos espanhola certa vez, incisivamente, referiu-se ao destino de Colombo em resposta a uma pergunta. Toussaint não negou o paralelo.

– Sei muito bem que Colombo sofreu a ingratidão da Espanha e tal é o destino de homens que servem bem ao seu país. Eles têm inimigos poderosos. Quanto a mim, caberá o destino que me está reservado, e sei que hei de perecer vítima da calúnia.

Era, com esse estoicismo romano, apesar de católico, um legítimo representante da Revolução Francesa.

Com exceção de Bonaparte, ninguém de todo o período da Revolução Francesa viajava tão rápido e percorria tão grandes distâncias.

Mas Toussaint não era nenhum fenômeno, nenhuma raridade negra. As mesmas forças que moldaram seu caráter ajudaram a criar os generais e oficiais negros e mulatos. Agé, seu chefe do Estado-maior, era branco, mas todos os generais superiores eram negros ou mulatos, principalmente negros. Havia dois generais de divisão: um era Dessalines, o outro, Clairveaux, um mulato. Dessalines era o general negro mais famoso. Alguns achavam que ele superava Toussaint na habilidade militar. Mas ele só foi aprender a assinar seu nome quando era muito tarde. Governou o Departamento Ocidental com mãos de ferro e, apesar de não possuir nenhuma capacidade construtiva para governar, tinha uma determinação astuta, sagaz e implacável que era mais do que de inestimável valor. Não nutria nenhuma simpatia pela política de reconciliação de Toussaint, mas deslumbrava-se com os dotes dele, idolatrava seu chefe e obedecia-o irrestritamente. Em 1801, casou-se com uma das mulheres mais notáveis de São Domingo, uma negra de extraordinária beleza e inteligência, que fora amante de um fazendeiro, o qual lhe dera uma boa educação. Dessalines tinha muita simpatia pelos brancos e ela e Toussaint mantinham-no sob controle.

Dos sete generais de brigada, Vernet, um mulato, é o último a ser mencionado. Todos os outros eram negros. O favorito de Toussaint era o sobrinho Charles Belair e acreditava-se que seria o seu sucessor. Em 1801, tinha apenas 23 anos e já era ajudante de ordens de Toussaint desde os dezoito anos. Lutou com distinção contra os britânicos e na guerra civil contra o Sul. Bonito, de modos finos, amava os desfiles militares e a pompa. Não gostava dos brancos e Sanite, sua mulher, odiava-os e incitava o marido a tratá-los com rispidez.

Moïse era de um tipo diferente, "um bom garoto", um soldado arrojado que adorava as mulheres; era o soldado mais popular do Exército, amado pelos negros do Norte devido à sua ardorosa campanha contra os brancos. Toussaint o tinha como um de seus favoritos até que ele se recusou a impor a legislação trabalhista no Norte. A plantação sofria em seu distrito, e Toussaint mandou observadores para vigiar a administração dele e ouvir as críticas que Moïse indiscretamente fazia à sua política com os brancos. Num primeiro momento, pensaram que ele seria seu sucessor, e os brancos decidiram que, se algum dia isso acontecesse, iriam embora.

De certa forma Maurepas era o mais notável dos generais negros. Era o único que não havia sido escravo: vinha de uma antiga família livre. Lia bastante, era um homem muito culto e conhecia a arte militar em todos os pormenores. Governava seu distrito com justiça e imparcialidade para com todos.

Christophe, um antigo criado, não sabia ler nem escrever, mas impressionava os franceses pelo conhecimento que tinha do mundo e pela calma e autoridade com as quais governava. Era um negro inglês, mas ao contrário de Toussaint, aprendeu a falar o francês com uma fluência notável. Amava o luxo, era amigável com os brancos e governava bem.

Eles moravam em casas que custavam milhões, que se estivessem em Paris seriam lindas. Quando Maurepas recebeu o general Ramel, o francês não acreditou em seus olhos, por seus modos, sua conversa e sua patente aptidão[13]. Todos os generais, oficiais e colonistas franceses que escreveram relatórios e memórias sobre esses generais e outros oficiais no auge do poder notaram a facilidade e a rapidez com que aprendiam a comandar. Pamphile de Lacroix disse a respeito desses homens, que vinham da escravidão, que eles aprendiam mais rápido do que os trabalhadores ou os camponeses franceses na mesma situação[14]. Isso, provavelmente, era verdadeiro, pois os líderes negros não estavam influenciados pelas ideias da classe dominante como um trabalhador ou um camponês da França. O apoio das massas

---

13 Reminiscências do general Ramel. Ver introdução a *Toussaint L'Ouverture,* peça de LAMARTINE, Paris, 1850, p. XXIV.

14 Depois de levar por quatrocentos anos os nativos à civilização, os britânicos e holandeses na África do Sul não encontraram nenhum nativo para representar os africanos no Parlamento do Cabo. Em 1936, os brancos sul-africanos privaram os nativos do direito de votar, o que eles já possuíam na Província do Cabo há gerações.

os levou, e os manteve, no poder supremo; a responsabilidade deu-lhes confiança. Em um relatório feito para o uso particular de Hédouville, o autor anotou a cor de cada um dos oficiais e funcionários em uma longa lista; dessa maneira soldados e administradores estavam divididos apenas segundo as três cores, não importando se fossem bons, maus ou medíocres[15]. Porém, muitos negros, analfabetos, eram obrigados a ter secretários brancos. Toussaint estava enviando crianças brancas e mulatas à França, às expensas públicas, para serem educadas, após o que voltariam para governar. Tudo o que ele precisava era de tempo.

Mas São Domingos não estava destinada a ter paz. Os proprietários brancos de escravos representavam uma causa de discórdia interna, enquanto a burguesia marítima na França lembrava-se sempre dos fabulosos lucros do comércio de escravos. Os brancos, não tendo outra escolha, aceitavam o regime de Toussaint. Com a sensibilidade de proprietários de escravos, eles viam que, enquanto Toussaint estivesse ali, estariam a salvo e falavam e se comportavam como se fossem devotados a ele. Quando Toussaint voltou para Le Cap, após a campanha no Sul, eles assumiram o papel principal nas comemorações. A sua chegada foi celebrada com um enorme arco triunfal e com versos compostos em sua homenagem lidos por mulheres brancas muito bonitas que colocaram na cabeça dele uma coroa de louros. O velho Toussaint, sempre galante, abraçou a encantadora mulher que declamava. Houve outros abraços de natureza menos pública. As damas crioulas de São Domingos, membros de algumas das famílias mais distintas do velho regime, eram dominadas pela personalidade singular e pelo poder daquele homem. Em menos de doze anos, elas acabariam por superar o rígido preconceito no qual foram criadas. Lutavam umas contra as outras pela sua atenção e enviavam-lhe cartas apaixonadas, mechas de cabelo e lembranças de todo o tipo. Toussaint não era avesso a isso, embora discreto. A imoralidade aberta nos altos postos, ele dizia aos seus generais, tem um efeito nocivo sobre a moral pública[16]. É precisamente esse o tipo de coisa que Toussaint diria e imaginaria.

---

15 Notas de um colono para o uso de Hédouville, *in* MICHEL, *La Mission du Général Hédouville...*, p. 85-103.

Para notas e memorandos sobre generais negros feitos por homens brancos, colonos ou franceses, que os conheciam bem, ver também GASTON NOGERÉE, *Relatório ao Governo francês*, 1801. *Archives Nationales*, F.7, 6266; LAMARTINE, *Toussaint L'Ouverture*, pp. xvi-xxviii; LACROIX, *Mémoires pour servir...*, v. II, p. 308-45; IDLINGER, *Les Archives du Ministère des Affaires Etrangères. Fonts divers, section Amérique*, nº 14.

16 Quando os franceses tomaram Porto Príncipe em 1802, Lacroix, que fora deixado no comando, encontrou entre os pertences de Toussaint "mechas de cabelo de todas as cores,

E ainda, apesar de toda essa intimidade entre os brancos e a nova classe dominante de negros, Toussaint sabia que, com exceção de Sonthonax, Laveaux, Roume e Vincent, todos os revolucionários do primeiro período, esses velhos proprietários de escravos e suas mulheres, não gostavam de trabalhadores, seja lá que tipo de fingida devoção os homens e afeição as mulheres podiam ter tido por ele como indivíduo. Foi em 1798 que ele escreveu com tanta cortesia para aquela mulher branca que lhe pedira para devolver a propriedade, e durante todo aquele ano ele e Hédouville desentenderam-se a respeito da política a ser adotada em relação aos brancos emigrados. Mesmo naquele período, mesmo quando os brancos de Porto Príncipe o reverenciavam e se curvavam diante dele, um incidente nos faz ver o que Toussaint pensava dos brancos como brancos.

Um proprietário branco desejava um posto como lojista e pediu-o a Toussaint. Este negou-o. A esposa do colono tentou diversas vezes aproximar-se de Toussaint, mas não teve sucesso. Algum tempo depois, ela deu à luz um filho e pediu a Toussaint para ser o padrinho. Toussaint, normalmente gentil e conciliador, por uma razão ou outra, decidiu fazer com que a mulher compreendesse os seus pensamentos.

– Por que, madame, a senhora quer que eu seja o padrinho do seu filho? A senhora aproximou-se de mim apenas para conseguir o posto para o seu marido, pois os sentimentos de seu coração são contrários ao pedido que me faz!

– Como podes pensar uma coisa dessas, general? Não, meu marido te adora; todos os brancos estão ligados a ti!

– Madame, conheço os brancos. Se eu tivesse a pele deles, sim; mas eu sou negro e conheço a aversão que eles têm por nós. A senhora pensou sobre o que me está pedindo? Se eu aceitar, como a senhora pode saber se

anéis, corações de ouro atravessados por flechas, chaves (...) e uma infinidade de cartas de amor..." (*Mémoires pour servir...*, v. II, p. 105). Isso não se encaixa nas teorias raciais de Lothrop Stoddard. Na p. 388 de seu livro, *The French Revolution in San Domingo*, ele escreve o seguinte sobre as relações das mulheres brancas com os oficiais negros: "Os generais negros abusaram demasiadamente de seu poder a esse respeito. Sobre o comportamento impróprio de Toussaint nesse aspecto, ver LACROIX, II, 104-5". Quem vai levar Lacroix em consideração? Naturalmente, quem acreditar, depois de ler Stoddard, que Toussaint e seus generais obrigavam ou coagiam pelo medo as mulheres brancas a dormir com eles. Thiers, em sua famosa *History of the Consulate and the Empire,* concorda com isso. Esse é um exemplo típico da quantidade enorme de mentiras que serve para obscurecer a verdadeira história do imperialismo nos países coloniais.

quando atingir a idade da razão seu filho não a repreenderá por dar-lhe um negro como padrinho?

– Mas, general...

– Madame, Toussaint interrompeu-a, apontando para o céu, só ele que tudo governa é eterno. Eu sou um general, é bem verdade, mas sou negro. Depois da minha morte, quem sabe se meus irmãos não serão levados de volta à escravidão e mesmo se hão de perecer sob o chicote dos brancos. O trabalho dos homens não dura. A Revolução Francesa iluminou a Europa; nós somos amados e chorados por eles, mas os colonos brancos são inimigos dos negros. (...) Bom, a senhora deseja o posto para o seu marido. Muito bem, eu darei o emprego que ele pede. Que ele seja honesto e que se lembre de que não posso ver tudo, mas que nada escapa a Deus. Não posso aceitar a oferta que me faz de ser padrinho de seu filho. Isso poderia obrigá-la a ter de aguentar a reprovação dos colonistas e talvez, um dia, a de seu próprio filho[17].

Esses eram seus pontos de vista; nunca os mudou. Mas assumia uma postura grave contra a discriminação racial. Ele assegurava seu poder e os direitos dos trabalhadores por intermédio de um exército predominantemente negro. Mas dentro daquela muralha ele encorajava todos a voltarem, mulatos e brancos. A política era ao mesmo tempo sábia e viável, e se as suas relações com a França fossem regularizadas ele poderia ter feito tudo aquilo que pretendia. Mas São Domingos não sabia qual era a sua própria posição em relação à França. Ainda havia o medo de perder a liberdade e os trabalhadores negros não aprovavam a política de Toussaint. Percebiam que ele demonstrava favorecer demais seus velhos inimigos[18].

Essa aversão aos brancos que os negros tinham não infringia a liberdade e a igualdade, mas era na verdade a mais consistente política revolucionária. Era o medo da contrarrevolução. Eles tinham amado Sonthonax, pediam bênçãos para ele e faziam seus filhos orarem por ele à noite. Cinquenta anos depois, seus velhos olhos brilhariam ao contar aos viajantes sobre esse branco maravilhoso que lhes dera a liberdade e a igualdade, não apenas em palavras mas em feitos. Porém, homens como Sonthonax, Vincent, Laveaux e Roume eram poucos e com o declínio da Revolução na França chegaria um homem como Hédouville. Os trabalhadores negros tinham seus olhos

---

17 MELENFANT, *Des Colonies et particulièrement de celle de Saint-Domingue,* Paris, 1819.

18 Proclamação de Christophe I, 1814, *in* BEARD, *Vida de Toussaint L'Ouverture,* p. 326.

fixos nos brancos locais e se ressentiam da política de Toussaint. Não eram os brancos em casa que Toussaint temia. Era a contrarrevolução na França. Mas os negros podiam ver nos olhos dos antigos proprietários a saudade daqueles velhos dias e o ódio. Pouco depois de Toussaint ter distribuído uma de suas duras proclamações confinando os negros às fazendas, alguns desses brancos distribuíram uma própria para os trabalhadores: "Vós vos dizeis livres. Mas fostes obrigados a voltar para minha casa e lá eu deverei tratar-vos como antes e mostrar-vos que não sois livres"[19]. Esse era o espírito que levava, tão constantemente, aos massacres de brancos. Toussaint multou pesadamente os culpados, ordenando que todo aquele que não pagasse fosse colocado na prisão, mesmo que fosse mulher, e rebaixou os oficiais envolvidos às fileiras. Mas ele ainda continuou a favorecer os brancos. Toda mulher branca estava autorizada a ingressar em todos os "círculos". Apenas as esposas dos oficiais negros das mais altas patentes tinham essa regalia. Uma mulher branca era chamada de madame, enquanto uma mulher negra era chamada de cidadã. Perdendo de vista o apoio das massas, supondo-o garantido, ele buscava apenas conciliar os brancos da ilha com os do exterior.

O que faria Bonaparte? Toussaint, perseguindo a sua política, fazia gestos de amizade a todos de fora. Madame de Beauharnais, a mãe de Josefina, tinha uma fazenda em Léogane. Após a saída dos britânicos, Josefina escreveu para Toussaint a respeito da fazenda, que estava em ruínas. Uma correspondência havia sido iniciada. Toussaint reparou e restaurou a fazenda às expensas da colônia e enviava os rendimentos para madame Bonaparte. Josefina ajudava os dois meninos dele, e eles iam frequentemente almoçar e jantar na casa dela. Mas Toussaint queria seus filhos de volta e Bonaparte não os mandaria. Toussaint preparava-se para a guerra inevitável. Essa foi uma das razões que o levaram a mandar que seus generais não tivessem piedade dos trabalhadores.

Ele comprou trinta mil armas dos Estados Unidos. Armou os trabalhadores. Em uma das revistas, tomou um rifle, brandiu-o e atirou:

– Eis aqui a vossa liberdade!

Ele não tinha receio em armar as massas. Confiava nelas, pois não tinha interesses diferentes dos delas. Mantinha guardada uma provisão de munições e suprimentos em locais secretos no interior. Convocou todos os fisicamente capazes para treinamento militar e treinava o exército regular. Era audacioso nas

19 ARDOUIN. *Études sur l'histoire...*, v. IV, p. 256.

inovações: introduziu um sistema de comando por apito. Em todas as maneiras concebíveis (exceto em uma) ele estava preparado. Os negros deveriam lutar. Essa guerra devastaria São Domingos como nenhuma outra o fizera antes; arruinaria o seu trabalho e desencadearia novamente a barbárie e a selvageria, mas dessa vez em uma escala sem precedentes. Contudo, nenhuma grande expedição poderia ter outro propósito que o do restabelecimento da escravidão. Nesse dilema cruel, ele trabalhava com fervor, encontrando esperança no desespero, escrevendo para Bonaparte, rogando por profissionais qualificados, professores, administradores para ajudá-lo a governar a colônia.

Bonaparte não respondia, e Toussaint podia adivinhar a razão. Se Bonaparte escrevesse uma carta pessoal, teria de aceitar ou condenar. Se ele aceitasse, a posição de Toussaint receberia a sanção definitiva. Se ele condenasse, Toussaint declararia abertamente a independência e talvez fizesse um acordo com os britânicos, se é que já não o havia feito.

Toussaint, todavia, imediatamente após a vitória no Sul, decidira regularizar a própria posição e pôr um fim nos problemas internos vindouros dando a São Domingos uma Constituição. Para esse fim, convocou uma assembleia de seis homens, um de cada uma das províncias, consistindo de brancos e de mulatos ricos, mas de nenhum negro. Como sempre, nessa hora, ele pensava em como isso repercutiria na França e não no efeito que causaria nas suas próprias massas, estando confiante demais nelas. Os membros dessa assembleia eram meras figuras decorativas. A Constituição é Toussaint L'Ouverture, da primeira à última linha, e nela ele estabelecia os seus princípios de governo[20]. A escravidão estava abolida para sempre. Todo homem, não importava a sua cor, poderia candidatar-se a qualquer emprego e não haveria outra distinção que virtude e talento e nenhuma superioridade a não ser aquela que a lei garantisse no exercício da função pública. Ele incorporou à Constituição um artigo que preservava os direitos de todos os proprietários ausentes da colônia, "por qualquer razão que fosse" exceto se estivesse na lista dos emigrados proscritos na França. No mais, Toussaint concentrava todo o poder em suas próprias mãos.

Toda a administração municipal era composta de um prefeito e de quatro administradores. Eles eram nomeados pelo Governador por dois anos, a partir de uma lista de dezesseis pessoas, que era submetida a ele.

---

20 A Constituição está impressa na íntegra em NEMOURS, *Histoire militaire...*, v. I, p. 95-112.

A Igreja era estritamente subordinada ao Estado. O Governador determinava a cada um dos ministros religiosos o alcance da sua administração e o clero não tinha permissão, sob nenhum pretexto, de formar uma associação na colônia. As leis deviam ser precedidas por esta fórmula: "A Assembleia Central de São Domingos, de acordo com a proposta do Governador...". Elas deviam ser promulgadas com a fórmula: "O Governador manda...". Todo departamento de Administração, Finanças, Polícia e Exército era confiado a ele, e ele se correspondia diretamente com a França em qualquer coisa relativa à colônia. Ele era o censor de toda a matéria publicada.

A Assembleia Central podia aceitar ou rejeitar leis, mas a Assembleia estava nas mãos do Governador, sendo eleita pelos principais administradores, nomeados por ele. A Constituição indicava Toussaint como Governador vitalício, com poderes para nomear o seu sucessor.

Constituições são aquilo que acabam sendo. A França em 1802 não teria nenhuma discussão com Toussaint sobre essa Constituição a pretexto do despotismo. O que chamava a atenção de qualquer francês, entretanto, era o fato de que a Constituição, embora jurando lealdade à França, não dava lugar a nenhum funcionário francês. Toussaint queria que eles viessem e ajudassem a governar, mas sob as ordens do Governo local. Era praticamente a independência, ficando a França com o papel de irmã mais velha, guia e mentora. Ele não tinha precedentes para guiá-lo, mas sabia o que queria. Quando protestavam para saber qual era o lugar da França em tal Governo, ele respondia:

– O Governo francês enviará comissários para falar comigo!

Por um lado, havia uma absoluta independência; mas, por outro, havia o capital francês e os administradores franceses ajudando a desenvolver e a educar o país e um alto funcionário da França servindo de elo entre ambos os Governos. O poder local estava muito bem seguro para chamarmos o esquema de um protetorado no cenário político daquele mundo desonesto. Todas as evidências indicam que Toussaint, trabalhando sozinho, teria chegado além daquela forma de aliança política conhecida hoje como Protetorado.

Firme como era a sua compreensão da realidade, o velho Toussaint olhava para São Domingos com um arrojo de imaginação que nenhum contemporâneo seu suplantou. Na Constituição, ele autorizava o comércio de escravos porque a ilha precisava de pessoas para o cultivo. Quando os africanos desembarcavam, entretanto, tornavam-se homens livres. Mas, enquanto incumbido dos cuidados do Governo, nutriu um projeto de navegar para a África com armas, munições e milhares dos seus melhores soldados e lá conquistar uma vasta extensão de território, colocando um fim ao tráfico de escravos e tornando milhões de negros "livres e franceses", assim como a sua Constituição fizera com os negros de São Domingos. Não era um sonho. Ele enviara centenas de milhões de francos para os Estados Unidos à espera do dia em que estivesse preparado para aquilo[21]. Tinha então 55 anos. Que espírito o movia? Ideias não caem do céu. A grande Revolução o propelira de suas modestas alegrias e de um obscuro destino e as trombetas de seu heroico período ressoariam para sempre em seus ouvidos. Nele, um homem que nascera escravo e tornou-se líder de escravos, a realização concreta da liberdade, da igualdade e da fraternidade era o ventre de ideias e o manancial do poder, que transbordaria o seu âmbito restrito e abarcaria o mundo inteiro. Se não fosse a Revolução, esse homem extraordinário e seu bando de dotados sócios teriam passado a vida como escravos, servindo criaturas medíocres que eram seus donos, permanecendo descalços e esfarrapados assistindo a pequenos governantes inchados e medíocres funcionários da Europa passarem uns após os outros, assim como, hoje em dia, muitos africanos de talento o fazem na África[22].

Excessiva importância tem sido dada à Constituição. Era apenas a materialização formal da posição para a qual Toussaint se movia firmemente desde a expulsão de Hédouville. O método que usou para publicá-la foi misterioso, como sempre. Convocou uma assembleia de brancos e mulatos para preparar o documento. Então, deixou-os com essa tarefa e saiu para capturar a São Domingos espanhola. Quando voltou, a Constituição já estava pronta. Ninguém sabia o seu conteúdo exceto ele e a sua assembleia. Ele, repentinamente, disse a Vincent que lhe daria permissão de partir para a França se levasse a Constituição para Bonaparte. Vincent concordou, porque não parecia haver outra oportunidade para partir. Toussaint disse-lhe para ir a Gonaïves e despedir-se de madame L'Ouverture, uma vez que Vincent era muito amigo da família. Assim que Vincent partiu, Toussaint publicou a Constituição, em julho de 1801. Houve uma cerimônia religiosa, um grande banquete, luzes e um regozijo público. A Constituição de

21 SAINT-ANTOINE, *Vie de Toussaint-L'Overture*, p. 325.

22 Escrito em 1938.

Toussaint era despótica, e os mulatos e os negros livres não gostaram dela. Mas isso não importava àquelas milhares de pessoas que dançavam e cantavam.

Quando Vincent voltou, foi até Toussaint e o censurou por publicar um documento tão extenso sem a sanção do Governo francês e, quando viu os pormenores, ficou horrorizado. Consultou Pascal, e ambos concordaram que Toussaint deveria retirá-la. Seria mais fácil pedir à ilha de São Domingos para retirar-se do mar do Caribe e ligar-se à França.

Toussaint escutou pacientemente.

– Não há espaço nela para nenhum representante da França, disse Vincent.

– A França vai mandar comissários para falar comigo! disse Toussaint[23].

– O que é de fato necessário é que a França vos envie *chargés d'affaires*[24] e embaixadores, como os americanos e os espanhóis certamente o farão. E mesmo os britânicos.

Foi uma cruel insinuação. Mesmo Vincent, às vezes, suspeitava de Toussaint. Era muito difícil para eles entenderem que Toussaint estava usando os britânicos e fazendo o jogo diplomático com eles, mas detestava esses baluartes da reação europeia como qualquer outro filho da Revolução também os detestava.

– Eu sei que o Governo inglês é o mais perigoso e o mais pérfido para a França. Fez tudo o que pôde para assegurar para si o direito de comércio exclusivo com a ilha, mas dei-lhe apenas o que não poderia deixar de dar. Eu necessitava dele.

– Por que Bonaparte não me escreve? perguntou a Vincent. – Ele escreve para o Rei da Inglaterra.

Pascal, até essa época mais um devotado seguidor, também reprovava a Constituição, e Toussaint o destituiu. Vincent queixou-se a Moïse e a Christophe: eles também o condenaram. Christophe disse que Toussaint tinha ido longe demais, e Moïse chamou Toussaint de velho tolo.

– Ele pensa que é rei de São Domingos!

A impressão da Constituição assustou particularmente a Vincent. Tê-la publicado significava, naqueles dias, que uma decisão irrevogável tinha sido

23 *Précis de mon voyage...*

24 Em francês, no original. Representantes comerciais. (N. do T.)

tomada. Toussaint concordou. Não havia lhe custado nada enviar-lhe uma cópia escrita. Mas ele seguia seu curso. Houve uma última entrevista dolorosa entre os dois homens. Vincent fez tudo o que pôde para que Toussaint reconsiderasse a sua ação. Todos os negros estavam livres. Ele não poderia retirar o direito da França de governar a ilha.

– Dai-me uma lista de vossos companheiros de armas que contribuíram mais para expulsar os ingleses e restaurar o cultivo. O Governo, estou certo disso, provar-vos-á a sua gratidão!

Toussaint, normalmente calmo, ficou violentamente agitado. Respondeu que teria o maior prazer em ver seus companheiros recompensados. Mas, quando Vincent perguntou-lhe o que queria para si, Toussaint respondeu duramente que não queria nada; que sabia que a sua destruição seria o último propósito, que seus filhos nunca aproveitariam o pouco que ele tinha juntado, mas que não era ainda vítima de seus inimigos. A esse desabafo ele juntou algumas reflexões que magoaram de tal modo a consciência sensível de Vincent que ele nem mesmo as anotou. Mas podemos adivinhar o que eram. A amargura diante dos insultos e o desprezo que sentia eram causados pela sua cor, que o colocava e à sua gente em uma posição desesperada: a submissão significava a volta à condição de escravos; a rebeldia significava, por sua vez, a guerra e a completa devastação da ilha; o seu isolamento, amigos brancos e negros contra ele; tudo isso deve ter arrancado as palavras de sua boca, o que normalmente nunca teria acontecido, a não ser quando achava necessário. E então dizia apenas o que queria. Deu as costas, abruptamente, para Vincent, e escapando pelo meio de uma multidão de cem pessoas que estavam esperando por ele montou em seu cavalo e partiu tão velozmente que até mesmo a sua guarda foi apanhada de surpresa.

Naquelas poucas semanas, Vincent parece ter duvidado de Toussaint. Vincent era branco. Nunca temeria a escravidão como um negro o faria, nunca sentiria o medo implacável da traição dos brancos, tão forte naquela geração de negros de São Domingos. O honesto Vincent nem por um momento duvidava que os homens que governavam a França agiriam com dignidade em relação àqueles negros, cujos serviços prestados à França ele mesmo testemunhara. Para ele, parecia que Toussaint estava simplesmente atrás de uma ambição pessoal. Antes de partir, esteve com Christophe para sondá-lo. Teria ele deixado Le Cap, onde comandava, e se dirigido para Santiago com a finalidade de recepcionar a expedição francesa que certamente viria? Isso evitaria uma série de problemas. Christophe, evasivo, disse que faria o melhor que pudesse pela paz. Com essa resposta ambígua, Vincent ficou satisfeito. Ele não sabia o que fazer. Voltou para casa, passando pela Filadélfia, nos Estados Unidos, de onde escreveu para Toussaint, alertando-o contra os projetos de independência.

Vincent fez tudo o que um homem podia fazer. Mesmo ao tentar afastar Christophe de Toussaint, ele estava agindo, assim pensava, pelos interesses da França e de São Domingos. Para ele, a restauração da escravidão era inimaginável. Esperava tanto quanto os milhões de britânicos esperaram as intrigas de Baldwin, Hoare e Eden com Laval e Mussolini, depois da recusa de armas à Abissínia e das grandiloquentes promessas de fidelidade à Liga das Nações e à ideia da segurança coletiva. Muitos subalternos honestos transformam-se, dessa forma, no instrumento involuntário da traição que vem de cima; o problema é que, quando se deparam com a crua realidade, ao final seguem a sua própria opinião e, devido à mesma confiança que a sua integridade criou, causam muito mais dano do que o inimigo declarado.

XII
A BURGUESIA SE PREPARA

A suspeita de Toussaint era perfeitamente plausível. Qual o regime sob o qual as colônias mais têm prosperado? perguntou Bonaparte. E, quando lhe foi dito que fora sob o *ancien régime*, ele decidiu restaurá-lo e restaurar também a escravidão e a discriminação aos mulatos.

Bonaparte odiava os negros. A Revolução havia nomeado aquele valente e brilhante mulato, o general Dumas[1], comandante-chefe de um dos exércitos, mas Bonaparte o detestava por causa da sua cor e o atormentava. No entanto, Bonaparte não era nenhum colonizador e seu preconceito contra os negros estava longe de influenciá-lo nas políticas mais importantes. Ele desejava obter lucros para aqueles que o apoiavam, e os barulhentos colonizadores encontravam nele um ouvinte atento. A burguesia das cidades marítimas queria de volta os fabulosos lucros de antigamente. O desejo apaixonado de libertar todos os homens, que nos grandes dias da Revolução exigira a liberdade dos negros, agora se amontoava nos bairros pobres de Paris e de Marselha, exaurido pelos próprios esforços e aterrorizado pelas baionetas de Bonaparte e pela polícia de Fouché.

Mas a abolição da escravidão era uma das memórias de que mais se orgulhava a Revolução. E, mais importante ainda, os negros de São Domingos possuíam um exército e líderes treinados para lutar à maneira europeia. Não eram selvagens tribais armados de lanças, contra os quais os soldados europeus, armados de rifles, conquistariam glórias imorredouras.

Ocupado com suas campanhas europeias, Bonaparte jamais perdeu São Domingos de vista, como não perdia nada de vista. Seus oficiais lhe apresentavam um plano após o outro, mas a frota britânica e a força desconhecida dos negros impediam qualquer ação. Entretanto, no começo de março de 1801, uma mudança em sua política quase o levou a deixar Toussaint totalmente no comando de São Domingos.

---

1 Pai do escritor Alexandre Dumas, pai, e avô de Alexandre Dumas Filho. A França erigiu um monumento para os três na Place Malesherbes, em Paris.

A burguesia francesa e a britânica estavam no meio de uma luta pela supremacia mundial que durou mais de vinte anos e devastou a Europa. Bonaparte tinha em vista a Índia e, tendo perdido uma primavera a caminho do Egito, seduziu o Tzar Paulo e juntos planejaram marchar por terra e roubar dos britânicos o que estes haviam tirados dos indianos. Bonaparte não podia lutar em dois hemisférios ao mesmo tempo e, em 4 de março, escreveu a Toussaint uma carta transbordante de benevolência[2]. Ele estivera ocupado, mas agora que a paz estava próxima tinha tempo de ler as cartas de Toussaint. Ele o nomearia capitão-general da ilha. Pediu a Toussaint que desenvolvesse a agricultura e estruturasse as forças armadas. "Espero que esteja próxima a hora em que uma divisão de São Domingos venha a contribuir, nesse seu lado do mundo, para a glória e as possessões da República."

Entretanto, a burguesia britânica, expulsa da América, agora se dava conta da importância da Índia. Pitt, em conluio com Alexandre, filho de Paulo, planejou o assassinato deste, que estava a favor dos franceses[3]. Sete dias depois da carta a Toussaint ter sido escrita, Paulo foi estrangulado e, no dia seguinte, a frota britânica entrou no Báltico. Quando Bonaparte soube disso, reconheceu imediatamente que Pitt o havia derrotado e que o ataque à Índia estava perdido. A carta e as instruções a Toussaint nunca foram enviadas e Bonaparte preparou-se para destruí-lo. Toussaint tinha o grande mérito de jamais nutrir ilusões a respeito da pretendida superioridade moral da civilização europeia, embora acreditasse que essa civilização fosse valiosa e necessária e tivesse lutado para implantá-la entre o seu povo. Ele enxergava os imperialistas franceses, britânicos e espanhóis como os bandidos insaciáveis que eram, para os quais nenhum juramento era sagrado demais para não ser quebrado, e não havia nenhum crime, trapaça, traição, crueldade ou destruição da vida humana e da propriedade que eles não cometessem contra aqueles que não pudessem se defender.

Quando Vincent chegou a Paris, os preparativos estavam em andamento, mas a Constituição dava a Bonaparte uma desculpa conveniente. O pobre Vincent havia tentado persuadir Toussaint a ceder a Bonaparte, ao condenar a Constituição como uma perfídia. Agora, ele tentava persuadir Bonaparte a ceder a Toussaint, ao negar que a Constituição fosse uma traição. Bo-

2 Correspondência de Napoleão.
3 EUGÉNE TARLÉ, *Bonaparte*, Londres, 1937, p. 116-7.

naparte acusou Toussaint de estar vendido aos britânicos. Teimosamente, Vincent o defendeu. Bonaparte insultou Vincent, amaldiçoou os "africanos dourados", disse que jamais colocaria uma divisa nos ombros de um único preto da colônia. Vincent lembrou-lhe que os britânicos poderiam apoiar Toussaint. Bonaparte gabou-se de que os britânicos estavam inclinados a se opor à expedição, mas que, quando ele ameaçou investir Toussaint de poderes ilimitados e reconhecer a sua independência, os britânicos se calaram. (Bonaparte pensou que eles temiam o efeito que uma São Domingos independente teria sobre a colônia escrava deles da Jamaica. Mas Pitt, Dundas e Maitland riam à socapa e esfregavam as mãos na expectativa.) Vincent tentou apontar os perigos da expedição. Bonaparte chamou Toussaint de "escravo rebelado", disse que Vincent era um covarde e o expulsou de sua presença. Vincent ficou estarrecido com a violência de Bonaparte. Se era nesse estado de espírito que os franceses iam a São Domingos, rumavam para o fracasso. Tão ansioso agora pela França quanto por São Domingos, ele tomou a decisão ousada de dirigir um memorando ao ministro, no qual tentava mostrar a força da colônia e o gênio extraordinário do homem que ali governava.

"À frente de tantos recursos está um homem tão ativo e incansável que não é possível imaginar. É a mais pura verdade dizer que ele está em toda a parte e, acima de tudo, nos lugares onde for necessário um juízo sensato e houver perigo; sua grande sobriedade, o talento único que possui de não precisar de descanso, a vantagem de gozar da capacidade de iniciar imediatamente o trabalho em seu gabinete depois de uma jornada estafante, de responder cem cartas por dia e de esgotar os seus secretários; e, acima de tudo, a arte de tantalizar e confundir todo mundo, até mesmo para trapacear: tudo isso o torna um homem tão superior a todos à sua volta que o respeito e a submissão atingem os limites do fanatismo em muitas cabeças. Impôs a seus irmãos em São Domingos um poder sem limites. É o senhor absoluto da ilha e nada pode contrariar seus desejos, quaisquer que sejam, embora alguns homens distintos, poucos deles negros, saibam de seus planos e os encarem com grande temor."

Vincent descreveu Toussaint como sendo superior a todos em São Domingos; mas, se lermos novamente a citação acima, ficará claro que aquele oficial corajoso, honesto, inteligente e experimentado estava, obviamente, descrevendo o ser humano mais extraordinário que jamais encontrara na vida, com poderes além do que ele imaginava possíveis. Os contemporâneos que descreveram as grandes figuras da Revolução Francesa e da era napoleônica revelavam essa atitude de admiração apenas em relação a três homens: Bonaparte, o almirante Nelson e Toussaint.

Bonaparte ficou tão zangado que baniu Vincent para a ilha de Elba.

Pessoalmente amados e respeitados por seus contemporâneos, Vincent e Beauvais falharam, como falham todos os que não compreendem que, numa revolução, cada um precisa escolher o seu lado e permanecer fiel a ele.

Embora Bonaparte gritasse "preto", como um proprietário de escravos, mais do que ninguém na França ele adivinhava quais eram as dificuldades que teria pela frente. No começo, pensou que as coisas seriam fáceis. Os colonizadores que fugiram nos primeiros dias da revolução viam os escravos como um bando heterogêneo de bandoleiros negros, que debandariam ao primeiro indício de qualquer homem branco. Como esses pretos amedrontados e trêmulos poderiam ser diferentes? Eles haviam derrotado os britânicos? Que bobagem! Foi a febre. O general Michel, da última Comissão e que jamais havia visto o exército de Toussaint em ação, chamou seus oficiais de cambada de presunçosos incompetentes.

Todavia, Roume, Pascal e Vincent, que gostavam dos negros e portanto sabiam do que eles eram capazes, estavam contra qualquer expedição. Pascal afirmou que os negros mais esclarecidos, ou seja, aqueles que já eram livres antes da revolução, não gostavam de Toussaint, mas noventa e oito por cento da população o seguia cegamente e acreditava que ele fosse inspirado por Deus. A atitude de Roume era ainda mais surpreendente. Roume nem mesmo era francês, mas sim um crioulo de Tobago. Contudo, apesar do tratamento rude que sofrera nas mãos de Toussaint, ainda acreditava na devoção deste à França. Ele escreveu que Toussaint agira irregularmente devido ao medo que tinha da escravidão. Bonaparte deveria investi-lo de plenos poderes civis e militares e tranquilizá-lo quanto ao futuro. No fim da guerra, ele devolveria a colônia[4].

Malenfant, um velho colonista, que era então oficial em São Domingos, recebeu a oferta de um posto na expedição. Redigiu um memorando cheio de elogios a Toussaint e aos trabalhadores e alertou Bonaparte da catástrofe que este estava preparando. Quando encontrou o capitão-general Leclerc, poucos dias antes de a frota zarpar, este o acusou de covardia:

4 Ao ministro. *Les Archives Nationales*. A. F. IV, 1187.

– Todos os negros, quando veem um exército, largam as armas. Eles dar-se-ão por satisfeitos se os perdoarmos.

– O senhor está mal informado, general...

– Mas há um colonizador que se ofereceu para prender Toussaint no interior do país, com sessenta granadeiros!

– Ele é mais corajoso do que eu, pois eu não o tentaria nem com sessenta mil.

– Ele é muito rico, esse Toussaint. Tem mais de quarenta milhões.

Pacientemente, Malenfant lhe disse que seria impossível que Toussaint tivesse essa soma. Malenfant tinha a mesma opinião que Roume sobre Toussaint. Afirmou posteriormente que, se Bonaparte tivesse enviado Laveaux a São Domingos com três mil homens, tudo teria saído bem. Toussaint era um homem eminentemente razoável, e ele e Laveaux teriam encontrado um *modus vivendi* no qual o capital francês teria amplas oportunidades na ilha. Mas isso não aconteceu. Leclerc fez pouco dos argumentos de Malenfant e o dispensou.

Bonaparte jamais teve ideias tão tolas. Vincent havia lhe contado sobre a força do exército de Toussaint, com seus soldados e oficiais, treinados e experimentados em dez anos de lutas constantes, e o grande soldado juntava mais e mais homens à sua força. Assim, para evitar muita conversa, distribuiu seus preparativos por todos os portos da França, da Holanda e da Bélgica. As preliminares da paz foram assinadas no dia 1º de outubro de 1801. Oito dias depois, Bonaparte deu o sinal e mesmo os ventos contrários só conseguiriam atrasar a expedição até 14 de dezembro.

Foi a maior expedição jamais enviada pela França e consistia de vinte mil soldados veteranos, sob o comando de alguns dos melhores oficiais de Bonaparte. O chefe do Estado-maior era Dugua, que Napoleão havia deixado no comando do Egito quando continuou a marcha para a Palestina. Boudet havia comandado a guarda avançada de Dessaix, cujo ataque salvou Bonaparte de uma derrota desastrosa em Marengo à última hora. Boyer havia comandado a guarda móvel que patrulhava o Alto Egito; Humbert, a expedição contra a Irlanda. Eram homens que adquiriram experiência de guerrilha durante a Vendeia. O general Pamphile de Lacroix, que zarpou com a expedição e escreveu uma valiosa história sobre a campanha e a revolução de São Domingos, deixou-nos a sua opinião: "O exército de Leclerc era composto de um número gigantesco de soldados de grande talento, bons estrategistas, grandes táticos, oficiais de engenharia e de artilharia, bem instruídos e cheios de recursos"[5]. No último momento, Bonaparte mudou o comando, colocando à frente seu cunhado, Leclerc, numa demonstração da importância que dava à aventura. A esposa de Leclerc, Paulina, e o filho seguiram com a expedição. Ela levava músicos, artistas e toda a parafernália de uma Corte. A escravidão seria restabelecida, a civilização voltaria a ser instalada e todos viveriam felizes.

E, nesses últimos meses cruciais, Toussaint, consciente dos preparativos de Bonaparte, estava ocupado serrando o galho no qual estava sentado.

No Norte, nas cercanias de Plaisance, Limbé e Dondon, a vanguarda da revolução não estava satisfeita com o novo regime. A disciplina de Toussaint era dura, mas infinitamente preferível à antiga escravidão. O que os velhos revolucionários negros não aceitavam era trabalhar para seus patrões brancos. Moïse era o comandante na Província do Norte e simpatizava com os negros. Trabalhar sim, mas não para os brancos. "O que quer que meu tio faça, não posso ser o carrasco da minha raça. Ele sempre me repreende por causa dos interesses da metrópole. Mas esses interesses são aqueles dos brancos e eu só poderei amá-los quando me devolverem o olho que perdi em batalha."

Já iam longe os dias em que Toussaint deixava a frente de batalha e cavalgava noite afora para indagar sobre as queixas dos trabalhadores e, ainda que protegesse os brancos, mostrava aos trabalhadores que era o líder deles.

Revolucionários até o fim, aqueles homens ousados, os próprios irmãos dos *cordeliers* de Paris e dos trabalhadores viborgues de Petrogrado, organizaram outra insurreição. Seu objetivo era massacrar os brancos, derrubar o governo de Tousssaint e, conforme a esperança de alguns, colocar Moïse em seu lugar. Todos os observadores, assim como o próprio Toussaint, pensavam que os trabalhadores o seguiam por causa dos seus serviços passados e da sua superioridade inquestionável. Essa insurreição veio provar que eles o seguiam porque ele representava a emancipação completa de sua anterior

5 *Mémoires pour servir*... v. II, p. 319.

degradação, o que era o seu objetivo principal. Assim que perceberam que ele não perseguia mais esse objetivo, estavam prontos para derrubá-lo[6].

Não era apenas um tumulto provocado por alguns negros descontentes ou preguiçosos. A insurreição se espalhou para o Norte. Os revolucionários escolheram um momento em que Toussaint estava em Petite-Rivière para assistir ao casamento de Dessalines. O movimento deveria ter começado em Le Cap, no dia 21 de setembro, mas Christophe ficou sabendo a tempo de impedir as primeiras explosões em diversos quartéis da cidade. Nos dias 22 e 23 a revolta irrompeu nos distritos revolucionários de Marmelade, Plaisance, Limbé, Port Margot e Dondon, sede do famoso regimento dos *sans-culottes*. Na manhã do dia 23, ela começou novamente em Le Cap, enquanto bandos armados, que matavam todos os brancos que encontravam pelo caminho, surgiram nos subúrbios para entrar em contato com os da cidade. Enquanto Christophe os derrotava, Toussaint e Dessalines marchavam contra o levante em Marmelade e Dondon. O movimento caiu aos pedaços aos pés de Toussaint e seu terrível tenente. Moïse, evitando um encontro com Toussaint, atacou e derrotou outro bando. Mas os negros em alguns distritos haviam se revoltado aos gritos de "Viva Moïse!". Assim, Toussaint o prendeu e não permitiu nem mesmo que o tribunal militar o ouvisse. Os documentos eram suficientes, afirmou.

---

6 GEORGES LEFEBVRE: *La Convention*, v. I, p. 45. Palestras mimeografadas realizadas na Sorbonne. "Os jacobinos, ademais, tinham um ponto de vista autoritário. Conscientemente ou não, desejavam agir com o povo e para o povo, mas exigiam o direito de liderança e, quando chegaram à testa dos negócios, deixaram de consultar o povo, acabaram com as eleições, proscreveram os *hébertistes* e os *enragés*. Eles podem ser descritos como déspotas esclarecidos. Os *sans-culottes*, ao contrário, eram extremamente democráticos: desejavam o governo direto do povo pelo povo; se exigiram uma ditadura contra os aristocratas, foi porque desejavam exercê-la por si mesmos para que seus líderes pudessem fazer o que quisessem."

Os *sans-culottes*, principalmente em Paris, viam claramente o que era necessário em cada estádio da Revolução, pelo menos até que esta chegasse ao seu ponto mais alto. Sua dificuldade consistia em não ter a educação, a experiência e nem os recursos para organizar um Estado moderno, mesmo que temporariamente. *Era precisamente essa a posição dos revolucionários de Plaisance, Limbé e Dondon em relação a Toussaint. Os acontecimentos logo mostrariam que eles estavam certos e que Toussaint, ao não os ouvir, cometeu o maior erro de sua carreira.*

Para um registro equilibrado sobre a maneira pela qual os próprios *sans-culottes* trabalharam e como forçaram Robespierre a assumir a grande política que salvou a Revolução, ver LEFEBVRE (conferências mimeografadas), *Le Gouvernement revolutionnaire* (2 Juin 1793-9 Thermidor II), Fólio II.

– Quero crer que os comissários não retardarão um julgamento tão necessário à tranquilidade da colônia!

Tinha medo de que Moïse o suplantasse[7].

Aceitando o motivo, a Comissão realizou o julgamento e Moïse foi fuzilado. Ele morreu como havia vivido. Postou-se no patíbulo, na presença das tropas da guarnição e, com voz firme, deu a ordem para o pelotão do fuzilamento:

– Atirem, meus amigos, atirem!

O que, exatamente, Moïse defendia? Jamais o saberemos. Quarenta anos depois de sua morte, Madiou, o historiador haitiano, traçou um esboço do programa de Moïse, cuja autenticidade, todavia, tem sido questionada. Toussaint se recusou a dividir as grandes propriedades. Moïse desejava pequenas glebas para os oficiais inferiores e também para os soldados rasos. Toussaint favorecia os brancos em detrimento dos mulatos. Moïse procurou construir uma aliança entre negros e mulatos contra os franceses. É certo que tinha uma forte simpatia pelos trabalhadores e odiava os antigos proprietários de escravos. Mas não era contra os brancos. Lamentava amargamente as indignidades que tinha sido forçado a cometer contra Roume e sabemos como era grande a sua estima por Sonthonax. Temos pouca coisa em que nos basear, mas ele parece ter sido uma pessoa particularmente atraente e profunda. Os antigos donos de escravos o odiavam e pressionavam Toussaint para se livrar dele. Christophe também tinha ciúme de Moïse e amava a sociedade branca. Culpado ou não de traição, Moïse tinha inimigos demais para escapar às implicações do grito "Viva Moïse!", proferido pelos revolucionários.

Para os negros do Norte, já desencantados com a política de Toussaint, a execução de Moïse foi a desilusão derradeira. Eles não a compreendiam. Como era inevitável, e ainda o é, pensavam que o problema fosse a cor. Como o próprio Toussaint, Moïse, seu sobrinho, simbolizava a revolução. Fora ele quem liderara os trabalhadores contra Hédouville. Ele também havia liderado a insurreição que retirou a autoridade de Roume para ocupar a São Domingos espanhola, movimento apoiado pelos trabalhadores com o objetivo de impedir o tráfico espanhol de escravos. Moïse havia prendido

7 O próprio Toussaint admitiu isso logo depois. Ver POYEN, *Histoire militaire de la révolution de Saint-Domingue*, Paris, 1899, p. 228.

Roume e depois Vincent. E agora Toussaint o fuzilava, por ter tomado o partido dos negros contra os brancos.

Toussaint reconheceu o erro. Se o rompimento com os franceses e Vincent abalara sua calma habitual na última entrevista, ainda maior era o remorso que sentia depois da execução de Moïse. Ninguém jamais o havia visto tão agitado. Ele tentou se explicar numa longa proclamação: Moïse era a alma da insurreição; Moïse era um jovem de hábitos libertinos. Foi inútil. Moïse havia estado numa posição muito elevada e por muito tempo.

Mas Toussaint estava tão determinado que só conseguia pensar em continuar com a repressão. Por que os negros precisaram apoiar Moïse contra ele? Essa pergunta ele não parou para fazer, ou, caso a tenha feito, não gostou da resposta. Nos distritos onde houve insurreição, matou sem piedade. Alinhava os trabalhadores e falava com eles; caso alguém respondesse com hesitação, era fuzilado. Intimidados pelo poder de Toussaint, submeteram-se.

Editou uma série de leis que superavam em severidade todas as outras já decretadas. Introduziu um sistema rígido de passaportes para todas as classes da população. Confinou os trabalhadores em suas plantações mais restritamente do que nunca e decretou que os gerentes e capatazes seriam responsáveis por essa lei, sob pena de prisão. Qualquer pessoa que fomentasse a desordem seria condenada a seis meses de trabalhos forçados, com um peso atado à perna por meio de uma corrente. Proibiu os soldados de visitarem qualquer plantação, exceto para verem seus pais ou suas mães e, assim mesmo, por um período limitado; ele passou a temer o contato entre o exército revolucionário e o povo, sinal infalível da degeneração revolucionária.

Ao mesmo tempo em que baixava o moral das massas negras, ele procurava tranquilizar os brancos. Alguns se regozijavam abertamente com os rumores da expedição e Toussaint, em vez de tratá-los da mesma forma que havia tratado os trabalhadores, simplesmente os deportou. Sem dúvida deve ter havido outros com as mesmas ideias mas que acharam mais prudente manter-se calados. Todavia, um grande número deles aceitou a nova ordem e via consternado a violência e a destruição que seriam inevitáveis com a chegada da campanha francesa. Alguns começaram a partir e solicitaram passaportes. Um dos crioulos mais notáveis de São Domingos, um homem educado e de bom senso que havia aceito a nova situação[8], dirigiu-se a

8 Temos conhecimento disso por meio do relatório que fizera a Bonaparte. *Les Archives Nationales*, F. 7, 6 266.

Toussaint e pediu-lhe um passaporte. Eis o que Toussaint temia: o desmoronamento de um regime instável antes que tivesse a oportunidade de adquirir coesão. Dirigiu-se rapidamente até a porta para ver se não havia ninguém que pudesse ouvi-lo, ação bem característica dele. Voltando, olhou De Nogerée de frente e perguntou-lhe:

– Por que queres ir embora, tu a quem eu amo e estimo?

– Porque sou branco e, apesar dos bons sentimentos que tens por mim, vejo que estás prestes a te tornar o colérico chefe dos negros.

Um tanto injustamente, ele acusou Toussaint de deportar os brancos que haviam se regozijado com a chegada da expedição. Toussaint justificou ardorosamente tal ação:

– Eles foram imprudentes e loucos em rejubilar-se com tais notícias, como se a expedição não estivesse destinada a me destruir, destruir os brancos e destruir a colônia.

Com uma mente igual à sua, essencialmente criativa e organizada, essa era a perspectiva que o preocupava e deturpava o seu julgamento.

– Na França, sou tido como um poder independente, e por isso estão se armando contra mim. Contra mim, que recusei a oferta do general Maitland para estabelecer a minha independência sob a proteção da Inglaterra e que sempre rejeitei as propostas que Sonthonax me fez a respeito.

Ele sabia que a expedição estava a caminho, mas ainda tinha a esperança de que a catástrofe pudesse ser evitada.

– Todavia, como desejas partir para a França, consentirei, mas pelo menos faze com que a viagem seja útil à colônia. Por teu intermédio, enviarei cartas ao Primeiro-Cônsul e pedirei que te ouça. Fala-lhe a meu respeito, di-lhe como a agricultura está prosperando, como o comércio está próspero. Em uma palavra, conta-lhe o que fiz. Eu deveria, e desejo, ser julgado de acordo com tudo o que realizei aqui. Vinte vezes escrevi a Bonaparte, para pedir-lhe que enviasse comissários civis, para dizer-lhe que despachasse para cá os antigos colonizadores, brancos instruídos na administração dos negócios públicos, bons mecânicos, bons trabalhadores: ele jamais me respondeu. Subitamente, aproveita-se da paz (da qual nem se dignou a me informar e da qual só tive conhecimento por intermédio dos ingleses), para enviar contra mim uma expedição formidável, em cujas fileiras vejo meus inimigos pessoais e os inimigos da colônia que eu havia mandado embora.

E continuou:

– Volte dentro de vinte e quatro horas. Ah, como eu queria que tu e as minhas cartas chegassem a tempo de mudar a determinação do Primeiro-Cônsul, para fazer com que ele visse que, ao me arruinar, arruina os negros, arruina não apenas São Domingos, mas todas as colônias ocidentais. Se Bonaparte é o primeiro homem na França, Toussaint é o primeiro homem no arquipélago das Antilhas.

Ele não tinha falsa modéstia quanto ao que representava para São Domingos.

Refletiu por um momento e depois disse, em tom firme, que estivera negociando com os ingleses para conseguir vinte mil negros na África, não para cometer traição, mas para torná-los soldados da França.

– Conheço a perfídia dos ingleses. Não tenho nenhuma obrigação para com eles pelas informações que me deram com respeito à expedição que vem vindo para São Domingos. Não! Jamais levantarei armas por eles!

Mas a realidade forçou-o novamente:

– Peguei em armas pela liberdade da minha raça, a qual apenas a França proclamou, mas que nem mesmo ela tem o direito de anular. Nossa liberdade já não está mais nas suas mãos: está em nossas próprias. Nós a defenderemos ou pereceremos.

Essa dualidade estranha, tão confusa para seu povo, que era quem tinha de lutar, continuou até o fim. Mas, ainda assim, nesse momento de grande incerteza para ele, cuja clareza mental e cujo vigor de ação eram tão fora do comum, revelou-se um dos poucos homens para os quais o poder é um meio para se chegar ao fim, ao desenvolvimento da civilização, à melhoria dos seus semelhantes. Mesmo a sua hesitação era um sinal da superioridade da sua mente. Dessalines e Moïse não teriam hesitado. Ele lançou outra proclamação e dedicou a maior parte dela para tranquilizar os proprietários brancos, os quais "sempre encontrarão em nós protetores ardentes, amigos verdadeiros, defensores zelosos.(...)"

O que significava isso tudo para os antigos escravos? Quando ele mencionou a campanha, sua confusão era evidente em cada linha:

"Homens de boa-fé (...) não podereis mais acreditar que a França, que abandonou São Domingos à própria sorte no momento em que seus inimigos disputavam-lhe a posse (...) agora enviará um exército para destruir homens que nunca deixaram de servir aos seus desejos (...)".

Depois de semear a dúvida na mente das pessoas quanto às intenções da França, ele continuou:

– Mas se esse crime, do qual o Governo francês é suspeito, for verdadeiro, basta-me dizer que uma criança, que conhece os direitos que a natureza outorgou ao autor dos seus dias, se mostra obediente e submissa a seu pai e a sua mãe; e se, apesar de toda sua obediência e submissão, o pai e a mãe forem desnaturados o suficiente para quererem destruí-la, não haverá outra alternativa senão a de colocar a vingança nas mãos de Deus.

Assim, Deus é quem deveria defender os negros da escravidão. E quanto ao exército, e quanto ao povo, e quanto a ele mesmo, seu líder?

– Bravos soldados, generais, oficiais e tropas, não deem ouvidos aos maus. (...) Eu vos mostrarei o caminho a seguir. (...) Sou um soldado, não temo homem nenhum, temo apenas Deus. Se devo morrer, que seja como soldado honrado, sem medo de ser repreendido.

Toussaint não podia acreditar que a classe dominante francesa pudesse ser tão depravada, tão desprovida de qualquer senso de decência a ponto de tentar restabelecer a escravidão. A noção que possuía de política levou-o a fazer todos os preparativos, mas ele não podia admitir, para si mesmo e para o seu povo, que seria mais fácil encontrar decência, gratidão, justiça e humanidade numa jaula de tigres famintos do que nos conselhos do imperialismo, fosse nos gabinetes de Pitt ou nos de Bonaparte, Baldwin, Laval ou Blum.

Criticar não basta. O que Toussaint deveria ter feito? Cento e cinquenta anos de História e o estudo científico da revolução, iniciado por Marx e Engels e depois ampliado por Lenin e Trotski, justificam-nos a indicação de um curso alternativo.

Lenin e os bolcheviques, depois da Revolução de Outubro, enfrentaram um problema semelhante ao de Toussaint. A cultura burguesa russa era relativamente pobre, mas Lenin admitiu francamente que ela era superior à do proletariado e que teria de ser usada até que este estivesse desenvolvido. Ele excluiu rigidamente a burguesia do poder político, mas propunha que deveriam ter postos importantes e bons salários, mais elevados do que o dos membros do próprio Partido Comunista. Mesmo os comunistas que sofreram e lutaram sob o tzarismo, depois de algum tempo foram substituídos por burgueses competentes. Podemos avaliar o gigantesco intelecto de Toussaint pelo fato de que, mesmo despreparado como era, tentou fazer o mesmo, com seu exército e generais negros cumprindo o papel político do Partido Bolchevique. Se ele manteve brancos no seu exército, fê-lo pelo mesmo motivo que os bolcheviques também mantinham nos deles oficiais tzaristas. Nenhuma das duas revoluções tinha seus próprios oficiais treinados e educados em número suficiente, e os jacobinos de ébano estavam em piores condições culturais, relativamente falando, do que os bolchevistas russos.

Toda a teoria política bolchevista era de que as vitórias do novo regime conquistariam gradualmente aqueles que foram constrangidos a aceitá-la pela força. Toussaint esperava o mesmo. Se falhou, foi pelo mesmo motivo que a revolução socialista russa falhou, mesmo depois de todas as suas conquistas: a derrota da revolução na Europa. Se os jacobinos tivessem sido capazes de consolidar a república democrática em 1794, o Haiti teria permanecido como colônia francesa, mas uma tentativa de restaurar a escravidão teria sido bastante improvável.

Toussaint falhou no método, e não no princípio. A questão racial, em política, é subsidiária à questão das classes e pensar no imperialismo em termos de raça é algo desastroso. Mas negligenciar o fator racial como meramente incidental é um erro, menos grave apenas do que o tornar fundamental. Havia trabalhadores jacobinos em Paris que teriam lutado pelos negros contra as tropas de Bonaparte. Mas o movimento internacional não era então o que é hoje e não havia nenhum jacobino em São Domingos. Os trabalhadores negros enxergavam apenas os velhos proprietários brancos de escravos. Esses aceitariam o novo regime, mas jamais ao ponto de lutar por ele contra um exército francês, e as massas sabiam disso. Certamente Toussaint também o sabia. Ele jamais confiou em Agé, seu chefe do Estado-maior, que era francês, e pediu ao subordinado deste, Lamartinière, que ficasse de olho nele.

Mas, enquanto Lenin mantinha o partido e as massas totalmente a par de cada passo, explicando cuidadosamente a posição exata dos servidores burgueses do Estado operário, Toussaint não explicava nada, e deixava que as massas pensassem que seus velhos inimigos estavam sendo favorecidos à custa delas. Ao permitir que o vissem como partidário dos brancos contra os negros, Toussaint cometeu um crime imperdoável aos olhos de uma comunidade para a qual os brancos representavam tanto mal. Que eles recuperassem suas propriedades já era ruim. Que eles fossem privilegiados seria intolerável. Mas fuzilar Moïse, um negro, por causa de brancos, era mais do que um erro, era um crime. Seria quase como se Lenin tivesse executado Trotski por ter tomado o partido do proletariado contra a burguesia.

A posição de Toussaint era extremamente difícil. São Domingos, afinal, era uma colônia francesa. Visto isso, antes de a expedição ser uma certeza, uma declaração aberta seria impossível. Uma vez que ele compreendeu o que estava para vir, não deveria ter hesitado. Deveria ter declarado que uma poderosa expedição não poderia ter outro objetivo a não ser o de restaurar a escravidão; ter conclamado o povo a resistir; declarado a independência; confiscado as propriedades de todos os que se recusassem a aceitá-la e distribuir essas propriedades entre os que o apoiassem. A Agé e aos demais oficiais brancos deveria ter sido dada a oportunidade de escolher: aceitar ou partir. Caso aceitassem e pretendessem ser traidores, os oficiais negros estariam de sobreaviso contra eles; os homens tomariam conhecimento de suas ideias e atirariam neles ao menor sinal de hesitação perante o inimigo. Os brancos deveriam ter tido a mesma escolha: aceitar o regime negro que garantia e garantiria suas propriedades ou partir. Os traidores seriam tratados como traidores de guerra. Muitos dos fazendeiros preferiam a independência. Eles teriam ficado e contribuído com seus conhecimentos para o novo Estado. Não foram apenas os antigos escravos que seguiram Toussaint. Lamartinière era um mulato tão branco que apenas quem conhecesse a sua origem poderia dizer que ele era de ascendência negra; contudo, estava absoluta e completamente devotado à causa de Toussaint. Assim como Maurepas, um velho escravo alforriado. Com Dessalines, Belair, Moïse e centenas de outros oficiais, antigos escravos alforriados, teria sido fácil para Toussaint ter toda a massa da população na sua retaguarda. Tendo o exército, alguns dos negros e mulatos mais bem instruídos e os trabalhadores, que o haviam apoiado em tudo com firmeza, ele teria sido invencível. Com a questão esclarecida e o seu poder estabelecido, muitos dos que talvez estivessem hesitantes teriam ficado ao lado daquele que agisse firmemente. Depois de conquistar uma vitória decisiva, não seria impossível reabrir negociações com um arrependido Governo francês para estabelecer as esperadas relações.

Os trabalhadores e o exército de ébano é que poderiam ter resolvido o problema, e a política de Toussaint incapacitou a todos.

O exército estava com a fidelidade dividida. Havia nele franceses cujo dever seria lutar pela França. Eles, os mulatos e os negros alforriados não temiam pela própria liberdade.

Em vez de trazer os trabalhadores negros para mais perto de si, ele os afastou. Mesmo depois da revolta, não era tão tarde. Lenin esmagou a revolta de Kronstadt[9] com mão implacável, mas de maneira tão abrupta que gerou protestos entre os defensores da disciplina partidária, e ele apresentou imediatamente depois a Nova Economia Política[10]. Foi esse rápido reconhecimento do perigo que salvou a Revolução Russa. Toussaint esmagou a revolta como era de se prever que o faria. Mas, em vez de reconhecer que a insurreição se originou no medo do mesmo inimigo contra o qual se armava, ele foi mais severo com os revolucionários do que jamais havia sido. Sucedeu que o dia em que Moïse foi executado, 21 de novembro, foi o mesmo dia fixado por Napoleão para a partida da expedição.

Em vez de represálias, Toussaint deveria ter percorrido o país e, com aquele jeito doméstico que conhecia tão bem, mobilizado as massas, conversado com o povo, explicado a eles a situação e dito o que desejava que fizessem. Da forma que ocorreu, a política na qual ele persistiu levou as massas a um estado de estupor[11]. Dizia-se que ele pensava no efeito que ela causaria na França. A severidade com que agia e a proclamação tranquilizando os brancos visavam mostrar a Bonaparte que todas as classes estariam a salvo em São Domingos e que poderiam confiar em Toussaint para governar a colônia com justiça. Isso provavelmente é verdade e foi a causa de sua condenação.

Bonaparte não iria se convencer pela justiça, integridade e capacidade de Toussaint para governar. Onde os imperialistas não encontram desordem, eles a criam deliberadamente, como fez Hédouville. Eles desejam uma desculpa para poder entrar. Mas a encontram com facilidade e entrarão mesmo sem ela. O que vale é a força e principalmente a força organizada das massas. Sempre, mas principalmente no momento da luta, um líder precisa pensar em suas próprias massas. O que importa é o que elas pensam e não o que os imperialistas pensam. E se, para tornar as coisas claras para as massas Toussaint tivesse de fazer vista grossa a um massacre de brancos, tanto pior para eles. Ele havia feito todo o possível por eles, e se a questão das raças ocupava o lugar que ocupava em São Domingos, não era por culpa dos negros. Mas Toussaint, como Robespierre, destruiu sua própria ala esquerda e com isso selou sua sorte. A tragédia é que não era necessária. Robespierre atacou

9 Revolta ocorrida em 1921 na fortaleza de Kronstadt, em Petrogrado, devido ao desabastecimento e à situação econômica na capital. Os insurretos aceitavam o Estado soviético, mas sem os bolcheviques. A revolta foi esmagada. (N. do T.)

10 A Nova Economia Política (NEP), aplicada em 1921 por Lenin, significou um recuo na política de estatização da economia soviética, especialmente no comércio e no campo. (N. do T.)

11 Idlinger, tesoureiro da colônia. Relatório ao Governo francês, *Les Archives du Ministère des Affaires Etrangères. Fonds divers, section Amérique*, n. 14.

as massas porque era burguês e elas, comunistas. O embate era inevitável e não adianta reclamar. Mas entre Toussaint e seu povo não havia diferenças fundamentais de pontos de vista e intenções. Sabendo que o problema racial era político e social, tentou tratá-lo de uma forma puramente política e social. Foi um erro grave. Lenin, em sua tese dirigida ao Segundo Congresso da Internacional Comunista[12], alertou os revolucionários brancos, alerta muito necessário a eles, que o efeito da política imperialista na relação entre povos avançados e atrasados havia sido tal que os comunistas europeus teriam de fazer muitas concessões aos nativos dos países coloniais para poder sobrepujar os preconceitos justificados que estes sentiam em relação a todas as classes dos países opressores. Toussaint, à medida que crescia o seu poder, ia se esquecendo disso. Ignorou os trabalhadores negros, confundiu-os no momento em que mais precisava deles, e desnortear as massas é desfechar o golpe mais mortal numa revolução.

Sua fraqueza pessoal, o lado contraditório da sua força, também tomou parte nisso. Ele deixou no escuro até mesmo os seus generais. Era um homem quieto e reservado por natureza e havia sido criado na disciplina militar. Dava ordens e esperava que fossem obedecidas. Ninguém jamais sabia o que ele estava fazendo. Disse repentinamente a Sonthonax que este deveria partir e solicitou a seus generais que assinassem a carta, caso lhes aprouvesse. Quando Vincent falou com Christophe e Moïse sobre a Constituição, eles não sabiam nada a respeito. A queixa amarga de Moïse sobre Toussaint e os brancos partia obviamente de um homem para quem Toussaint jamais havia explicado os motivos de sua política. Não teriam precisado de muita persuasão para seguir um líder ousado. Moïse estava tateando o seu caminho nessa direção e podemos apontar a debilidade de Toussaint com mais clareza porque Dessalines realmente havia encontrado o método correto. O discurso que proferiu ao exército ficou famoso e uma das versões – ele provavelmente fez este discurso mais de uma vez – era a seguinte: “Se a França cometer alguma insensatez por aqui, todos devem levantar-se juntos, homens e mulheres”. Fortes aclamações acolheram esse pronunciamento ousado, que valia mais do que mil das proclamações equivocadas de Toussaint tranquilizando os brancos. Dessalines não tinha a menor intenção de tranquilizar os brancos.

Os brancos eram os brancos do velho regime. Dessalines não se preocupava com o que eles diziam ou pensavam. Os trabalhadores negros é que

---

12 Congresso ocorrido em Moscou em 1920. Foi marcado pelo entusiasmo pela derrota do exército branco e pela invasão da Polônia. Essa invasão acabaria derrotada. (N. do T.)

teriam de lutar, e eram eles que precisavam ser tranquilizados. Não que Toussaint tivesse quaisquer ilusões sobre os brancos. Ele não tinha nenhuma. Quando a guerra realmente começou, enviou uma breve mensagem aos seus comandantes: "Não deixai nada branco atrás de vós"[13]. Mas o mal já havia sido feito.

No entanto, os erros de Toussaint provinham das mesmas qualidades que faziam dele o que era. É fácil ver hoje, como os seus generais o viram, depois que ele morreu, onde foi que ele errara. Isso não significa que eles ou nós teríamos feito melhor se estivéssemos em seu lugar. Se Dessalines conseguia enxergar com tanta clareza e simplicidade, era porque os laços que ligavam esse soldado inculto à civilização francesa eram dos mais frágeis. Via tão bem o que estava embaixo do seu nariz porque era incapaz de enxergar mais longe. O fracasso de Toussaint foi devido ao esclarecimento e não à obscuridade.

Nos últimos dias de dezembro, a frota do almirante Villaret-Joyeuse, conduzindo a bordo o primeiro destacamento de doze mil homens, entrou no porto da baía de Samana. Toussaint, sozinho num pico das vizinhanças, observava os navios. Desacostumado com armamentos navais, ficou estarrecido com o seu número. Quando voltou para seu Estado-maior, proferiu as seguintes palavras:

– Pereceremos todos. Toda a França veio para nos esmagar!

Não era medo. Ele jamais teve medo. Mas determinados traços de caráter são profundos nos grandes homens. Apesar de tudo o que havia feito, ele era no fundo o mesmo Toussaint que tinha hesitado em se juntar à revolução em 1791 e que, durante todo um mês, protegera a fazenda do seu senhor da destruição. Só que desta vez não se tratava de uma plantação e um punhado de escravos, mas de uma colônia e centenas de milhares de pessoas.

---

13 Mauviel, bispo de São Domingos, memorando a Napoleão, *Les Archives Nationales*, A. F. IV. 1187.

XIII
A GUERRA DA INDEPENDÊNCIA

A derrota de Toussaint na guerra da independência e sua prisão e morte na Europa são considerados universalmente uma tragédia. Elas encerram os elementos autênticos de uma tragédia na qual, mesmo no auge da guerra, Toussaint lutava para manter a conexão francesa como uma necessidade ao Haiti em seu longo e difícil ascenso à civilização. Convencido de que a escravidão jamais seria restaurada em São Domingos, ele também estava convicto de que uma população de escravos, recém-chegados da África, não poderia integrar-se à civilização por si mesma. Quando vemos seus erros e a consequente catástrofe, motivados por suas evasivas e por sua falta de habilidade em tomar as decisões firmes e realistas, que tanto distinguiram a sua carreira e tornaram-se a suprema expressão de sua personalidade, temos de nos lembrar de que aqui não se trata de nenhum conflito dos dilemas insolúveis da condição humana, de nenhuma divisão de uma personalidade que só pode ser encontrada na luta pelo inatingível. Toussaint era um homem íntegro. O homem em que havia se transformado pela Revolução Francesa exigia que fosse mantida a relação com a França da liberdade, da igualdade, da fraternidade e da abolição da escravidão, indiscutivelmente. O significado da França revolucionária estava sempre em seus lábios, em suas declarações públicas, em sua correspondência e na intimidade espontânea de suas conversas particulares. Era o mais alto estádio da existência social que ele podia imaginar. Não era apenas a estrutura de sua mente. Ninguém à sua volta, além dele, tinha tanta consciência da necessidade prática de resolver o problema do atraso social e das primitivas condições de vida. Sendo o homem que era, por natureza e pela extensão e pela intensidade das novas experiências, que são privilégio de poucos, aquela era a maneira pela qual enxergava o mundo em que vivia. Sua atitude irreal para com os antigos senhores, na sua pátria e fora dela, provinha não de um humanitarismo ou de uma lealdade abstrata, mas do reconhecimento de que apenas eles tinham o que a sociedade de São Domingos precisava. Ele acreditava que poderia manipulá-los. Talvez pudesse mesmo tê-lo feito. Estava numa situação estreitamente comparável à do maior de todos os estadistas norte-americanos, Abraham Lincoln, em 1865: se algo pudesse ser feito, só ele poderia fazê-lo. A Lincoln não fora permitido tentar, mas Toussaint lutou desesperadamente por esse direito.

Se estava convencido de que São Domingos decairia sem as vantagens da conexão francesa, também estava certo de que a escravidão jamais poderia ser restaurada. Entre essas duas certezas, ele, em quem a visão penetrante e a decisão rápida passaram a ser uma segunda natureza, tornar-se-ia a personificação do vacilo. Foi a fidelidade à Revolução Francesa e a tudo que ela possibilitou, para a humanidade em geral e para o povo de São Domingos em particular, que o tornou no que ele era. Mas isso acabou por arruiná-lo no final.

Talvez a sua expectativa de obter mais do que a liberdade pura e simples tenha sido demais para a época. Dessalines se satisfazia apenas com isso. Talvez a prova de que a liberdade por si só seria possível residisse no fato de que, para mantê-la, Dessalines, o fiel ajudante, teria de se assegurar de que Toussaint estaria fora de cena. Toussaint tentava o impossível, aquele impossível que para ele era a única realidade que importava. As realidades, às quais o historiador está condenado, algumas vezes simplificarão as alternativas trágicas com as quais ele se defrontou. Mas as observações dos fatos e as conclusões exigidas por elas não devem obscurecer ou diminuir o verdadeiro caráter trágico do seu dilema, que é um dos mais extraordinários entre os registrados pela História.

Mas, num sentido mais profundo, vida e morte não são verdadeiramente trágicas. Prometeu[1], Hamlet[2], Lear[3], Fedra[4] e Acab[5] asseguram o que talvez

---

1 Criatura mitológica aprisionada por Zeus no Cáucaso, por ter roubado o fogo da vida para dá-lo aos homens. Lá, ele sofreria o eterno martírio de ter seu fígado, que sempre se regenerava, devorado por uma ave de rapina. Foi personagem de diversas obras, entre elas *Prometeu agrilhoado* de Ésquilo e um grande poema dramático homônimo de Shelley. (N. do T.)

2 Príncipe da Dinamarca, personagem de uma tragédia de Shakespeare, que encena uma peça para denunciar a conspiração que levou ao assassinato de seu pai, o rei. (N. do T.)

3 Personagem da tragédia de Shakespeare *Rei Lear*, que após dividir o seu reino entre duas de suas filhas em detrimento de uma terceira é desprezado pelas favorecidas e passa a viver na penúria, onde contará com o afeto daquela que fora deserdada. (N. do T.)

4 Personagem da tragédia homônima de Racine, imitação de *Hipólito coroado* de Eurípedes. Era a esposa de Teseu, que, rejeitada no amor que sentia pelo cunhado Hipólito, o acusa perante o marido, entrega-o à fúria de Netuno. Arrependida, comete suicídio. (N. do T.)

5 Ou Ahab. Personagem do romance *Moby Dick* de Herman Melville. Capitão de um baleeiro obcecado pela ideia de caçar uma gigantesca baleia branca. (N. do T.)

sejam impulsos permanentes da condição humana contra as exigências da sociedade organizada. Eles o fazem diante do iminente, ou até da destruição certa, e o seu desafio os impele a alturas que tornam a sua derrota um sacrifício que se adiciona à nossa concepção da grandeza humana.

Toussaint está numa categoria menor. Seus esplêndidos poderes não crescem, mas declinam. Se anteriormente ele se distinguia acima de todos pela maneira com a qual julgava pronta e destemidamente aquilo que confrontava, agora o vemos julgando incorretamente os acontecimentos e as pessoas, vacilando em princípio e perdendo o respeito dos seus inimigos e a confiança dos que o apoiavam.

A hamartia[6], a trágica imperfeição que construímos a partir de Aristóteles, em Toussaint não era uma fraqueza moral. Era um erro específico, um total desacerto dos eventos constituintes. Todavia, o que foi perdido pela liberdade imaginativa e lógica criativa dos grandes dramaturgos é reparado, até certo ponto, pela atualidade histórica do seu dilema. Assim, seria um erro considerá-lo apenas uma figura política numa remota ilha das Índias Ocidentais. Se a sua história não se parece com as maiores criações dramáticas, em seu significado social e no apelo humano ela excede em muito os últimos dias em Santa Helena e aquela apoteose de culminância e degradação que foi o suicídio em Wilhelmstrasse. As tragédias gregas sempre recorriam aos seus deuses para a personificação dramática do Destino, a barreira que domina um mundo que nem eles nem nós construímos.

Mas nem mesmo Shakespeare poderia ter encontrado uma personificação tão dramática do destino como aquela contra a qual Toussaint lutou: Napoleão Bonaparte.

E nem mesmo a imaginação mais fértil poderia ter vislumbrado a entrada do coro dos escravos como árbitros do seu próprio destino. A certeza de Toussaint de que essa seria a solução final e inevitável do problema ao qual ele se recusava a ficar limitado explica seus erros e os repara.

Como Toussaint, Bonaparte fazia tudo pessoalmente e traçou seu plano de campanha de próprio punho.

6 Defeito de caráter; erro, culpa, pecado, especialmente dos heróis trágicos da literatura. (N. do T.)

Ele o dividiu em três etapas. Na primeira delas, Leclerc deveria prometer a Toussaint tudo que ele solicitasse, para que pudesse se estabelecer nos principais pontos do país.

– Assim que isso for conseguido, deverás ser mais firme. Ordena-lhe que responda a mim, sem sofismas, a intimação e a minha carta.

Toussaint deveria ir a Le Cap e jurar fidelidade à República. "Naquele mesmo dia", ele e todos os que o apoiavam, brancos ou negros, deveriam ser enviados à França, não como degradados, mas com honra e consideração. (Isso seria feito apenas para evitar que a população se irritasse, mas nenhuma divisa permaneceria nos ombros de um único preto.) Raimond, que não tinha muitos seguidores, deveria ser preso e enviado à França como criminoso. Durante essa primeira etapa, Leclerc deveria tratar bem de Moïse, Dessalines e Toussaint e deveriam ser feitas tentativas para conquistar Christophe, Clairveaux e Maurepas, que eram "favoráveis aos brancos", ou seja, homens que haviam cumprido a política de Toussaint, e tratá-los com equidade e consideração. Essa seria a primeira etapa e duraria de quinze a vinte dias.

Mas Bonaparte tinha dúvidas quanto a Toussaint, Moïse e Dessalines. Caso eles não viessem a jurar fidelidade (e, caso viessem, seriam educada mas resolutamente deportados), deveriam ser declarados traidores, caçados numa "guerra até a morte" e, se capturados, fuzilados dentro de 24 horas. Isso poria fim à segunda etapa. "No mesmo dia", em todos os pontos, "todas as pessoas indecisas, de qualquer cor, deveriam ser presas, e todos os generais negros, de qualquer posição, deportados." O último estádio seria desarmar a população. A Guarda Nacional e a *gendarmerie* seriam "reorganizadas", vale dizer, tornadas totalmente brancas, e então São Domingos estaria pronta para as "leis especiais".

A primeira coisa seria obstruir o poder militar dos negros: nenhum negro acima da patente de capitão seria deixado na ilha.

A segunda coisa era o prestígio. Bonaparte conhecia a importância imperialista do devido respeito às mulheres brancas entre os nativos. Os antigos só consideravam completa a conquista depois de terem dormido com a esposa ou com as filhas do monarca vencido. É difícil inculcar o devido sentimento de inferioridade em um homem que dorme com a nossa irmã. Napoleão ordenou que todas as mulheres brancas, de qualquer classe, que se houvessem "prostituído" com negros fossem mandadas à Europa. Leclerc não deveria tolerar, por parte de quem quer fosse, qualquer conversa sobre os "direitos dos negros que haviam derramado tanto sangue branco"[7]. Quaisquer que fossem sua patente ou seu cargo, deveriam ser embarcados para a França.

As "leis especiais" não foram especificadas, mas os mulatos também foram tratados devidamente. Rigaud, Pétion, Villate e outros oficiais, que não temiam pelos seus próprios direitos e pensavam em suplantar Toussaint e seus generais, tinham tido permissão para seguir com a expedição. Bonaparte colocou-os juntos em um único navio, o *Vertu*. Se Toussaint desse as boas-vindas à expedição, eles nem desembarcariam, mas seriam deportados imediatamente para Madagascar. Todavia, se houvesse luta, seria permitido a eles derramarem sua cota de sangue[8].

Nessas instruções, Bonaparte repudiava a ideia de restaurar a escravidão. Estava mentindo. Mas ainda posava de herdeiro da Revolução e não ousaria submeter essa política reacionária aos brancos e negros, para que ela não caísse nas mãos do sucessor de Leclerc, caso ele precisasse de um, e por medo do efeito que provocaria no exército. Mesmo quando deu a Leclerc autoridade para restaurar a escravidão, este ocultou o fato do seu segundo em comando, Rochambeau. Muitos oficiais e todos os soldados acreditavam estar lutando pela Revolução e contra Toussaint, um traidor vendido aos padres, aos emigrados e aos britânicos.

É sobre os povos coloniais sem meios para reagir que o imperialismo aplica suas artes mais rasteiras. O mais espantoso nesse documento não é a sua duplicidade, mas sim a tranquila convicção da estupidez e da confiança dos generais negros. Aparentemente, Bonaparte temia apenas três deles: Toussaint, Moïse e Dessalines.

Mas o fato mais estarrecedor em toda essa história, e que testemunha o conhecimento que Napoleão tinha dos homens, é que Pétion e Rigaud sabiam que seriam deportados para Madagascar caso não houvesse resistência. Mas o impacto da autoridade é algo tão forte que eles estavam preparados para aceitar até mesmo essa mesquinha averiguação[9]. As premissas aparentemente impudentes de Bonaparte eram, na verdade, uma política sólida e sensata. Essa tranquila confiança em sua capacidade de trapacear é a marca da maturidade

7 As instruções estão publicadas na totalidade em *Die Kolonialpolitik Napoleons I*, por Roloff (Munique, 1899), como apêndice.

8 SANNON, *Histoire de Toussaint-L'Ouverture*, v. III, p. 48. Isso não consta das instruções.

9 SANNON, *ibidem*.

da classe dominante. Isso explica a fúria selvagem dessa classe quando se depara com alguém que não dá atenção aos seus protestos mais enfáticos. Bonaparte foi inteligente em destacar Toussaint, Dessalines e Moïse. Se não fosse pelos dois primeiros, o plano seria bem-sucedido.

No dia 2 de fevereiro, Leclerc chegou à barra do porto de Le Cap com cinco mil dos seus doze mil homens e deu instruções a Christophe, que comandava as tropas da cidade, que preparasse alojamentos para seus homens. Christophe, pobre coitado, já tinha tudo pronto para recebê-los, e se não fosse por uma querela entre Leclerc e Villaret-Joyeuse e os ventos contrários Leclerc teria poupado Le Cap. Mas Toussaint, numa cavalgada forçada desde Samana, chegou a tempo de impedir Christophe. Ele não se mostrou, mas deixou que Christophe conduzisse as negociações, permanecendo escondido numa sala contígua e pedindo a Christophe que falasse bem alto para que ele pudesse ouvir a sua recusa[10].

No trajeto para se encontrar com Christophe, o enviado de Leclerc, como que por acaso, deixou cair algumas proclamações de Bonaparte convocando a população para se reunir em torno de Leclerc, protetor da sua liberdade, restaurador da paz etc. Era tudo de que os burgueses mesquinhos precisavam. A Municipalidade e os funcionários civis, mulatos e negros livres, sempre com ciúmes dos generais negros de Toussaint, analfabetos e de baixa origem, e ressentidos com o despotismo de Toussaint, deram demonstrações de alegria e satisfação. Estúpidos como só funcionariozinhos burgueses podem ser, eles imploraram a Christophe para que desse as boas-vindas à expedição francesa[11]. César Télémaque, prefeito de Le Cap, negro e antigo liberto, administrador excepcionalmente capaz, liderou essa loucura, leu oficialmente a proclamação e atormentou Christophe para que se submetesse. Para dar mais força aos protestos, ele trouxe a Christophe uma delegação de anciãos, mulheres e crianças. Os brancos e todos que eram livres anteriormente estavam radiantes, mas os oficiais do exército, negros e mulatos, estavam implacavelmente hostis e não falavam com os franceses. Sob o olho vigilante do seu chefe, Christophe permaneceu firme e respondeu às ameaças de Leclerc com outras ameaças. No dia seguinte, 4 de fevereiro, Christophe convocou a guarnição, a qual jurou fidelidade até a morte. Eles

---

10 LACROIX, *Mémoires pour servir...*, v. II, p. 69-88.

11 LACROIX, *Mémoires pour servir...* Lacroix tomou parte nas negociações.

ficaram sabendo que Fort Liberté havia sido tomado pelos franceses. Era a guerra e Christophe conclamou a população para evacuar a cidade. Homens, mulheres e crianças começaram a dura subida para as colinas, que começavam logo depois da cidade. Alguns habitantes permaneceram junto a César Télémaque e à Municipalidade, esperando, apesar de tudo, alguma intervenção contra essa miséria final. Todos tinham os olhos voltados para o mar. Finalmente, no fim da tarde, um bote se destacou da esquadra e, aproveitando-se da crescente escuridão, dirigiu-se ao porto. Imediatamente os vigias de Christophe deram o temido sinal para disparar o canhão. Com o som do disparo, os soldados, com tochas na mão, correram pela cidade. Logo tudo estava queimando. De repente, com um estrondo tremendo, o paiol de pólvora explodiu. As pedras que se soltaram com a explosão rolaram, esmagando as mulheres e as crianças que estavam escondidas nas colinas. Por ordem de Toussaint, todos na cidade, os brancos, Télémaque e seus amigos, foram forçados a seguir as tropas. Foram de má vontade, lamentando amargamente que Leclerc não tivesse sido bem recebido.

Christophe e seus soldados retiraram-se para as montanhas para defender a população. O fogo ardeu durante toda a noite, destruindo propriedades no valor de cem milhões de francos. Os enviados de Leclerc haviam relatado como a cidade parecia próspera, mas quando ele desembarcou no dia seguinte foi recebido por cinzas e destroços: das duas mil casas, restavam apenas cinquenta e nove. Isso foi para o desapontado francês uma amostra do que estava para vir, o início de uma devastação que fez com que São Domingos retrocedesse meio século.

Mas Toussaint ainda hesitava, apesar de tudo. No caminho de Le Cap para Gonaïves, ele encontrou um destacamento francês. Quando parou para parlamentar, foi recebido a bala e quase perdeu a vida. Seu cavalo foi ferido, o chapéu de um dos seus oficiais foi levado por uma bala e Christophe teve de se jogar do cavalo e nadar através de um rio para escapar de ser morto ou capturado.

A guerra é a continuação da política por outros meios, e Toussaint estava colhendo a recompensa da sua política do ano anterior. Os trabalhadores, hostis aos franceses, não responderam ao seu chamado. Eles não compreendiam por que motivo Toussaint os convocava para lutar contra aqueles brancos, quando toda a sua política havia sido de conciliação para com esses mesmos brancos[12]. Era muito fácil para os inimigos de Toussaint

---

12 "(...) ele (Toussaint) era favorável aos colonialistas brancos, especialmente àqueles que ocupavam novas possessões; e o cuidado e parcialidade que sentia por eles ia ao ponto de ter sido

mostrá-lo como um tirano, mancomunado com os emigrados e com os padres – qualquer um poderia ver isso – e que procurava entregar a colônia aos ingleses para fazer triunfar sua própria ambição. Os mulatos e os negros libertos apoiavam abertamente os franceses. São Domingos era uma colônia francesa. Por que razão deveriam queimar suas propriedades devido à ambição de Toussaint?

O exército não sabia em que pé ficava. Christophe quase acolhera Leclerc e agora, hesitando entre os oficiais comandantes, vinha em auxílio deste e confundia ainda mais os soldados rasos e as massas. A capital, Port-Républicain, estava sob o comando de Agé. Boudet, com 3500 homens, conclamou Agé a entregar a cidade. Numa conferência dos oficiais, o oficial branco que estava no comando do paiol de pólvora se recusou a entregar as chaves. Lamartinière sacou a pistola e fuzilou-o na mesa de conferência. Outra bala para Agé teria poupado muitos problemas. Mas, diante de tal demonstração de lealdade e do temperamento de outros subordinados, Agé contemporizou. Em resposta à sua convocação, Boudet replicou que não poderia fazer nada sem ordem de Dessalines, seu oficial superior, que estava em São Marcos. Que tipo de resistência era aquela?

Assim encorajado, Boudet desembarcou suas tropas e marchou bravamente contra a cidade. Outro oficial, um seguidor de Rigaud, entregou um importante forte à vanguarda. Houve algumas lutas corajosas no último momento, mas com tal confusão e deslealdade no comando, a guarnição não podia manter a cidade. Lamartinière e seus homens se retiraram, tentando em vão atear fogo enquanto saíam. Não só a capital tinha sido tomada, com poucas perdas e seus suprimentos intactos, como também os franceses conseguiram apreender um tesouro de dois milhões e meio de francos[13].

Na noite seguinte chegou uma oferta de submissão de Laplume, o general negro que comandava o Sul. Os oficiais e os soldados, como se acostumaram

---

censurado por estar mais ligado a eles do que ao seu próprio povo. O lamento desse negro não era sem motivo; durante alguns meses, antes da chegada dos franceses, ele mandou matar seu próprio sobrinho, Moïse, por haver descumprido as ordens relativas à proteção dos colonialistas. Esse ato do Governador e a grande confiança que tinha no Governo francês foram as principais causas da fraca resistência que os franceses encontraram no Haiti." Esse é um extrato de um manifesto publicado por Christophe em 1814, quando o Haiti foi ameaçado novamente. (*in* BEARD, *Life of Toussaint L'Ouverture*, Londres, 1853, p. 326.) Toussaint não confiava no Governo francês, como dizia Christophe. Se confiasse, não teria se armado da maneira que fez. Mas ele deixou que o povo pensasse que confiava nos franceses.

13 O comandante da guarda avançada de Boudet era Pamphile de Lacroix.

a fazer nas intrigas políticas da revolução, seguiam seus comandantes, os quais, em muitos casos, haviam estruturado suas próprias tropas. Mesmo em São Domingos, que estava sob o comando de Paul L'Ouverture, os franceses conseguiram outra vitória fácil. Kerverseau, até então a serviço de Toussaint, havia-se juntado a Leclerc e recebido o comando de um destacamento francês. Ele marchou sobre São Domingos e exigiu a sua rendição. L'Ouverture recusou. Alguns habitantes franceses e espanhóis tentaram deixar entrar os franceses, mas Paul L'Ouverture os dispersou. Contudo o próprio irmão de Toussaint, enquanto se recusava a admitir Kerverseau, escreveu ao Governador solicitando instruções. Quando até mesmo o irmão de Toussaint tinha tão pouca certeza, o que as massas poderiam ter feito? Só então Toussaint lhe escreveu, ordenando que se defendesse até o fim e "até o ponto de capturar Kerverseau e suas tropas": um infeliz sinal indicativo de vacilação. Temeroso de que seus mensageiros pudessem ser capturados, Toussaint lhes deu outra carta, na qual aconselhava Paul a ser conciliatório. Seus oficiais, dois negros e um branco, caso fossem presos, deveriam apresentar aos captores esta última carta, ocultando as verdadeiras instruções. Os oficiais foram mortos e ambas as cartas encontradas. Kerverseau enviou a mensagem falsa a Paul, que abriu os portões e permitiu a sua entrada. Mauviel, bispo de São Domingos, já havia tempos estava tentando persuadir Clairveaux, oficial subordinado a Toussaint. Em poucos dias, Clairveaux cederia a Mauviel e se entregaria aos franceses. Isso era traição, mas era uma traição pequena, depois do que ele ouvira contar do próprio irmão de Toussaint, seu subordinado, que havia deixado Kerverseau entrar, aparentemente sob ordens do próprio Toussaint. Os franceses deram as boas-vindas aos oficiais e aos soldados de Toussaint e os trataram como camaradas. As massas só olhavam, confusas, espantadas, sem saber o que fazer. Felizmente para esses chefes desorientados, Toussaint, Dessalines e Maurepas não deram atenção às proclamações de Leclerc. Foi isso o que salvou os traidores, pois as instruções de Napoleão eram explícitas, e, se não fosse a resistência desses assim chamados inimigos da França, as divisas teriam sido arrancadas dos ombros desses negros idiotas e confiantes.

Em 10 de fevereiro, Maurepas, que defendia Port-de-Paix, a posição mais forte da costa norte, foi atacado por 1500 homens sob o comando de Debelle e ameaçado pelos canhões da frota. Recusando-se a entregar a cidade, ele se retirou e tomou posição nas montanhas. Mas Rochambeau tomou Fort Dauphin e assim, com exceção de São Marcos, que estava sob o comando de Dessalines, quase todo o litoral estava nas mãos de Leclerc.

No dia 8 de fevereiro Toussaint ainda não conhecia o total de seus reveses, mas, à medida que os golpes desabavam, ele se preparava não para a rendição, mas para a resistência. O sonho de um governo ordeiro e o avanço para a civilização haviam terminado. Ele se apegara à última esperança de paz, porém, quando viu o inimigo avançando, e só então, preparou-se para a luta. Seu erro havia sido lamentável, mas, assim que decidiu encarar de frente a destruição de São Domingos, ele se mostrou à altura do perigo e essa campanha, a sua última, foi também a maior. Ele delineou o plano para Dessalines.

– Não te esqueças de que, enquanto esperamos a estação das chuvas que nos livrará dos inimigos, não temos outro recurso senão o fogo e a destruição. Tem em mente que o solo encharcado com o nosso suor não deverá oferecer o menor sustento aos nossos inimigos. Arrasa as estradas com explosivos, joga cadáveres e cavalos em todas as fontes, queima e aniquila tudo, para que aqueles que vieram para nos reduzir à escravidão tenham diante dos olhos a imagem do inferno que merecem.

Era tarde demais. Os acontecimentos demonstraram que, se ele houvesse mobilizado as massas e expurgado o exército antes, o ataque francês teria malogrado desde o início. Seu desejo de evitar a destruição foi exatamente o que a causou. Esse é o erro recorrente dos moderados quando enfrentam a luta revolucionária.

Dessalines jamais recebeu a mensagem. Mas aquele soldado soberbo e líder revolucionário era um homem bem diferente de Christophe e do resto. Ele não precisava de instruções ou exortações para agir de maneira apropriada. Quando soube que Port-Républicain fora tomada, sua pele negra empalideceu; insultou ferozmente quem estava em volta e urrou de raiva. Uma coisa dessas jamais deveria ter acontecido e tudo era culpa de Toussaint.

Os franceses tinham a iniciativa e Dessalines não esperou ser atacado. Marchando para o Sul para encontrá-los, ele fez contato com Lamartinière em La Croix-des-Bouquets. Fingindo retirar-se para os montes Cahos, ele colocou os franceses numa pista falsa e correu para Léogane, uma cidade de muitos recursos e porto de uma planície fértil e florescente. Boudet enviou uma divisão em seu encalço, mas Dessalines chegou primeiro em Léogane, queimou-a inteiramente e devastou a planície. Agora ele estava numa posição crítica. Não poderia ir mais para o Sul, de onde Laplume o ameaçava.

A divisão que o perseguia e o próprio Boudet barravam a sua retirada em Port-Républicain. E novecentos homens desembarcados em Arcahaye colocaram aquela cidade portuária nas mãos dos franceses. Apenas as montanhas desconhecidas ofereciam refúgio. Dessalines conduziu seus homens para o alto de precipícios assustadores, por caminhos inexplorados. Os franceses não conseguiam vê-lo e, depois de uma série de marchas forçadas, ele voltou a São Marcos, reorganizou suas tropas e marchou novamente para o Sul para encontrar os franceses e impedir que avançassem sobre as suas bases. Boudet estava atacando por mar e por terra. Fazendo uso de todos os obstáculos do caminho, Dessalines levou Boudet a disputar cada palmo do terreno e o avanço dos franceses era continuamente barrado pela artilharia. Na batalha final, Dessalines foi derrotado. Mas, depois de uma marcha tão exaustiva e de combates tão mortíferos, os homens de Boudet estavam exauridos e não conseguiram seguir o exército em retirada. Calmamente, Dessalines se refugiou em São Marcos. Na praça de armas, ele mantivera uma enorme fogueira queimando durante dois dias e tinha colocado material inflamável por toda a cidade e no seu palácio, recém-concluído. Acendendo uma tocha, com suas próprias mãos ele ateou fogo à sua casa, enquanto os soldados faziam o mesmo na cidade. Boudet, como Leclerc, entrou numa cidade em ruínas. Mas, mesmo cansados e desanimados, os franceses não teriam paz. Dessalines, julgando que a guarnição de Port-Républicain estaria exaurida, partiu novamente para o Sul a toda velocidade, com a intenção de surpreender a cidade, tomá-la de assalto e queimá-la. Enquanto ia de uma parte da ilha para outra, esgotando os desumanos perseguidores do seu povo, aquele antigo escravo, com as marcas do chicote sob o seu uniforme de general, chegava rapidamente àquela conclusão que ainda confundia Toussaint. Iria proclamar a independência da ilha e romper com a França. Os antigos proprietários de escravos estavam em toda parte, rindo de satisfação por causa da expedição francesa. Ele acabaria com tudo o que era branco, de uma vez por todas.

Ele massacrou homens, mulheres e crianças, enfim todos os brancos que caíram em suas mãos. E proibiu que os enterrassem, deixando pilhas de cadáveres apodrecendo ao sol, para aterrorizar os destacamentos franceses que se arrastavam atrás de suas velozes colunas.

Agora Leclerc tentava dominar Toussaint usando os filhos deste como isca. O plano vinha sendo traçado cuidadosamente por Bonaparte em Paris, desde o mês de outubro. Napoleão não repatriou os meninos, e os inimigos de Toussaint não tinham escrúpulos em tentar voltá-los contra ele[14]. Mas quando chegou a época da partida da expedição Bonaparte os chamou, juntamente com seu tutor, o padre Coisnon. Ele lhes falou bondosamente, deu-lhes presentes, disse-lhes que seu pai era um grande homem e que havia servido muito bem à França; assegurou-lhes que a expedição visava apenas fortalecer São Domingos contra os inimigos; afirmou-lhes que os mandaria com antecedência, para que contassem tudo isso ao pai e pediu ao tutor que os acompanhasse, pois sua vocação sacerdotal seria uma ajuda. Ele ordenou a altos oficiais que os convidassem para jantar. Por algum motivo, os rapazes não foram enviados com antecedência. Eles e o tutor partiram com Leclerc. Bonaparte havia dado a este uma longa carta cheia de bobagens, finalmente assinada por ele mesmo, garantindo liberdade para os negros e solicitando a Toussaint que assistisse Leclerc no governo do país (presumivelmente durante mais ou menos uma semana, antes de ser deportado para a França), tudo entremeado com ameaças caso ele resistisse. Essa carta Leclerc encaminhou a Toussaint pelos meninos e pelo tutor, na esperança de que as derrotas e traições teriam amolecido Toussaint e de que a afeição paterna faria o resto. Ao longo de todo o caminho, a multidão, feliz por ver os filhos do general de volta de Paris, saiu às ruas para recepcioná-los, gritando saudações e abraçando-os enquanto eles recitavam suas mensagens de boa vontade. Sem que soubessem, eles estavam abalando o espírito de resistência do povo. Toussaint estava fora, mas chegou correndo no dia seguinte à noite. Os meninos se atiraram em seus braços, enquanto as lágrimas desciam pelo rosto do severo e velho soldado. Até então, Coisnon havia-se mantido em segundo plano, mas agora, segundo suas próprias palavras, julgando ter chegado o momento certo, lembrou Toussaint de seu dever para com a França e entregou-lhe a carta.

Toda a elaborada trama foi um miserável fracasso. Toussaint, que conhecia muito bem aqueles homens, nem se deu ao trabalho de ler a carta até o fim. Olhou metade da carta e, quando ia começar a falar, Coisnon principiou um demorado encômio a Bonaparte: a amável recepção que dera aos rapazes, a natureza pacífica da expedição etc. Dessalines provavelmente teria fuzilado Coisnon e arrebatado os filhos. Mas Toussaint era diferente.

---

14 Carta de Toussaint a eles, 22 de Prairial, ano VII, *Les Archives Nationales*, F. III, 210.

Respondeu a Coisnon com dignidade. As palavras de Napoleão anunciavam a paz; as ações de Leclerc declaravam a guerra:

– No meio de tantos desastres e atos de violência, não devo me esquecer de que empunho uma espada!

Se Leclerc desejava a paz, que detivesse a marcha do seu exército.

Eles conversaram até tarde da noite, e Toussaint não conseguia conter sua indignação quando compreendeu que seus filhos estavam sendo oferecidos como preço de sua rendição. Ainda assim, naquela noite, com as lágrimas correndo novamente, ele disse ao sacerdote que, embora estivesse disposto a sacrificar sua vida pela liberdade dos negros, ele enviaria seus filhos de volta, para que Leclerc não pensasse que ele os estava mantendo por coerção ou sob alguma influência. Dois dias depois, a carta para Leclerc estava pronta e ele a enviou pelos meninos, propondo a suspensão das hostilidades. Leclerc novamente mandou Isaac e Placide de volta, prometendo que, se Toussaint viesse ao menos conversar com ele, tudo sairia bem. Ele nomearia Toussaint primeiro-tenente. Caso contrário, dentro de quatro dias, declararia Toussaint um fora da lei. O que ele desejava realmente era ter Toussaint em suas mãos.

Isaac e Placide suplicaram que Toussaint se encontrasse com Leclerc. Ele recusou. O que Rigaud, Pétion, Villate, Chanlatte, seus inimigos pessoais, estavam fazendo no exército francês? Se agora, que os negros tinham algum poder, os franceses os tratavam assim, o que fariam então quando estivessem indefesos?

Mas, movido pelas súplicas dos filhos e pelo amor que tinham pela França, ele afirmou que não tentaria influenciá-los. França ou São Domingos.

– Meus filhos, fazei a vossa escolha. Qualquer que seja ela, sempre vos amarei.

Seu próprio filho Isaac escolheu a França, mas Placide se atirou sobre o pai, soluçando, e disse que temia pelo futuro, temia a escravidão e que lutaria com ele. Imediatamente Toussaint lhe deu o comando de um batalhão de seus guardas, que ele conduziu em batalha alguns dias depois. Madame L'Ouverture, com o instinto feminino da realidade imediata, não abriu mão de Isaac e convenceu-o a ficar[15].

[15] LACROIX, *Mémoires pour servir...* v. II, p. 119-26.

Felizmente para esta narrativa, existe uma série completa de cartas, escritas por Leclerc em São Domingos, a Bonaparte, ao Primeiro-Cônsul e ao ministro da Marinha. São documentos inestimáveis para o estudioso de qualquer período da História, mas principalmente do imperialismo:

"Preciso muito de reforços. Deveis compreender como é difícil. (...) Já estou com seiscentos homens doentes, a maioria das minhas tropas embarcou há cinco meses. Os cultivos estão em boas condições.

"Acima de tudo, contai com a minha devoção. Muitos que invejavam o meu comando em Paris teriam sido aniquilados aqui. Provarei à França que vós fizestes uma boa escolha.[16]

"Três meses antes de nossa chegada (...) Moïse procurou suplantar Toussaint e, para isso, havia começado o massacre de seiscentos a setecentos brancos. Toussaint o fuzilou e nos livrou dele. (...)[17]

"Toussaint me mandou propostas para a suspensão das hostilidades. Eu não acredito em nenhuma palavra. Ele é o homem mais falso e traiçoeiro do mundo. (...)[18]

"Já tenho mais de 1200 homens no hospital. Calculai a considerável perda de vidas neste país (...).

"Estou aqui sem comida e sem dinheiro. O incêndio de Le Cap e dos distritos, através dos quais os rebeldes se retiraram, priva-me de todos os recursos dessa espécie. É necessário que o Governo me envie provisões, dinheiro, tropas. Essa é a única maneira de assegurar a preservação de São

---

16 Leclerc ao Primeiro-Cônsul, 9 de fevereiro de 1802. As cartas foram transcritas dos arquivos do Ministério da Guerra, pelo general Nemours. Ver *Histoire militaire de la guerre d'indépendence...* v. II, p. 53-120.

17 15 de fevereiro de 1802, ao ministro da Marinha.

18 *O Wad some power...* [a] (N. do A.)

[a] Verso da última estrofe do poema *To a Louse* ("A um piolho") do poeta escocês ROBERT BURNS:

O Wad some Power the giftie gie us
To see oursels as ithers see us!
It wad frae mony a blunder free us,
An' foolish notion:
What airs in dress an' gait wad lea'e us,
An' ev'n devotion!

O poema está escrito em escocês. (N. do T.)

Domingos. Aqui não tenho recursos no comércio: os mercadores de Le Cap são apenas agentes dos americanos, e os americanos são os judeus mais judeus que existem. (...)"[19]

Leclerc estivera apenas fazendo um jogo com Toussaint. Quando os reforços chegaram, ele fez uma proclamação colocando Toussaint e Christophe fora da lei e se preparou para derrotá-los na planície de Gonaïves. Desfourneaux deixaria o rio Salée e, passando por Limbé e Plaisance, chegaria a Gonaïves. Hardy deixaria Le Cap e, por Marmelade e Ennery, desceria para Gonaïves. Rochambeau deixaria Fort Dauphin e, por São Rafael, chegaria a Gonaïves. Humbert e Debelle derrotariam Maurepas e o empurrariam de volta para Gonaïves, enquanto Boudet, vindo de Port-Républicain, cortaria a retirada das forças de Toussaint na retaguarda.

Toussaint, com metade de seus dezoito mil soldados nas fileiras do inimigo, poderia apenas retardar e dificultar o avanço, devastar o país e privar Leclerc de suprimentos, enquanto se retirava lentamente para as montanhas. Ele era um soldado bom demais para tentar defender todos os pontos onde Leclerc pudesse desembarcar e escondeu munições e mantimentos em lugares estratégicos, de onde poderia alimentar a maior quantidade possível de linhas de retirada. Ele investiria contra os postos avançados de Leclerc, faria ataques de surpresa, prepararia emboscadas e não daria trégua aos franceses, ao mesmo tempo em que evitaria maiores conflitos. Com a chegada das chuvas, os franceses, esgotados, cairiam vítimas das febres aos milhares, e os negros desceriam e os empurrariam para o mar. Mas primeiro ele precisava se desvencilhar do anel de aço que Leclerc estava apertando à sua volta.

É preciso descrever essa campanha com mais pormenores. As manobras políticas se baseavam no progresso da guerra e esta era o teste final para o povo de São Domingos. O exército de Napoleão não caiu do céu, nem eram os seus soldados o produto de seu próprio gênio ímpar para o comando militar. Em última análise, eles eram o resultado, um dos melhores, da mudança revolucionária na sociedade francesa. O encanto irresistível, a inteligência, a resistência e a moral deles provinham da nova liberdade social que se seguiu à destruição do feudalismo, bem como a consciência de que ele, o povo, o havia conseguido, com sua fé em si mesmo como portador da liberdade e

19 15 de fevereiro de 1802, ao ministro da Marinha.

da igualdade em toda a Europa. Nenhum dos soldados franceses em São Domingos adivinhava que estava lutando para restaurar a escravidão. A guerra, para eles, era uma guerra revolucionária.

Mas os soldados e generais de Toussaint, analfabetos e oriundos da escravidão, haviam sido moldados pela mesma Revolução. Um exército é uma miniatura da sociedade que o produz. Se o exército negro havia tropeçado ante os franceses, foi porque a sociedade de São Domingos, como um todo, não sabia o que pensar da expedição de Leclerc, não conseguia acreditar em seus vis propósitos. Mas os poucos milhares que permaneceram fiéis a Toussaint eram a guarda avançada do exército revolucionário que lutava numa guerra revolucionária. No momento eles estavam em inferioridade numérica. Se por um lado Toussaint tinha a ajuda de alguns dos trabalhadores, por outro milhares de mulatos e os antigos libertos estavam aderindo a Leclerc. Mas a liberdade e a igualdade que os negros aclamavam enquanto iam para a batalha tinham muito mais significado em suas bocas do que na dos franceses. E numa luta revolucionária isso vale mais do que muitos regimentos.

Hardy, chegado de Le Cap, enfrentou Christophe em Bois-Pin no dia 19 de fevereiro. Hardy deslocou Christophe de sua posição, mas os franceses tiveram o primeiro choque. Christophe, derrotado, retirou-se em ordem e tomou posição em Ennery. No dia 21 de fevereiro, Hardy atacou com aquele vigor napoleônico que havia varrido e varreria tudo na Europa, até ser mortalmente ferido na campanha de Moscou[20]. Mais uma vez Christophe foi deslocado. Mas, ainda mantendo seus homens unidos, tomou posição em Bayonnais. No dia seguinte, Hardy o rechaçou, porém de fato não conseguiu dispersar suas forças. Ainda cobrindo a cidade de Gonaïves, Christophe agora assumiu posição em La Coupe-à-Pintades, pronto para enfrentar os franceses no dia seguinte, 23 de fevereiro.

Toussaint estava em Gonaïves. Ele não aprovava essas batalhas. Preferia a guerrilha e o levante da população, mas os que lhe permaneciam fiéis estavam ansiosos por enfrentar os soldados de Bonaparte[21], e Toussaint teve de con-

20 Em 1812. Bonaparte conseguiu apoderar-se de Moscou, mas aguardou muito tempo para que o Tzar assinasse um tratado de paz. As tropas napoleônicas tiveram que se retirar, pois Napoleão temia a proximidade do inverno, razão pela qual iniciou a campanha no fim da primavera. Dos 610 mil homens das forças aliadas, apenas 58 mil regressaram. (N. do T.)

21 LACROIX, *Mémoires pour servir*... v. II, p. 228.

cordar. Plaisance foi rendida traiçoeiramente por Rochambeau, e Toussaint, com seiscentos homens e algumas centenas de auxiliares, apressou-se a barrar o caminho de Rochambeau em Ravine-à-Couleuvres. Foi um momento de grande ansiedade. Sua esposa e a família, que estavam escondidas num retiro nas montanhas, tiveram de deixá-lo e Toussaint não sabia onde estavam. Mas ele se preparou para a batalha com o seu habitual descaso pelo próprio destino. Acompanhado somente de um ajudante e dois trabalhadores, fez o reconhecimento com tal ousadia que um dos seus guias que se adiantou muito foi capturado por uma sentinela e imediatamente executado. Toussaint, ao voltar, dirigiu-se ao seu exército:

– Ireis lutar contra homens que não têm nem fé, nem lei e nem religião. Eles vos prometeram a liberdade, mas pretendiam escravizar-vos. Por que motivo tantos navios atravessaram o mar, senão para colocar grilhões em vós novamente? Eles vos desprezam a ponto de achar que sois crianças submissas, e se não fordes seus escravos sereis considerados rebeldes. A Pátria, desencaminhada pelo cônsul, agora é para vocês uma madrasta. (...) Descobri o peito e vereis como ele será marcado pelo ferro da escravidão. Durante dez anos, o que não suportastes pela liberdade? Vossos senhores mortos ou postos em fuga; os ingleses humilhados pela derrota; a discórdia extinta, uma terra de escravidão purificada pelo fogo e desenvolvendo-se mais bela do que nunca sob a liberdade. Esse é o vosso trabalho e esses são os frutos dele. E os inimigos querem arrancar tudo isso de vossas mãos. (...)

Ele, que havia lutado tanto para construir, agora falava com orgulho feroz da destruição que esperava os franceses por todos os lados. Os franceses encontrariam o seu destino.

– Seus ossos serão espalhados entre essas rochas e montanhas e varridos pelas ondas do mar. Nunca mais eles verão sua terra natal (...) e a liberdade reinará sobre o seu túmulo.

Entretanto nenhuma palavra sobre independência.

Rochambeau, cheio de orgulho racial, achou melhor lembrar aos seus homens as vitórias no Tibre, no Nilo e no Reno. Eles não haviam viajado milhares de quilômetros para ser derrotados por escravos.

Ao amanhecer, a batalha começou. Foi a batalha mais feroz de toda a guerra. Toussaint insistentemente investia à frente dos seus homens. Durante o dia, ele soube que sua esposa e sua família estavam escondidas perto do local da batalha.

– Certifica-te de que eles tomem a estrada para Esther, disse ao seu informante. – Tenho um dever a cumprir!

Os homens jogavam fora as armas e se atracavam numa luta de vida e morte. Finalmente, no fim da tarde, Toussaint se colocou à frente dos granadeiros, num ataque final empurrou Rochambeau para o outro lado do rio e voltou para o seu lado. Ambos os lados reivindicaram aquela vitória, o que continuam a fazer até hoje[22].

No mesmo dia, Christophe havia sido expulso de La Coupe-à-Pintades e Hardy e Leclerc entraram na cidade de Gonaïves. Os outros que estavam sendo esperados não apareceram. Humbert, pelo norte, e Boudet, pelo sul, não haviam conseguido completar o movimento circular. Esse fracasso deveu-se a acontecimentos muito importantes, reais e sintomáticos.

Humbert, com 1500 homens, deixou Port-de-Paix e atacou Maurepas com dois mil homens e um corpo auxiliar de trabalhadores, com a intenção de empurrá-lo para a planície de Gonaïves. Mas Maurepas rechaçou o ataque e perseguiu-o até a cidade com tanta ferocidade que ele teria de embarcar, se não houvesse recebido a tempo os reforços de um navio de guerra que estava no porto. Ao ter conhecimento disso, Leclerc ordenou a Debelle, em Le Cap, que levasse 1500 homens para se juntarem a Hardy e desalojarem Maurepas, empurrando-o na direção de Gonaïves. Ambos atacaram. Maurepas os derrotou e mais uma vez os escorraçou para a cidade, a qual teria caído em suas mãos se não fosse a frota. Leclerc não conseguia mais conter Christophe e Toussaint. Ele teve de enviar Hardy e Desfourneaux para salvar Humbert e Debelle. Igualmente desastrosa para os planos de Leclerc havia sido a atuação de Dessalines no Sul. Sua ousada concepção de marcha de retorno em Port-Républicain e a velocidade com que ele a executou foram demais para os franceses. A sorte, uma sorte espantosa, foi o que os salvou, como o próprio Lacroix, comandante de Port-Républicain, admitiu[23]. Na Província Ocidental havia dois bandos de quilombolas, um dos quais liderado por Lamour Derance, cujo nome se tornaria famoso nessa guerra da independência. Embora negros, eles haviam sido partidários de Rigaud e odiavam Dessalines, pois este, quando era comandante do distri-

22 O general Nemours, haitiano e grande admirador de Toussaint e que fez um cuidadoso estudo dessa campanha, contradiz a tradicional história haitiana. Ele descreve essa batalha como uma derrota de Toussaint. Mas ele baseia suas conclusões, entre outros pontos, na suposta traição de Maurepas. No volume II de sua obra, todavia, ele desaprova a traição de Maurepas, com base em evidências adquiridas depois de ter publicado o volume I. O resultado da batalha, por enquanto, deve ficar pendente. Ver NEMOURS, *Histoire militaire...*, v. I, p. 210-1 e v. II, p. 250-2.

23 *Mémoires pour servir...*, v. II, p. 143. "Fui salvo milagrosamente pela boa sorte."

to, havia destruído metade das forças deles em represália a investidas e por praticarem o vodu, estritamente proibido por Toussaint. De suas fortificações nas montanhas, eles viram Dessalines se aproximando e adivinharam o seu intento. Apressaram-se a alertar os franceses em Port-Républicain e ofereceram sua submissão e sua aliança. Tanto os franceses como os crioulos ficaram atônitos. Lacroix aceitou a oferta, preparou uma emboscada e a guarda avançada de Dessalines, com mil homens, foi destruída de um só golpe. O ataque surpresa de Dessalines estava arruinado, mas mesmo assim ele marchou para a cidade. Numa primeira escaramuça ele tateou o terreno e viu que o inimigo estava bem preparado. Assim, decidiu retirar-se. Boudet o havia seguido desde São Marcos, mas sem saber o que o demoníaco general negro faria em seguida e completamente exausto permaneceu em Port-Républicain, enquanto Dessalines e Lamartinière rumavam para o Norte para fazer contato com Toussaint.

A primeira tentativa de Leclerc falhou completamente. Toussaint, Christophe e Dessalines tinham suas forças intactas, mantinham as linhas de comunicação internas e estavam em contato entre si. Essa primeira fase da campanha revelou a força e a habilidade do exército local. Dos generais de Toussaint, apenas dois levaram a cabo a resistência contra os franceses: Maurepas e Dessalines. Ambos tiveram campanhas brilhantes e vitoriosas. Se Toussaint tivesse demitido Agé, colocado Lamartinière no comando de Port-Républicain, com ordem de executar os traidores, preparado seu irmão Paul para resistir, posicionado Belair e outros nos quais confiava em postos importantes e ainda tivesse Moïse para convocar os trabalhadores da Planície do Norte como nos velhos tempos, os franceses jamais tomariam todas as cidades costeiras e teriam tido muita dificuldade em manter aquelas que conseguissem tomar. Igualmente importante foi o fato de que, como o próprio Leclerc logo reconheceu, as vitórias de um lado ou outro atrairiam os indecisos. Sob um forte impulso do exército e dos trabalhadores negros, a defecção de homens como Laplume e Clairveaux seria improvável. Entre o estrangeiro Leclerc, de um lado, e as massas e o grosso do exército unidos sob Toussaint, de outro, eles provavelmente teriam permanecido fiéis. Em todas as revoluções há muitos que hesitam e, embora a ação decisiva possa não ser efetiva imediatamente, a vacilação certamente põe todos a perder.

Todavia, mesmo desfalcado como estava, o remanescente do exército havia feito o seu trabalho no primeiro embate. A estação chuvosa se aproximava e

Leclerc tinha de subjugar os generais negros, mas isso parecia mais remoto do que nunca. Mas outro golpe de sorte o ajudou. Maurepas, vitorioso sobre Debelle e Humbert, imaginou que Leclerc agora enviaria mais destacamentos para subjugá-lo e se preparou para abandonar a sua posição e fazer contato com Toussaint e Christophe. Além da reconhecida educação e do caráter de Maurepas, ele tinha sob seu comando o melhor regimento de São Domingos, a Nona Brigada, que se gabava de que jamais se renderia.

Mas Desfourneaux vivera e lutara sob Toussaint em São Domingos, com os soldados negros. E, enquanto os exércitos de Leclerc atacavam, Desfourneaux escrevia cartas como esta: "Vós me conheceis, comandante André, e sabeis que ninguém lutou mais ferozmente pela vossa liberdade do que eu. Éreis capitão sob minhas ordens há cinco anos e sempre vos conduzistes bem. O comandante-chefe instruiu-me para vos dizer que sereis mantido no comando caso decida juntar-vos a mim e ajudar-nos a restaurar a ordem e a tranquilidade em vosso país. Se concordardes, enviai alguém imediatamente para acertar as coisas. Eu jamais quebrei a minha palavra. Podeis contar comigo"[24]. Desfourneaux pediu a outro oficial de Toussaint que denunciasse as abomináveis calúnias que os rebeldes estavam espalhando sobre as intenções do Governo: "Vos me conheceis. Eu jamais serviria neste exército se as suas operações tivessem outro objetivo que não o de consolidar a vossa liberdade e a salvaguarda de vossas pessoas e de vossas propriedades"[25]. Desfourneaux estava sendo sincero? Isso é irrelevante. O que importava eram as decisões de Leclerc e, mesmo que Desfourneaux fosse sincero, quando Leclerc fosse desmascarado, Desfourneaux não se juntaria ao homem que havia enganado. Mas tais apelos eram muito fortes. Se os franceses tivessem vindo apenas para restaurar a autoridade da França, qual o motivo dessa guerra? Mesmo então, Toussaint não havia declarado a independência e jamais fez qualquer pronunciamento oficial claro sobre a intenção de Leclerc de restaurar a escravidão. A sua correspondência prova que alguns desses oficiais se revoltaram ao comando inexorável para queimar e devastar o país mais uma vez. Guibert, que mantinha uma posição-chave em Gros-Morne, rendeu-se e depois, um por um, quando percebiam as dificuldades em que as defecções anteriores os haviam colocado, vários comandantes se submeteram aos franceses. Eles eram bem recebidos e confirmados em seus postos. Dessa forma, Maurepas se viu isolado. Ele invectivou seus subordinados traiçoeiros e disse-lhes

24 NEMOURS, *Histoire militaire*... v. II, p. 230.
25 NEMOURS, *Histoire militaire*... v. II, p. 231.

que queriam tornar-se escravos novamente. Se quisessem ter ido, disse Maurepas, pelo menos deveriam ter-lhe contado, para que ele pudesse retirar suas próprias forças a tempo. Obviamente, aqueles oficiais não desejavam ser escravos novamente e a luta ainda parecia ser uma questão de escolher o lado que preferiam.

Maurepas agora poderia ficar e ser aniquilado, ou juntar-se aos franceses e manter o seu comando. Ele se rendeu. Leclerc o recebeu calorosamente, como era de esperar. As massas no Norte se movimentavam, mas a rendição de Maurepas "interrompeu o progresso e o desenvolvimento da nova marcha de insurreição que Boyer (...) e o contra-almirante Magon mal conseguiam refrear com os soldados da artilharia e a frota com a qual foram reforçados"[26]. A hesitação dos líderes estava aniquilando o ardor revolucionário de todos a cada momento. Continua Lacroix: "Foi graças ao efeito moral produzido pela rendição de Maurepas que o capitão-general Leclerc teve a possibilidade de perseguir a revolta de Toussaint L'Ouverture até seu último reduto". Pior ainda: para provar lealdade, Maurepas estava determinado a limpar o país das "brigadas"; ou seja, das massas revoltosas. Aquele era agora o seu dever. Leclerc cuidadosamente o cercou de tropas brancas e Maurepas não tinha outra escolha. Para enfraquecê-lo, Leclerc distribuiu alguns de seus homens por outros regimentos, para que as massas se vissem perseguidas e rodeadas pelas tropas brancas, auxiliadas pelos homens que até então eram seus mais pertinazes defensores.

Fortalecido moral e materialmente, Leclerc começou outro movimento que deveria convergir sobre Toussaint, Christophe e Dessalines em Verrettes, em lugar de Gonaïves. Maurepas, ao invés de um inimigo vitorioso, era um aliado; e Boudet, fortalecido, estava a caminho, vindo de Port-Républicain. Leclerc estava ficando ansioso.

> "Eu sou o senhor do Norte, mas quase tudo foi queimado e não posso contar com os recursos daqui. Existem trabalhadores reunidos e armados em vinte pontos.
>
> "Os rebeldes ainda comandam uma parte do lado oriental e queimaram as posições que não conseguiram manter; no momento não posso contar com os suprimentos de lá. (...)

[26] LACROIX, *Mémoires pour servir...*, v. II, p. 48.

"O Governo não deve pensar no dinheiro que está gastando para manter a melhor colônia do mundo e preservar aquelas que possui nas Antilhas, pois é aqui e agora que está sendo decidida a questão de saber se a Europa poderá preservar qualquer colônia nas Antilhas."[27]

No interior, perto de Petite-Rivière, fica o forte de Crête-à-Pierrot, que domina a entrada das regiões montanhosas de Cahous, onde Toussaint mantinha suas forças naquele momento. Ele não possui grande proteção natural, pois se situa em terreno com elevação de apenas cem metros, mas é muito bem fortificado. Na confusão que se seguiu aos primeiros sucessos dos franceses, os negros o abandonaram. Dessalines e Lamartinière, marchando para o Norte a partir de Port-Républicain, estavam prestes a arrasá-lo quando Toussaint os impediu. Ele havia se livrado de Rochambeau depois da batalha de Ravine-à-Couleuvres. Ele enviara algumas tropas para atrair Rochambeau; o general francês as perseguiu e foi conduzido num grande círculo pelos montes Cahos, mas as tropas desapareceram depois de alguns dias de perseguição. Enquanto isso, Toussaint retirou suas forças principais e chegou bem a tempo de encontrar Dessalines e traçar novos planos com seus generais. Ardendo em febre, em inferioridade numérica e cercado, ele estava prestes a tentar o golpe mais audacioso de toda a guerra, numa nova ofensiva, e queria que Crête-à-Pierrot fosse mantido. Confiou o forte a Dessalines. Os homens que agora estavam com ele jamais se submeteriam aos franceses e o seguiam, parte por convicção política e parte por lealdade pessoal. Entre eles havia mulatos e negros, mas ele lhes falava como se todos fossem seus filhos:

– Sim, sois todos meus filhos, desde Lamartinière, que é quase tão branco quanto os brancos, mas que sabe que tem sangue negro nas veias, até Monpoint, cuja pele é igual à minha. Eu confio a vós este posto.

Eles responderam que Toussaint poderia confiar neles, vivos ou mortos; então, à frente de poucas centenas de soldados, Toussaint partiu para o Norte. Passaria pelas forças de Leclerc que avançavam para sublevar e organizar os trabalhadores. Por meio de ameaças ou cortando a longa linha de comunicação dos franceses, faria Leclerc alterar seus planos ou levaria confusão às

[27] 27 de fevereiro de 1802. Ao ministro da Marinha.

suas forças. Doze anos depois, na campanha de 1814, a maior de todas as suas campanhas, Napoleão tentaria uma manobra idêntica em face dos aliados que pululavam em Paris.

Dessalines assumiu a defesa. Montou um reduto a certa distância de Crête-à-Pierrot, deixou destacamentos para manter ambas as posições e saiu para se encontrar com Debelle, que se dirigia para o Sul, a caminho de Verrettes, com a intenção de fazer contato com Boudet. Dessalines não aceitou o combate e se retirou para Crête-à-Pierrot, mantendo suas forças pouco à frente do seu perseguidor Debelle. Quando chegou ao fosso que circundava a fortaleza, Dessalines pulou nele, seguido por todos seus homens, deixando os franceses expostos. Uma tremenda carga de tiros vinda da fortaleza os derrubou. Quatrocentos homens pereceram e dois generais foram feridos. Retirando-se apressadamente, tomaram posição do lado de fora do forte e pediram reforços a Leclerc. Dessalines entrou no forte e completou os preparativos para a defesa. Mas a sua mente simples já havia descoberto a solução e, ao contrário de Toussaint, contou aos homens o que pretendia. Enquanto montavam a defesa, conversava com eles.

– Tende coragem, eu vos digo, tende coragem. Os franceses não poderão ficar por muito tempo em São Domingos. No começo eles se sairão bem, mas logo ficarão doentes e morrerão como moscas. Ouvi! Se Dessalines se render a eles cem vezes, cem vezes ele os enganará. Repito, tende coragem e vereis que, quando os franceses forem poucos, esgotá-los-emos e derrotá-los-emos, queimaremos as colheitas e iremos para as montanhas. Eles não conseguirão defender o país e terão de partir. Então eu vos tornarei independentes. Não haverá mais brancos entre nós[28].

Independência! Era a primeira vez que um líder pronunciava essa palavra na frente dos seus homens. Aqui não se tratava apenas de um programa, mas de uma tática. Os mentirosos e traiçoeiros, Bonaparte e Leclerc, finalmente haviam encontrado um adversário à altura.

Enquanto Dessalines permaneceu em Crête-à-Pierrot, Lamartinière assumiu o comando do reduto. Sua esposa Marie-Jeanne o acompanhava e tomou parte na defesa. Dessalines, nu da cintura para cima, com botas

---

28 SANNON, *Histoire de Toussaint-L'Ouverture*, v. III, p. 121.

enlameadas, o chapéu furado por uma bala, patrulhava os baluartes, com o binóculo na mão. Ele havia espalhado pequenos destacamentos de batedores em volta do forte, esperando a aproximação dos franceses com os reforços. Ao receber as notícias de Debelle, Leclerc sabia que Crête-à-Pierrot tinha que ser tomada o mais rapidamente possível e ordenou uma concentração de todas as suas tropas. Boudet chegou primeiro. Dessalines, nos baluartes, colocou um barril de pólvora perto de onde estava e, com uma tocha acesa na mão, mandou que partissem aqueles da guarnição que desejavam tornar-se escravos dos franceses.

– Seremos atacados. Se os franceses colocarem os pés aqui, mandarei tudo pelos ares!

A uma só voz a guarnição respondeu:

– Morreremos pela liberdade!

Boudet enviou um mensageiro, mas Dessalines não queria ouvir mentiras e o fuzilou, depois do que Boudet mobilizou um dos destacamentos. Os negros recuaram até chegar ao fosso, depois pularam dentro dele e uma terrível carga de artilharia cortou os franceses em pedaços. Com os franceses batidos e Boudet ferido, Lacroix deu a ordem de retirada, deixando o chão coberto de mortos e feridos. Enquanto se retiravam, Dugua, chefe do Estado-maior, acompanhado por Leclerc, chegou com a sua divisão e dirigiu suas tropas para a fortaleza. Quando alcançaram o fosso, o fogo implacável da artilharia de Dessalines foi demais para eles. Eles hesitaram e a guarnição, quando viu isso, soltando urros, jogou tábuas através do fosso e, com os tambores anunciando o ataque, perseguiram os franceses que fugiam. Estes se voltaram e atacaram com as baionetas. Os negros pareciam voar na frente deles. Mas foi só para se jogarem no fosso novamente e, quando o fizeram, o fogo da fortaleza dizimou as fileiras dos franceses. Dugua recebeu dois ferimentos, Leclerc feriu-se levemente e os franceses perderam quase oitocentos homens. Alguns dias depois, chegou Rochambeau, que, havendo perdido Toussaint de vista, trazia tropas frescas e prontas para a batalha. Foi avisado das duas derrotas anteriores. Mas, depois de ter silenciado o fogo do reduto de Lamartinière com um intenso bombardeio, ele o atacou, comandando pessoalmente a sua divisão. Foi rechaçado e ferido e sua divisão perdeu trezentos homens.

Os franceses, portanto, perderam 1500 homens em Crête-à-Pierrot. Sob o comando de Leclerc, agora doze mil soldados cercaram os mil e duzentos homens do forte. Dessalines havia partido para convocar os trabalhadores nos campos; entretanto a guarnição dera a sua palavra de que não se renderia. Inflamados pela determinação e pela coragem do seu líder, os sitiados levantaram bandeiras vermelhas nos quatro cantos da fortaleza, demonstrando que não aceitariam nem dariam tréguas.

Com as guarnições negras rechaçando todos os ataques e desafiando um número de inimigos dez vezes maior e com Toussaint viajando velozmente para o Norte para cortar as comunicações de Leclerc, os prazos de Bonaparte se esgotavam e Leclerc estava muito, muito nervoso. Encontravam-se em meados de março e a estação chuvosa se aproximava. Leclerc febrilmente ordenou aos seus homens que fortificassem suas posições. Pétion estava no exército atacante com um corpo de mulatos e antigos libertos e foi ele que descobriu um meio de investir contra a fortaleza com materiais locais. Mas a luta e o trabalho duros naquele clima estranho esgotavam os soldados franceses. Não foi assim que eles haviam vencido na Itália, no Egito, nos Pireneus e no Reno. Dessalines, atacando suas linhas a partir das colinas próximas, mantinha-os constantemente em alerta. Sujeitos a essa tensão incessante, seriam vítimas fáceis da febre na estação chuvosa.

E aqueles negros eram inimigos surpreendentes. Possuíam a organização e o treinamento de um exército e, ao mesmo tempo, conheciam todos os truques e artimanhas da guerrilha. Um negro surgiu no meio dos soldados de Boudet dizendo ser desertor. Quando foi interrogado, parecia estar em pânico. Mas era um espião e, quando soube tudo o que queria saber, correu para fugir. Boudet, que foi o primeiro a perceber o movimento, tentou detê-lo, mas o negro quase arrancou seu polegar com uma mordida. Depois, atirando-se embaixo das pernas de um cavalo, derrubou os soldados que queriam prendê-lo, pulou no rio e escapou no meio de uma saraivada de balas. Acabou sendo alvejado, pois quando chegou na outra margem caiu, mas alguns companheiros seus o levaram.

O assassinato de todos os brancos por Dessalines já estava fazendo efeito. Os soldados franceses retaliavam e Leclerc e seus generais executavam os prisioneiros, centenas de negros de cada vez; só de uma feita fuzilaram seiscentos deles. Os trabalhadores negros, ainda que não atacassem, eram hostis aos invasores brancos. Observavam os movimentos à distância e atiravam nos flancos. Quando os franceses enviavam um destacamento para dispersá-los, eles fugiam. Tão logo os soldados se retiravam, os trabalhadores reapareciam.

"Era evidente que nós não inspirávamos mais um terror mortal, e essa é a maior desgraça que pode recair sobre um exército."[29] Lacroix podia notar na população o efeito do desafio indomável ao famoso exército do Primeiro-Cônsul.

A posição política desonesta do exército francês agora cobrava o seu preço. Os soldados ainda se viam como uma armada revolucionária. Mas à noite eles ouviam os negros na fortaleza cantando a "marselhesa", a "ça Ira" e outras canções revolucionárias. Lacroix relatou que aqueles miseráveis extraviados estremeciam e olhavam para seus superiores quando ouviam as músicas, como se dissessem: "Será que os nossos inimigos bárbaros têm a justiça do seu lado? Será que já não somos mais os soldados da República francesa? E será que nos tornamos meros instrumentos políticos?"[30]

Um regimento de poloneses, recordando sua própria luta pelo nacionalismo, recusou-se a tomar parte no massacre dos seiscentos negros, ordenado por Leclerc. Mais tarde, quando Dessalines reorganizou seu exército local, denominou um dos regimentos de regimento polaco.

Toussaint não tinha piedade dos brancos locais, mas tratava os prisioneiros franceses com cortesia e atenções, falava frequentemente com eles e explicava a sua posição. Mais tarde, quando o exército se desfez, alguns soldados desertaram para os negros. Só o que faltava era que um destacamento altamente politizado de jacobinos brancos lutasse nas fileiras dos negros e chamasse os soldados de Leclerc para passarem para o outro lado.

Mas a guarnição não tinha dúvidas nem escrúpulos. Quando ficavam sem água, colocavam bolas de chumbo na boca para enganar a sede insuportável. Ninguém se queixava. Os oficiais pediam ao chefe das ambulâncias que lhes desse doses de veneno para que não caíssem vivos nas mãos dos franceses. Os feridos pediam aos companheiros que os matassem caso tivessem que se retirar.

Os franceses, muito bem municiados, iniciaram um bombardeio de três dias com a intenção de transformar em poeira o forte e o reduto. Seus aliados negros e mulatos representaram um apoio importante. A habilidade de Pétion como artilheiro alvejava uma bala de canhão depois da outra na fortaleza. Quando seus homens reclamaram que sempre eram colocados na frente, ele os repreendeu:

---

29 LACROIX, *Mémoires pour servir...*, v. II, p. 161-2.

30 *Ibid.*, p. 164.

– Miseráveis! disse ele em voz baixa, como se tivesse vergonha de ser ouvido pelos franceses. – Vós não vos sentis honrados de serdes enviados em primeiro lugar? Calai-vos e vinde atrás de mim.

Lacroix pediu a Bodin, "aquele valoroso negro", que defendesse um pontão.

– Não vos preocupeis, general, foi a resposta. – Eles só o tomarão quando eu estiver morto.

Lacroix, nervoso por ver outro oficial numa posição difícil, pediu-lhe que tivesse ânimo.

– Não fiqueis preocupado, general! replicou Henin. – Durante dez anos combati alegremente pela República. Por que não o faria durante quinze minutos por amizade?

Teria sido difícil, em quaisquer circunstâncias, arrancar as divisas dos ombros desses negros, ambos majores; mas teria sido ainda mais depois dos serviços que prestaram com tão cortês e elegante lealdade. A cada dia se juntavam mais dificuldades no caminho das claras e precisas instruções de Napoleão.

Toussaint havia iniciado com pouco mais de mil homens, mas, ao passar, ele sublevava os trabalhadores, os quais se aproximavam à vista dele e ao som de sua voz possante. Ele apareceu diante de Ennery e a guarnição fugiu. Leclerc enviou Hardy para persegui-lo. Toussaint lançou uma cortina de tropas que levou Hardy na direção errada, fazendo-o descrever um círculo e, no fim, encontrou-se sem tropas contra as quais lutar, como Rochambeau. Ele ordenou a Christophe, que estava nos distritos montanhosos de Petite-Rivière, que fosse para Grande-Rivière, no Norte, e mantivesse aberta a estrada para Le Cap e para a parte espanhola da ilha. Em Marmelade, Grande-Rivière, Dondon, Port-Français, seus próprios distritos nortistas, cujo espírito ele havia abalado tão cruelmente, os trabalhadores estavam se juntando. Um de seus seguidores defendia as montanhas de Limbé e outro, as montanhas em volta de Plaisance. Desfourneaux defendeu a própria Plaisance, guardando as comunicações de Leclerc com Le Cap. Se Toussaint tomasse Plaisance, ele se uniria a Christophe e Maurepas, sublevaria toda a Planície do Norte, capturaria Le Cap e, com sua autoridade restaurada no Norte, apanharia Leclerc pela retaguarda. Ele fez seu primeiro ataque ao forte Bedourette, comandando a carga com sua espada desembainhada, como de costume. Enquanto a batalha prosseguia, Desfourneaux enviou reforços de Plaisance e o próprio Toussaint partiu para enfrentá-los. Para seu espanto, ele viu avançando contra si soldados com o uniforme da Nova Brigada, o corpo de elite sob o comando de Maurepas. Imediatamente percebeu o que havia acontecido. Cavalgando sozinho até a alguns passos de distância do regimento, ele lhes falou:

– Soldados do Nono, ousarão atacar vosso general, vossos pais e vossos irmãos?

Os soldados negros caíram de joelhos na frente dele, e foram reconquistados.

Mas os europeus que estavam com eles atiraram em Toussaint. Seus próprios soldados correram para protegê-lo. Naquele momento, um jovem oficial entregou a Toussaint uma carta de Dessalines e foi alvejado, vindo a falecer nos braços de Toussaint. O capitão dos dragões foi ferido gravemente ao seu lado e, carregando-o em seu cavalo, Toussaint o levou embora.

A carta de Dessalines relatava que Crête-à-Pierrot e o reduto estavam sitiados por forças tão numerosas que não poderia socorrê-los. Toussaint abandonou o projeto de marchar contra Le Cap e mandou dizer a Dessalines que estava voltando para socorrer o forte.

Mas Dessalines não podia esperar. No dia 24 de março, terceiro dia dos bombardeios, os franceses capturaram um homem e uma mulher negros. O homem afirmou que era cego, só se via o branco dos olhos e ele mal podia andar. A negra velha disse que ele era surdo também. Suspeitando que fossem espiões, os franceses os espancaram implacavelmente, mas eles apenas choravam e gemiam, sem dizer nada, e ficaram parados como se não pudessem se mexer. Lacroix, em sua ronda, ficou com pena deles e pediu que fossem liberados. Mas eles só se levantaram quando os franceses ameaçaram atirar. Assim que se viram fora do alcance dos franceses, começaram a dançar e correram para o forte para dar a ordem de evacuar a Dessalines.

Ao anoitecer, Lamartinière deixou o reduto e se juntou à força principal. Restavam apenas oitocentos homens, mas eles tentariam abrir caminho. Magny era o oficial superior de Lamartinière, mas em momentos de crise o que vale é o mérito e, por unanimidade, Lamartinière assumiu o comando. Entre oito e nove da noite, os homens da guarnição se jogaram sobre a divisão de Lacroix. Fortificações poderosas e um fogo cerrado os barraram. Revertendo a tática subitamente, recuaram e atacaram a divisão de Rochambeau. Conseguiram passar e Rochambeau fugiu para o mato próximo para salvar a vida. Lamartinière e

Magny, com setecentos soldados, juntaram-se a Dessalines, tendo conseguido um dos feitos de armas mais notáveis da época.

Toussaint chegou tarde demais ao forte. Ele não sabia que a evacuação já tinha sido feita. Ao fazer o reconhecimento, detectou uma falha na disposição das forças de Leclerc e planejou atacar o seu quartel-general e prendê-lo com todo seu pessoal. Ele mostrava-se ousado e incansável como sempre, mas a sua política ainda estava atrasada em relação aos acontecimentos. Se tivesse capturado Leclerc e seus oficiais, estes seriam enviados de volta à França com um relatório sobre a conduta de Leclerc e Toussaint teria solicitado ao Primeiro-Cônsul que mandasse uma pessoa digna de confiança, à qual pudesse entregar o Governo. Aparentemente, ele ainda esperava que, se derrotasse Leclerc, Bonaparte enxergaria a razão e a valiosa conexão com a França seria mantida. Mas a ocasião para isso já havia passado. Dessalines havia pronunciado a palavra independência. Magny, Lamartinière e a guarnição de Crête-à-Pierrot não haviam desafiado Leclerc e sim a França. Toussaint ainda pensava em termos do decreto de 4 de fevereiro de 1794. A revolução negra já o havia deixado para trás.

A captura de Crête-à-Pierrot foi uma grande vitória de Leclerc, mas uma vitória que tinha custado caro demais. A guarnição escapara com a perda de menos da metade de seus homens, Leclerc perdeu dois mil soldados, alguns dos seus oficiais estavam gravemente feridos (Dugua estava à morte) e ele entrou no forte para encontrar apenas os feridos, o canhão danificado e a munição e os suprimentos destruídos. Leclerc pediu aos oficiais que diminuíssem o número de baixas em seus relatórios, mas mesmo assim Bonaparte ficou profundamente comovido com as perdas desastrosas diante de Crête-à-Pierrot e mandou que isso fosse comunicado.

Leclerc enviou Rochambeau e Hardy ao Norte, para manter e fortificar suas comunicações com Le Cap. Ele pediu a Lacroix que entrasse em Port-Républicain de maneira a desfazer a má impressão que havia sido criada na população pelos repetidos contratempos em todo país e as perdas em Crête-à-Pierrot. Lacroix dispôs seus homens em duas fileiras em vez de três, as seções marchavam bem distantes umas das outras e todos os oficiais estavam montados. Atrelou a artilharia a animais que lhe haviam sido enviados. Ele distribuiu esses armamentos entre as suas colunas e, por meio dessa cuidadosa camuflagem, sua entrada em Port-Républicain teve o efeito moral pretendido, ou pelo menos foi o que pensou.

Com a queda de Crête-à-Pierrot, Leclerc acreditou que não precisava mais continuar em bons termos com os mulatos. Na ânsia de cumprir pelo menos algumas das instruções de Napoleão, mandou prender Rigaud e sua família e enviou-os para a França. Foi dada uma desculpa esfarrapada para justificar essa ação, mas não convenceu ninguém. Quando Rigaud subiu a bordo, um oficial comunicou-lhe que era prisioneiro e pediu que entregasse a espada. Rigaud, num movimento indignado, atirou-a ao mar, num reconhecimento involuntário da enorme tolice que havia cometido quando desertou de Toussaint para Hédouville. Ao chegar na França, seria aprisionado. Rigaud partiu e Pétion era agora o líder dos mulatos. Ele só soube da deportação de Rigaud, ao que parece, quando leu a notícia afixada na porta da casa de Lacroix em Port-Républicain. Só então, ao que parece, Pétion compreendeu o que Toussaint já havia compreendido há tantos anos. Madagascar, ou seu equivalente francês, ainda era uma possibilidade. Pétion, como Toussaint, era um homem excepcionalmente calado, mas, ao ler a notícia, comentou em voz alta o bastante para ser ouvido pelos oficiais franceses:

– Valeu a pena fazer com que ele viesse até aqui para ter, como nós, esse desapontamento.

Os mulatos começavam a abrir os olhos.

Toussaint apenas lamentou-se pelo equivocado Rigaud:

– Foi para me contrariar que eles trouxeram esse general para cá. Não é para me favorecer que o estão deportando. Lamento sua sorte.

Por que motivo ele não procurou entrar em contato com Pétion para propor-lhe um pacto de independência? A prisão de Rigaud, o líder deles, havia aturdido todos os mulatos. Mas Toussaint, mesmo enquanto atormentava Leclerc, secretamente buscava uma forma de chegar a um acordo com ele, acordo esse que Leclerc logo aceitaria de bom grado.

Mas Leclerc tinha novamente a esperança de obter uma vitória fácil. No dia 5 de abril chegou a Le Cap um reforço de 2500 homens e ele mudou de tática. Atacaria os líderes negros isoladamente, em suas fortalezas nas montanhas, fazendo uso de algumas das novas tropas, e cercaria os velhos soldados de Toussaint. Se não pudesse destruí-los de uma vez só, ele o faria aos poucos. Dessa forma, Hardy tentava expulsar Christophe de Dondon. Mas Christophe o empurrou novamente para Le Cap, vingando-se da derrota anterior nas mãos de Hardy. Boyer atacou Sans-Souci, mantendo a fortaleza de Santa Suzana e os distritos em volta. Os negros nas forças de Boyer desertaram e Sans-Souci prendeu todos os brancos que não foram mortos. Clauzet atacou Marmelade. Os negros o rechaçaram e fizeram inúmeros prisioneiros.

Ao ler os relatos ingleses e franceses das operações em São Domingos, pode-se acreditar que, se não fosse a febre amarela, eles teriam sido vitoriosos com facilidade. Mas até abril não houve febre amarela. Toussaint havia perdido mais da metade de suas forças mesmo antes de a campanha começar. Leclerc sublevara milhares de soldados negros e algumas das tropas de Toussaint lutaram com ele. Todavia, nas oito semanas de fevereiro e março, dos dezessete mil veteranos franceses que haviam desembarcado, cinco mil estavam nos hospitais e outros tantos haviam morrido e o primeiro período ainda não estava completo. A "guerra até a morte" e a caçada aos generais negros que não se apresentassem para ser deportados foi um fracasso total.

> "A estação chuvosa havia começado. Minhas tropas estavam exaustas de fadiga e doentes. (...) Os distritos de Grande-Rivière, Dondon e Marmelade são impraticáveis nesta estação chuvosa. Eu só conseguiria mantê-los com um corpo de quatro a cinco mil homens. Não seria possível alimentá-los."[31]

> "Tentei diversas vezes fazer com que Toussaint e todos os generais se rendessem. (...) Mas, cidadão ministro, mesmo se eu conseguisse fazê-lo, não poderia adotar aquelas medidas rigorosas necessárias para assegurar à França a posse indiscutível de São Domingos, sem ter aqui 25 mil europeus armados.
>
> "Já vos apontei, cidadão ministro, as dificuldades de minha presente posição. Podeis avaliar facilmente o que aconteceria se irrompesse uma guerra com os ingleses. Eles infestariam as nossas costas. Não perderiam oportunidade de interromper as minhas comunicações por mar atacando e bloqueando o quebra-mar. Prestariam assistência aos insurgentes, que, por sua vez, adquiririam uma nova preponderância e, em lugar de sua atual posição defensiva, passariam à ofensiva."[32]

---

31 19 de abril de 1802. Ao ministro da Marinha.

32 21 de abril de 1802. Ao ministro da Marinha.

Leclerc estava numa situação ainda pior do que a revelada em sua carta. Era o final de abril, começo da estação das chuvas, e Toussaint estava muito bem posicionado. No Norte, inflamados pela marcha audaciosa de Toussaint, os negros então afluíam e reforçavam o exército regular com métodos de guerrilha. Atacavam as colunas francesas por todos os lados, sem descanso, desaparecendo subitamente e reaparecendo quilômetros depois. Colocavam pedras enormes acima das estradas e as jogavam nos franceses que passavam no lado de baixo, rolavam rochas pelos precipícios e pelas montanhas para espalhar a confusão entre eles. Cavavam fossos nas estradas, cobriam-nos com galhos e os cavaleiros franceses caíam dentro deles. Bloqueavam os caminhos com arbustos espinhosos e árvores.

E, enquanto os franceses lutassem para se desvencilhar desses obstáculos, os negros que os espreitavam das árvores vizinhas, dos arbustos e de outeiros cuidadosamente escolhidos, poderiam apanhá-los sem pressa. Macaya, em Limbé; Sylla, nas montanhas de Plaisance; Sans-Souci, em Santa Suzana e Vaillière; Dessalines, em Marchand, no Artibonite; Charles Belair, em Calvaire e Plassac, perto de Crête-à-Pierrot, guardando a entrada para os montes de Grand Cahos, todos esses generais e sequazes eram absolutamente devotados a Toussaint, em posições inexpugnáveis e prontos para lutar contra os franceses até a morte.

O infatigável Toussaint não estava servindo aos britânicos mas, no momento, preparava a ofensiva temida por Leclerc. Planejava lançar-se contra os franceses em quatro pontos: Dessalines tomaria Marmelade, Belair se juntaria a ele e ambos atacariam Crête-à-Pierrot, Vernet, um mulato que havia permanecido fiel, tomaria Gonaïves e o próprio Toussaint tomaria Plaisance e Limbé. Mas desde o começo Toussaint considerava essa guerra um desastre. Ele teria preferido chegar a um acordo com Leclerc, e este agora, sem ter conseguido o seu intento de prender e deportar os generais negros, também estava ansioso para parlamentar.

Em vez de repudiar os franceses, procurando entrar em contato com os mulatos, alguns dos quais haviam permanecido com o seu exército, e conclamando todos a lutar pela liberdade, pela propriedade dos brancos e pela independência, Toussaint respondeu à carta de Bonaparte e enviou essa resposta a Boudet. Nela, ele assegurava ao Primeiro-Cônsul devoção e submissão e fingiu acreditar que Leclerc agira contrariamente às instruções dele. Caso este enviasse outro general para assumir o comando da colônia, tudo sairia bem. Caso contrário, continuando a resistência, Toussaint apenas estaria ajudando Leclerc a fazer todo o mal que pudesse. Com essa oferta, ele daria a Bonaparte a oportunidade de se retirar com dignidade de uma expedição malsucedida e enviar outra pessoa para propor uma nova relação com a França, como queria Toussaint. Ao mesmo tempo, com aquela nova ofensiva a todos os pontos, Toussaint levaria o terror ao coração de Leclerc e ao dos franceses, forçando-os a uma trégua. Isso era magnífico como diplomacia, mas desastroso como política revolucionária. A descida das alturas da liderança revolucionária para os charcos da traição é sempre tão íngreme e escorregadia que todo líder, por mais bem-intencionado que seja, nunca será cauteloso em excesso.

Toussaint deu permissão a Christophe para negociar com Leclerc, lia as cartas de ambos e supervisionava as respostas daquele. Leclerc propôs a Christophe prender Toussaint. Christophe, indignado, rejeitou a traição. Leclerc compreendeu que havia ido longe demais e propôs uma entrevista com Christophe. Toussaint disse a Christophe que ouvisse o que Leclerc tinha a dizer e ele foi. Leclerc assegurou-lhe a sua boa-fé, prometeu mantê-lo e a todos os seus oficiais em seus comandos e Christophe se rendeu.

Foi um golpe terrível para a revolução. Quando Toussaint e os outros o repreenderam, Christophe, homem que notoriamente apreciava os confortos da vida, replicou que estava cansado de viver no mato como um guerrilheiro. Christophe foi considerado culpado erroneamente. A culpa era totalmente de Toussaint. Sua combinação de ofensivas ferozes com negociações secretas era um método tortuoso demais para Christophe. Essa é uma política adequada a uma guerra entre dois Estados e não a uma guerra revolucionária. É verdade que as massas não tinham conhecimento das negociações, mas o que importava eram os resultados. Christophe havia sido escravo, foi um homem da revolução e um dos partidários mais leais de Toussaint. Se ele se rendesse aos franceses, por que os trabalhadores negros continuariam lutando? Mais uma vez, as massas receberam um golpe contundente, não das balas do inimigo, mas de quem as massas em geral as recebem, de seus próprios líderes amedrontados.

Juntamente com Christophe, renderam-se 1200 soldados, cem canhões, muita munição e dois mil habitantes brancos. Limbé e Port-Français passaram para as mãos dos franceses sem que um tiro fosse disparado, e Marmelade foi deixada desguarnecida. Mas Leclerc agora estava com muito medo de Toussaint e preferia negociar a lutar. Toussaint não estava nem um pouco deprimido. Numa carta, disse a Leclerc que o dano que havia sido feito era uma amostra do que ele poderia causar e que venderia caro uma vida que havia sido muito útil à Pátria. Leclerc foi extremamente conciliatório; ele usou Christophe como intermediário e informou a Toussaint que o dia em que se submetesse às ordens da República seria um dia notável. Toussaint enviou-lhe três ajudantes de campo e o seu secretário e, depois de uma conferência que durou várias horas, a rendição foi combinada, com três condições: liberdade irrestrita para todos em São Domingos, manutenção dos cargos e funções de todos os oficiais nativos e garantia de que Toussaint manteria todo o seu Estado-maior e poderia se retirar para onde quisesse no território da colônia. Bonaparte havia ordenado expressamente que não fosse deixado nenhum oficial com patente acima de capitão em toda a ilha. Toussaint se submeteria apenas com a condição de que todos os oficiais fossem mantidos, não apenas em suas patentes mas também em suas funções. De que maneira cuidadosa os imperialistas cultivam a fantasia de que as tropas nativas não servem para nada, a menos que estejam sob o comando de oficiais brancos! Bonaparte desejava decapitar o exército treinado e era exatamente esse exército que Toussaint desejava manter. Apesar da rendição, a vitória ainda estava com Toussaint. Ele teve uma entrevista com Dessalines e Charles Belair, seu sobrinho, e os persuadiu a se renderem também. Nada mais havia a fazer e eles concordaram. Lamartinière, Magny e todo o exército juntaram-se aos franceses.

O exército francês inteiro ficou tão satisfeito quanto atônito com aquela paz repentina. Lacroix e um outro oficial, Lemmonier-Delafosse, testemunharam o alívio dos franceses com essa rendição inesperada[33]. A força de Toussaint era tão evidente que, embora eles estivessem envergonhados por terem de negociar nesses termos, faziam-no de bom grado. Também não era segredo as humilhações e temores provocados pelo comportamento de Toussaint. Em nenhum momento ele agiu como um comandante derrotado. Leclerc escreveu-lhe cartas lisonjeiras e convidou-o para um encontro em Le Cap. Sem avisá-lo, Toussaint entrou de repente na cidade no dia 6 de março, com seu Estado-maior e uma companhia de dragões, acompanhado pelo general francês Hardy. Algumas pessoas o apuparam, e Toussaint disse a Hardy:

– Assim são os homens. Eu os vi aos meus pés, esses que me insultam. Mas logo eles se lamentarão.

"Logo eles se lamentarão"? O que Hardy pensaria disso? Mas a maioria do povo em Le Cap saiu às ruas para aclamá-lo. Saudavam-no como libertador;

33 O general Nemours relacionou muitas evidências de opiniões militares francesas sobre a grande força dos negros na época da submissão. *Histoire militaire*.... v. III.

as mães o apontavam para os filhos, as jovens espalhavam flores pelo seu caminho. No quartel-general de Leclerc ele ordenou que os dragões entrassem em formação e entrou com seus ajudantes de campo; os dragões permaneceram no pátio com as espadas desembainhadas. Toussaint pretendia entrar sozinho em Le Cap, mas eles se recusaram a deixá-lo. Os oficiais de Leclerc deram-lhe as boas-vindas com distinção e mandaram chamar Leclerc, que estava jantando a bordo de um navio. Ele voltou imediatamente e, depois de saudar Toussaint, atirou-se em seus braços e convidou-o a entrar em seu gabinete particular.

– General! começou ele. – Só temos elogios e admiração pela forma como suportastes a carga de governar São Domingos. (...)

Toussaint, severo e altivo, perguntou-lhe por que havia trazido a espada e o fogo a um país pacífico. Leclerc tentou apresentar desculpas, mas Toussaint não as aceitou.

– Concordo, disse Leclerc –, mas eu não era dono de mim mesmo. Esqueçamos o passado e rejubilemo-nos com a nossa reconciliação, general![34]

Contrariando seus hábitos diplomáticos, Toussaint, em companhia da sua guarda, com as espadas desembainhadas, do lado de fora, não reagiu às ofertas de Leclerc. Recusou o posto de general de exército. Paul L'Ouverture veio saudá-lo. Toussaint, que ainda não sabia da confusão com as cartas, repeliu-o diante de toda a companhia. Leclerc convidou-o para jantar, mas, embora aceitasse, ele não comeu nada. Com medo de ser envenenado, bebeu apenas um copo de água e, perto do final da refeição, serviu-se de um pedaço de queijo, cortado cuidadosamente do meio da peça que lhe foi oferecida. Dois dias depois, Leclerc pediu-lhe que dispensasse sua guarda e Toussaint se despediu deles, aconselhando que se submetessem à nova ordem. Ao ouvi-lo, com Magny, o herói de Crête-à-Pierrot, bem na frente, eles choraram com o triste fim das grandes campanhas que haviam começado quando, de uma horda de escravos seminus, haviam-se organizado num pequeno bando para estudar a arte da guerra e lutar pela liberdade. Toussaint estava visivelmente comovido, mas conseguiu se controlar. Depois de abraçar seus principais oficiais, tomou a estrada para a sua plantação em Ennery. Quando ele se aproximava, as multidões saíam ao seu encontro.

34 ISAAC L'OUVERTURE, *Mémoires*.

– General, perguntavam, nos abandonastes?

– Não, meus filhos! respondia ele. – Todos os vossos irmãos estão em armas e os oficiais, de todas as patentes, mantêm os seus postos.

O que concluir? Conseguiriam os negros manter o seu exército ou não?

Alguns dias mais tarde, Dessalines entrou em Le Cap para formalizar a sua rendição. Também ele chegou com o moral intacto. Os oficiais franceses caminhavam pelas ruas e ninguém reparava neles, mas, ao grito de "Dessalines!", toda a população correu a se prostrar diante dele. Lacroix viu isso e compreendeu o que significava, como também notou a ousadia e a segurança com que Dessalines se dirigia a ele e aos outros franceses.

Dessalines e sua divisão entraram a serviço de Leclerc. Toussaint, satisfeito com o fim da destruição e com a confiança de seu exército ainda intato, começou a cultivar suas plantações com a energia habitual. Embora não tivesse nenhuma confiança em Leclerc, julgava-se a salvo no momento. Observaria os acontecimentos. No caso de alguma crise, ele estaria presente. Foi a sua confiança no exército e no povo que o levou a cometer um erro. Bem no fundo, sabia que eles jamais seriam derrotados. Mas, com os olhos fixos nos franceses, não sabia que havia perdido a confiança de Dessalines, que não contava mais com a liderança dele, mas que preparava o próprio caminho para a independência.

Cheio de desgosto por não conseguir cumprir as instruções de Napoleão, Leclerc cometeu o erro de enviar relatórios falsos para a França.

> "(...) Dois dias depois, o general Toussaint enviou seu oficial superior com uma carta que dizia pouca coisa, mas na qual percebi um pronunciado desejo de se render. Repliquei àquele general que eu receberia sua rendição, mas que, se não se submetesse imediatamente, eu marcharia contra ele e que, para o restante, ele deveria enviar um de seus servidores de confiança a fim de me comunicar o que desejava. Ele enviou seu secretário particular com um de seus ajudantes de campo, para dizer que desejava o cargo de general de exército e um comando especial; que cada um dos seus generais reassumisse o comando que detinha na época em que eu cheguei e que tivesse sob suas ordens apenas as suas próprias tropas. Respondi que ele não seria empregado, que teria que se retirar para uma de suas propriedades, da qual não poderia sair sem minha permissão; que os generais, bem como todas as tropas, seriam empregados, mas apenas quando eu julgasse apropriado e fosse vantajoso. E

que, quanto a ele, apenas teria de se render em Le Cap e que eu lhe daria minha palavra de honra de que estaria livre para ir para onde quisesse depois da conferência. Quanto ao resto: que suas tropas deveriam estar reunidas e prontas para obedecer às minhas ordens dentro de quatro dias. (...)

"Se às vezes, cidadão ministro, as circunstâncias me forçam a parecer que desvio minhas instruções da objetividade, acredite que não as perco de vista e apenas cedo um pouco às circunstâncias para poder dominá-las mais tarde e fazer com que elas sirvam à execução dos meus planos.

"Uma vez que, segundo as vossas instruções, os meus relatórios são publicados nos jornais daqui, seria imprudente imprimir neles qualquer coisa que possa destruir as ideias de liberdade e igualdade que estão nos lábios de todos na colônia."[35]

"O general Toussaint se rendeu aqui. Ele saiu perfeitamente satisfeito comigo e pronto para acatar a todas as minhas ordens. Acredito que ele o fará, pois está persuadido de que, caso não o faça, eu faria com que ele se arrependesse.[36]

"As doenças estão causando um estrago enorme no exército sob o meu comando. (...)

"Neste momento, tenho 3600 homens no hospital. Nos últimos quinze dias tenho perdido de trinta a cinquenta homens diariamente em toda a colônia e não se passa um dia sem que de duzentos a duzentos e cinquenta homens deem entrada no hospital, ao passo que só cinquenta saem. Meus hospitais estão bastante lotados.

"Para ser comandante de São Domingos, eu preciso de 25 mil europeus em armas. Vede que tenho apenas metade desse número. Não há um momento a perder para me enviar os reforços. (...)[37]

"Quanto ao mais, cidadão ministro, assegurai ao Primeiro-Cônsul que, nem por um momento, perdi de vista as instruções diretas dadas por ele, tanto do ponto de vista político como do comercial, e que considerarei feliz o dia

35 26 de maio de 1802. Ao ministro da Marinha.
36 5 de maio de 1802. Ao ministro da Marinha.
37 8 de maio de 1802. Ao ministro da Marinha.

em que o comércio nacional sozinho for capaz de abastecer São Domingos e o exército francês. Dessa forma, uma guerra colonial resultará no triunfo do comércio.[38]

"Eis aqui a lista das principais pessoas que a morte levou desde o meu último relatório. (...)

"No momento em que escrevo, muitos generais e oficiais superiores estão doentes. Das dezesseis pessoas que moravam na casa do general Hardy, treze estão mortas.

"Todos os secretários do general Ledogin também morreram. Uma associação de comerciantes de madeira se estabeleceu em Le Cap. Aquela casa era composta de sete pessoas; todas elas morreram em oito dias. Ordenei ao oficial encarregado da saúde que fizesse um relatório sobre essa doença. Conforme o relatório, parece que a doença é aquela chamada de febre amarela, ou moléstia siamesa; essa doença ocorre todos os anos nas Antilhas na época da passagem do sol neste hemisfério, mas está grassando em Le Cap com mais intensidade que o normal devido aos miasmas exalados pelas casas queimadas. Em algumas pessoas ela se apresenta com sintomas de dores leves, dor nos intestinos ou tremores; em outras, a doença se manifesta repentinamente e mata em dois ou três dias. Mas, entre todos os que foram acometidos, nem um quinto escapou à morte. A doença ataca tanto as pessoas que vivem confortavelmente e que se cuidam como aquelas cujos meios não permitem que tomem as precauções necessárias com a saúde."[39]

"Minha posição piora a cada dia. A doença leva os homens. Toussaint não merece confiança, como na verdade eu previa; mas consegui obter de sua rendição aquilo que eu esperava, ou seja, separá-lo de Dessalines e Christophe e de suas tropas. Vou decretar sua prisão e penso que posso contar com Dessalines, cujo espírito consegui dominar, para prender Toussaint. Penso que não vou perdê-lo. O que me leva a tomar essa resolução ousada, cidadão cônsul, é a necessidade de ressuscitar na colônia a ideia da minha força por meio de um ato rigoroso, mas se eu não receber reforços a minha

38 8 de maio de 1802. Ao ministro da Marinha.

39 6 de junho de 1802. Ao ministro da Marinha.

posição ficará pior. Não vos surpreendais se eu disser que é possível perdê-lo. Durante a última quinzena, esse homem tem estado muito desconfiado. Não é que eu tenha dado motivo para essa desconfiança, mas ele lamenta o poder perdido.

"(...) Tão logo eu esteja de posse de sua pessoa, eu o enviarei para a Córsega, com ordens para que seja aprisionado em um dos castelos daquela ilha. (...)

"Suplico que ordeneis para que dez mil homens me sejam enviados imediatamente.

"Minha saúde tem estado abalada. Estou um pouco melhor, mas este clima é extremamente desfavorável para mim. Tudo que eu desejo é poder ficar aqui até o próximo Ventoso. Espero que então o meu trabalho esteja suficientemente avançado para que eu possa deixá-lo para o meu sucessor, sem preocupações.

"A despeito dos estragos causados pelas mortes, o exército não perdeu a coragem."[40]

A febre amarela tinha o exército francês em seu poder. Toussaint e Dessalines sabiam que aconteceria e contavam com isso, e, se não fosse por Christophe e Toussaint, Dessalines provavelmente jamais teria se rendido. Logo seria a hora de atacar, e Dessalines, que anteriormente idolatrara Toussaint, resolvera tirá-lo do caminho, juntamente com Christophe, devido à orientação pró-francesa destes. Ele fingia ser absolutamente devotado a Leclerc e sugeriu que a colônia jamais estaria em paz se Toussaint não fosse expulso. Christophe e Clairveaux disseram a mesma coisa a Leclerc e estavam sendo sinceros. Dessalines era igualmente sincero ao dizer que o Haiti só estaria em paz quando Toussaint fosse removido, só que a paz planejada por ele era a destruição de Leclerc e a expulsão de todos os franceses da ilha. Assistente fiel e leal de Toussaint, ele conhecia o seu superior o suficiente para duvidar de sua capacidade de tomar as decisões que Dessalines sabia necessárias. Ele via o que era preciso fazer e não confiava em ninguém, senão em si mesmo. Desde a época de Crête-à-Pierrot, Dessalines tinha pronto um programa para a independência nacional. Rochambeau, que o conhecia bem, alertava constantemente os seus companheiros oficiais de que Dessalines planejava uma traição. Leclerc sabia que era Dessalines que importava e, sentindo que o controlava, tomou a decisão.

40 6 de junho de 1802. Ao ministro da Marinha.

Toussaint não estava tramando. Leclerc acusou-o de atos suspeitos. Toussaint provou que estava trabalhando em suas fazendas e nada mais. No dia 7 de junho, o general Brunet escreveu a Toussaint solicitando uma entrevista no seu quartel-general. A carta transbordava de votos de boa vontade, sinceridade pessoal e elogios por parte do missivista. Toussaint não se sentia muito bem e havia sido avisado por amigos de que Leclerc pretendia prendê-lo. Apesar disso, resolveu ir. Talvez tivesse confiança nas afirmações de Brunet. Mas toda a sua carreira, sua política e sua atitude para com Leclerc desde o começo desmentiam isso. Se ele não comparecesse à entrevista com medo da prisão, teria de fugir e começar a guerra novamente, numa posição infinitamente pior do que aquela em que se encontrava quando havia chegado ao acordo. Por outro lado, era improvável que Leclerc ousasse prendê-lo enquanto Dessalines, Belair e os outros ainda estivessem no comando de suas tropas. Foi aí que ele se enganou. Encontrou-se com Brunet às oito horas da noite, acompanhado apenas de dois oficiais. Os homens conversaram por alguns minutos e então Brunet pediu que o desculpassem por um momento. Assim que Brunet saiu, alguns granadeiros com as baionetas armadas, comandados por Ferrari, ajudante de campo de Leclerc, entraram na casa. Toussaint levantou-se e puxou a espada. Ferrari, com a arma abaixada, dirigiu-se a ele:

– General, não estamos aqui para vos fazer mal. Apenas temos ordens de proteger a vossa pessoa.

E Toussaint se rendeu. Eles o amarraram como um criminoso comum, prenderam seu ajudante de campo, sua esposa, seu filho e sua sobrinha, submetendo-os a toda sorte de humilhações. Arrombaram a sua casa, roubaram seu dinheiro, suas joias e os documentos de sua família e destruíram suas plantações. Enfiaram a família numa fragata que esperava no porto de Le Cap e embarcaram-na para a França.

Quando Toussaint subiu a bordo, disse algumas palavras ao capitão Savary, nas quais ele havia pensado cuidadosamente, sem dúvida, seu último legado ao povo:

– Ao me depor, cortastes em São Domingos apenas o tronco da árvore da liberdade. Ela brotará novamente pelas raízes, pois estas são numerosas e profundas!

A notícia da prisão de Toussaint foi um choque para toda a população. Não obstante o que Toussaint houvesse feito, ele se batia pela liberdade. Em volta de Ennery e nas montanhas, os tambores soavam e conclamavam o povo à revolta. Nos planaltos de Plaisance, Dondon e arredores, a insurreição em massa contra Leclerc havia começado. Mas a população, como um todo, dava poucos sinais de interesse. Leclerc foi enganado, mas Lacroix e outros oficiais não.

A dissimulação é o refúgio do escravo, e a calma anormal assustava alguns brancos. As massas negras nada faziam, pois não sabiam o que fazer. Elas viam Maurepas, Dessalines, Christophe e seus oficiais manterem seus comandos. Leclerc, como havia feito desde que chegara, jurava que não tinha intenção de acabar com a liberdade. Toussaint havia lutado, depois se submetido e agora, como afirmava Leclerc, era culpado de traição. Leclerc dizia que tinha duas cartas para provar a traição de Toussaint e publicou uma delas. Era uma falsificação, pois quando o Governo da França solicitou provas para julgar Toussaint ele confessou que não tinha nenhuma. Deixemos que os argumentos retrospectivos e *post-mortem* sobre moralidade sejam o fértil terreno de caça de professores bem-intencionados! Leclerc recebeu instruções para se livrar de Toussaint e foi o que ele fez.

Mas aquela prisão não ajudou Leclerc em nada.

"Se o Primeiro-Cônsul deseja ter um exército em São Domingos até o mês de outubro, deverá enviá-lo da França, pois os estragos feitos aqui pela doença são grandes demais para ser contados em palavras. Não se passa nenhum dia sem que eu fique sabendo da morte de alguém que não lamente com amargura. (...) Aqui não se pode trabalhar sem arriscar a vida. Desde a minha chegada a este país, minha saúde tem estado abalada por ter trabalhado demais. O Governo precisa pensar seriamente em mandar-me um sucessor.

"Será quase impossível para mim ficar aqui por mais de seis meses. Espero, dentro desse prazo, entregar a colônia livre do estado de guerra àquele que estiver designado para me substituir.

"Minha saúde está tão abalada que me considerarei muito afortunado se conseguir durar até lá."[41]

41 11 de junho de 1802. Ao ministro da Marinha.

"Num dos meus últimos despachos, cidadão ministro, notifiquei-vos do perdão que tive o prazer de conceder ao general Toussaint. Esse homem ambicioso, a partir do momento em que o perdoei, não parou de conspirar. Os relatórios que chegaram até mim através do general Dessalines sobre a forma pela qual ele se comportou desde a sua rendição, não deixaram nenhuma dúvida a esse respeito. (...) Expedi a ordem para a sua prisão. Não foi fácil. Estou enviando para a França, com toda sua família, esse homem tão perigoso para São Domingo. O Governo, cidadão ministro, deve colocá-lo num lugar bem fortificado, no centro da França, de maneira que ele jamais consiga escapar e voltar a São Domingo, onde tem a mesma influência que o líder de alguma seita. Se ele reaparecer em São Domingo dentro de três anos, talvez consiga destruir tudo o que a França realizou aqui. (...) Eu vos suplico, enviem-me algumas tropas. Sem elas não poderei desarmar a população e, sem esse desarmamento, não terei o comando da colônia.[42]

"A mortalidade continua e faz tremendos estragos. A consternação reina entre as tropas no lado ocidental e no Sul. (...)[43]

"Depois do embarque de Toussaint, alguns homens tentaram perturbar a ordem. Mandei fuzilar alguns e deportar outros. Desde então, parece que algumas tropas coloniais tornaram-se rebeldes e eu ordenei que seus líderes fossem executados.

"Essas tropas agora ocultam o seu descontentamento. A dispersão foi eficiente. Os generais negros estão bem conscientes, neste momento, de que destruirei toda a sua influência. Mas eles não ousam desfraldar a bandeira da rebelião: 1º Porque eles se detestam mutuamente e sabem muito bem que eu os destruiria com a ajuda deles mesmos; 2º Porque os negros não são corajosos e essa guerra os amedrontou; 3º Porque temem enfrentar o homem que destruiu os seus líderes. Nessas circunstâncias, caminho a passos firmes para o meu objetivo. O Sul e o lado ocidental estão quase desarmados. No Norte o desarmamento começará dentro de oito dias.

"A polícia está sendo organizada e tão logo esteja posicionada, e o desarmamento concluído, darei os últimos golpes. Se eu for bem-sucedido, o que é provável, São Domingos estará realmente restabelecida para a República. (...)

---

42 *Ibid.*

43 4 de julho de 1802. Ao ministro da Marinha.

"Toussaint deve estar bem longe do mar para que não represente perigo. Esse homem sublevou o país a tal ponto de fanatismo que sua mera presença o incendiaria novamente. (...)

"Desde o nosso desembarque, estamos constantemente ameaçados.

"Assim que deixamos de temer as armas dos rebeldes, passamos a temer a moléstia, que tem causado enormes estragos entre nós. Eu me considerarei muito afortunado se minha saúde permitir que eu execute tudo o que pretendo, mas não tenho a menor inclinação para passar um segundo ano em São Domingos. É muito cruel viver como tenho vivido, mantendo a existência apenas por meio de artifícios. Se, ao final das operações, o Governo não me enviar um sucessor, utilizarei a faculdade que me foi conferida verbalmente pelo Primeiro-Cônsul de deixar São Domingos quando houver cumprido minhas instruções."[44]

Corria o mês de julho e Leclerc, já muito atrasado em relação ao seu programa e com os soldados morrendo aos milhares, tinha de desarmar o Norte revolucionário. Seria agora ou nunca. Evidentemente, o melhor seria usar os generais negros. A insurreição se espalhava mais a cada dia pelo Norte e à chamada às armas ela dobrou e se espalhou pelo Sul e pelo lado ocidental. Derance, Samedi Smith, Jean Panier e outros chefes insignificantes e anônimos, cada qual em seu próprio distrito no Norte, no Sul e no lado ocidental, convocavam os negros a se revoltarem. Entregar as armas? E por quê? Sonthonax havia dito a eles:

– Se quiserdes manter a liberdade, usai vossas armas no dia em que as autoridades brancas as exigirem, pois uma ordem desse tipo é o sinal infalível e precursor do retorno da escravidão.

Quando eram expulsos de um lugar, reapareciam em outro. Uma região era "pacificada", mas, tão logo os soldados iam para outra, ela se rebelava novamente. Os franceses, desanimados, começaram a culpar Leclerc por não ter se livrado dos generais negros e mulatos juntamente com Toussaint. "Mas ninguém observou que, na nova insurreição de São Domingos, como em todas as revoltas que atacam a autoridade constituída, não eram os chefes reconhecidos que davam o sinal para a sublevação, mas sim criaturas obscuras,

[44] 6 de julho de 1802. Ao ministro da Marinha.

na sua maioria inimigos pessoais dos generais de cor."[45] Essa é uma história recorrente[46]. Sempre foi a maldição das massas, tanto hoje como naquela época, que aqueles que mais gritam sempre se acovardam quando chega a hora de agir, ou, ainda pior, encontram boas razões para colaborar com o inimigo. Christophe, Maurepas e os demais perseguiam esses "guerrilheiros". Os franceses temiam Lamartinière e prepararam-lhe uma emboscada no próprio momento em que ele estava a serviço deles. Foi uma morte lamentável para tão esplêndido oficial. Dessalines também caçava os "guerrilheiros", esperando a sua vez.

Mas a insurreição continuava a crescer e, enquanto isso, a febre cobrava a sua cota. Os franceses já não sepultavam seus mortos adequadamente, mas os jogavam em grandes fossas durante a noite, para que os negros não vissem como o exército estava se desgastando. Como se isso pudesse ser escondido! Leclerc, com a saúde abalada, foi para Tortuga para se recuperar. Sentindo-se melhor, deixou a ilha para voltar a Le Cap. Tão logo ele partiu, irrompeu uma insurreição. A rebelião foi esmagada, para ressurgir entre os negros

---

45 LACROIX, *Mémoires pour servir*.... v. II, p. 225.

46 Michelet havia provado que esse também era o ponto de vista da Revolução Francesa. Mas foi Georges Lefebvre, o grande historiador contemporâneo da Revolução Francesa, que examinou exaustivamente todas as evidências disponíveis e insistia em afirmar que não sabemos e jamais saberemos quem eram os verdadeiros líderes da Revolução Francesa, homens anônimos, obscuros, muito distantes dos legisladores e oradores públicos.

G. LEFEBVRE, *La Fuite du Roi*, p. 187 (palestras mimeografadas): "É um erro dar demasiada importância a quaisquer opiniões que os girondinos ou Robespierre possam ter tido sobre o que deveria ser feito. Não é a melhor forma de encarar o problema. Temos que dar mais atenção aos líderes obscuros e ao povo que os ouvia nas lojas e pequenas oficinas e nas escuras ruas da velha Paris. Era deles que os negócios dependiam e, no momento, como era de esperar, eles seguiram os girondinos. (...) É, portanto, na mentalidade popular, na profunda e incurável desconfiança nascida na alma do povo quanto à aristocracia, desde 1789, e em relação ao Rei, desde a sua fuga para Varennes, é nisso que devemos buscar a explicação para o que aconteceu. O povo e seus líderes desconhecidos sabiam o que queriam. Eles seguiram os girondinos e depois Robespierre apenas até o ponto em que seus conselhos pareciam ser aceitáveis.

"Portanto, quem eram os líderes que o povo ouvia? Conhecemos alguns deles. Não obstante, em todos os dias decisivos da Revolução, aquilo que mais desejamos saber está fora do nosso alcance para sempre. Gostaríamos de ter o diário do mais obscuro desses líderes populares. Só então poderíamos entender, no ato, por assim dizer, como esses grandes dias revolucionários começaram. Nós não o temos".

em Môle St. Nicholas. No início de julho, começaram a circular rumores de que o Governo francês estava restaurando a escravidão.

Mais uma vez as massas mostraram uma compreensão política maior do que os seus líderes. Bonaparte havia realmente dado um grande passo. Em Guadalupe, Richepanse havia posto em prática instruções similares às de Leclerc. Lá governavam os mulatos. Ele os derrotou, deportou seus líderes e mais três mil pessoas e tinha a população negra sob seu domínio. As cartas jactanciosas de Leclerc, contando mentiras sobre como ele havia derrotado Toussaint, fizeram o resto.

Os oficiais franceses estavam envergonhados de levar ao conhecimento de Napoleão o verdadeiro resultado das batalhas contra os generais negros. Depois da derrota de Debelle por Maurepas, Desfourneaux escreveu a Dugua: "Ele [Debelle] atacou Maurepas (...), foi repelido e gravemente ferido. Teme-se que venha a morrer. Maurepas mantém a sua posição inabalada, com três mil homens e seis peças de artilharia. (...) Essa informação é muito precisa. (...)"[47] Mas, quando Dugua relatou isso ao ministro da Guerra, interpretou como: "O general Debelle, depois de diversos combates com Maurepas, um general de brigada negro, recebeu a rendição desse chefe, que julgara mais prudente tornar-se servidor da República do que ser empalado por nossos valentes soldados, a cujo ardor é impossível resistir[48]."

Com esses relatórios falsos e lisonjeiros, Bonaparte deve ter pensado que a tarefa, embora não concluída totalmente, não apresentaria maiores dificuldades e não havia mais motivos para tergiversações.

Ele não começou em São Domingos ou Guadalupe, e sim nas colônias francesas que haviam sido devolvidas pela Grã-Bretanha à França pelo Tratado de Amiens. Numa sessão da Legislatura, em maio, Bruix expôs a nova política:

– Os povos livres são ciosos de suas nobres prerrogativas. Eles têm seu egoísmo, mas esse sentimento não deve ser levado muito longe.

47 NEMOURS, *Histoire militaire...*, v. II, p. 261.
48 *Ibid.*, v. II, p. 266.

Não tão longe quanto as Índias Ocidentais Francesas. Os negros eram tratados como "culpados", e houve quem propusesse que fossem aterrorizados com a dizimação. O padre Gregório, ainda legislador da França, apenas ouvia. Talvez em sua mente o valoroso padre estivesse enxergando, não aqueles rapaces e cruéis representantes da nova França burguesa, mas a Convenção daquele dia 4 de fevereiro, oito anos atrás, quando a escravidão foi abolida sem discussões. Mas naquela ocasião as massas de Paris estavam nas ruas. O padre Gregório nada dizia, e Napoleão, percebendo, pediu a sua opinião.

– Sinto, respondeu Gregório –, que só de se ouvir esses discursos sabe-se que são pronunciados por brancos. Se esses cavalheiros mudassem de cor neste momento, falariam de maneira diferente.

Bonaparte o insultou, e o restabelecimento da escravidão na Martinica, Île-de-Bourbon e outras ilhas foi aprovado por 211 votos contra 60.

Mas a burguesia marítima clamava por mais. Em poucos dias, o tráfico de escravos foi oficialmente restaurado em todas as colônias. Os africanos que chegassem agora seriam escravos como antigamente. Depois disso, passo a passo, proibiu-se a ida de pessoas de cor à França, restabeleceu-se a proibição de casamentos mistos e a discriminação contra os mulatos. Bonaparte só não declarou a restauração da escravidão em São Domingos e Guadalupe. Mas mesmo antes do primeiro decreto, em maio, ele havia escrito a Richepanse e Leclerc, autorizando-os a restaurar a escravidão quando achassem oportuno. Todos esses rumores chegavam a São Domingos, enquanto Leclerc, ainda mantendo em segredo as instruções de Bonaparte, continuava a garantir aos negros que não tinha nenhuma intenção de restabelecer a escravidão.

Assim que Richepanse recebeu as últimas instruções do Primeiro--Cônsul, restaurou a escravidão. Todos os navios traziam de volta a São Domingos os colonistas emigrados, sedentos de vingança e ansiosos pela volta dos antigos tempos.

– Sem escravidão, nada de colônia.

Diziam isso abertamente, enquanto Leclerc negava e a população negra e mulata ouvia alarmada. Os agentes da burguesia marítima ocupavam-se tentando fazer encomendas.

Então num dos últimos dias de julho, a fragata *Cockade* entrou no porto de Le Cap, trazendo a bordo negros deportados de Guadalupe. Naquela noite, alguns deles pularam no mar e nadaram até a praia para dar aos seus irmãos de São Domingos a notícia de que a escravidão havia sido restaurada em Guadalupe. A insurreição generalizou-se.

Essa inesperada revelação das intenções secretas de Bonaparte aterrorizou Leclerc.

"Não pensem em restabelecer a escravidão aqui por enquanto. Acredito que posso deixar tudo em ordem para que o meu sucessor tenha apenas de executar a decisão do Governo. Mas, depois de inúmeras proclamações feitas aqui para assegurar aos negros a sua liberdade, não quero me contradizer; mas garanto ao Primeiro-Cônsul que o meu sucessor encontrará tudo pronto.[49]

"Os distritos de Plaisance, Gros Morne, Port-de-Paix, Santa Luíza e Le Borgne estão revoltados (...) mas (...) espero que essa seja a última crise.

"A moléstia está progredindo tão assustadoramente que não posso imaginar como tudo irá terminar. Só os hospitais de Le Cap perderam cerca de cem homens por dia neste mês.

"À doença e às rebeliões, some-se a falta de dinheiro em que os senhores nos deixaram. Se isso continuar assim, mesmo com os reforços que estou esperando e com o custo dos hospitais tão alto, minhas tropas se revoltarão, pois não terei como administrar as suas necessidades."[50]

"Minha posição não está nada melhor; a insurreição se espalha, a doença persiste. (...)

"Todos os negros estão convencidos, por cartas que chegam da França, pela lei que restabeleceu o tráfico de escravos e pelo decreto do general Richepanse restaurando a escravidão em Guadalupe, de que a intenção é torná-los escravos novamente, e só posso efetuar o desarmamento depois de longos e obstinados conflitos. Esses homens não desejam se submeter. Temos de admitir que, no momento de acertar tudo por aqui, as circunstâncias políticas que descrevi acima quase destruíram o meu trabalho. As medidas infelizes que adotastes destruíram tudo e inflamaram as imaginações. Não conseguiremos mais submeter os negros, a não ser pela força das armas. Para isso, precisamos de armas e fundos, sem os quais a prosperidade de São Domingos está em grave perigo.

49 2 de agosto de 1802. Ao ministro da Marinha.

50 *Ibid.*

"Já vos pedi, cidadão ministro, um sucessor. Aquela carta, como muitas outras que vos enviei, não recebeu resposta. O Governo precisa pensar em me enviar um homem para me substituir em caso de necessidade. Não que eu esteja pensando em deixar o meu posto neste momento difícil, mas minha saúde continua piorando, e não há ninguém que possa assumir o meu lugar de maneira adequada à República.

"Farei todo o possível para impedir que a insurreição se alastre até o dia 1º de Vendemiário. Até lá, sem dúvida terão chegado os nove mil homens que vós me prometestes. Irei aos distritos rebeldes com o mesmo vigor que adotei na minha primeira campanha. O terror me precederá e ai daqueles que não me obedecerem cegamente. Mas para isso preciso de dinheiro e de tropas."[51]

"A morte causou tanto estrago entre as minhas tropas que, quando tentei desarmar o Norte, irrompeu uma insurreição geral.

"(...) Nada temo por parte de Christophe, mas não estou tão certo quanto a Dessalines. Os primeiros ataques desalojaram os rebeldes das posições que ocupavam, mas eles se retiraram para outros cantões e existe um verdadeiro fanatismo nas rebeliões. Aqueles homens se deixam matar, mas recusam-se a se render. (...)

"Eu vos supliquei, cidadão cônsul, que não fizésseis nada que pudesse deixá-los apreensivos quanto à sua liberdade até que eu estivesse pronto, e esse momento estava se aproximando com rapidez. Subitamente chegou aqui a lei que autoriza o tráfico de escravos nas colônias, com correspondências comerciais de Nantes e Le Havre perguntando se os negros poderiam ser vendidos por aqui. Pior do que isso, o general Richepanse acaba de tomar a decisão de restabelecer a escravidão em Guadalupe. Nesse estado de coisas, cidadão cônsul, a força moral que eu havia conseguido aqui foi destruída. Não posso fazer nada pela persuasão. Só posso depender da força, e eu não tenho tropas.

"(...) Agora, cidadão cônsul, que vossos planos para as colônias são do conhecimento de todos, caso desejeis preservar São Domingos, enviai um novo exército e dinheiro, acima de tudo, e asseguro-vos que, se nos abandonardes

51 6 de agosto de 1802. Ao ministro da Marinha.

à nossa própria sorte, como fizeste até agora, esta colônia estará perdida; e, se isso acontecer, os senhores jamais a reconquistarão novamente.

"Esta carta vos surpreenderá, cidadão cônsul, depois das outras que vos escrevi. Mas qual o general que pode contabilizar uma mortalidade de quatro quintos de seu exército e a inutilidade do restante; que tenha sido deixado sem fundos, como eu fui, num país onde as compras só são possíveis pelo seu peso em ouro e no qual, com dinheiro, eu talvez não tivesse tido tantos dissabores? Como eu poderia esperar, nessas circunstâncias, a lei relativa ao tráfico de escravos e, acima de tudo, os decretos do general Richepanse restabelecendo a escravidão e proibindo os homens de cor de se registrar como cidadãos?

"Mostrei-vos a minha posição verdadeira com a franqueza de um soldado. Lamento ver que tudo o que fiz aqui está a ponto de ser destruído. Se vós tivésseis testemunhado as dificuldades de todo tipo que tive de enfrentar, e os resultados que obtive, também lamentaríeis a posição em que me encontro. Mas, por pior que seja a situação, ainda espero ser bem-sucedido. Tenho castigado exemplarmente e, uma vez que o terror é o único recurso que me resta, eu o utilizo. Em Tortuga, mandei enforcar 60 dos 450 rebeldes. Hoje tudo está na mais perfeita ordem.

"Todos os proprietários e mercadores que chegam da França falam em escravos. Parece que há uma conspiração generalizada para impedir a devolução de São Domingos à República.

"Enviai-me reforços imediatamente, envai-me dinheiro, pois estou numa posição realmente deplorável.

"Pintei um quadro pessimista da minha situação. Não pensai que estou deprimido pelo que está acontecendo. Estarei sempre à altura das circunstâncias, quaisquer que sejam elas, e vos servirei com o mesmo zelo, enquanto a minha saúde o permitir. Esta vem piorando e agora não posso mais cavalgar. Considerai que é necessário enviar-me um sucessor. Não há ninguém aqui que possa me substituir na situação crítica em que a colônia estará por algum tempo. (...) Jérémie está revoltada. Não tenho outras notícias daquela região.

"Christophe e Dessalines suplicaram para que não os deixe aqui quando eu partir. Isso mostra a confiança que eles têm em mim. Espero poder enviar à França todas as pessoas perniciosas, nos primeiros dias de Brumário. (...) Quando eu partir, a colônia estará pronta para receber o regime que julgardes melhor, mas o meu sucessor é que deverá dar o passo final. Caso concordeis, nada farei que contrarie o que proclamei aqui.

"O general Richepanse se conduz de maneira muito pouco política e muito desastrada, pelo menos no que concerne a São Domingos. Se eu não tivesse cortado muitas cabeças por aqui, já teria sido expulso da ilha há muito tempo e não teria conseguido realizar os vossos planos."[52]

"Os generais negros lideram as colunas; *eles se encontram bem cercados*[53]. Ordenei que dessem exemplos terríveis *e os utilizo sempre que tenho de fazer alguma coisa terrível.* (...)[54]

"Os decretos do general Richepanse repercutiram aqui e são a fonte de grandes males. Por ter sido proclamado com três meses de antecedência, o restabelecimento da escravidão custará muitos homens ao exército e à colônia de São Domingos.

"P.S.: Acabei de saber de um combate sangrento que o general Boyer teve em Gros-Morne. Os rebeldes foram exterminados; cinquenta prisioneiros foram enforcados; esses homens morrem com um fanatismo incrível; caçoam da morte; o mesmo se dá com as mulheres. (...) Essa exaltação é o resultado da proclamação de Richepanse e das propostas provocadoras dos colonistas."[55]

"Parece-me, pelas ordens enviadas, que vós não tendes uma ideia bem clara da minha posição aqui. Vós ordenastes que eu enviasse os generais negros para a Europa. Seria muito simples prendê-los todos no mesmo dia, mas uso esses generais para esmagar as revoltas incessantes. (...)

"Acabei de descobrir uma grande conspiração que pretendia sublevar toda a colônia no final de Termidor. Ela só foi executada parcialmente por causa da ausência de um líder. Não é o bastante afastar Toussaint. Há cerca de dois mil líderes para serem afastados."[56]

---

52 6 de agosto de 1802. Ao Primeiro-Cônsul.

53 Grifos de Leclerc.

54 *Idem.*

55 9 de agosto de 1802. Essa carta não está entre as coletadas pelo general Nemours. Ela é citada em POYEN, *Histoire militaire de la révolution de Saint-Domingue*, Paris, 1899, p. 258. Essa é a história oficial francesa.

56 25 de agosto de 1802. Ao ministro da Marinha.

As massas estavam lutando e morrendo como só as massas revolucionárias sabem fazer; o exército francês estava desaparecendo e o desespero vagarosamente sufocava Leclerc. Mas aqueles generais negros e mulatos ainda continuavam a lutar por Leclerc contra os "guerrilheiros"; os mulatos e os negros libertos anteriormente continuavam fiéis aos franceses, na esperança de que a sorte que caiu sobre Guadalupe e sobre a Martinica não caísse sobre eles também. Em agosto, Charles Belair, amargurado desde a prisão de Toussaint, o qual costumava chamá-lo de "o meu Labienus", e ressentido com a crueldade dos franceses, juntou-se à insurreição. Como se estivesse apenas esperando que alguém os liderasse, toda a população do Artibonite se revoltou com ele. Isso não convinha a Dessalines. Belair era o rival favorito de Toussaint. Nos primeiros dias da expedição, Belair salvara a vida de muitos brancos. Dessalines o convidou para uma entrevista, dando a entender que seria sobre uma combinação contra os franceses. Compareceram Belair e Sanite, pois as mulheres naquele momento lutavam lado a lado com os homens. Dessalines prendeu-os e os enviou a Leclerc. Foi um crime de traição, mas não foi contra a revolução, pois no mesmo mês de agosto, Dessalines e Pétion, enquanto caçavam os "guerrilheiros", chegaram por fim a um entendimento[57]. Mas o mulato Clairveaux, Christophe, Laplume, Paul L'Ouverture e Maurepas estavam esperando, Deus sabe o quê, e sem eles nem Dessalines nem Pétion poderiam agir.

Com uma habilidade e uma tenacidade que espantavam seus experimentados oponentes, os pequenos líderes locais não apenas repeliam os ataques, mas atormentavam constantemente os postos franceses, não lhes dando sossego, de forma que os soldados estavam esgotados e com os nervos à flor da pele e caíam vítimas da febre amarela aos milhares. Se os franceses enviavam grandes expedições contra eles, desapareciam nas montanhas, deixando um rastro de fogo atrás de si, retornando quando os exaustos franceses se retiravam, para destruir ainda mais plantações e atacar as linhas inimigas. Quando ficaram sem munição, os trabalhadores das montanhas ao redor de Port-de-Paix atacaram essa importante cidade, expulsaram a guarnição, mataram os brancos, queimaram as casas que haviam sido reconstruídas e se apoderaram do forte com doze toneladas de pólvora. Quem foi recapturar a fortaleza? Maurepas, que havia comandado o distrito e rechaçara os ataques de Humbert, Debelle e Hardy com tremenda valentia. Ele e os franceses, com um vigoroso contra-ataque,

57 SANNON, *Histoire de Toussaint-L'Ouverture*, v. III, p. 120.

recapturaram o forte, mas "os insurgentes, com uma atividade incrível (...) homens, mulheres e crianças, voltaram para as montanhas, carregando pesadas cargas". As massas na Planície do Norte correram para se colocar sob o comando desses novos líderes[58].

Tudo o que o antigo bando fazia era para ameaçar Leclerc. Alguns dos negros que haviam sido escravos tentaram comprar a liberdade de seus antigos senhores. Estes recusaram e apontaram como propriedade sua oficiais de diversas patentes, homens que haviam derramado o próprio sangue no campo de batalha e serviram distintamente a administração. Christophe disse ao general Ramel que, se percebesse que a escravidão seria restabelecida, ele reduziria São Domingos a cinzas. Um general negro que jantava com Lacroix apontou para suas duas filhas e perguntou:

– Essas deverão retornar à escravidão?

Era como se eles não pudessem acreditar. Da mesma forma, os liberais ou social-democratas hesitam e se agitam até que o machado do fascismo caia em suas cabeças, ou um Franco comece a sua contrarrevolução cuidadosamente preparada.

Leclerc só estava esperando os reforços para prender e deportar esses líderes. Apenas a força da insurreição o segurava. As massas lutavam por instinto. Sabiam que, qualquer que fosse o partido ao qual pertencessem os antigos donos de escravos, o objetivo deles era a restauração da escravatura. Todavia, essa nova classe governante de negros e mulatos se apegava à comitiva de Leclerc. Uma noite, Clairveaux e Christophe jantavam com Boudet e Lacroix, quando este perguntou aos dois homens de cor por que motivo a insurreição estava se espalhando.

– Sois europeu, disse Christophe, e jovem. (...) Lutastes apenas nos exércitos da Pátria e, portanto, não tendes preconceitos em relação à escravidão. Assim sendo, falarei sem reservas. A revolta cresce porque a desconfiança é grande. Se tivésseis a pele como a nossa, talvez não seríeis tão seguro quanto eu, que confio meu único filho, Ferdinand, ao general Boudet, para que seja educado na França. Não estou preocupado com os guerrilheiros que deram o sinal para a insurreição. O perigo não é esse; o perigo é a opinião geral dos negros. Os de São Domingos estão amedrontados porque sabem do decreto de 30 de Floreal, que mantém a escravidão e o tráfico de escravos nas colônias

58 LACROIX, *Mémoires pour servir...*, v. II, p. 223.

devolvidas à França pelo Tratado de Amiens. Eles estão alarmados por ver o Primeiro-Cônsul restaurar o velho sistema naquelas colônias. Eles estão com medo de que as conversas indiscretas, que são ouvidas aqui por todos os lados, cheguem até à França e sugiram ao Governo a ideia de privar os negros de São Domingos da sua liberdade.

Leclerc ficou bastante agitado.

"Se o Governo francês deseja preservar São Domingos, cidadão ministro, assim que receber a minha carta, ele deverá dar ordens para a partida imediata de dez mil homens. Eles chegarão em Nevoso e a ordem será plenamente restabelecida antes da estação quente. Mas, se essa doença persistir por mais três meses, o Governo deverá renunciar à colônia. (...)

"Embora eu tenha pintado uma situação horrível, devo dizer que não estou desanimado. (...) Durante quatro meses, tenho vivido apenas por destreza, sem ter nenhuma força verdadeira; julgai se posso atender às intenções do Governo."[59]

"A cadeia de montanhas de Vaillières para cima, inclusive Marmelade, está rebelada. (...) Eu apenas conseguirei proteger a planície supondo que a doença ceda nos primeiros dias de Vendemiário. Desde 8 de Frutidor ela recrudesceu e estou perdendo de 100 a 120 homens por dia. Para manter essas montanhas quando eu as tiver tomado, serei *obrigado a destruir todas as provisões que lá existem e uma grande parte dos trabalhadores. Terei que empreender uma guerra de extermínio e isso me custará muitos homens. Uma grande parte das minhas tropas coloniais desertou e passou para os rebeldes*[60]. Que o Governo envie-me dez mil homens, independentemente dos reforços que já me havia prometido. Que os mande imediatamente, em navios do Estado, e não pelos barcos mercantes, cuja viagem é sempre lenta. (...) Que ele envie-me dois milhões de francos em moeda, e não em papel. (...) Ou que ele se prepare para uma guerra cruenta e interminável em São Domingos e talvez para a perda da colônia. É meu dever dizer-vos toda a verdade. Eu a digo a vós. (...) As notícias do restabelecimento da escravidão em Guadalupe ocasionaram a perda de grande parte da minha influência sobre os negros. (...)

---

59 13 de setembro de 1802. Ao ministro da Marinha.

60 Grifos de Leclerc.

"Tende em mente também a questão relativa ao meu sucessor, pois estou pensando seriamente em deixar este país. (...)

"Termino agora para voltar ao meu leito, onde espero não precisar ficar por muito tempo. Desejo-vos uma saúde melhor e pensamentos mais agradáveis do que os meus. Desde que cheguei a este país infortunado não tenho tido um momento de paz sequer[61].

"Minha posição se torna pior a cada dia. Estou num transe tão miserável que não tenho ideia de quando e de como sairei dele. (...) Até agora, acreditava que os estragos da doença cessariam em Vendemiário. Enganei-me; a moléstia ganhou ímpeto e o mês de Frutidor custou-me mais de quatro mil mortos. Eu acreditava que, pelo que me diziam os habitantes, a doença terminaria em Vendemiário. Hoje eles me dizem que possivelmente ela durará até o fim de Brumário. Se isso acontecer, e ela continuar com a mesma intensidade, a colônia estará perdida. A cada dia, o número de rebeldes cresce e o meu diminui com a perda dos brancos e a deserção dos negros. (...) Dessalines, que até agora não pensava em insurreição, já pensa nisso. Mas eu tenho nas mãos o seu segredo; ele não me escapará. Foi assim que descobri os seus pensamentos. Como não tenho força suficiente para acabar com Dessalines, Maurepas e os demais, eu os uso uns contra os outros. Todos os três estão prontos para ser líderes de partidos, mas nenhum declarará isso enquanto tiver o que temer dos outros. Consequentemente, ele começou a fazer relatórios contra Christophe e Maurepas, insinuando que suas presenças são danosas para a colônia.

"Reitero aquilo que já vos disse antes: São Domingos estará perdida para a França se eu não receber, até 16 de Nevoso, dez mil homens, que deverão chegar juntos.

"Expus a vós a minha opinião sobre as medidas tomadas pelo general Richepanse em Guadalupe. (...)

"Ilustrei a minha posição em cores sombrias; ela é realmente assim e essa é toda a verdade. Infelizmente, a condição das colônias não é conhecida na França. Aí, temos uma falsa ideia do negro e é por isso que vos envio um oficial que conhece o país e lutou nele. Os colonistas e os homens

61 17 de setembro de 1802. Ao ministro da Marinha.

de negócio acham que um decreto do Governo francês seria suficiente para restaurar a escravidão. Eu não sei que medidas tomar e nem o que fazer. (...)"[62]

"Respondendo em pormenores à vossa carta de 9 de Termidor:

"General Toussaint: Não me faltam evidências para levá-lo a julgamento, caso desejeis recorrer ao que ele fez antes da anistia que eu lhe concedi; sobre o que ocorreu depois desse período, não tenho nada. No ponto em que as coisas se encontram, o seu julgamento e a sua execução apenas exasperariam os negros.

"Deportados: Continuarei a enviar para a Córsega aqueles que deportar.

"Posição atual: O meu exército inteiro está destruído. (...) A cada dias mais negros me abandonam. O infeliz decreto do general Richepanse. (...)

"Generais negros: Esse é um problema muito delicado e, caso tivessem chegado os dez mil homens solicitados eu não precisaria falar mais nesse assunto."[63]

Mas os generais negros se agarravam aos franceses.

Não que Christophe, por exemplo, confiasse em Leclerc. Christophe estava tão nervoso que mantinha comunicações com aqueles mesmos rebeldes que ele perseguia. Quando o inevitável caiu sobre ele, protegeu-se desafiando Leclerc abertamente. Uma noite, convidado para jantar, não foi enquanto seus soldados não estivessem em posição de socorrê-lo. Um oficial branco enchia o copo de Christophe constantemente. Num acesso de raiva, ele lhe disse:

– Olha aqui, branquinho insignificante, se eu tivesse bebido todo o vinho que tu me serviste eu estaria com vontade de beber o teu sangue e o sangue do teu general também.

62 26 de setembro de 1802. Ao Primeiro-Cônsul.

63 26 de setembro de 1802. Ao ministro da Marinha.

Todos à mesa ficaram consternados. Leclerc acusou Christophe de traição e chamou os oficiais da sua guarda.

– É inútil chamá-los! disse Christophe. – Os meus estão armados e com uma simples palavra posso fazer-te prisioneiro. Continuo fiel a ti, como fui a Toussaint. Se ele tivesse dito: "Atira esta ilha ao mar", eu teria feito o que fosse possível. Essa é a maneira pela qual eu obedeço ou comando!

Condenou Leclerc por trair Toussaint, "cujo gênio nos conduziu da escravidão à liberdade (...) cuja glória percorre o mundo", e que agora estava acorrentado. Ele chamou Leclerc de parricida.

– Foi esse crime, sem dúvida, que o Cônsul desejou recompensar quando te deu o Governo de São Domingos.

Leclerc, impotente, teve de engolir tudo aquilo. Mas isso não ajudou as massas em nada.

Desesperado, Leclerc convocou uma reunião com os colonistas e generais, para estudar o que deveria ser feito para deter a crescente insurreição[64]. Os colonistas, que só pensavam nas glórias dos velhos tempos, eram unânimes: "Sem escravos, nada de colônia". Christophe estava na reunião e protestou contra essa política, contra essa injustiça e suas consequências: a destruição da colônia e sua perda para a França. Os colonistas foram inflexíveis. Só então os generais negros e mulatos compreenderam que não havia mais esperança. Todavia, ainda no dia 2 de outubro, um tribunal militar, composto inteiramente por homens de cor, julgou Charles Belair e sua esposa e os condenou ao fuzilamento. Ambos morreram bravamente, com a esposa encarando o esquadrão e recusando-se a ter os olhos vendados. Presos por líderes negros, condenados e executados por líderes negros. Esse foi outro golpe nas massas negras.

Mas naquele momento Dessalines estava em perigo. Ele havia enganado Leclerc, mas não enganou Rochambeau, que jamais cessara de alertar os outros oficiais franceses de que não deveriam confiar em Dessalines[65]. Para manter a confiança, Dessalines perseguiu e executou "guerrilheiros" com a maior ferocidade. Já estavam em outubro, três meses depois do seu entendimento com Pétion. Mas, com medo de Christophe, Clairvaux, Maurepas e o resto, ele não pôde fazer nada. Nem ele e nem Pétion detinham a autoridade decisiva que Toussaint ou Rigaud teriam usado naquela crise.

64 Proclamação de Christophe, 1814. *In* Beard, *Life of Toussaint L'Ouverture*, pág. 326.

65 Rochambeau a Quantin, 2 de Brumário, ano XI (24 de outubro de 1802). *Les Archives du Ministère de la Guerre*, B.[7] 8.

Apesar da execução de Belair no dia 2, quando Dessalines foi ver Leclerc alguns dias depois, percebeu que estava em perigo. Fingiu estar desanimado e pediu a Leclerc que o enviasse à França. Leclerc, confiante, animou-o e disse que novas tropas estavam chegando e que, juntos, dariam um grande golpe. Leclerc viu Dessalines tremer dos pés à cabeça com essas boas notícias.

– Haverá um terremoto! gritou ele e saiu.

Grosseiro e cruel, manchado de crimes, ele merece o seu lugar entre os heróis da emancipação humana. Foi um soldado esplêndido e não tinha outras pretensões. Mas o ódio daqueles que mereciam ser odiados e destruídos havia aguçado as suas faculdades, e ele cumpriu um papel importante.

O tempo voava. Leclerc mal podia sair da cama para escrever. A opinião que tinha dos negros quando escreveu as últimas cartas era bem diferente daquela das primeiras cartas.

> "O estado em que a colônia de São Domingos se encontra, devido à fatal destruição de seu exército e às insurreições motivadas pelos decretos do general Richepanse em Guadalupe, parece-me tão perturbador que eu decidi vos enviar o general Boudet. (...) Creia no que ele vos disser. *Temos, na Europa, uma ideia falsa do país no qual lutamos e dos homens contra os quais lutamos.* (...)"[66]

> "Nenhuma de vossas cartas anuncia quais são as medidas que o Governo adotou para reparar a perda causada no meu exército pela epidemia, que continua a fazer estragos. Todavia, desde o mês de Floreal, meus despachos informam continuamente dos estragos que foram causados. Hoje o meu exército está destruído. (...)"[67]

Na noite de 11 de outubro, durante uma recepção oferecida por Paulina Leclerc, o mulato Clairveaux disse abertamente, para quem quisesse ouvir:

– Sempre fui livre, apenas circunstâncias novas permitiram que eu exaltasse a minha cor ultrajada. Mas, se eu imaginasse que a restauração da escravidão pudesse ser levada em consideração, eu me tornaria um guerrilheiro.

---

66 27 de setembro de 1802. Ao Primeiro-Cônsul. Grifos de Leclerc.

67 Outubro de 1802. Ao ministro da Marinha.

A maioria dos mulatos era hostil ao retorno da escravidão. Mas, a despeito de suas ameaças, Clairveaux ainda hesitava. Foi Pétion que agiu e forçou-o a tomar uma decisão. Pétion defendia posições perto de Le Cap com tropas mulatas. Aqueles homens apenas aguardavam seus líderes. Ao comando de Pétion, eles empunharam as armas, desarmaram os europeus e, com uma singular humanidade que logo lamentariam, permitiram que eles voltassem a Le Cap. Pétion então disse a Clairveaux que as tropas coloniais estavam revoltadas e que, se este não quisesse pagar com a cabeça por essas deserções, a única saída seria aderir. Só então Clairveaux se juntou a eles. Pétion e Clairveaux juntos tinham três mil soldados de cor, fiéis. Leclerc tinha apenas trezentos soldados brancos em Le Cap e não suspeitava da deserção dos mulatos. Se não fosse pela vacilação de Clairveaux, uma rápida manobra teria posto Le Cap e o próprio Leclerc totalmente em suas mãos[68]. Mas os franceses tiveram tempo de dar o alarme, convocar reforços e colocar-se em estado defensivo. Assim, quando Pétion e Clairveaux atacaram, foram rechaçados. Mas a cidade inteira estava muito assustada. Leclerc mandou mais de mil soldados negros para bordo dos navios ancorados no porto, para tirá-los do caminho. Quando a batalha começou e ele se sentiu ameaçado, ordenou que todos fossem afogados. Os marinheiros os massacraram e atiraram ao mar.

Dessalines esperava no lado ocidental. Ele estava preparado havia várias semanas, não entregando as armas que conseguia tomar, como havia feito no começo. Assim que soube que Pétion e Clairveaux haviam começado a rebelião, deixou Gonaïves e partiu para Petite-Rivière, avisando seus seguidores que estivessem prontos para sublevar os trabalhadores mediante um determinado sinal. O padre de Petite-Rivière convidou-o para tomar café e ele foi, sem saber que já havia sido dada a ordem para a sua prisão e que ele deveria ser preso no presbitério. Madame Pageot, a criada mulata do cura, pôs a mesa e trouxe a Dessalines uma bacia de água para que ele lavasse as mãos. Olhando-o firme nos olhos, ela apertou os cotovelos contra o lado do corpo e mexeu-os para trás, indicando que ele seria amarrado. Os soldados já estavam cercando a casa. Dessalines correu para a porta. O cura o chamou e ele respondeu que tinha de cumprir um dever militar. Pulou no cavalo e, seguido pela guarda, galopou na direção do Artibonite, atirando três vezes para o ar e gritando: Às armas! Às armas!". Escapou por pouco.

68 POYEN, *Histoire militaire de la Révolution...*, p. 271.

Christophe ainda hesitou por um ou dois dias, mas no dia 14 de outubro finalmente juntou-se a Pétion e Clairveaux. Os mulatos no Sul ainda estavam com os franceses, mas no Norte e no lado ocidental as massas agora tinham soldados e líderes treinados.

Leclerc, devido à doença ou, quem sabe, à amargura, não deu essas notícias ao seu cunhado ou ao ministro. Implorou a Christophe que voltasse, prometendo honrarias e riquezas. Christophe respondeu que já era rico e honrado o suficiente por possuir a própria liberdade e por assegurar a liberdade de sua raça. Na noite de 2 de novembro, Leclerc morreu. Mas antes de falecer soube que havia falhado e que a França havia perdido São Domingos. Dos 34 mil soldados franceses que haviam desembarcado, 24 mil estavam mortos, 8 mil no hospital e restavam 2 mil homens exaustos. Milhares de bravos soldados negros haviam morrido pelo crime de se recusarem a se tornar escravos novamente. A colônia estava devastada e brancos e negros se trucidavam com ferocidade crescente, naquilo que poderia ser chamada guerra racial, mas cuja origem não estava na diferença de cor, mas sim na cobiça da burguesia francesa. Leclerc sabia que, apesar de todos os reforços que pudessem ser enviados, tudo estava perdido. Antes de morrer, confessou sua mágoa por uma aventura que fora empreendida contra homens merecedores de melhor sorte, devido aos serviços que haviam prestado e poderiam ter prestado à França. Ele não faz jus a nenhum agradecimento por essa admissão. Pois ela não serviu para reduzir o sangue que ainda seria derramado e o sofrimento pelo qual ainda passaria o povo de São Domingos, antes de se libertar do morticínio, da ambição, da crueldade, do sadismo e da desumanidade desencadeados sobre ele por Napoleão e seu Governo, em nome de uma civilização superior.

"Infelizmente, a condição das colônias não é conhecida na França. Temos aqui uma falsa ideia a respeito dos negros. (...)

"Na Europa, temos uma falsa ideia do país no qual lutamos e dos homens contra os quais lutamos."

Lá, os antigos escravos da revolução de São Domingos estabeleceram sua afinidade com a população da França revolucionária. Entre 1789 e Waterloo, em 1815, o povo da França assombrou a Europa e o mundo com o alcance colossal de suas conquistas na guerra e na paz. Anteriormente ninguém poderia imaginar que tamanho poder se ocultava num povo. Hilaire Belloc expressou isso muito bem quando disse que, depois de agosto de 1792, as classes reacionárias da Europa se armaram contra o novo monstro e dedicaram-se a duas tarefas: chegar a Paris e destruir a democracia. Na primeira tarefa, elas levaram 22 anos; na segunda, ainda continuam empenhados.

Percebemos que foi assim em São Domingos. A população fora transformada. Ninguém poderia imaginar o poder que havia brotado nela quando Boukman deu o sinal para a revolta naquela tempestuosa noite de agosto de 1791. Rebelião, guerra, paz, organização econômica, diplomacia internacional e administração, em tudo eles mostraram a sua capacidade. Agora a nova nação iria passar pela prova final.

O que aconteceu em São Domingos depois da morte de Leclerc é uma daquelas páginas da História que todo aluno deveria aprender e que, certamente, aprenderá algum dia. A luta nacional contra Bonaparte na Espanha e o incêndio de Moscou pelos russos, que enchem as histórias daquela época, foram antecipadas e sobrepujadas pelos negros e mulatos da ilha de São Domingos. Os fatos foram registrados. Devido ao seu sacrifício e ao seu heroísmo, os homens, mulheres e crianças que expulsaram os franceses não ficam nada a dever a todos aqueles que lutaram pela independência em qualquer lugar do mundo, em qualquer época. E a razão é muito simples. Eles haviam percebido, finalmente, que sem a independência não conseguiriam manter a liberdade, e a liberdade era mais concreta para os antigos escravos do que para as elusivas formas de democracia política na França.

Rochambeau sucedeu a Leclerc e confiava no sucesso. Embora em todo o Norte e no lado ocidental os franceses ainda mantivessem apenas Le Cap e algumas cidades, a São Domingos espanhola estava absolutamente tranquila e a maioria dos mulatos no Sul, principalmente os proprietários ricos, ainda lhes era leal. Rochambeau, indo para Le Cap para assumir o comando, deixou o negro Laplume responsável pelo Sul e este homem permaneceu fiel até o fim. Os franceses estavam numa posição crítica, mas Rochambeau exigiu quinze mil homens de uma vez para destruir os "guerrilheiros", depois outros dez mil e finalmente mais dez mil. "Essas três remessas são indispensáveis. (...) Um outro ponto essencial para o sucesso do nosso exército é a destruição total ou a deportação dos generais, oficiais e soldados negros e mulatos." Como aquele exército negro os preocupava! Rochambeau pediu que "aquele velhaco", o Toussaint, fosse enviado às galés:

– Se ele vier para cá eu o enforcarei sem nenhum julgamento[69]!

Sem muita demora, recebeu os dez mil homens de Bonaparte. A febre também estava acabando e os convalescentes começavam a voltar aos regimentos. Rochambeau capturou Fort Dauphin e Port-de-Paix e ficou ainda mais confiante. O que o confundia, aparentemente, era a política de Dessalines e Pétion. Christophe e Clairveaux estavam atacando, mas os negros e mulatos há muito já tinham reconhecido Dessalines como comandante-chefe, com Pétion como seu segundo em comando não oficial. Dessalines viajou pela ilha reorganizando as tropas locais. Muitos dos pequenos chefes e soldados da tropa desconfiavam dele, como era natural. Ele e Pétion haviam perseguido e massacrado muitos deles. Dessalines treinava diariamente os novos recrutas, preparando-se para uma campanha em grande escala. Em meados de janeiro, Rochambeau pediu ordem para restaurar a escravidão imediatamente[70]. Leclerc não ousara comunicar a ele a autorização dada por Bonaparte, tão fortes eram os sentimentos até mesmo na França pós-revolucionária à reação selvagem da burguesia marítima.

Enquanto aguardava a ordem, Rochambeau começou a exterminar os mulatos por sua própria conta. Eles eram mais numerosos do que os brancos e, tendo em vista a restauração da supremacia branca, ele achou conveniente livrar-se do maior número possível de mulatos, pois Rochambeau os odiava mais do que odiava os negros. Uma noite, em Port-Républicain, deu um grande baile para o qual convidou muitas mulatas. Foi uma festa magnífica. No meio da noite, Rochambeau parou as danças e pediu que as mulheres fossem a um quarto contíguo. Esse cômodo, iluminado por uma única lâmpada, estava forrado com cortinas negras com estampas brancas representando crânios. Nos quatro cantos havia esquifes. No meio daquele terrível silêncio, as mulatas ouviram cantos fúnebres entoados por cantores invisíveis. Paralisadas de terror, ficaram atônitas, e Rochambeau disse a elas:

– Acabais de assistir aos funerais de vossos maridos e irmãos[71].

---

69 POYEN, *Histoire militaire de la Révolution…*, p. 326. Lacroix não trata dessa parte. Escrevendo em 1819, ele não ousava revelar a verdade. Mas escreveu um memorando a Napoleão, no qual descreve todos os pormenores do curso dos eventos. *Les Archives Nationales*, A. F. IV. 1212.

70 Ao ministro colonial, 25 de Nevoso, ano XI. (14 de janeiro de 1803.) *Les Archives du Ministère des Colonies.*

71 SANNON, *Histoire de Toussaint-L'Ouverture*, v. III, p. 150. Esse incidente encontra-se em dois dos primeiros historiadores, Ardouin e Delattre, e foram referidos por Sannon.

Os franceses os fuzilaram e os afogaram, centenas de cada vez. Aos ricos, além de executar, confiscavam as propriedades[72]. No começo de março, o Sul mulato estava totalmente rebelado. Mas os espanhóis do lado ocidental e Laplume ainda apoiavam os franceses. Rochambeau recebeu ao todo vinte mil homens, depois da morte de Leclerc[73]. Mas naquele momento Dessalines estava pronto.

Não é possível descrever essa guerra em pormenores. Foi uma luta mais do povo do que dos exércitos. Era então uma guerra na qual as divisões raciais enfatizavam a luta de classes: negros e mulatos contra brancos. Leclerc havia proposto uma guerra de extermínio e Rochambeau a travou. Em 4 de novembro, Kerverseau, que servira longo tempo sob Toussaint, ainda estava confiante em que os franceses poderiam contar com os "negros livres e proprietários, tanto quanto com os brancos"[74]. Mas ele não contava com a precipitação de Rochambeau. Uma semana mais tarde, seu tom havia mudado: "Isso não é mais uma guerra. É uma luta de tigres. Temos de estar enlouquecidos para mantê-la, e eu tenho de dizer às tropas: 'Não é mais bravura o que espero de vós. É fúria'. Mas não se pode estar enfurecido o tempo todo, e a humanidade algumas vezes nos faz chorar!"[75]. Ele chorava, mas lutava.

Rochambeau afogou tantas pessoas na baía de Le Cap que por muito tempo os moradores do distrito não comeram peixe. Seguindo o exemplo dos espanhóis em Cuba e dos ingleses na Jamaica, ele trouxe 1500 cães para caçar os negros. O dia em que os animais chegaram foi uma festa[76]. Foi construído um anfiteatro no terreno de um antigo convento jesuíta e, certo dia, um jovem negro foi amarrado num poste no centro, enquanto os brancos de Le Cap, com as mulheres vestidas com roupas coloridas, esperavam (e pensar que Toussaint havia executado Moïse e os negros de Limbé, Dondon e Plaisance por sua hostilidade para com essas mesmas pessoas). Rochambeau chegou ao som de músicas marciais, rodeado pelo seu Estado-maior. Mas quando os cães foram soltos não atacaram a vítima. Boyer, chefe do Estado-maior no lugar do falecido Dugua, pulou na arena

72 LACROIX. Memorando a Napoleão. *Les Archives Nationales*; A. F. IV. 1212. POYEN, *Histoire militaire de la Révolution...*, p. 371-2.

73 LACROIX, *Mémoires pour servir...*,v. 2, B.253.

74 Kerverseau a Lacroix. 4 de novembro de 1802. *Les Archives du Ministère de la Guerre,* B.[7] 8.

75 *Ibid.*, 11 de novembro de 1802.

76 Beard, o autor inglês, diz que as senhoras brancas de Le Cap foram recepcionar os cães no dia em que estes desembarcaram e os saudaram com beijos.

e, com um golpe de sua espada, abriu a barriga do negro. Com a visão e o cheiro do sangue, os cães se atiraram à vítima e a devoraram num piscar de olhos, enquanto os presentes aplaudiam e a banda tocava. Para incentivar o gosto pelo sangue nos cachorros, todos os dias eram atirados negros para eles, até que os cães, embora inúteis nas batalhas, passaram a se jogar sobre qualquer negro que viam[77]. Os franceses queimavam vivos, enforcavam, afogavam e torturavam os negros. Retomaram o antigo hábito de enterrar os negros no chão até o pescoço perto dos formigueiros. Não era apenas ódio e medo, era política. "Se a França deseja reconquistar São Domingos, precisa enviar para cá 25 mil homens de uma vez, declarar escravos todos os negros e destruir pelo menos 30 mil negros e negras, pois estas últimas são ainda mais cruéis do que os homens. Essas medidas são terríveis, mas necessárias. Temos de colocá-las em prática ou renunciar à colônia. Quem disser o contrário mente e engana a França."[78] Esta era a opinião geral dos brancos: "Matemos todos e arranjemos novos, que não sabem nada sobre liberdade e igualdade!" Eles acorrentaram dezesseis dos generais de Toussaint a uma pedra, onde definharam durante dezessete dias. Afogaram o velho Pierre Baptiste. A esposa e os filhos de Maurepas foram afogados na frente dele, enquanto os marinheiros pregavam divisas em seus ombros nus. É justo que se diga que alguns dos franceses rejeitavam essas barbaridades. Alguns capitães se recusavam a afogar os negros que lhes eram entregues, mas em vez disso os vendiam como escravos. Outros os desembarcavam em praias desertas de São Domingos e noutras ilhas. Allix, comandante de Port-Républicain, recusou as dez mil balas de canhão que ele deveria atar aos pés dos negros que seriam afogados. Rochambeau o expulsou. Mazard, outro capitão, trabalhou tanto para salvar os negros quanto seus colegas para afogá-los. Mas eram gotas de água no oceano. Foi a política dos *tories* que os britânicos seguiram na Irlanda em 1921, e não os protestos do *Manchester Guardian* ou da Society of Friends[79]. É assim e sempre foi.

---

77 Memorando de Lacroix. *Les Archives Nationales.* SANNON, *Histoire de Toussaint--L'Ouverture*, v. III, pp. 152-3.

78 Carta de Le Cap, 6 de outubro (14 de Vendemiário). *Les Archives Nationales. In* LOTHROP STODDARD, *The French Revolution in San Domingo*, p. 347. Não é preciso dizer que Stoddard não tinha quaisquer objeções a essa política.

79 O autor se refere, provavelmente, à política de Lloyd George, o Primeiro-Ministro britânico. Em 1919 a Irlanda decretara a sua independência e, em 1921, o Governo de Londres declara a separação do Ulster do território irlandês com o nome de Irlanda do Norte, alegando que um Estado, o Ulster, de formação protestante deveria ficar separado de outro de formação

Dessalines era um gênio limitado, mas era o homem certo para aquela crise, e não Toussaint. Ele respondia golpe com golpe. Quando Rochambeau condenou à morte quinhentos negros em Le Cap e os mandou enterrar num grande buraco enquanto esperavam a execução, Dessalines ergueu forcas de galhos e enforcou quinhentas pessoas para que Rochambeau e os brancos de Le Cap vissem. Mas nem o exército de Dessalines nem a sua ferocidade conseguiram a vitória. Quem a conquistou foi o povo. Eles queimaram São Domingos até as cinzas, de modo que, no fim da guerra, o país era um deserto calcinado.

– Por que vós queimais tudo? perguntou um oficial francês a um prisioneiro.

– Temos o direito de queimar aquilo que cultivamos, pois um homem tem o direito de dispor de seu próprio trabalho, foi a resposta desse anarquista desconhecido[80].

E, longe de se mostrar intimidada, a população civil enfrentou o terror com tal coragem e firmeza que assustou os terroristas. Três negros foram condenados a ser queimados vivos. Uma grande multidão assistia em volta, enquanto dois deles eram consumidos, soltando gritos horríveis. Mas o terceiro, um jovem de dezenove anos, amarrado de forma que não podia ver os outros dois, gritou para eles em língua crioula:

– Vós não sabeis morrer. Vede como se morre! Com grande esforço, ele torceu o corpo nas cordas e, colocando os pés nas chamas, deixou que queimassem sem soltar um gemido.

"Eu estava lá", disse Lemmonier-Delafosse, "espectador da morte heroica daquele desgraçado, maior do que Múcio Scaevola[81]. (...) Aqueles eram os homens contra os quais tínhamos que lutar".[82] Outro foi atirado aos cães e não demonstrou raiva, mas os acariciava e lhes fazia festa enquanto apresen-

---

católica. Os organismos mencionados são de tendência religiosa. O jornal foi fundado em 1819 por pessoas ligadas à indústria têxtil de Manchester, na Inglaterra: eram religiosos não conformistas; a sociedade pertence, até onde pudemos descobrir, ao grupo religioso dos *quakers*. (N. do T.)

80 Memorando de Lacroix. *Les Archives Nationales*.

81 Múcio, herói legendário de Roma, tentou matar Porsina, Rei dos etruscos que assediavam a cidade; preso, colocou a própria mão esquerda no fogo, deixando-a queimar. Impressionado por tanta bravura o Rei deixou que partisse. Múcio passou a ser conhecido por Scaevola, "mão esquerda". Vários juristas romanos adotaram esse nome. (N. do T.)

82 LEMMONIER-DELAFOSSE, *Seconde campagne de Saint-Domingue précédée de souvenirs historiques et succints de la première campagne*, Paris, 1846.

tava os membros para serem dilacerados[83]. Com as mulheres era a mesma coisa. Quando Chevalier, um chefe negro, vacilou ao ver o cadafalso, sua mulher o repreendeu:

– Não sabeis como é doce morrer pela liberdade! E, recusando-se a ser enforcada pelo carrasco, pegou a corda e enforcou-se ela mesma.

Outra mulher encorajou suas filhas, que iriam ser executadas junto com ela:

– Dai-vos por satisfeitas, porque não sereis mães de escravos.

Os franceses, impotentes diante dessa força, não viam nela o poder da revolução, mas uma peculiaridade especial dos negros. Eles afirmavam que os músculos de um negro se contraíam com tanta força que o tornavam insensível à dor. Eles afirmavam que escravizavam o negro porque este não era homem, e quando ele se comportava como homem chamavam-no de monstro.

Na primavera de 1803, Bonaparte preparava grandes armamentos para enviar a São Domingos no outono seguinte. Com sublime impudência, culpava os negros pelo que estava acontecendo na ilha. Num encontro do Instituto, na presença de Gregório, disse que os amigos dos negros deveriam esconder o rosto diante das notícias de São Domingos. O fato de os negros não se submeterem docilmente a ser escravizados de novo era um crime imperdoável e voltavam a vingança contra o homem que consideravam o principal responsável pela sua decepção. Foi a resistência de Toussaint que contrariou todas as expectativas.

A ambição frustrada de Bonaparte e da burguesia francesa e o ódio que tinham do "escravo rebelde" que havia arruinado os seus planos podem ser julgados pela brutalidade com que o perseguiram. Ele desembarcou em Brest no dia 9 de julho, reviu sua família pela primeira vez desde que ela saíra de Le Cap e jamais voltou a vê-la novamente. Não apenas Leclerc o temia, Napoleão também, e Bonaparte temia a Revolução Francesa, que ele e os de sua laia haviam sufocado. Numa carruagem fechada e com instruções concebidas e executadas com o maior rigor e sigilo, eles levaram Toussaint às pressas pela França. Bonaparte receava que ocorressem tentativas para

83 Memorando de Lacroix.

resgatá-lo. Não havia negros na França que pudessem fazê-lo, e uma tentativa dessas poderia ter sido antecipada pela fúria dos jacobinos remanescentes, provocada por este aviltamento final da Revolução: o restabelecimento da escravidão. Mas esses temores eram infundados. Em uma cidade, alguns oficiais franceses que haviam servido sob o seu comando, ao terem conhecimento de sua passagem, solicitaram permissão para saudar o seu antigo comandante[84]. Mas foi só.

No dia 24 de agosto, com seu fiel servidor, Mars Plaisir[85], Toussaint foi aprisionado em Fort-de-Joux, nas montanhas do Jura, numa altitude de mais de mil metros. Leclerc escrevia ansiosamente suas cartas, com medo do líder negro. Ele não tinha provas para acusá-lo. Mas os governos não precisam de provas e Bonaparte não eliminou Toussaint judicialmente, pois temia a repercussão em São Domingos de um julgamento e execução. Mas Toussaint tinha de desaparecer e Napoleão decidiu matá-lo por maus-tratos, frio e fome. Seguindo instruções estritas de Bonaparte, seus carcereiros o humilhavam, chamavam-no pelo nome e faziam-no vestir roupas de presidiário; diminuíram sua comida e, quando chegou o inverno, reduziram sua cota de lenha para aquecimento; além disso, eles o separaram de seu servo[86]. Bonaparte enviou o seu ajudante de campo Caffarelli para interrogá-lo, para descobrir onde havia ocultado o seu tesouro e quais acordos tinha feito secretamente com os ingleses. Caffarelli teve sete entrevistas com ele e não descobriu nada. Nada havia para ser descoberto, pois Toussaint não tinha nenhum tesouro e nem havia se vendido aos ingleses.

O tratamento endurecia cada vez mais. Os carcereiros, ainda sob instruções de Bonaparte, observavam-no comer e realizar suas necessidades naturais. Eles temiam que escapasse e queriam que morresse o quanto antes, pois pensavam que, uma vez que o grande líder estivesse morto, haveria maiores probabilidades de sucesso em São Domingos. No início, ele recebeu tratamento médico, mas este logo foi cancelado pelo carcereiro, que alegou: "Como a constituição física de um negro é totalmente diferente daquela de um europeu, dispensei o médico e o cirurgião, que seriam inúteis para ele"[87].

---

84 ISAAC L'OUVERTURE. *Mémoires*.

85 Ele era mulato – típico de Toussaint.

86 NEMOURS, *Histoire de la captivité et de la mort de Toussaint-L'Ouverture*. Paris, 1929. O relato definitivo do cativeiro de Toussaint, com muitos dos documentos mais importantes impressos na íntegra.

87 POYEN, *Histoire militaire de la Révolution...*, p. 224. Poyen cita o relatório oficial do carcereiro.

Toussaint estava com 57 anos e logo se abateu. Escrevia longos relatórios sobre a sua conduta e dirigia cartas a Bonaparte solicitando um julgamento e apelando para sua grandeza e magnanimidade.

> "Tive a desgraça de provocar a vossa cólera, mas, quanto à fidelidade e à probidade, estou em paz com a minha consciência, e ouso dizer, com veracidade, que entre todos os servidores do Estado nenhum é mais honesto do que eu. Fui um de vossos soldados e o primeiro servidor da República em São Domingos. Hoje estou desgraçado, arruinado e desonrado, vítima dos meus próprios serviços. Que a vossa sensibilidade seja tocada pela minha posição; sois muito grande nos sentimentos e justo demais para não vos pronunciardes sobre o meu destino. (...)"

No alerta ao Diretório, como em suas proclamações aos soldados e ao povo, e também naquele momento em que se encontrava tão amargurado, os limites de suas concepções políticas se nos revelam. A cadência sombria na qual ele suplica por um julgamento é a evidência de sua sinceridade fatalista. Apesar da traição da França, ele ainda se via como parte da República Francesa, "una e indivisível". Ele não conseguia pensar de outra forma. O decreto de 16 de Pluvioso havia marcado em sua mente o início de uma nova era para todos os franceses negros. Suas experiências com os comissários franceses, seus temores pelo povo e seu duro senso de realidade haviam-no levado pelo caminho da independência. Mas havia um limite, além do qual não poderia ir. Ele tinha a convicção profunda de que os franceses jamais restaurariam a escravidão em São Domingos e acreditava, erroneamente, que, uma vez salvaguardados os meios de defender a liberdade para todos, nenhum sacrifício seria grande demais para fazer com que os franceses enxergassem a razão. Por esse motivo, sua maior preocupação no cárcere era o destino de sua esposa e seus filhos. Sobre o futuro de São Domingos ele se manteve em um silêncio inquebrantável. Suas palavras ao capitão, ao subir no navio, foram as últimas que pronunciou a esse respeito. A manutenção da liberdade para todos havia sido o trabalho de toda a sua vida, e aquelas palavras e o silêncio posterior eram intencionais.

Tremendo de frio, ele passava seu primeiro inverno numa cela sem aquecimento adequado, em cujas paredes escorria a umidade. Sua constituição forte, que havia suportado as privações e fadigas de dez anos terríveis, agora se encolhia diante do fogo de algumas achas de lenha, racionadas por ordem de Napoleão. O seu intelecto, até então desperto, sofria colapsos periódicos e entrava em coma por longas horas. Antes de chegar a primavera ele estava morrendo. Numa manhã de abril foi encontrado morto em sua cadeira.

Não existe nenhum drama que se compare ao drama da História. Toussaint morreu no dia 7 de abril de 1803 e Napoleão deve ter pensado que metade da batalha de São Domingos estava vencida. Contudo, durante as últimas horas de Toussaint, seus companheiros de armas, ignorando-lhe o destino, redigiam a Declaração de Independência.

Por alguns meses depois de novembro de 1802 o exército nacional ainda portava a bandeira da França. Em dezembro, espalhou-se um rumor entre os franceses de que os negros e os mulatos não estavam lutando pela independência pois ainda usavam as cores da França. Para acabar com isso, Dessalines convocou uma conferência em Arcahaye. Das três cores, vermelha, branca e azul, foi retirada a branca e, em lugar das iniciais R. F. (République Française), inscreveu-se "Liberdade ou Morte". A nova bandeira foi desfraldada no dia 18 de maio. No mesmo dia, alguns oficiais do Sul que voltavam aos seus postos foram ameaçados de ser capturados por um cruzador francês. Para não se renderem, Laporte, o oficial mais graduado, ordenou que o barco fosse afundado e atirou em si mesmo com a pistola, enquanto a tripulação desaparecia sob as águas, gritando: "Viva a independência!". Poucas semanas depois da conferência de Arcahaye, São Domingos soube que a guerra entre a Grã-Bretanha e a França havia recomeçado: Rochambeau fora isolado pela frota britânica.

Essas notícias eram bem-vindas, mas os negros de São Domingos já sabiam tudo o que tinham de saber sobre o imperialismo. A política dos ingleses era oportunista. Eles não hostilizavam as cidades costeiras e permitiam que os navios americanos abastecessem Rochambeau em Le Cap[88]. Provavelmente esperavam para ver se Rochambeau conseguiria uma vitória temporária, pelo menos em parte de São Domingos, quando então poderiam entrar em ação e capturar a colônia dos franceses. Mas eventualmente passaram a dar apoio total a Dessalines, fornecendo-lhe armas e munições. Todavia, Dessalines não procurava cooperação de nenhuma

88 SANNON, *Histoire de Toussaint-L'Ouverture*, v. III, p. 185.

espécie e pagava em dinheiro aos ingleses e americanos tudo o que adquiria deles[89].

A guerra na Europa foi o ponto decisivo. A São Domingos espanhola ainda estava tranquila, mas no Norte, no lado ocidental e no Sul a revolução pela independência nacional expulsava os franceses de suas posições fortificadas e os encurralava nas cidades costeiras.

Era uma guerra do povo, o qual aplicava aos franceses os ardis mais audaciosos. Uma noite, Lacroix desejou fazer um reconhecimento. Ouviu a certa distância uma voz baixa dizer:

– Pelotão! Alto! Direita, volver!

Esse comando foi repetido umas vinte vezes, ao longo de uma extensa linha. Logo, ouviu alguns comandos, de diversos chefes, em dialeto crioulo, advertindo os homens para não falarem nem fumarem. Os franceses tomaram as suas disposições e esperaram a noite toda por um ataque surpresa. Quando amanheceu, descobriram que haviam sido enganados por uns cem trabalhadores.

– Se dermos muita atenção a essas artimanhas, perderemos o moral, mas se as negligenciamos poderemos ser apanhados de surpresa[90].

Os mulatos iniciaram a ofensiva por terra e por mar. Construíram botes leves nos quais deslizavam pelos rios e em torno da costa, atacando os navios, massacrando os prisioneiros e fazendo pilhagens. Os franceses eram impotentes diante deles. Os negros recolhiam os botes, escondiam-nos em terra e faziam ataques de guerrilha contra os soldados franceses; depois desapareciam rapidamente rio abaixo para reaparecer inesperadamente no mar. Capturaram dois navios que haviam furado o bloqueio, um de Nantes e outro do Havre, e massacraram todos a bordo. Os franceses, ameaçados de aniquilação, defenderam-se valorosamente. Mas, sob a pressão do ataque e do bloqueio, uma divisão irrompeu entre o exército e os brancos locais. Rochambeau, sem dinheiro, fixou pesadas taxas sobre eles e os brancos locais se rebelaram. Estavam dispostos a conviver com Toussaint. Embora alguns preferissem que Leclerc não tivesse vindo, sendo brancos, eles se juntaram ao exército de Leclerc e agarravam-se avidamente à oportunidade de restabelecer o domínio branco. Mas agora,

---

89 *Ibid.*, p. 185.

90 LACROIX, Memorando a Napoleão. *Les Archives Nationales*, A. F. IV. 1212.

com as plantações destruídas, São Domingos em ruínas, com suas vidas em perigo e suas propriedades confiscadas, eles se voltaram contra Rochambeau e o repreenderam. Alguns esperavam ansiosamente a paz com os negros. A luta tornou-se inútil para os franceses, inútil dentro de suas próprias divisões, inútil devido aos números contrários a eles e pelo espírito que impulsionava o exército negro. Os relatos podem ser encontrados na história do Haiti e nas memórias dos oficiais franceses que sobreviveram. No dia 16 de novembro, os negros e mulatos se concentraram para um último ataque a Le Cap e aos postos fortificados que rodeavam a cidade.

O mulato Clairveaux estava no comando e, com ele, Capois Morte, oficial negro assim alcunhado por causa de sua bravura. O exército nacional atacou de manhã. À tarde, sob o fogo cruzado dos mosquetes e da artilharia, Capois liderou o assalto aos fortins de Bréda e Champlin, gritando:

– Para frente! Para frente!

Os franceses estavam entrincheirados e rechaçaram os negros diversas vezes, mas estes retornavam sempre com o mesmo ardor. Uma bala derrubou o cavalo de Capois. Fervendo de raiva, ele se recompôs e, fazendo um gesto desdenhoso com a espada, continuou a avançar, gritando:

– Para frente! Para frente!

Os franceses, que já haviam lutado em tantos campos de batalha, jamais presenciaram uma batalha como aquela. De todos os lados vinha uma tempestade de gritos:

– Bravo! Bravo!

Os tambores rufavam. Os franceses cessaram fogo. Um cavaleiro francês saiu e avançou para a ponte. Ele trazia uma mensagem de Rochambeau. "O capitão-general envia cumprimentos reverentes ao oficial que se cobriu de tanta glória."[91] Sem que os negros disparassem um tiro, o cavaleiro voltou ao fortim e a batalha recomeçou. A luta fora um pesadelo tão grande que agora todos em São Domingos, brancos e negros, ficaram um tanto alucinados.

Meio século depois, Lemmonier-Delafosse, que acreditava na escravidão, escreveu em suas memórias: "Mas que homens são esses negros! Como lutam! E como morrem! É preciso guerrear contra eles para conhecer a sua coragem temerária em arrostar o perigo quando já não podem mais recorrer a estratagemas. Vi uma sólida coluna, despedaçada pela metralha de quatro tiros de canhão, avançar sem retroceder nenhum passo. Quanto mais com-

91 SANNON, *Histoire de Toussaint-L'Ouverture,* v. III, p. 195.

panheiros caíam, maior parecia a coragem dos que restavam. Avançavam cantando, pois os negros cantam o tempo todo, fazem música para todas as coisas. Aquela era uma canção de homens bravos, e dizia o seguinte:

'Ao ataque, granadeiro,
Quem morrer, problema seu.
Esqueça a mãe,
Esqueça o pai,
Ao ataque, granadeiro,
Quem morrer, problema seu'.

"Aquela canção valia por todas as nossas canções republicanas. Por três vezes, aqueles homens bravos, com as armas na mão, avançaram sem dar um tiro e, todas as vezes que eram rechaçados, só se retiravam depois de deixar o chão juncado com três quartos de suas tropas. É preciso ver aquela bravura para se ter uma ideia dela. Aquelas canções, cantadas a plenos pulmões por duas mil vozes, sob a harmonia do canhão, produziam um efeito empolgante. Só mesmo a coragem francesa poderia enfrentá-la. Na realidade, as largas trincheiras, uma excelente artilharia e soldados perfeitos nos davam uma grande vantagem. Mas, por muitos dias, aquela massa que marchava cantando para a morte, iluminada por um sol magnífico, permaneceu no meu pensamento e até hoje, quarenta anos depois, aquele espetáculo majestoso e glorioso ainda está vivo na minha imaginação como no momento em que o vi".

Aquele acontecimento despertou até mesmo em Rochambeau, que odiava os negros, um gesto cavalheiresco. Dessalines, líder local, estava posicionado numa colina próxima. Até ele, conhecido como o mais bravo de todos, foi tomado pelo espírito que animava Capois e seus homens e, emudecido de admiração, ficou observando o ataque, revirando na mão a sua legendária tabaqueira. Uma chuva repentina parou o combate. Mas era o fim. Naquela noite, Rochambeau convocou um conselho de guerra e decidiu evacuar a ilha. Toussaint tinha morrido havia apenas sete meses, mas a sua tarefa estava concluída. Com homens que tremiam de medo diante de qualquer valentão branco, em dez anos ele organizou um exército que nada ficava a dever aos melhores que a Europa já havia visto.

"Já não há dúvida, meu caro general", escreveu o triunfante Dessalines a um de seus oficiais no Sul, "o país é nosso e o famoso *quem ficará com ele* já está decidido."

No dia 28 de novembro, um dia antes da data fixada para sua partida, Rochambeau tentou chegar a um acordo sobre seus homens e navios com os britânicos que esperavam por ele fora da barra. Os britânicos ditaram condições muito duras e Rochambeau ameaçou desembarcar em Caracol e retirar-se para a São Domingos espanhola, que ainda estava nas mãos dos franceses. Dessalines advertiu-o de que, se ele não se retirasse imediatamente, seus navios seriam bombardeados com bombas incendiárias. Desde cedo as fornalhas de Fort Picolet estavam queimando e Rochambeau não teve alternativa senão render-se aos ingleses. Dos sessenta mil soldados e marinheiros que haviam partido da França, quase todos pereceram e os poucos que restaram iriam apodrecer durante anos nas prisões inglesas.

No dia 29 de novembro, Dessalines, Christophe e Clairveaux (Pétion estava doente) divulgaram uma proclamação preliminar de independência, em tom moderado e que deplorava o derramamento de sangue dos anos anteriores. Em 31 de dezembro, a Declaração de Independência definitiva foi lida numa reunião com todos os oficiais em Gonaïves. Para enfatizar a ruptura com os franceses, o novo Estado foi batizado de Haiti. Dessalines fez uma tentativa para tomar a São Domingos espanhola, mas a Revolução Francesa jamais teve qualquer apoio lá, e ele fracassou. Em outubro de 1804 ele se coroou Imperador. Mercadores privados de Filadélfia o presentearam com a coroa, trazida pelo navio americano *Connecticut*, e seu manto de coroação imperial chegou ao Haiti vindo de Londres, via Jamaica, numa fragata inglesa. Ele fez sua entrada solene em Le Cap numa carruagem puxada por seis cavalos, trazida pelo agente inglês Ogden, a bordo do *Samson*[92]. Assim, o monarca negro entrou de posse de sua herança, vestido e servido pelos capitalistas ingleses e americanos, apoiados, por um lado, pelo Rei da Inglaterra e, por outro, pelo Presidente dos Estados Unidos.

No começo do ano de 1805, os brancos do Haiti foram massacrados por ordem de Dessalines. Todas as versões da História contam isso. Um representante do Governo britânico[93], certa vez, atirou isso na cara do delegado haitiano em um encontro da Liga das Nações. Ele teria sido mais cauteloso se conhecesse o papel que o seu altamente civilizado país representou naquele suposto exemplo da típica selvageria negra.

92 Ver nota 96.

93 Lorde Cecil.

A paciência e a indulgência dos pobres estão entre os principais baluartes dos ricos. Os trabalhadores negros de São Domingos tinham recebido provocações suficientes dos brancos para justificar um massacre três vezes maior. Mas até outubro de 1802, embora soubessem que a escravidão seria restaurada caso perdessem a guerra, os pobres desgraçados ainda guardavam alguns traços de humanidade e, mesmo então, alguns brancos teriam escapado ao massacre. Tudo que os trabalhadores queriam era que fossem deixados em paz, com a certeza de que os brancos não procurariam torná-los escravos novamente. Mas as cartas de Leclerc revelam que ele havia decidido declarar uma guerra de extermínio, a qual consistia em massacrar o maior número possível de negros. O afogamento de mais de mil deles em Le Cap, de uma só vez, não foi um ato de pânico: aquilo foi feito deliberadamente. Com isso, iniciou-se uma guerra racial, que Rochambeau concluiu quando tentou exterminar os negros e também os mulatos.

Mas os brancos de São Domingos, quando viram as armas e a política de Rochambeau fracassarem, mais uma vez se voltaram para os negros. A moderada proclamação de Dessalines em 29 de novembro os tranquilizou. Dessalines até mesmo convidou os emigrados brancos a voltarem e retomarem a posse de suas propriedades. Os negros não queriam os seus bens: "Esse pensamento injusto está bem longe da nossa mente". Os franceses, ao se retirarem, ofereceram passagem aos brancos em seus navios. Estes recusaram unanimemente[94]. Aqueles abomináveis hipócritas, agora que sua última cartada pela supremacia havia falhado, queriam acomodar-se num Estado negro independente.

O motivo pelo qual não conseguiram essa acomodação não foi devido apenas ao justificado ódio dos negros, mas à selvageria calculada do imperialismo. Podemos supor que Dessalines desejasse destruir todos os brancos. Ele havia combinado com Rochambeau que protegeria os franceses feridos. Assim que Rochambeau partiu, ele os massacrou. Mas Christophe certamente não tinha tal intenção e toda a narrativa de Clairveaux mostra que ele era um homem que não abrigaria tais ideias. Mas quando o Congresso se reuniu em Gonaïves havia três ingleses presentes, um dos quais era Cathcart, agente britânico. Eles juraram que a Inglaterra comerciaria com São Domingos e reconheceria sua independência apenas quando o último dos brancos tivesse

[94] POYEN, *Histoire militaire de la Révolution*..., p. 436.

caído sob o machado[95]. Aqueles canibais civilizados, em sua ganância por negócios, desejavam abrir uma brecha entre o Haiti e a França, para impedir qualquer possibilidade de união. Em vez de usar a sua influência no sentido correto, preferiram fazer aquelas propostas a um povo exasperado por séculos de provocação e tão tensos ao ponto de explodir por causa da invasão de Leclerc e das crueldades de Rochambeau. Esse foi um dos crimes mais infames e injustificados em toda essa história lamentável. Embora não haja evidências, os americanos provavelmente também estavam envolvidos. Durante toda a campanha de Leclerc, eles tomaram o partido dos negros, acusaram Leclerc de "crime, traição, assassinato e sacrilégio"[96], publicaram em seus jornais as maquinações pérfidas de Leclerc contra o "infeliz Toussaint", e, de modo geral, estavam consumidos por aquela indignação virtuosa que caracterizou o capitalismo anglo-saxão sempre que as propriedades e os lucros corriam perigo. Não há dúvida de que a grande maioria do povo inglês teria se revoltado, horrorizada diante de tamanha barbaridade, como a vasta maioria dos franceses depois de 1794 que desaprovava a escravidão. Mas hoje, como naquela época, os grandes proprietários e seus agentes cometem os crimes mais ferozes em nome de todo um povo e blefam e intimidam por meio de propaganda mentirosa.

O primeiro rascunho da Proclamação entregue a Dessalines no Congresso foi por ele rejeitado por ser muito moderado. O segundo, que teve sua aprovação, trazia uma nota nova: "Paz aos nossos vizinhos. Mas anátema ao nome da França. Ódio eterno à França. Esse é nosso grito". Dessalines foi coroado em outubro de 1804. Os proprietários brancos ainda permaneciam incólumes. A população negra, apesar das proclamações incendiárias de Dessalines incitando-a contra os brancos, não os molestou em absoluto. Em janeiro veio a ordem para massacrá-los, mas mesmo assim não houve um holocausto.

Em fevereiro e março, Dessalines empreendeu uma campanha contra os franceses no país. Sitiou São Domingos e, no vigésimo segundo dia do cerco, a cidade estava para cair em suas mãos quando uma esquadra francesa apareceu no porto, comandada pelo almirante Missiessy. Ao mesmo tempo correu o boato de que outro esquadrão francês estava no porto de Gonaïves. Dessalines, sentindo que o Haiti estava ameaçado, levantou o sítio e correu para casa. Foi

95 GUY, *La Perte de Saint-Domingue. Du Traité d'Amiens au couronnement de Dessalines. D'après le mémoires (...) conservés aux Archives des Colonies. Fonds Moreau*, f. 283. M. Camille Guy, *Bulletin de géographie historique et descriptive*, Nº 3, 1898, p. 17-8.

96 Extratos de jornais americanos entre os arquivos de Leclerc. *Les Archives du Ministère de la Guerre*. B.[7] 6.

então que o massacre aconteceu. A população, amedrontada com a proximidade da contrarrevolução, matou todos com a maior brutalidade possível. Depois da primeira matança, Dessalines publicou uma declaração prometendo o perdão a todos que estivessem escondidos. Eles saíram dos esconderijos e imediatamente foram mortos. Mas Dessalines tomou todos os cuidados para proteger os brancos ingleses e americanos e poupou também os padres, os trabalhadores especializados e os profissionais de saúde. Toussaint havia escrito a Bonaparte solicitando exatamente pessoas como essas para ajudarem. E mesmo o feroz e ignorante Dessalines, embora ainda com as marcas do chicote em sua pele, teria esquecido o passado caso houvesse qualquer sinal de boa vontade ou generosidade por parte dos adversários. Isso não era idealismo. Temos a carta que Bonaparte escreveu quando estava prestes a dirigir suas forças contra o Oriente. Naquela ocasião ele estava disposto a deixar que Toussaint governasse. E quando estava em Santa Helena confessou que a expedição havia sido um erro e que deveria ter governado a ilha por intermédio de Toussaint L'Ouverture. Finalmente, ele se convencera pelo único argumento que os imperialistas entendem.

O massacre dos brancos foi uma tragédia, mas não para os brancos. Por aqueles antigos donos de escravos, aqueles que queimavam pólvora no traseiro de um negro, que o enterravam vivo para ser comido pelas formigas, que foram bem tratados por Toussaint e que, assim que tiveram oportunidade, recomeçaram as velhas crueldades; por esses não é preciso desperdiçar nem uma lágrima e nem uma gota de tinta. A tragédia foi dos negros e dos mulatos. Aquela não era uma política e sim uma vingança, e a vingança não tem lugar na política. Os brancos não precisavam mais ser temidos, e esses massacres sem propósito degradam e brutalizam uma população, principalmente uma que estava começando a constituir uma nação e que tinha um passado tão amargo atrás de si. O povo não queria o massacre: tudo o que desejava era liberdade, e a independência parecia prometer essa liberdade. Christophe e outros generais desaprovavam energicamente[97]. Se os britânicos e americanos tivessem tomado o partido da humanidade, Dessalines teria se curvado. Da forma que se passou, o Haiti sofreu terrivelmente com o isolamento resultante. Os brancos foram banidos do país por muitas gerações, e a pobre nação, economicamente arruinada, com a população carecendo de cultura social, teve suas dificuldades inevitáveis duplicadas por aquele massacre. Que o novo país tenha sobrevivido é algo

[97] POYEN, *Histoire militaire de la Révolution...*, p. 470.

a seu favor, pois, se os haitianos pensavam que o imperialismo os havia esquecido, estavam muito enganados.

Pitt, Dundas e os demais ficaram satisfeitos. A maravilhosa colônia de São Domingos não era mais a sua rival. Como não conseguiram tomá-la para si mesmos, deixaram de se preocupar com as Índias Ocidentais de uma vez por todas. Mas a França queria a colônia de volta. Apenas a guerra com a Inglaterra e a destruição da frota francesa em Trafalgar (já enfraquecida pela perda de todos os marinheiros mortos em São Domingos) impediram uma nova expedição. A burguesia francesa esperava pacientemente. Eles sempre planejaram restabelecer a escravidão. Mauviel, o bispo que havia sido poupado por Dessalines, agindo como espião, informou a Bonaparte sobre as fortificações e os planos de defesa. O reverendo cavalheiro, declarando depreciativamente que "a sua esfera não era a arte militar", modestamente submeteu a Napoleão um verdadeiro plano de campanha. A maioria dos negros, ele estava certo, desejava ser escrava. Mas, acima de tudo nas colônias, "com a diferença de cor e com seu clima quente, a religião era necessária para reprimir a efervescência das paixões. Sem ela, os negros novamente se abandonariam aos seus instintos brutais e se entregariam a novos excessos. Apenas falando-lhes em nome de Deus é que então se poderia persuadi-los de que o estado de dependência no qual eles se achavam fazia parte dos planos da Providência Divina"[98]. Apesar disso, depois da restauração, deveria existir uma polícia armada e uma *gendarmérie*, "colunas móveis patrulhando todos os pontos", botes leves cruzando constantemente os portos. A religião, ao que parece, não era suficiente.

Como fazer com que os futuros escravos aceitassem a escravidão? Outro cavalheiro propôs que fossem ensinados a ler mas não a escrever. Dessa forma, poderiam ler orações e livros edificantes, nos quais aprenderiam as crueldades praticadas pelos espanhóis e ingleses contra os índios de pele vermelha. Ele desejava incluir nos livros principalmente o episódio em que os ingleses convidaram os peles-vermelhas para celebrar um tratado de aliança e os envenenaram com rum[99]. Uma outra proposta sugeria que uma expedição "não

98 MAUVIEL, Memorando a Napoleão. *Les Archives Nationales* A. F. IV. 1212.

99 Diversos memorandos sobre a América. *Les Archives du Ministère des Affaires Etrangères.*

apenas poria em atividade o capital adormecido e estagnado dos indivíduos na própria França, mas também atrairia homens endinheirados de outros países (...)". Essa proposta veio da Inglaterra ou dos Estados Unidos, pois estava escrita em inglês. Os governantes do Haiti deveriam ser aposentados e perdoados.

Todavia, aqueles que conheciam São Domingos sabiam que lá jamais haveria escravidão para os negros novamente, e a proposta de Lacroix era para exterminar todos os negros que restassem e trazer novos da África[100]. Essa era a opinião predominante. Lacroix era um soldado valente e um homem muito culto. Conhecia os líderes negros pessoalmente. Mesmo depois da derrota, ele escreveu elogiosamente sobre eles e o seu povo, mas não existe nada tão feroz quanto um imperialista nas colônias.

Finalmente[101], aqueles trabalhadores negros e os mulatos do Haiti nos deram um exemplo a ser estudado. Apesar da reação temporária do fascismo, os padrões predominantes de liberdade e igualdade humana estão infinitamente mais avançados e mais profundos do que os que existiam em 1789. Julgados relativamente por esses padrões, os milhões de negros da África e os poucos dentre eles que foram educados são tão excluídos naquela vasta prisão hoje quanto os negros e os mulatos de São Domingos no século XVIII. Os imperialistas contemplam uma eternidade de exploração africana: "o africano é atrasado e ignorante (...)". Eles estão sonhando. Se, em 1788, alguém tivesse contado ao conde de Lauzerne, o ministro; ao conde de Peynier, o Governador; ao general Rochambeau, o soldado; a Moreau de Saint-Mery, o historiador; a Barbé de Marbois, o burocrata; que milhares de brutos estúpidos, chicoteados para trabalhar pela manhã e chicoteados, novamente, à noite; que eram submetidos a mutilações, queimaduras e outras selvagerias, alguns dos quais nem mesmo se moviam se não fossem chicoteados; se aqueles finos cavalheiros soubessem que, dentro de três anos, os negros iriam quebrar os seus grilhões e enfrentar o extermínio para não ser agrilhoados novamente, aqueles cavalheiros pensariam que quem dissesse tal coisa estaria louco. Ao passo que, se hoje alguém sugerir a um potentado branco colonial que, entre os negros que este governa, há homens infinitamente superiores em capacidade, energia, alcance de visão e tenacidade de propósito a ele, e que, dentro de cem anos, seus brancos serão lembrados apenas devido ao seu

100 LACROIX. Memorando a Napoleão.

101 Ver prefácio à edição Vintage, p. vii.

contato com os negros, ter-se-ia ideia do que pensaram os condes, marqueses e outros magnatas coloniais da época sobre Jean-François, Toussaint e Rigaud quando a revolta começou.

Os negros da África são mais avançados e mais preparados do que eram os escravos de São Domingos. Eis aqui o apelo escrito por um obscuro negro rodesiano, em quem arde a mesma chama que ardia em Toussaint L'Ouverture[102]:

> "Ouvi todos vós que viveis no país; pensai bem em como eles nos tratam e em como pedir uma terra. Vivemos bem tratados? Não. Portanto, perguntemo-nos uns aos outros e lembremos desse tratamento. Porque desejamos que, no dia 29 de abril, cada pessoa deixe de ir ao trabalho; aquele que for trabalhar e for visto estará com um sério problema. Já sabeis como eles nos fazem sofrer, como nos enganam por dinheiro, como nos prendem por vagabundagem, nos perseguem e nos põem na cadeia por causa dos impostos. Que reação tivemos? Em segundo lugar, vós que não quereis ouvir essas palavras, bem, ouvi, estamos em 1935, se eles não aumentarem nosso dinheiro, pararemos de pagar impostos; pensais que podem nos matar? Não! Tomemos coragem; certamente vós vereis que Deus está conosco. Vede como sofremos com o trabalho e como somos continuamente envilecidos e surrados até cair. Muitos dos nossos irmãos morrem por 22 vinténs e seis centavos; é por esse dinheiro que devemos perder a nossa vida? Aquele que não sabe ler deveria dizer ao seu companheiro que não vá ao trabalho no dia 29 de abril. Essas palavras não saem daqui, elas vêm dos mais sábios, que estão distantes e podem nos encorajar.
> "Isso é tudo. Ouçam bem e, se for direito, deixem-nos fazer assim.
>
> "Somos todos dos Nkana.
>
> "Africanos, Homens e Mulheres.
>
> "Estou satisfeito,
>
> "G. Loveway."

Homens como Loveway são os heróis de um novo mundo. Outros surgirão, e mais outros também. Do povo que se esforça em agir surgirão os líderes; não dos negros isolados no Guys' Hospital ou na Sorbonne, dos

102 Comando 5009.

diletantes do surrealismo ou dos advogados, mas dos calmos recrutas de uma força policial negra: o sargento do exército nativo francês ou da polícia inglesa, aquele que se familiariza com as táticas e estratégias militares ao ler um panfleto perdido a respeito de Lenin ou Trotski, como Toussaint que lia o padre Raynal.

O sucesso não virá do isolamento da África. Os negros exigirão trabalhadores treinados e professores. O socialismo internacional precisará dos produtos de uma África livre, bem mais do que a burguesia francesa precisava da escravidão e do tráfico de escravos. O imperialismo se gaba de explorar a riqueza da África para beneficiar a civilização. Na realidade, por causa da natureza do seu sistema de produção pelo lucro, ele estrangula a verdadeira riqueza do continente: a capacidade criativa do seu povo. O africano enfrenta uma longa e difícil jornada e precisará de orientação. Mas ele progredirá rapidamente, porque caminhará com os pés no chão e a fronte no futuro.

APÊNDICE

A Toussaint L'Ouverture
por William Wordsworth

Quando a sorte, Toussaint, encontrarás?
Se o rangido do arado das sementes
Ressoa em teus ouvidos; se consentes
Dormir em poço imundo, pertinaz;
Quando e em que posto tu repousarás,
Mísero comandante? Embora ostentes
O orgulho por detrás dessas correntes,
Caíste, e nunca mais levantarás.

Sossega, atrás de ti ficou o poder
Que agirá em teu lugar: a terra e o dia,
Vendavais que nas brisas se consomem,

Não haverão jamais de te esquecer.
Deixas o amor, as glórias, a agonia
E o espírito indômito do homem.

Toussaint, the most unhappy Man of Men!
Whether the whistling Rustic tend his plough
Within thy hearing, or thy head be now
Pillowed in some deep dungeon's earless den; –
O miserable Chieftain! where and when
Wilt thou find patience? Yet die not; do thou
Wear rather in thy bonds a cheerful brow:
Though fallen Thyself, never to rise again,
Live, and take comfort. Thou hast left behind
Powers that will work for thee; air, earth, and skies;
There's not a breathing of the common wind
That will forget thee; thou hast great allies;
Thy friends are exultations, agonies,
And love, and Man's unconquerable mind.

De Toussaint L'Ouverture a Fidel Castro

Toussaint L'Ouverture não está ligado a Fidel Castro apenas pelo fato de ambos terem liderado revoluções nas Índias Ocidentais. Tampouco esse laço é uma demarcação conveniente ou jornalística de um período histórico. O que havia acontecido na São Domingos francesa entre 1792 e 1804 repetiu-se em Cuba em 1958. A revolução servil da São Domingos francesa caminhou até

> Atravessar o campo de batalha
> De inimigos poderosos[1].

Passados cinco anos[2], o povo de Cuba continua lutando, valendo-se dos mesmos esforços.

A revolução de Castro significa mais para o século XX do que a de Toussaint significou para o XIX. Mas, apesar da distância de mais de um século e meio, ambas são características das Índias Ocidentais. O povo que as realizou, os problemas com que se deparou e as tentativas de resolvê-los são peculiares das Índias Ocidentais, produtos de uma origem peculiar e de uma história peculiar. Seus habitantes tomaram consciência de si próprios como povo durante a Revolução Haitiana. Seja qual for o seu destino derradeiro, a Revolução Cubana marca, desde já, o estádio último do desafio dessas ilhas em direção à busca de uma identidade nacional. Em uma série dispersa de ilhas desiguais, o processo consiste em uma série de períodos

---

1 Os versos são da tragédia de William Shakespeare: *Hamlet*, ato V, cena 2.

Tis dangerous when the baser nature comes
Between the pass and fell incensed points
Of mighty opposites.

Literalmente: passar entre as pontas furiosas e brutais das espadas de poderosos inimigos (Hamlet e Claudius). A passagem sublinhada é o trecho citado que traduzimos. (N. do T.)

2 Fulgencio Batista renunciou no dia 1º de janeiro de 1959 e Castro tornou-se Primeiro-Ministro no dia 17 de fevereiro do mesmo ano. Este prefácio deve ter sido escrito, portanto, em 1966. (N. do T.)

desconexos de flutuação, pontuado de estímulos, de saltos e de catástrofes. Mas o movimento embrionário é claro e forte.

A história das Índias Ocidentais é dominada por dois fatores: a plantação da cana-de-açúcar e a escravidão do negro. O fato de a maioria da população de Cuba nunca ter sido escrava não afeta o esboço da sua identidade social. O plantio da cana-de-açúcar e a escravidão, onde quer que existissem, impunham um padrão. Trata-se de um padrão original, que não é europeu, nem africano e nem em parte americano, tampouco é nativo, no sentido dado hoje a esse termo; mas das Índias Ocidentais, *sui generis*, sem paralelo em qualquer outra parte do mundo.

A plantação da cana-de-açúcar foi a influência edificadora e civilizadora no desenvolvimento das Índias Ocidentais. Quando os escravos chegaram a esses ilhas, há trezentos anos, eles entraram diretamente no sistema de produção agrícola em larga escala dos engenhos de açúcar, que já era um sistema moderno. Este rapidamente fez com que os escravos vivessem juntos numa relação social, muito mais próximos um do outro do que em qualquer proletariado da época. Quando a cana era cortada, tinha de ser transportada rapidamente para aquilo que era a produção no engenho. A roupa que o escravo vestia e a comida com a qual ele se alimentava tinham de ser importadas. Os negros, assim, desde o começo passaram a levar uma vida que era, essencialmente, uma vida moderna. Essa é a sua história e, tanto quanto eu pude descobrir, uma história única.

Na primeira metade do século XVII, os primeiros colonizadores europeus já haviam tido sucesso na produção individual. As plantações de cana-de-açúcar expulsaram-nos de lá. Os escravos viam ao redor de si uma sociedade tranquila e com uma certa cultura material: a vida dos proprietários das fazendas. O mais esperto, o mais afortunado e o filho ilegítimo tornavam-se domésticos ou artesãos ligados à colheita ou ao engenho. Bem antes do ônibus e do táxi, a pequena extensão das ilhas fazia com que a comunicação entre elas fosse rápida e fácil. Os proprietários das fazendas e mercadores levavam uma vida política intensa, regida pelos altos e baixos tanto da produção como do comércio de açúcar, em uma época na qual o tratamento e o destino dos escravos cumpriam um papel contínuo e crucial. A plantação da cana dominava a vida nas ilhas a tal ponto que bastava a pele branca para salvar aqueles que não eram nem latifundiários e nem burocratas das humilhações e desesperanças da vida do escravo. Esse era, e ainda é, o padrão de vida nas Índias Ocidentais.

As Índias Ocidentais entre Toussaint L'Ouverture e Fidel Castro dividem-se normalmente em três períodos: I. O século XIX; II. Entre as guerras e III. Depois da Segunda Grande Guerra.

I. O Século XIX

Para o Caribe, o século XIX é o século da abolição da escravidão. Mas foi no Haiti que os padrões definitivos do desenvolvimento regional adquiriram forma. Toussaint não via outro caminho para a economia haitiana a não ser a cultura da cana. Dessalines era um bárbaro. Depois, veio Christophe, um homem com uma habilidade admirável e também um governante esclarecido, apesar das circunstâncias. Ele fez o melhor que pôde em relação à cultura da cana, ainda que o fizesse de maneira cruel. Mas com a libertação dos escravos e a independência essa cultura, indelevelmente associada à escravidão, tornou-se insustentável. Pétion aceitou substituir o plantio da cana pela economia de subsistência.

Durante os primeiros 150 anos de vida do Haiti, não houve nenhuma manifestação internacional hostil à independência das pequenas nações; nenhuma corporação de Estados afins pronta a levantar um retumbante clamor contra uma ameaça possível a um de seus membros; nenhum plano de ajuda dos países ricos aos países mais pobres. A produção de subsistência resultou no declínio econômico e em toda espécie de desordem política. Apesar disso, o país manteve a independência, resultando em um fenômeno inédito que tomou um continente e estabeleceu-se nas instituições do mundo todo.

Eis o que aconteceu. Por mais de cem anos depois da independência, os haitianos tentaram construir uma réplica da civilização europeia, isto é, da civilização francesa, nas Índias Ocidentais. Prestemos atenção às palavras de M. Constantin Mayard, embaixador do Haiti em Paris, em 1938:

> "São francesas as nossas instituições, francesa a nossa legislação pública e civil, francesa a nossa literatura, francesa a nossa universidade, francesas as disciplinas de nossas escolas. (...)
>
> "Hoje, quando um de nós [um haitiano] aparece num círculo de franceses 'há sorrisos de boas-vindas em cada olhar'. A razão é, sem dúvida, senhoras e senhores, que a sua nação sabe que, dentro do limite da expansão colonial, deu às Antilhas e sobretudo a São Domingos tudo o que podia dar de si e da sua essência. (...) Ela formou, com o molde de seu próprio gênero nacional, com o próprio sangue, a própria língua, suas instituições, seu espírito e seu

solo, um tipo local, uma raça histórica, na qual a seiva da nação continua fluindo, para renová-la completamente".

Geração após geração, os melhores filhos da elite do Haiti foram educados em Paris, onde distinguiram-se na vida intelectual francesa. O ódio peçonhento daqueles dias que antecederam a independência havia desaparecido. Mas uma corrente de pesquisadores e viajantes levou as vãs pretensões da civilização haitiana a uma situação ridícula internacionalmente. Em 1913, a incessante agressão dos escritos estrangeiros foi reforçada pelas baionetas dos fuzileiros navais norte-americanos. O Haiti teve de encontrar um ponto de apoio nacional. Pôde encontrá-lo no único lugar onde poderia ser encontrado: em casa, mais precisamente, em seu próprio quintal. Descobriram aquilo que hoje é conhecido como Negritude. É a ideologia social predominante entre políticos e intelectuais em qualquer parte da África. É o assunto de calorosas disputas e elaborações toda vez que o assunto é a África ou os africanos. Mas, em sua origem e seu desenvolvimento, é o produto peculiar da história também peculiar das Índias Ocidentais, e não poderia ser de outra parte que não das Índias Ocidentais.

Os haitianos não pensam que isso seja Negritude. Para eles, ela parece ser algo puramente haitiano. Dois terços da população da São Domingos francesa na época de Toussaint tinham feito a rota do meio. Os brancos ou emigraram ou foram exterminados. Os mulatos que haviam sido senhores tinham os olhos fixos em Paris. Deixado por sua própria conta, o campesinato haitiano ressuscitou e elevou a um estádio notável a vida que levava na África. O método de cultivo, as relações familiares e sociais, os tambores, as canções e a música, assim como a arte que praticava e, acima de tudo, a religião que ficou famosa, o vodu: tudo isso era a África nas Índias Ocidentais. Mas era também haitiano, e a elite do Haiti atirou-se sobre ele. Em 1926, o dr. Price Mars, em seu famoso livro, *Ainsi Parla L'Oncle* (Assim falou titio), descreveu com muita dedicação e cuidado o modo de vida do camponês do Haiti. Rapidamente se formaram associações instruídas e científicas. O modo de vida africano dos camponeses do Haiti formou o eixo da criação literária nesse país. Nenhum trabalhador das fazendas, com uma terra livre para defender, juntou-se ao processo.

Os territórios do Caribe seguiram em frente. No final do século XIX, Cuba produziu uma grande revolução, a qual costuma ser chamada de "A Guerra dos Dez Anos". Realizou prodígios. Mas, se não chegou a constituir um panteão como o das Índias Ocidentais, ao menos teve nomes como os de José Martí, o líder político, e o do soldado Maceo. Eram homens de acordo com as tradições de Jefferson, Washington e Bolívar. Esta era a sua força e esta era a sua fraqueza. Eram líderes de um partido nacional revolucionário e de um exército nacional revolucionário. Um povo revolucionário que Toussaint L'Ouverture e Fidel Castro lideraram. A guerra pela independência começou e terminou na Emenda Platt[3] de 1904.

Foi um ano antes da Emenda Platt que apareceu pela primeira vez aquilo que se recusara a ser uma característica particular da vida das Índias Ocidentais: o escritor apolítico devotado à análise e a expressão da sociedade das Índias Ocidentais. O primeiro deles, e também o maior, foi Fernando Ortiz. Por mais de meio século, em casa ou no exílio, ele foi um incansável expoente da vida cubana e da *cubanidad*, a alma cubana. A história do imperialismo espanhol, a Sociologia, a Antropologia, a Etnologia e todas as ciências relacionadas fazem parte da sua investigação sobre a vida cubana, o folclore, a literatura, a música, a arte, a educação e a criminalidade: tudo cubano. A característica mais distintiva de seu trabalho são os seis volumes que ele dedicou à vida do negro e do mulato em Cuba. Vinte e cinco anos antes do Writer's Project do *New Deal*[4] começar a descobrir os Estados Unidos, Ortiz pôs-se a descobrir sua terra natal, uma ilha das Índias Ocidentais. Em essência, é o primeiro e único estudo abrangente sobre o povo das Índias Ocidentais. Ortiz conduziu os caribenhos até o pensamento do século XX e manteve-os lá.

II. Entre as Guerras

Antes da Primeira Grande Guerra, o Haiti começou a escrever um outro capítulo na história da luta das Índias Ocidentais pela independência nacional. Alegando a necessidade de saldar as dívidas e restabelecer a ordem, os fuzileiros navais norte-americanos, como sabemos, invadiram o Haiti em 1913. A nação inteira resistiu. Uma greve geral foi organizada e liderada pelos

---

3 Emenda do senador Platt de Connecticut que garantia a ocupação militar dos Estados Unidos em Cuba com a finalidade de garantir-lhe a independência. Na verdade, impunha uma série de medidas restritivas ao país. Graças a ela, os norte-americanos possuem ainda hoje a base militar de Guantánamo. (N. do T.)

4 O *New Deal* foi um grande projeto nacional da década de 30, nos Estados Unidos, do Presidente Franklin Delano Roosevelt. Propunha uma arte que não estivesse atrelada às tendências europeias, buscando influências em muitas partes, como no México e na Rússia do início da Revolução. Na literatura, reuniu 6686 escritores em 48 Estados e no Distrito de Colúmbia para aquilo que foi denominado The Federal Writer's Project. (N. do T.)

intelectuais literatos que tinham descoberto o africanismo de seus camponeses como uma via para a identidade nacional. Os fuzileiros navais partiram e os negros e mulatos reiniciaram os conflitos fratricidas. Mas a imagem que o Haiti fazia de si mesmo tinha mudado. "Adeus à Marselhesa", uma expressão famosa de um dos mais conhecidos escritores haitianos, significa a substituição da França pela África no primeiro Estado independente das Índias Ocidentais. Pode parecer que a África tenha sido invocada nas Índias Ocidentais por necessidade empírica e circunstâncias acidentais. Não foi bem assim. Muito antes de os fuzileiros navais deixarem o Haiti, o papel da África na consciência do povo das Índias Ocidentais tinha demonstrado ser, por si só, um estágio no desenvolvimento da busca de uma identidade nacional para as Índias Ocidentais.

Essa história é uma das mais estranhas histórias em qualquer período da História. Os fatos isolados são conhecidos. Mas ninguém nunca os reuniu e dedicou a eles a atenção que merecem. Nos dias de hoje, a emancipação da África é um dos mais notáveis eventos da História contemporânea. No período entre as guerras, quando essa emancipação estava sendo preparada, os líderes incontestáveis do movimento em cada esfera pública, na própria África, na Europa e nos Estados Unidos não eram africanos, mas das Índias Ocidentais. Primeiro os fatos sobre os quais não há controvérsias.

Dois negros das Índias Ocidentais, usando a tinta da Negritude, escreveram seus nomes para sempre nas primeiras páginas da História de nossa época. Marcus Garvey destacou-se como líder. Garvey, imigrante jamaicano, é o único negro bem-sucedido a formar um movimento de massa entre os negros americanos. As especulações a respeito do número de seus seguidores já alcançam o número de milhões. Garvey defendeu o retorno da África para os africanos e seus descendentes. Ele organizou, muito precipitadamente e com pouca competência, a Black Star Line[5], uma companhia de navios a vapor para transportar pessoas de linhagem africana do Novo Mundo para a África. Garvey não foi muito longe. Seu movimento tomou forma realmente eficaz por volta de 1921, e lá por 1926 encontrava-se em uma prisão norte-americana (um processo por uso indébito dos correios); da prisão foi deportado de volta à Jamaica. Mas tudo isso é apenas a fachada. Garvey nunca botou os pés na África. Não falava nenhuma língua africana. Suas concepções da África pareciam ser as de uma ilha das Índias Ocidentais e

5 Uma das divisas de Garvey era: "A África para os africanos". (N. do T.)

do seu povo multiplicadas por mil. Mas Garvey conseguiu transmitir aos negros (e ao resto do mundo), em todos os lugares, sua crença passional de que a África era o lar de uma civilização que já fora grande outrora e que o seria novamente. Quando se imagina a escassez dos recursos que tinha, as avassaladoras forças materiais e as penetrantes concepções sociais que inconscientemente visavam a destruí-lo, seus esforços continuam sendo um dos milagres propagandísticos deste século.

A voz de Garvey reverberou dentro da própria África. O rei da Suazilândia disse à esposa de Marcus Garvey que conhecia o nome de somente dois homens do mundo ocidental, Jack Johnson, o boxeador que derrotou o branco Jim Jeffries, e Marcus Garvey. Jomo Kenyatta relatou a este escritor que, em 1921, os nacionalistas do Quênia, como não sabiam ler, reuniam--se em volta de um leitor do jornal de Garvey, o *Negro World*, e escutavam a leitura de um artigo duas ou três vezes. Depois, debandavam pela floresta, para repetir com cuidado tudo o que tinham na memória para os africanos, ávidos por uma doutrina que os libertasse da consciência servil na qual viviam. O dr. Nkrumah, estudante de pós-graduação em História e Filosofia em duas universidades norte-americanas, declarou que, entre todos os escritores que influenciaram a sua formação, Marcus Garvey está em primeiro lugar. Garvey acreditava que a causa dos africanos e dos povos de ascendência africana era não somente negligenciada como tratada com pouca consideração. Em pouco mais de cinco anos, ele a tinha tornado parte da consciência política mundial. Não conhecia a palavra "Negritude", mas sabia do que se tratava. Teria acolhido o termo com entusiasmo e reclamado sua paternidade com justiça.

O outro negro das Índias Ocidentais era George Padmore, de Trinidad, nas Índias Ocidentais Britânicas. Padmore tirou a poeira das estagnadas Índias Ocidentais dos pés, no início da década de vinte, e foi para os Estados Unidos. Quando morreu, em 1959, oito países mandaram representantes a seu funeral, em Londres. Suas cinzas foram sepultadas em Gana. E tudo indica que, nesse país das manifestações políticas, nunca houve uma manifestação política como a provocada pelas exéquias de Padmore. Camponeses de áreas remotas, que poderíamos pensar que nunca tivessem ouvido falar seu nome, dirigiram-se a Acra para prestar o último tributo a esse negro das Índias Ocidentais que havia levado a vida a serviço de seu povo.

Uma vez nos Estados Unidos, tornou-se um militante comunista. Foi transferido para Moscou para dirigir o departamento de propaganda e organização do negro. Ocupando tal posição, tornou-se o mais conhecido e acreditado agitador nos movimentos para a independência africana. Em 1935, o Krêmlin, em busca de alianças, definiu a Grã-Bretanha e a França como "imperialismos democráticos" e separou-as da Alemanha e do Japão, fazendo dos "imperialismos fascistas" o maior alvo da propaganda comunista e russa. Isso transformou as atividades para a emancipação africana em uma farsa, pois a Alemanha e o Japão não possuíam colônias na África. Padmore imediatamente rompeu relações com o Krêmlin. Foi para Londres onde, morando em um simples quarto e vivendo do jornalismo, não ganhava o suficiente para poder levar adiante o trabalho que tinha feito no Krêmlin. Escreveu livros e panfletos, participou de todas as reuniões de anti-imperialistas, fez discursos e moveu propósitos por onde foi possível. Construiu e manteve um círculo sempre crescente de contatos com nacionalistas em todas os setores da sociedade africana e do mundo colonial. Pregou e ensinou o pan-africanismo e organizou um escritório africano. Publicou, ainda, um periódico dedicado à emancipação africana (este escritor chegou a redigi-lo).

Não seria possível tentar fazer aqui nem mesmo um resumo do trabalho e da influência da mais notável criação das Índias Ocidentais entre as guerras: o escritório africano de Padmore. Foi a única organização africana desse tipo em existência no período entre as guerras. Dos sete membros do comitê central, cinco eram das Índias Ocidentais e dirigiam a organização. Entre todos, apenas Padmore não conhecia a África. Não deve ter sido por acaso que ele atraiu dois dos mais admiráveis africanos dessa e de todas as épocas. Jomo Kenyatta foi um de seus membros fundadores e um vulcão efervescente do nacionalismo africano. Mas um destino muito melhor nos estava reservado.

Este escritor conheceu Nkrumah, que estudava na Universidade da Pensilvânia, e escreveu a Padmore sobre ele. Nkrumah foi para a Inglaterra para estudar Direito e lá formou uma associação com Padmore; trabalharam com as doutrinas e premissas do pan-africanismo e elaboraram os planos que culminariam com Nkrumah liderando o povo da Costa do Ouro, o que levaria à independência de Gana. Essa revolução na Costa do Ouro foi a primeira das explosões que provocariam tantas fendas no loteamento colonial africano, ficando provado que seria impossível juntá-las novamente. Com a vitória de Nkrumah, a associação não mais parou. Depois que a independência foi assinada e selada, Nkrumah mandou chamar Padmore, instalou-o novamente em um escritório dedicado à emancipação africana e, sob os auspícios de um governo africano, Padmore, como havia feito em 1931, patrocinado pelo Krêmlin, organizou em Acra a primeira conferência dos Estados africanos independentes, seguida, 25 anos após a primeira, pela Segunda Conferência Mundial dos Combatentes pela Libertação Africana. O dr. Banda, Patrice Lumumba, Nyerere e Tom Mboya foram alguns dos que participaram da conferência. Jomo Kenyatta não estava lá pelo simples motivo de se encontrar na prisão. A NBC fez uma transmissão nacional do sepultamento de suas cinzas no Castelo de Christianborg[6], onde Padmore foi considerado o Pai da Emancipação Africana, uma distinção que ninguém contestou. Muitos foram influenciados pela maneira com que nos tratavam no período entre as guerras; e muitas pessoas e instituições importantes chegaram a considerar, a nós e aos nossos planos e expectativas com relação à África, como fantasias de analfabetos políticos das Índias Ocidentais. Foram eles que se equivocaram por completo a respeito do continente, não nós. Deveriam ter aprendido com aquela experiência. Não o fizeram. A mesma visão míope que não conseguiu focalizar a África está agora vislumbrando as Índias Ocidentais.

O lugar da África no desenvolvimento das Índias Ocidentais está documentado como poucas visões históricas o foram.

Em 1939, um negro da colônia francesa da Martinica, nas Índias Ocidentais, publicou em Paris o mais refinado e famoso poema já escrito sobre a África, *Cahier d'un retour au pays natal* (Diário da volta ao país natal). Aimé Césaire primeiramente descreve a Martinica, a pobreza, a miséria e os vícios das massas populares e a subserviência bajuladora das classes médias negras. Mas a educação do poeta foi concluída em Paris. Na qualidade de habitante das Índias Ocidentais, ele não possuía uma nacionalidade da qual se orgulhar. Estava comovido pelo abismo que o separava do povo do lugar onde havia nascido. Sentia que era seu dever ir para lá. Ele assim o fez e descobriu uma nova versão do que os haitianos, assim como Garvey e Padmore, haviam descoberto: que a salvação das Índias Ocidentais repousa na África, o lar original e ancestral daquele povo.

O poeta nos proporciona uma mostra de como os entendia:

(...)
Minha negritude não é uma pedra; sua insurdescência faz sofrer o [clamor do dia.

---

6 Castelo de Christianborg: fortaleza construída pelos portugueses em 1550 e ampliada pelos suecos em 1652. Foi o palácio do Governo britânico na Costa do Ouro entre 1877 e 1957. Com a independência, passou a ser a residência do primeiro-ministro em 1957. No dia 28/2/1948 um grupo de servidores invadiu o castelo para entregar uma petição contra a miséria. Seus líderes foram encarcerados, entre eles Nkrumah. (N. do T.)

Minha negritude não é uma belida de água morta no olho sem vida
[da terra.

Minha negritude não é torre, nem catedral.
Ela desaparece na carne vermelha do solo.
Ela desaparece na carne ardente do céu[7].
Ela perfura a sombria humilhação de minha determinada perseverança.
(...)
Vivam aqueles que nunca inventaram nada, aqueles que nunca exploraram nada, aqueles que nunca domesticaram nada.
Mas que, tomados[8], se entregam à essência de todas as coisas;
que, insensíveis às aparências, são tomados contudo pelo movimento
[de todas as coisas;
que, indiferentes ao domador[9], usufruem contudo os frutos doces da
[vida. (...)[10]

Em contraste com essa visão do africano ligado ao mundo e à natureza, uma parte viva de tudo aquilo que vive, Césaire imediatamente identifica a civilização que tem desprezado e perseguido a África e os africanos.

Venha escutar sobre o mundo do branco,
terrivelmente exaurido pelos seus próprios engenhos,
com suas rebeldes articulações rachando sob impiedosas estrelas,
e rigores[11] enérgicos que dilaceram os mistérios da carne.
Venha escutar as suas valorosas conquistas
ecoando suas próprias derrotas.
Venha escutar as grandiosas desculpas de seus lamentáveis enganos

O poeta quer ser um arquiteto dessa singular civilização, encarregado de seu sangue e guardião de sua intransigência.

Assim fazendo, meu coração, preserva-me de todo o ódio
Não fazes de mim um homem de ódio que não sente outra coisa que
[ódio.

7 Na simbologia de Césaire, torre e catedral são símbolos europeus, ou seja: do conquistador e do opressor; solo: renascimento; céu: esperança. (N. do T.)

8 Ambiguidade: a África ancestral e a escravidão. (N. do T.)

9 Colonizador. (N. do T.)

10 Na tradução de C. L. R. James: "indifferent to mastering but taking the chances of the world...." No original francês: "Insoucieux de dompter, mais jouant le jeu du monde". (N. do T.)

11 Chicote. (N. do T.)

Pois para isolar-me nesta raça única,
conheces no entanto o reinado[12] do meu amor,
sabes que não é absolutamente por ódio a outras raças
que busco ser o lavrador desta raça única (...).

Ele volta mais uma vez ao deplorável espectro da vida nas Antilhas, mas desta vez com esperança.

porque não é verdade que o trabalho do homem está concluído,
que nada mais cabe ao homem no mundo além de ser um parasita no
[mundo,
que tudo o que precisamos agora é manter o passo com o mundo.
Mas o trabalho do homem está apenas no começo
e cabe ao homem dominar toda a violência entrincheirada nos retiros
de sua paixão.
Nenhuma raça detém o monopólio da beleza,
da inteligência, da força, e existe
um lugar para todos no alto da glória (...).

Esse é o âmago do poema de Césaire. Ao menosprezá-lo, africanos e solidários de outras raças gritaram vivas que abafaram o senso comum e a razão. O trabalho do homem não está concluído. Assim, o futuro do africano é continuar sem descobrir nada. Nenhuma raça detém o monopólio da beleza, da inteligência, da força e muito menos aqueles que possuem a Negritude. Esta é o que uma raça leva para o encontro comum, onde todos empenhar-se-ão para construir o novo mundo da visão do poeta. A visão do poeta não é econômica nem política, é poética, *sui generis*, verdadeira para si própria e que não precisa de nenhuma outra verdade. Mas seria racismo dos mais vulgares não enxergar aqui uma encarnação poética da famosa frase de Marx "A verdadeira história da humanidade está para começar"[13].

Partindo das afinidades estritamente poéticas de Césaire[14], devemos voltar nossas faces, mesmo que com uma perda considerável, para o nosso

12 Em inglês: "the extent of my boundless love"; em francês: "mon amour tyrannique". James traduz "tirânico" por "sem fronteiras". Nós traduzimos por reinado, uma vez que a palavra tirano, em grego, língua da qual deriva, *tyrannos* significa "rei". (N. do T.)

13 Trata-se, provavelmente, de uma modificação da última frase do § 4º do Prefácio a *Para a Crítica da economia política* de Marx: "Com esta formação social *encerra-se*, por isso, *a pré-história da sociedade humana*". (N. do T.)

14 Baudelaire e Rimbaud, Rilke e D. H. Lawrence. Jean-Paul Sartre fez as mais belas apreciações críticas da poesia de *Cahier*, mas suas explicações de como entendia a Negritude eram, por vezes, desastrosas.

propósito maior. Mas o *Cahier* uniu em pensamento moderno elementos que pareciam destinados a permanecer separados. É melhor que sejam enumerados:

1. Promoveu a união da esfera de vida africana com a vida no mundo ocidental.

2. O passado da humanidade e o futuro da humanidade estão histórica e logicamente concatenados.

3. Não mais por meio do estímulo externo, mas por ações e seres independentes, gerados por ela, é que a própria África e os africanos caminharão rumo a uma humanidade integrada.

É o poeta anglo-saxão que enxerga para o mundo em geral o que o das Índias Ocidentais enxerga para a África de concreto.

Aqui a união impossível
De esferas de existência é real,
Aqui o passado e o futuro
São conquistados, reconciliados,
Onde a ação era de outra forma movimento
Daquilo que apenas é movido
E que não possui fonte de movimento –[15]

A conclusão do sr. Eliot é a de "Encarnação"; a de Césaire, a de Negritude.

O *Cahier* apareceu em 1938, em Paris, um ano antes que *Os jacobinos negros* surgissem em Londres. O escritor deste livro tinha dado um passo à frente no sentido de ressuscitar não a decadência, mas a grandeza do povo das Índias Ocidentais. Todavia, como é óbvio por todo o livro, e particularmente nas últimas páginas, é a África e a emancipação africana que ele tem em mente.

Hoje (e somente hoje) podemos definir o que motivou essa preocupação com a África entre as guerras por parte do homem das Índias Ocidentais. Ele sempre foi educado no padrão do Ocidente. A sociedade das Índias Ocidentais confinou os negros a uma faixa muito estreita do território social. O primeiro passo para a sua liberdade era ir para o exterior. *Antes que pudessem começar a se enxergar como um povo livre e independente tinham de livrar suas mentes*

---

15 Do poema de T. S. Eliot, "The Dry Salvages", um dos *Four Quartets.* (N. do T.)

do estigma de que qualquer coisa que viesse da África era inerentemente inferior e degradada. A estrada para a identidade nacional das Índias Ocidentais encontra-se na África.

A comunidade nacional das Índias Ocidentais caminha constantemente para além da categorização racial. Depois de Ortiz, foi um outro branco das Índias Ocidentais que, no mesmo período, provou ser o maior político da tradição democrática que essas ilhas já conheceram.

Arthur Andrew Cipriani foi um crioulo francês da ilha de Trinidad que entrou para a vida pública como oficial no contingente das Índias Ocidentais durante a Primeira Grande Guerra. Foi no exército que muitos dos soldados, uma mistura de homens de todas as ilhas das Índias Ocidentais Britânicas, pela primeira vez, calçaram sapatos de verdade. Mas eles eram o produto de sua história peculiar. A rapidez com que se ajustaram às necessidades espiritual e material de uma guerra moderna espantou todos os observadores, do general Allenby para baixo. Cipriani construiu uma reputação para si por meio de sua defesa militante do regimento contra todos os preconceitos, fossem oficiais ou não. Até o fim de seus dias falava sempre do reconhecimento que haviam conquistado. Treinador de cavalos profissional, foi somente depois de muita persuasão que, ao voltar para casa após a guerra, já com mais de quarenta anos, entrou para a política. Em pouco tempo projetou-se como defensor da gente comum ou, em sua própria expressão, "do homem de pés descalços". Muito antes, esse homem branco já era reconhecido como líder por centenas de milhares de negros e antilhanos. Um homem completamente destemido, nunca deixou o governo colonial em dúvida quanto àquilo a que era frontalmente contrário. Todos os que já haviam ouvido falar nele lembram-se de sua mão erguida e de sua enunciação compassada: "Se levanto o dedo...". Contrário às tremendas desigualdades, forçou o governo a capitular em relação ao pagamento de indenização trabalhista, à jornada de oito horas, à legislação sindical e outras instituições elementares da democracia. Ano após ano, elegeu-se prefeito da capital. Fez de seu mandato um centro de oposição ao Escritório Colonial Britânico e a todas as suas áreas de atuação.

Cipriani sempre tratou o povo das Índias Ocidentais como um povo moderno da atualidade. Declarou-se socialista e, todos os dias, dentro e fora da legislatura, atacava os capitalistas e o capitalismo. Uniu seu partido ao Partido Trabalhista Britânico e escrupulosamente manteve seus seguidores conscientes de seus privilégios e de suas responsabilidades como membros do movimento trabalhista internacional. Cipriani era aquele tipo raro de político a quem as palavras expressavam realidades. Muito antes de que quaisquer outros territórios dos impérios coloniais o fizessem, ele não apenas levantou as palavras de ordem da independência nacional e da Federação[16] dos territórios das Índias Ocidentais Britânicas, como deslocava-se incansavelmente de ilha a ilha mobilizando a opinião pública em geral, e o movimento trabalhista em particular, para apoiar suas palavras de ordem. Morreu em 1945. As ilhas nunca viram e nunca veriam algo ou alguém como ele.

As massas das Índias Ocidentais foram ainda mais longe que Cipriani. Em 1937, ele iniciou uma greve entre os trabalhadores petrolíferos de Trinidad, o maior agrupamento proletário das Índias Ocidentais. Assim como fogo em rastro de pólvora, a greve alastrou-se por toda a ilha, e depois de uma ilha a outra, terminando em um levante no outro extremo, na Jamaica, milhares de quilômetros distante. O governo colonial da Jamaica entrou em colapso completamente e dois líderes populares locais tiveram de assumir a responsabilidade de restaurar um tipo de ordem social. Os líderes do governo em Trinidad y Tobago salvaram suas administrações (mas ganharam a indignação do governo imperial) ao expressarem apoio à revolta. O Governo britânico enviou uma comissão real, que recolheu inúmeras provas, descobriu atrocidades que vinham acontecendo havia muito tempo e fez propostas que de modo algum eram reacionárias ou pouco inteligentes. Como de costume, chegaram tarde e não foram rápidas o bastante. Se Cipriani tivesse sido o homem que fora dez anos antes, a autonomia, a Federação e a recuperação econômica, que tinha defendido tão tenazmente e por tanto tempo, poderiam ter sido então postas em prática. Mas o velho guerreiro já estava com quase setenta anos. Desistiu das revoltas populares, que ele, mais do que ninguém, tinha preparado, e a oportunidade acabou perdida. Mas tinha destruído uma lenda e assentou, de uma vez por todas, que o povo das Antilhas estava pronto para seguir as mais avançadas teorias de uma liderança expansiva.

III. Depois da Segunda Grande Guerra

Cipriani tinha deixado para trás um Congresso Trabalhista do Caribe, o qual havia construído corretamente, dedicado à Federação, à independência e à criação de um campesinato instruído. Mas o que aconteceu à Cuba de

16 Que viria a ser formada no dia 3 de janeiro de 1958. A Federação das Índias Ocidentais contava com uma população de três milhões de pessoas nas seguintes ilhas: Antigua, Barbados, Dominica, Granada, Jamaica, Montserrat, St. Kitts-Nevis-Anguilla, Santa Lúcia, São Vincente, Tobago e Trinidad. (N. do T.)

Castro é inerente a essas ilhas desafortunadas. Em 1945, o Congresso, criação legítima das Índias Ocidentais, juntou-se à Federação Mundial de Sindicatos. Mas em 1948 esse órgão bipartiu-se em Federação Mundial dos Sindicatos do Oriente e Confederação Internacional dos Sindicatos Livres do Ocidente. A divisão no âmbito internacional dividiu o Congresso Trabalhista do Caribe e Cipriani perdeu o lugar de líder e inspirador de um movimento típico das Índias Ocidentais. O Escritório Colonial Britânico colocou a classe média negra sob suas asas. Isso gradualmente preencheu o Serviço Civil e estabeleceu as organizações correlatas; eles assumiram o controle dos partidos políticos e, com eles, do antigo sistema colonial.

E o que é este antigo sistema colonial? É a mais antiga relíquia ocidental do século XVII ainda viva no mundo atual, cercada por todos os lados de uma população moderna.

As Índias Ocidentais nunca foram um território colonial tradicional com relações econômicas e políticas claramente distintas entre duas culturas diferentes. A cultura nativa era inexistente. A civilização ameríndia aborígine tinha sido destruída. No decorrer dos anos, a população trabalhista, escrava ou livre, incorporou, gradualmente, a língua, os costumes, os objetivos e o ponto de vista de seus dominadores. Ela cresceu regularmente em número até se tornar a esmagadora maioria da população total. A minoria governante, portanto, estava na posição de um pai que gera os filhos e não possui nenhuma defesa quanto a ser substituído por eles. Só havia uma saída: buscar reforço no exterior. Esse início tem permanecido imutável até os dias de hoje.

A estrutura industrial dominante sempre foi o plantio da cana-de-açúcar. Pois por mais de duzentos anos a indústria açucareira tem cambaleado à beira do desastre, permanecendo viva por uma interminável sucessão de auxílios de última hora, por meio de doações, concessões e quotas do poder ou dos poderes metropolitanos.

> O "FUTURO AMARGO" DOS PRODUTORES DE AÇÚCAR
>
> *De nosso correspondente*
>
> Georgetown, 3 de setembro
>
> O presidente da Associação Açucareira das Índias Ocidentais Britânicas, *sir* Robert Kirkwood, declarou que os produtores de cana-de-açúcar estavam enfrentando um futuro amargo e a situação estava chegando a um estádio onde a produção de açúcar de beterraba deveria ser restringida para promover um maior mercado para os produtores de cana-de-açúcar.

Sir Robert assinalou que a participação britânica no Mercado Comum Europeu não deveria constituir-se em ameaça aos produtores de açúcar na região, contanto que as prioridades estabelecidas pelo acordo do açúcar da Comunidade Britânica fossem preservadas.

O mesmo podia ser lido em qualquer jornal europeu em intervalos regulares durante os últimos duzentos anos. Reportagens oficiais recentes sobre a vida e o trabalho do lavrador são mudadas para uma linguagem notavelmente semelhante àquela dos agitadores não conformistas contra a escravidão nas fazendas. Existem economistas e cientistas hoje nas Índias Ocidentais que acreditam que o fato econômico mais afortunado seria uma praga que destruísse completamente a cana-de-açúcar, forçando, desse modo, o surgimento de um novo tipo de progresso econômico[17].

Assim como tinha sido desde os primeiros dias da escravidão, o poder financeiro e o seu mecanismo estão hoje em dia inteiramente controlados pelas organizações metropolitanas e seus agentes.

Uma população tão ocidentalizada necessita de certas mercadorias, como potes, panelas, pratos, colheres, facas, papel, lápis, canetas, tecido, bicicletas, ônibus para o transporte público, automóveis e todos os elementos básicos da civilização, os quais não são produzidos nas ilhas, sem se esquecer dos Mercedes-Benzes, dos Bentleys, dos Jaguares e dos Lincolns. Nesse tipo de comércio, os elementos dominantes são os produtores e os bancos estrangeiros. A característica mais reveladora e também a mais antiga desse comércio continua sendo a importação em massa de comida, inclusive a de legumes frescos.

As poucas indústrias de importância, tais como a do petróleo e da bauxita, estão totalmente nas mãos de firmas estrangeiras; e os políticos locais lideram uma competição feroz entre si para oferecer incentivos a firmas semelhantes para que estas estabeleçam novas indústrias ali e não em outro lugar.

Assim como acontece com as necessidades materiais, o mesmo se dá com as necessidades intelectuais. Em todas as ilhas, os jornais diários estão inteiramente nas mãos de empresas estrangeiras. O rádio e a televisão não fogem à regra.

17 Ninguém ousaria dizer isso publicamente. Seria exilado do território.

Em 1963, o antigo sistema colonial não era o que havia sido em 1863. Em 1863, não era o que havia sido em 1763 ou em 1663. Os fundamentos apontados acima, entretanto, não mudaram. Mas pela primeira vez o sistema está ameaçado; não por fora, mas por dentro; não pelo comunismo, ou pelo socialismo, mas pela pura e simples democracia parlamentar. O antigo sistema colonial das Índias Ocidentais não era democrático e não fora criado como tal. Não consegue conviver com a democracia. Nas ilhas das Índias Ocidentais, o antigo sistema colonial e a democracia são incompatíveis. Um tem de sair. Essa é a lógica do desenvolvimento de cada um dos territórios das Índias Ocidentais: de Cuba, da República Dominicana, do Haiti, das antigas colônias britânicas, das antigas colônias francesas e, até mesmo, de Porto Rico, o primo pobre dos ricos Estados Unidos.

O erro supremo da política das Índias Ocidentais é que o antigo sistema colonial isolou de tal forma as classes dominantes da comunidade nacional que somente a democracia parlamentar comum e simples, *encoberta pelo sentimento de identidade nacional*, pode reconstruir as ilhas.

As estatísticas de produção e a contagem dos votos juntas indicam o caminho mais seguro para nos enganarmos a respeito das Índias Ocidentais. Soma-se a isso, em boa medida, o antagonismo das raças. O povo das Índias Ocidentais surgiu no século XVII, dentro de um sistema social e produtivo ocidentalizado. Os membros de cada uma das tribos africanas capturadas foram cuidadosamente separados uns dos outros para diminuir a possibilidade de conspirações e acabaram, dessa maneira, obrigados a dominar as línguas europeias, produtos altamente complexos de séculos de civilização. Desde o começo, houve uma lacuna, que se tornou cada vez mais ampla, entre as condições rudimentares da vida do escravo e a língua que utilizava. Houve, desse modo, na sociedade das Índias Ocidentais, um inerente antagonismo entre a consciência das massas negras e a realidade de suas vidas; inerente no sentido de que era com constância produzido e reproduzido não por agitadores, mas pelas próprias condições da sociedade mesma. São os meios modernos de comunicação em massa que têm transformado a essência em existência. Por uma insignificante quantia mensal, as populações negras podem ouvir, pelo rádio, as notícias do dr. Nkrumah, de Jomo Kenyatta, do dr. Julius Banda, do Primeiro-Ministro Nehru, dos eventos e personalidades das Nações Unidas e de todas as capitais do mundo. Podem discutir sobre o que o Ocidente pensa do Oriente e vice-versa. O cinema mostra atualidades e não raramente aguça a imaginação com obras-primas da cinematografia mundial. A qualquer momento, todas as variedades de comida, roupas, utensílios domésticos e artigos de luxo são apresentados como absolutamente essenciais à vida civilizada. Tudo isso é apresentado para um povo que, em grandes áreas, ainda vive em condições pouco diferentes daquelas da escravidão.

A grandiosa civilização materialista da minoria branca está agora fortalecida pela convergência de classes médias formadas por pessoas de cor para fazer com que os salários e as remunerações produzam lucros. Às vezes, um quarto da população fica concentrada na capital, para onde as massas são irresistivelmente atraídas pelo contraste entre o que veem e ouvem e a vida que levam. Esse foi o pavio ao qual Castro ateou fogo. A tradição histórica e a educação, no sentido de promover a luta contra o passado nacional, não existem. A História como é ensinada é, como sempre foi, propaganda daqueles que, não importa quem sejam, administram o antigo sistema colonial. O poder aqui é mais descarado que em qualquer outra parte do mundo. Daí a brutalidade, a selvageria e até mesmo as crueldades pessoais dos regimes de Trujillo e de Duvalier e o poder da Revolução Cubana.

Esse é o instrumento no qual todos os solistas das Índias Ocidentais, estrangeiros ou nativos, realizam seus recitais. Tomemos as ilhas das Índias Ocidentais Francesas de Martinica e Guadalupe. A administração colonial declarou e agiu por intermédio de Vichy[18]; as massas populares, por intermédio da Resistência. Uma vez que Vichy foi derrotado, as ilhas tornaram-se, totalmente, departamentos da França, ansiosas para serem assimiladas pela civilização francesa. Mas a mão administrativa de Paris, notoriamente pesada com relação às administrações provinciais da própria França, é um peso esmagador sobre qualquer tentativa de mudar um antigo sistema colonial. Nos dias de hoje, as massas da população, desiludidas, exigem a independência. Seus estudantes, em Paris, estão liderando a luta com sangue, coragem e fulgor, poderes de todos aqueles que usam a língua francesa.

O sistema britânico, diverso do francês, não esmaga a demanda de uma identidade nacional. Em vez disso, ele a asfixia. Ele formou uma Federação de suas colônias no Caribe. Mas o antigo sistema colonial consistia de economias insulares, cada qual com sua capital econômica e financeira em Londres. Uma Federação significava que o sentido da direção econômica não seria mais da ilha para Londres, mas de ilha para ilha. Entretanto, isso

---

18 Durante a Segunda Grande Guerra, o Governo de Vichy, estabelecido pelo marechal Pétain em 1940, passou a controlar a França e suas colônias até o final da guerra. Em 1942, tornou-se um instrumento nas mãos da Alemanha. (N. do T.)

envolvia a dissolução do antigo sistema colonial. Os políticos das Índias Ocidentais preferiram o colapso da Federação. Duas das ilhas receberam de fato a independência. A Rainha da Inglaterra é a sua rainha. Recebem visitas reais; suas legislaturas começam com orações; seus projetos de lei são lidos três vezes; um cetro foi apresentado a cada uma dessas filhas distantes pela Mãe dos Parlamentos; seus cidadãos proeminentes podem receber um sem-número de cartas com o prefixo "*Sir*" antes de seus nomes. Isso, em vez de diminuir, intensifica a batalha entre o velho sistema colonial e a democracia. Muito tempo antes de que a real independência fosse concedida, um grande número de pessoas das classes médias, inclusive políticos, queria que isso fosse adiado o máximo possível. Sonhando com cruzeiros em alto-mar e por causa das perspectivas de doações e empréstimos, voltam os olhos cheios de esperança e os pés de comichão para os Estados Unidos.

O Caribe é agora um mar americano. Porto Rico é a sua vitrine. A sociedade porto-riquenha tem o privilégio quase divino da livre entrada nos Estados Unidos para os seus desempregados e os seus ambiciosos. Os Estados Unidos devolvem para o governo porto-riquenho todos os impostos recolhidos nas importações de seus principais produtos, tais como o rum e os charutos. O dinheiro americano para investimentos e os financiamentos e concessões americanos deveriam criar o paraíso do Caribe. Mas, se os Estados Unidos tivessem a densidade populacional de Porto Rico, comportariam todas as pessoas do mundo. Porto Rico é apenas mais uma das ilhas das Índias Ocidentais.

Na República Dominicana, não é preciso nem dizer que Trujillo aumentou seu poder com a ajuda dos fuzileiros navais norte-americanos e, durante mais de um quarto de século de uma ditadura vergonhosa, entendia-se que ele apreciava a amizade de Washington. Antes da recente eleição de seu sucessor, o sr. Juan Bosch[19], os jornais franceses declararam num artigo que os membros da esquerda da República Dominicana (os nomes foram fornecidos) foram deportados para Paris pela polícia local, que foi assistida nessa operação por membros do FBI. Com a saída de Trujillo, Duvalier do Haiti torna-se o rei não coroado do barbarismo latino-americano. Todo o mundo acredita que, apesar

[19] Após a ditadura de Trujillo, na República Dominicana, ocorreram eleições democráticas em 1962, que levaram Juan Bosch ao poder. Foi deposto um ano mais tarde pela direita. Em 1965, estourou a guerra civil entre os apoiadores de Bosch e os contrários a ele, terminando com a intervenção norte-americana. Em 1966, a OEA supervisionou as eleições no país. (N. do T.)

da corrupção e dos despropósitos do seu regime, é o apoio americano que o mantém no poder: melhor Duvalier que outro Fidel Castro.

Tamanha quantidade de ignorância e de falsidade tem circundado essas ilhas por tantos séculos que verdades tão óbvias parecem soar como verdadeiras revelações. Ao contrário da crença generalizada, os territórios caraíbas, tomados como um todo, não estão irremediavelmente atolados na pobreza. Quando foi diretor da Universidade das Índias Ocidentais na Jamaica, o professor Arthur Lewis, antigo diretor da faculdade de Economia da Universidade de Manchester e, na época em que este livro foi escrito, em vias de dirigir a mesma faculdade na Universidade de Princeton, tentou remover algumas teias de aranha dos olhos de seus companheiros das Índias Ocidentais:

> Essa opinião de que as Índias Ocidentais podem levantar todo o capital de que necessitam graças a seus próprios recursos está a ponto de chocar muitas pessoas, pois seus habitantes gostam de pensar que nossa comunidade é pobre. Mas o fato é que pelo menos metade da população mundial é mais pobre do que nós. O padrão de vida nas Índias Ocidentais é mais alto do que o padrão de vida na Índia, na China e na maioria dos países da Ásia e da África. As Índias Ocidentais não são uma comunidade pobre; elas estão no patamar mais elevado da renda mundial. São capazes de produzir os cinco ou seis por cento de recursos extras para manter-se assim; da mesma forma que o Ceilão e Gana estão encontrando o dinheiro de que precisam para o seu desenvolvimento por meio da cobrança de impostos internos. Não nos é necessário enviar nossos homens de Estado pelo mundo para implorar ajuda. Se a ajuda nos é dada, que a aceitemos; mas não vamos nos sentar de braços cruzados e dizer que nada pode ser feito até que o resto do mundo, por sua generosidade de espírito, queira nos fazer uma caridade[20].

A via econômica que têm de trilhar é um longo caminho no qual os sinais de trânsito já foram colocados há muito tempo. O sr. Juan Bosch começou sua campanha prometendo distribuir a terra confiscada dos lucros do barão da família Trujillo. Seus partidários rapidamente transformaram isso em: "Casa e terra para os dominicanos". Não somente a demanda popular e os

---

20 Conferência de Estudos sobre o Desenvolvimento Econômico em Países Subdesenvolvidos, 5 a 15 de agosto de 1957, Universidade das Índias Ocidentais, Jamaica.

economistas modernos, mas as Comissões Reais Britânicas, durante os últimos sessenta anos, têm indicado (com cautela, mas com bastante clareza) que a saída do atoleiro para as Índias Ocidentais é abolir a contratação de trabalhadores nas plantações e substituí-los por camponeses proprietários da própria terra. Os cientistas e os economistas indicam que uma indústria efetiva é possível se baseada no uso científico e planejado da matéria-prima produzida nas ilhas. Terei escrito em vão se não deixar claro que, de todos os povos negros do antigo sistema colonial, as massas das Índias Ocidentais são as mais altamente experimentadas no modo de ser da civilização ocidental e as mais receptivas às suas exigências no século XX. Para se realizarem terão de acabar com os grilhões do antigo sistema colonial.

Não proponho mergulhar este apêndice nas águas turbulentas da controvérsia a respeito de Cuba. Tenho escrito sobre as Índias Ocidentais em geral e Cuba é a mais típica de suas ilhas. Isso é o suficiente.

Uma outra pergunta permanece sem resposta: a mais realista e significativa de todas. Toussaint L'Ouverture e os escravos haitianos trouxeram para o mundo muito mais do que a abolição da escravidão. Quando os latino-americanos viram que o pequeno e insignificante Haiti podia conquistar e manter a independência, começaram a pensar que deveriam ser capazes de fazer o mesmo. Pétion, o governante do Haiti, ajudou na recuperação da saúde do enfermo e derrotado Bolívar: deu-lhe dinheiro, armas e uma prensa tipográfica para auxiliá-lo na campanha que culminou com a libertação dos Cinco Estados[21]. O que acontecerá àquilo que Fidel Castro trouxe de novo ao mundo, ninguém pode dizer. Mas o que está esperando para nascer nas Índias Ocidentais, o que lhe surgiu do ventre em 1958 está para ser visto em outra parte das Índias Ocidentais, e não será tão incerto quanto *atravessar o campo de batalha de inimigos poderosos.*

Tratarei a seguir de uma parte das Índias Ocidentais com a qual tenho tido uma experiência pessoal e íntima, por meio dos escritores e do povo, durante os últimos cinco anos. Mas desta vez o povo primeiro, pois, se os ideólogos voltaram seus olhares para o povo, o povo acompanhou os ideólogos e a identidade nacional é uma realidade nacional.

---

21 Venezuela, libertada por Bolívar em 5/7/1811; Nova Granada (Colômbia), em 10/8/1819; Equador, libertado por Sucre, comandante de uma das tropas de Bolívar, em 24/5/22; Peru, libertado por San Martín, em 28/7/1821; Alto Peru (Bolívia), em 3/4/1825. (N. do T.)

Em Trinidad em 1957, antes que houvesse qualquer indício de uma revolução em Cuba, o partido político governante repentinamente declarou, contrário à declaração política com a qual ganhara a eleição, que durante a guerra o governo britânico de *sir* Winston Churchill tinha se desfeito da propriedade de Trinidad e ela deveria ser devolvida. O que aconteceu foi um dos maiores eventos ocorridos na história das Índias Ocidentais. O povo atendeu ao chamado. Assembleias de massa e protestos em massa, um entusiasmo político do qual a ilha nunca tivera notícia, arrastaram a população. O povo das Índias Ocidentais é uma comunidade nacional presa às correntes do antigo sistema colonial. As classes médias nos observavam com um pouco de incerteza mas com aprovação cada vez maior. Os brancos locais não são como os brancos de uma civilização estrangeira. Pertencem às Índias Ocidentais e, com um instinto forte, pensam em si próprios dessa maneira. Muitos deles discretamente revelaram sua simpatia para com a causa. O líder político[22] foi inflexível ao exigir a devolução de Trinidad: "Acabarei com Chaguaramas[23] ou ela acabará comigo", declarou, e suas palavras alçaram voo. Afirmava publicamente, em assembleias de massa de muitos milhares, que se o Departamento de Estado, apoiado pelo Escritório Colonial, continuasse se recusando a discutir a volta da ajuda, iria retirar Trinidad não somente da Federação das Índias Ocidentais, mas, também, da associação britânica: ele iria estabelecer a independência da ilha e todos os tratados anteriores que entraram em vigor durante o regime colonial automaticamente se tornariam nulos e inválidos e, assim, iria negociar com os americanos. Proibiu o uso do aeroporto de Trinidad aos aviões militares. Num magnífico discurso, "Da escravidão a Chaguaramas", disse que por séculos as Índias Ocidentais tinham sido bases militares das forças imperialistas de guerra, e estava na hora de acabar com isso. É a opinião deste escritor (que foi redator do periódico do partido durante o período crucial) que na realidade foi a resposta da população que levou o líder político tão longe, em uma estrada tão arriscada. A população demonstrou de forma simples que acreditava que os americanos deveriam desocupar a base e devolvê-la ao povo. Isso foi ainda mais notável pelo fato de que o povo de Trinidad admitiu por sua própria vontade que a ilha nunca apreciou tanta opulência financeira quanto durante a guerra, quando os americanos

22 Eric Williams, na liderança do PNM (People's National Movement), levaria o país à independência no dia 31 de agosto de 1962. (N. do T.)

23 Cidade situada na ilha de Trinidad. (N. do T.)

estavam lá. Os Estados Unidos eram, indubitavelmente, a fonte em potencial de ajuda econômica e financeira. Mas a população estava disposta a enfrentar quaisquer sacrifícios necessários para ter a base de volta. Estava pronta de fato para qualquer coisa, e a liderança política tinha que tomar muito cuidado para não fazer ou dizer qualquer coisa que precipitasse uma intervenção das massas rebeladas.

Talvez a mais contundente figura dessa poderosa revolta nacional tenha sido sua concentração no assunto nacional e seu descaso para com todos os outros. Não havia o menor traço de sentimento antiamericano; embora o Escritório Colonial Britânico fosse retratado como o aliado do Departamento de Estado e a exigência de independência política estivesse bem encaminhada, não havia, do mesmo modo, nenhum traço de sentimento antibritânico. Não havia uma inclinação para o não alinhamento, nem mesmo, apesar da pressão pela independência, para o anti-imperialismo. As massas populares de Trinidad e Tobago consideravam a volta da base como o primeiro e elementar estádio em sua busca da identidade nacional. Tenho certeza (tanto quanto qualquer outra pessoa a respeito desses assuntos) de que estavam preparadas para, se fosse necessário, lutar e morrer. Mas não estavam de modo algum envolvidas nas circunstâncias comuns de uma luta contra uma base estrangeira. Não que as desconhecessem. Com certeza as conheciam. Mas tinham tido uma longa experiência em relações internacionais e sabiam com precisão o que queriam. Nas ilhas, a população respondia da mesma forma, o que a levava a crer que aquele era um assunto da conta das Índias Ocidentais. A entrevista coletiva do líder político foi o programa de rádio mais popular nas ilhas das Índias Ocidentais. Era a volta dos anos de 1937-38. "Livre é como você é desde o começo, e quando isso muda você tem de agir, simplesmente agir, e quando estiver agindo dirá que é uma liberdade natural aquilo que o faz agir"[24]. Embora a bandeira britânica ainda tremulasse sobre eles, eram livres em suas exigências e demonstrações de protesto por Chaguaramas, mais livres do que poderiam ser por muito tempo.

A identidade nacional das Índias Ocidentais pode ser mais facilmente vislumbrada nos escritos dos seus autores.

Vic Reid, da Jamaica, é o único romancista das Índias Ocidentais que vive nas Índias Ocidentais. Essa é, provavelmente, a razão pela qual o cenário dos seus romances é a África. Um africano que conhece bem as Índias Oci-

[24] *Season of Adventure*, de George Lamming.

dentais me assegurou que não há nada de africano nas histórias de Reid. São as Índias Ocidentais vestidas com roupas africanas. O que quer que seja, o romance é um *tour-de-force*. Africano ou das Índias Ocidentais, isso reduz os problemas humanos dos países subdesenvolvidos a um denominador comum. A intensidade característica da nova orquestra das Índias Ocidentais não é alta, contudo é bastante clara. Reid não é indiferente ao destino de suas personagens. As paixões políticas são intensas e encerradas em conflitos assassinos. Mas Reid é imparcial como nenhum escritor europeu ou africano o é ou poderia ser, assim como Garvey, Padmore, Césaire não eram nem poderiam ser imparciais. A origem de sua imparcialidade aparece com muita clareza no mais completo e universal dos escritores da escola das Índias Ocidentais: George Lamming, de Barbados.

Confinando-nos estritamente aos nossos propósitos, devemos nos limitar a mencionar apenas um episódio do mais recente de seus quatro vigorosos romances.

Powell, uma das personagens de *Season of Adventure*, é um assassino estuprador, um criminoso membro da sociedade das Índias Ocidentais. De repente, quase no final do livro, o autor acrescenta três páginas intituladas "Nota do Autor". Escrevendo na primeira pessoa, ele explica sobre Powell.

> Até os dez anos de idade, Powell e eu vivemos juntos e recebíamos a mesma afeição por parte de nossas mães. Powell me fazia sonhar, e eu vivi as suas paixões. Tínhamos a mesma idade e frequentamos as mesmas séries na mesma escola primária.
>
> E então ocorreu a separação. Consegui uma bolsa pública, com a qual comecei a minha migração para um outro mundo, um mundo cujas raízes eram as mesmas, mas cujo estilo de vida era completamente diferente daquele mundo que eu conhecera na infância. Isso me concedeu um privilégio que fazia com que Powell e todo o *tonelle* ficassem trancados do lado de fora do meu futuro. Vivia perto de Powell e éramos unha e carne. E contudo... contudo, esqueci o *tonelle* assim como os homens se esquecem da guerra, e me liguei àquele mundo novo tão recente e que era tão leve comparado ao peso do que tinha sido antes. Instintivamente, agarrei-me àquele novo privilégio; e, apesar de todo o meu esforço, não estou livre dele até hoje.
>
> Acredito profundamente que o impulso insano que levou Powell a se perder no crime foi em grande parte culpa minha. Não poderei justificar a sua atitude colocando a culpa no ambiente; nem poderia justificar,

devido à minha falta de firmeza moral, que ela seja atribuída a uma consciência estrangeira, rotulada de imperialista. Levarei para o túmulo a consciência sim de que sou eu o responsável pelo que aconteceu a meu irmão.

Powell ainda vive em algum lugar no meu coração, encoberto por um amor duvidoso, por um estranho peso de arrependimento que não tem nome, e pelo mais profundo sentimento de saudade. Porque nunca me senti como uma parte honesta de qualquer coisa, desde que o mundo de nossa infância me abandonou.

Isso é algo novo na volumosa literatura anticolonialista. O homem das Índias Ocidentais dessa geração assume plena responsabilidade por elas.

Vidia Naipaul de Trinidad faz o mesmo. Sua personagem, o sr. Biswas, escreve seu primeiro artigo para um jornal.

PAPAI VOLTA PARA CASA NUM CAIXÃO

A última viagem do explorador norte-americano

Servida com gelo pelo sr. Biswas

(...) Há menos de um ano, papai, George Elmer Edman, o aclamado viajante e explorador, saiu de casa para explorar a Amazônia.

Bem, tenho novidades, crianças.
Papai está a caminho de casa.
Ontem ele passou por Trinidad.
Em um caixão.

Isso rende ao sr. Biswas, antigo trabalhador agrícola e encarregado de uma pequena loja, um emprego na redação desse jornal.

O sr. Biswas escreveu uma carta de protesto. Levou duas semanas. Foram oito páginas datilografadas. Depois de muito reescrevê-la, a carta se desenvolveu num longo ensaio filosófico sobre a natureza do homem; seu filho vai a uma escola secundária e juntos procuram citações de Shakespeare e encontram um bom material em *Medida por medida*[25]. Pode escapar a quem não é das Índias

[25] Drama de Shakespeare, representado na Corte de Jaime I em 1604, no qual o jovem Cláudio é condenado à morte e sua irmã Isabel intercede por ele junto a um dos governadores. Este

Ocidentais essa suave reprodução do *modus operandi* desse desembaraçado jornalista, político e Primeiro-Ministro.

O sr. Biwas é agora um homem de letras. Ele é convidado para uma reunião de literatos locais. O sr. Biswas deveria falar de Ella Wheeler Wilcox no ponto máximo de seu discurso poético, mas, confundido pelo uísque, fala sobre Lorca, Eliot, Auden. Cada membro do grupo deveria apresentar um poema. Numa noite, depois de observar o céu pela janela, o sr. Biswas encontra seu tema.

> Ele escreveu à sua mãe. Não pensou em ritmo; não usou duvidosas palavras abstratas. Escreveu sobre chegar ao alto da colina, sobre olhar a terra negra e rachada, as marcas da pá, os entalhes dos dentes do ancinho. Escreveu sobre a viagem que tinha feito muito tempo antes. Estava cansado; ela o colocou para descansar. Estava com fome; ela deu-lhe de comer. Não tinha para onde ir. Ela lhe deu as boas-vindas...
>
> – É um poema! o sr. Biswas anunciou. – Em prosa.
>
> (...)
>
> – Não tem título! disse ele. – E, como esperava, isso foi recebido com satisfação.
>
> Depois, caiu no ridículo. Imaginando-se livre do que escrevera, aventurou-se em seu poema atrevidamente, chegando até a zombar um pouco de si mesmo. Mas, enquanto lia, suas mãos começaram a tremer e o papel a farfalhar; e quando falou da viagem engasgou. Começou a mudar de voz e a esfregar os olhos. Mas prosseguiu, e sua emoção era tanta que, ao final, ninguém disse uma palavra...

Ele, que era das Índias Ocidentais, tinha feito papel de bobo ao imitar o jornalismo norte-americano, Shakespeare, T. S. Eliot e Lorca. Tinha atingido a verdade quando escrevera sobre a infância nas Índias Ocidentais, sua mãe e a paisagem das Índias Ocidentais. Naipaul pertence às Índias do Oriente[26]. O sr. Biswas, às do Ocidente. Mas o problema do homem natural das Índias Ocidentais é a criação de políticos de ambas as raças, buscando

exige que se entregue a ele em troca do perdão. Indignada, conta ao irmão, que, apavorado, suplica à irmã para que consinta. (N. do T.)

26 No original "East Indian", termo usado primeiramente para designar o habitante da Índia e mais tarde o de todo o Sudeste Asiático. (N. do T.)

meios de evitar o ataque do antigo sistema colonialista. O oriental tem se tornado um ocidental assim como todos os outros expatriados.

O último dos romancistas das Índias Ocidentais a ser mencionado aqui é um dos mais estranhos ainda vivos. Começando em 1958, acabou de concluir um quarteto de romances[27]. É originário da Guiana Inglesa[28], que faz parte da América do Sul. Naquele país existem quase 25 mil quilômetros quadrados de montanhas, platôs, florestas, selvas, cerrados, as mais altas cachoeiras do mundo, ameríndios nativos, comunidades estabelecidas de escravos africanos fugidos; a maior parte disso tudo continua sem ser explorada. Por quinze anos vivendo nesse novo território, Wilson Harris trabalhou como agrimensor. É membro de uma sociedade típica das Índias Ocidentais com seiscentas mil pessoas, que habitam uma pequena faixa costeira. Harris dá a palavra final sobre a concepção que as Índias Ocidentais têm de si mesmas no que concerne à identidade nacional:

Um jovem das Guianas, meio chinês, meio negro, ao fugir da polícia, descobre que todas as gerações anteriores, de holandeses, ingleses, franceses, capitalistas, escravos libertos e cativos e de brancos, eram todas de expatriados.

> "(...) Todos os espíritos incansáveis e obstinados de todas as eras (que se pensava tivessem sido embalsamados para sempre) estão retornando para alojar-se em nosso sangue. E temos de começar de novo a exploração de onde eles pararam. E temos de colher as sementes de novo onde antes semeavam. De nada adianta reverenciar a mais podre das raízes e o tronco das árvores que nascem no histórico solo arável. Existe um mundo inteiro de ramos e de sensações que perdemos e temos de recomeçar das raízes para cima, mesmo que isso nos pareça inútil. Osso, tronco, carne, seiva, sangue e vasos, pulmões, coração, a terra do coração, Sharon! *Somos os primeiros pais em potencial que podem dominar a casa dos antepassados.* Jovens demais? Não sei. É muita responsabilidade? O tempo dirá. Temos de encarar isso. Ou, caso contrário, será tarde demais para fazer com que tudo e todos parem de fugir e de cair. E então nem todos os cavalos do Rei e nem todos os homens do Rei serão capazes

---

27 *Palace of the Peacock, The Far Journey of Oudin, The Whole Armour, The Secret Ladder.* Londres, Faber & Faber.

28 Hoje, República Cooperativa da Guiana. Alcançou a independência em 1966, sob a liderança do Primeiro-Ministro Forbes Burnham. O país tornou-se uma República em 1970, e Burnham, seu Presidente. (N. do T.)

de nos juntar novamente[29]. Assim como todas as bananeiras e pés de café perto de Caridade. Não é longe daqui, você sabe. Um vento leve chega e tudo sai do chão. Pois o solo é instável. Parece rico na superfície, mas é só. O que você acha que dizem quando isto acontece: quando as colheitas se acabam? Dão de ombros e dizem que as colheitas são dispensáveis. Não conseguem enxergar que somos *nós*, nosso sangue se esvaindo o tempo todo, no rio e no mar, em todo lugar, desonrando a árvore. *Agora* é a hora de criar uma nova resistência, Sharon; você e eu; só depende de nós, mesmo se nos ajoelharmos e nos arrastarmos para nos apoiar, antes de nos reerguermos."

Não há espaço aqui para lidar com o poeta na tradição literária, ou com o cantor de canções. Na dança, na inovação dos instrumentos musicais e no canto das cantigas populares, sem rivais em qualquer parte do mundo, as massas populares não estão por meio deles buscando uma identidade nacional, e sim expressando uma. Os escritores das Índias Ocidentais descobriram as Índias Ocidentais e os seus habitantes, um povo da metade de nosso conturbado século, interessado na descoberta de si mesmo, determinado a descobrir-se a si mesmo, mas que não alimenta o ódio e a malícia contra o estrangeiro, mesmo diante do mais amargo passado imperialista. Para ser bem recebida no comitê das nações, uma nova nação deve contribuir com algo de novo. De outro modo isso se torna uma mera conveniência administrativa ou uma necessidade. As Índias Ocidentais trouxeram algo de novo.

Álbion também já foi
colônia como a nossa...
...perturbada
Pelos canais espumosos, e pela superfície
inútil
De amarga discórdia.
Tudo termina em misericórdia.
Tão diferente daquilo que o coração
queria.

---

29 Paródia da cantiga infantil de Humpty Dumpty:
Humpty Dumpty sat on a wall:
Humpty Dumpty had a great fall.
All the King's horse and all the King's men
Couldn't put Humpty Dumpty in his place again. (N. do T.)

A paixão não se perdeu, mas interiorizou-se. Toussaint tentou alcançá-la e por tentar pagou com a própria vida. Lacerada, retorcida, esticada até os limites da agonia, inoculada com medicamentos tóxicos, ela vive no Estado principiado por Fidel. Pertence ao homem das Índias Ocidentais. Por ela, Toussaint, o primeiro e maior dos homens dessas Índias, pagou com a própria vida.

BIBLIOGRAFIA

FONTES PRINCIPAIS (Manuscritas)

ARQUIVOS FRANCESES

Les Archives Nationales. Milhares de relatórios oficiais e correspondências particulares do período de 1789 a 1804. Foi a fonte principal da pesquisa.

Les Archives du Ministère de la Guerre. Vasta coleção de documentos: a correspondência de Leclerc e relatórios de sua equipe, e, entre outros, uma parte da correspondência de Toussaint (apreendida na guerra) etc.

Les Archives du Ministère des Colonies. Cartas de São Domingos e cópias de cartas do ministro dos funcionários franceses das colônias.

Les Archives du Ministère des Affaires Etrangères. Pequena e variada coleção de documentos, alguns de muita importância.

La Bibliothèque Nationale. A seção de manuscritos contém três volumes da correspondência entre Toussaint e Laveaux e dois volumes da de Sonthonax.

ARQUIVOS DE SÃO DOMINGOS

La Mission du Général Hédouville, de A. Michel. Baseia-se na coleção do dr. Price Mars, a qual contém manuscritos originais de importância capital. Espera-se que sejam publicados.

The Public Record Office. Correspondência original entre o secretário de Estado e os funcionários britânicos na Jamaica e documentos de assuntos externos (França), ambos também sobre São Domingos.

ARQUIVOS BRITÂNICOS

O Museu Britânico possui manuscritos dispersos sobre o tráfico de escravos e sobre as Índias Ocidentais. O autor não se deteve muito neles, pois só *Les Archives Nationales* demandariam muitos anos. Contudo outros autores o fizeram, facilitando-lhe o trabalho.

FONTES PRINCIPAIS (Publicadas)

Os debates nas assembleias revolucionárias foram encontrados nos *Le Moniteur* da época.

A correspondência de Napoleão.

A grande coleção de documentos relativos à história de Paris durante a Revolução francesa, publicados sob os auspícios do Concelho Municipal de Paris. Além de fundamentais para o estudo da Revolução, contêm referências à questão colonial, a São Domingos, a Toussaint L'Ouverture etc. Os mais úteis sobre São Domingos são: *La Société des Jacobins,* de Aulard (6 vols.), *Les clubs contre-Révolutionnaires,* de Challamel (1 vol.), *Paris pendant la reaction thermidorienne et sous le Directoire,* de Aulard (4 vols.) e *Paris sous le Consulat,* de Aulard (4 vols.).

Além desses, há o *Recueil des actes du Directoire Exécutif*, editado por Debidour e publicado sob a direção do Ministério da Instrução Pública.

Panfletos de caráter oficial ou semioficial publicados pelo Clube Massiac, Província do Norte, Província Ocidental, Província do Sul, Câmara Agrícola, Câmara de Comércio, Raymond, Vincent, Laveaux, deputados, mensageiros, pessoas, organizações, enfim, por todas aquelas pessoas ou entidades que estiveram de alguma forma relacionadas com os acontecimentos relatados neste livro. A enorme coleção da Bibliothèque Nationale e a modesta do Museu Britânico.

BIBLIOGRAFIA ESPECIAL

Michel, Antoine: *La Mission du général Hédouville a Saint-Domingue*, Imprimerie "La Presse" 618. Rue Dantes Destouches. Port-au-Prince, Haiti, 1929. Trabalho competente e imparcial baseado em documentos originais; fornece novas informações e serve para destruir alguns mitos.

Fortescue, *sir* John: *History of the British Army*. Vol. IV. Primeira e segunda partes. Londres, 1906. Relatório completo da expedição britânica onde o autor descreve a ligação dos escravos com os seus senhores e acredita que a oferta de liberdade que os britânicos ofereciam aos escravos, depois que estes cumprissem cinco anos de serviços militares, equivalia à divisa francesa de liberdade imediata. Mas Fortescue não consegue entender por que, em 1798, Toussaint e Rigaud buscaram expulsar os britânicos.

Lacroix, Pamphile de: *Mémoires pour servir a l'histoire de la Révolution de Saint-Domingue*. 2 vols. Paris, 1819. Lacroix fez parte da expedição de Leclerc e dispunha de informações de primeira mão. Trabalho indispensável, embora parcial.

Nemours, General A.: *Histoire militaire de la Guerre d'Indépendance de Saint-Domingue*. 2 vols. Paris 1925 e 1928. Da guerra de independência até a rendição de Toussaint. Nemours é haitiano e admirador de Toussaint, mas bastante honesto.

Poyen, coronel A. de: *Histoire militaire de la Révolution de Saint-Domingue*. Paris, 1899. É a versão oficial francesa dos acontecimentos. O coronel não entendeu nem o plano ofensivo de Leclerc, nem o defensivo de Toussaint (ver a *Histoire Militaire* de Nemours, vol. I, do cap. XIV ao XVI). Há muitas citações das cartas de Leclerc, mas afirma que o Governo francês nunca pretendeu restabelecer a escravidão. Apesar da falácia, é um escritor culto e cuidadoso e o seu livro é útil para o período posterior à morte de Leclerc, não tratado por Lacroix e nem por Nemours.

O Comércio Colonial Francês

Deschamps, L.: *Les colonies pendant la Révolution*. Paris, 1898.

Gaston-Martin: *L'Ère des Négriers, 1714-1774*. Paris, 1931.

Gaston-Martin e outros: *La doctrine coloniale de la France en 1789* etc.

Cahiers de la Révolution Française. Útil, mas algumas vezes equivocado.

Saintoyant, J.: *La colonisation française pendant la Révolution (1789-1799)*. 2 vols. Paris, 1930. Admirável e honesto estudo das colônias, sobretudo de São Domingos, da qual o autor, como francês, lamenta a perda. Subestima as dificuldades sobretudo de Sonthonax e Ronnie, pois não compreende, como qualquer escritor burguês, o que ocorre num período revolucionário.

Saintoyant, J.: *La colonisation française pendant la période napoléonienne* (1799-1815). Paris, 1931.

Sannon, P.: *Histoire de Toussaint-L'Ouverture.* Imprimerie Aug. A. Heraux. 3 vols. Port-au-Prince, Haiti, 1920-33. A melhor biografia sobre Toussaint.

Schölcher, V.: *Vie de Toussaint-L'Ouverture.* Paris, 1899. Schölcher foi um radical francês do século XIX. Odiava a escravidão e odiava Napoleão. Apesar de muitos de seus comentários, é confiável. Nessa obra há muitos documentos originais com extratos impressos.

Vaissière, P. de: *Saint-Domingue, 1629-1789. La société et la vie créoles sous l'Ancien Régime.* Paris, 1909. A melhor introdução à revolução; um ótimo trabalho de pesquisa. Mas o leitor deve estar atento aos preconceitos aristocráticos do escritor.

A Revolução Francesa

Não podemos entender a revolução de São Domingos se não a relacionarmos com a francesa. A maior de todas as histórias da Revolução Francesa é a de Michelet, cujo pai conviveu com alguns de seus participantes. O autor chegou a examinar os registros da Municipalidade de Paris antes de eles serem destruídos durante a Comuna de 1871.

Outros quatro historiadores mais atualizados são: 1. Aulard, que nutre uma simpatia pelos girondinos e por Danton e se concentra nos fatos políticos da Revolução; 2. Mathiez, que se inspira nos fatos da Revolução Russa e contribui para a reabilitação de Robespierre; 3. Jaurès, que escreveu o primeiro volume de sua *História* no começo do século e terminou-a antes da Revolução de Outubro. Estabelece as bases econômicas da Revolução Francesa. Demonstra, como um dos primeiros líderes trabalhistas da Europa, uma simpatia pelos movimentos de massa; 4. Georges Lefebvre, cuja obra em um volume sobre a Revolução e sua série mimeografada de palestras na Sorbonne fazem um julgamento equilibrado de todos os partidos, grupos e indivíduos na Revolução.

Após a Segunda Grande Guerra, Daniel Guérin, fortemente influenciado pelo marxismo e pela decadência da Revolução Russa, produziu um estudo cujo centro é o conflito entre Robespierre e os vários movimentos de massa.

A melhor obra em inglês continua sendo a de Kropotkin. Muitas obras surgiram nos Estados Unidos e na Inglaterra, mas são de pouco valor. O historiador reacionário geralmente falha ao retratar um conflito quando dele emergem forças que perseguem objetivos inesperados. Em uma revolução, os excessos são normais; quem não aceita isso não aceita a revolução e, consequentemente, não pode escrever história.

Procurei sempre mostrar a influência da Revolução nos eventos e personalidades de São Domingos. Citei Lefebvre e tentei mostrar a relação, até então inesperada, entre duas populações tão distantes uma da outra e de origens tão diferentes. Os estudos dos acontecimentos, na França e em São Domingos, não tardarão a desenterrar mais coisas.

São Domingos Antes da Revolução (História e Geografia)

Boissonade, P.: *Saint-Domingue à la veille de la Révolution et la question de la representation aux États-Généraux.* Paris, 1906.

Charlevoix, Père: *Histoire de l'ile espagnole ou de Saint-Domingue.* Amsterdam, 1733.

Edwards, Bryan: *A Historical Survey of the French Colony of San Domingo, etc.* Londres, 1796.

D'Auberteuil, Hilliard: *Considérations sur l'état présent... de Saint-Domingue.* Paris, 1776.

De Wimpffen, barão F.: *Voyage à Saint-Domingue pendant les années 1788, 1789 et 1790.* Paris, 1790. Livro de viagem que merece ser lido, não apenas pela descrição que faz da colônia.

Labat, Père: *Nouveaux voyages aux iles dè l'Amérique.* Um conhecido livro de viagens.

Moreau de Saint-Méry: *Description topographique, physique et politique de Saint-Domingue.* 2 vols. Philadelphia, 1797. Um modelo. Inteligente, mas cheio de preconceito.

Há muitos livros de memórias e de viagem, por exemplo, os de Ducocurjoly, Descourtilz, Girod-Chantraus, do coronel Malenfant e de Malouet. Descourtilz (*Voyage d'un naturaliste,* Paris, 1809) esteve aprisionado em Crète-à-Pierrot durante o cerco e preservou algumas informações úteis.

Abolição do Tráfico Britânico de Escravos

Brougham, H.: *The Colonial Policy of the European Powers.* Edimburgo, 1803.

Clarkson, T.: *Essay on the Impolicy of the African Slave Trade.* Londres, 1788. O título serve para explicar o livro.

Clarkson, T.: *History of the Rise, Progress and Accomplishment of the Abolition of the African Slave Trade.* Londres, 1839. Os dois livros de Clarkson mostram que ele não tinha ilusões quanto às bases econômicas daqueles acontecimentos.

Coupland, R.: *Wilberforce.* Londres, 1923.

Coupland, R.: *The British Anti-Slavery Movement.* Londres, 1933. Essas duas obras representam a visão oficial da escola de Oxford.

Ragatz, L. F.: *The Fall of the Planter Class in the British Caribbean.* Londres, 1928. Um grande trabalho de pesquisa de um intelectual norte-americano.

Wilberforce, R. I. e S.: *Life of Wilberforce.* Londres, 1838.

História parlamentar.

Debates parlamentares.

Registro oficial dos debates parlamentares.

Os Mulatos

Lebeau, A.: *De la condition des gens de couleur libres sous l'Ancien Régime.* Poitiers, 1903.

Os Escravos

Frossard, A.: *La Cause des négres esclaves.* 2 vols. Lyons, 1789.

Peytraud, L.: *L'esclavage aux Antilles françaises avant 1789.* Paris, 1897.

São Domingos 1789-1804

Ardouin, B.: *Études sur l'histoire d'Haiti.* 6 Vols. Paris, 1853. Ardouin era mulato, odiava Toussaint e odiava os franceses. Apesar de suprimir provas para não comprometer os seus propósitos, esse livro é uma das fontes mais importantes para qualquer trabalho sério sobre a revolução dominicana.

Garran-Coulon, J.: *Débats entre les accusés et les accusateurs dans l'affaire des colonies.* 6 Vols. Paris, 1798. Relatório oficial dos julgamentos de Sonthonax e de Polverel.

Garran-Coulon, J.: *Rapport sur les troubles de Saint-Domingue...* 6 vols. Paris, 1799. Relatório oficial dos três primeiros anos da revolução.

Dalmas, M.: *Histoire de la Revolution de Saint-Domingue.* 2 vols. Paris, 1814.

Justine, Placide: *Histoire de l'ile d'Haiti.* Paris, 1826.

Madiou, T.: *Histoire d'Haiti.* 2 vols. Porto Príncipe, 1817.

Lemmonier-Delafosse. *Seconde campagne de Saint-Domingue.* Havre, 1846. O escritor participou da campanha.

Stoddard, T. Lothrop: *The French Revolution in San Domingo.* Boston e Nova York, 1914. A tese de Lothrop Stoddard é que os brancos se destruíram em São Domingos ao tentar preservar a pureza racial.

Métral, A.: *Histoire de l'expédition des français à Saint-Domingue, sous le consulat de Napoléon Bonaparte.* Paris, 1825. Com as memórias de Isaac L'Ouverture. Pelo fato de terem sido escritas de memória, contêm muitos enganos, mas o seu testemunho é útil em muitos aspectos.

Biografias de Toussaint L'Ouverture

Existem poucas. As mais conhecidas e úteis são:

Gragnon-Lacoste: *Toussaint L'Ouverture.* Paris, 1877. É uma apologia, mas preserva informações úteis.

Waxman, P.: *The Black Napoleon.* Nova York, 1931. Superficial.

Saint-Remy: *La vie de Toussaint L'Ouverture.* Paris, 1850. O autor, mulato, odiava L'Ouverture e o agride com insolência. Três anos depois, tornou-se mais moderado e publicou as "Memórias" de Toussaint, uma apologia escrita para Bonaparte no Fort-de-Joux, sobre as atividades anteriores à expedição de Leclerc e durante ela.

Nemours, A.: *Histoire de la captivité et de la mort de Toussaint-L'Ouverture.* Paris, 1929.

Durante as guerras napoleônicas, Marcus Rainsford e James Stephen escreveram um panegírico sobre Toussaint em inglês. Em 1855, o reverendo J. R. Beard publicou uma biografia de Toussaint na qual comprova ser ele um exemplo notável de sacerdote protestante que se tornou revolucionário. Contudo, a sua obra é, no geral, bastante precisa.

Em 1935, *The Black Consul*, traduzido do russo por Anatoli Vinogradov, foi publicado em Londres. Apesar de atestar no prefácio que utilizou "apenas fontes cuja autenticidade era indiscutível", confundiu mulatos e negros, fez Toussaint ir a Paris com a delegação mulata e deu educação superior a Dessalines, em Paris, arruinando, dessa forma, o principal ensinamento da revolução. Além disso, atesta que Biassou escreveu um "notável" artigo publicado em um panfleto, em Paris; transforma Vincent em mulato e na única vez que menciona Rigaud chama-o de "mulato". Além disso, perpetra violências semelhantes contra a história francesa.

Césaire, Aimé: *Toussaint L'Overture, présence africaine.* Biografia escrita pelo poeta, dramaturgo e político da Martinica. Trabalho competente que proporciona um bom retrato de Toussaint e da revolução de São Domingos. Creio, contudo, que a esta faltam o ardor e o brilho que caracterizam as demais obras de Césaire.

CRONOLOGIA

1215: São Domingos de Gusmão funda a ordem dos dominicanos.
1492: Colombo descobre a América. Em sua primeira viagem chega ao Haiti (La Española) no dia 5/12. Chegada a Cuba e Porto Rico. Funda o Forte Navidad em La Española depois do naufrágio da *Santa Maria.*
1496: Bartolomeu, irmão de Colombo, funda a cidade de São Domingos, a primeira do Novo Mundo.
1498: Vasco da Gama chega às Índias. Terceira viagem de Colombo: chegada a Trinidad.
1502: Quarta viagem de Colombo. Descoberta da Martinica.
1503: É fundada a Casa da Contratação em Sevilha, para regular o comércio com as colônias.
1504: É atribuído um mapa a Américo Vespúcio, no qual se afirma que as terras descobertas fazem parte de um Novo Mundo. Martin Walseemüller publica um mapa em que essas terras são denominadas "Terras de Américo".
1505: Juan de Esquivel: conquista da Jamaica.
1508: Ponce de León explora Porto Rico e O campo realiza o reconhecimento das costas de Cuba.
1513: Balboa descobre o Pacífico.
1524: Carlos V cria o Conselho das Índias.
1534: Ignacio de Loyola funda a Companhia de Jesus.
1542: Carlos V promulga uma série de leis para a proteção dos índios, devido às denúncias do frei Bartolomeu de Las Casas.
1544: É criado o vice-reino do Peru.
1556: Carlos V abdica em favor do filho, Felipe II.
1571: Implantação do Tribunal do Santo Ofício na América.
1580: União das Coroas Ibéricas. Felipe II anexa os territórios americanos aos seus Estados.
1593: São estabelecidos os Estados-Gerais, na França.
1598: Felipe III sobe ao trono espanhol.
1605: Filipe II, rei de Espanha, ordena a destruição das vilas de Puerto Plata, Bayajá e La Yaguana, para impedir o contrabando. Os espanhóis passam para a parte oriental da ilha de São Domingos.
1607: Fundação da primeira colônia inglesa na América: Virgínia.
1620: Viagem dos padres peregrinos no *Mayflower.*
1639: O Papa proíbe a escravidão do índio.
1651: Ato de Navegação (Inglaterra).

1654: A Espanha toma a ilha de Tortuga, ao norte de La Española (ou Hispaniola, de acordo com os historiadores ingleses). Tortuga servia de abrigo a piratas que contrabandeavam carne defumada ou *boucan*; por essa razão, eram chamados de bucaneiros.
1664: A Compagnie des Indes Occidentales, no reinado de Luís XIV, passa a administrar todas as colônias francesas na América.
1665: Os franceses se estabelecem em Tortuga.
1670: Luís XIV autoriza o tráfico negreiro da África para as colônias.
1697: Os franceses se estabelecem em Saint Domingue, parte da Hispaniola cedida pelos espanhóis de acordo com o Tratado de Ryswick.
1743: Nascimento de Toussaint.
1756: Guerra dos Sete Anos.
1776: 4 de julho, independência dos Estados Unidos da América.
1758: Suplício de Mackandal, líder negro que utilizava o vodu, em São Domingos.
1789-92: Inconfidência Mineira. Revolução Francesa.
1789-91; Assembleia Constituinte na França.
1789: Estados-Gerais (5/5); O Terceiro Estado é proclamado Assembleia Nacional (17/6) e Constituinte (9/7); Queda da Bastilha (14/7); Direitos do Homem e do Cidadão (26/8); Terror (verão de 1789). Repercussão em São Domingos da Revolução Francesa.
1791: Fuga do Rei para Varennes (21/7); proclamação (3/9) e dissolução (29/9) da Assembleia Constituinte.
1791: Governo girondino. A Assembleia Constituinte estabelece a igualdade de direitos em São Domingos. Revolta e morte de Boukman. Rebelião dos escravos no Sul e no Lado Ocidental.
1791-92: Assembleia Legislativa.
1792: Suspensão do Rei e dissolução da Assembleia.
1792-1795: Convenção (20/9/92).
1792: Proclamação da República (21/9); Calendário Republicano (22/9).
1793: O Rei é guilhotinado (21/1); Insurreição na Vendeia; Comitê de Salvação Pública (6/4); Assassinato de Marat (13/7); Robespierre no Comitê (27/7); Ditadura (10/10); Execução da Rainha (16/10). Reação dos latifundiários brancos em São Domingos contra a Convenção. A Convenção nomeia Toussaint L'Ouverture general da República. Desembarque dos britânicos. Supressão da escravidão em todos os territórios franceses.
1794: Execução de Danton (5/4); Execução de Robespierre e fim do Terror (28/7)
1795-1804: Diretório (31/10/95).
1795: Santo Domingo (a parte espanhola) é cedida à França.
1797: Condenação de Babeuf (21/5); golpe de Estado do general Augerau (4/9).
1798: Toussaint derrota os britânicos.
1799: 18 de Brumário, golpe de Napoleão (9/11)
1799-1804: Consulado, na França.
1799: Cônsules: Sieyès, Roger Ducos e Napoleão Bonaparte (10/11).

1800: Napoleão é eleito Primeiro-Cônsul por dez anos.

1801: São Domingos proclama uma Constituição e a ilha se torna província autônoma da França. Toussaint toma posse, de fato, da parte espanhola. Toussaint proclama uma Constituição.

1802: Napoleão torna-se Cônsul vitalício. Bonaparte envia uma armada para São Domingos. Leclerc, general de Napoleão, alcança a vitória. Toussaint se entrega e é levado para a França.

1803: Toussaint morre em Forte Joux, perto de Pontarlier, aos 27 de abril. Rochambeau, sucessor de Leclerc, capitula diante de Jean-Jacques Dessalines e Alexandre Sabès Pétion.

1804: Código Civil. Napoleão proclama-se Imperador (18/5) e é coroado (2/12) pelo Papa Pio VII em Nossa Senhora de Paris. Dessalines proclama a independência do Haiti (1/1) e, em setembro, proclama-se Imperador Jacques I.

1804-1855: Império.

1805: Napoleão torna-se Rei da Itália.

1806: Morte de Dessalines. O país se divide em dois: o Norte é comandado por Henri Christophe e o Sul, por Pétion.

1807: Leclerc proclama a República. Christophe designa-se Presidente perpétuo. Matança dos brancos.

1808: Revolta dos brancos no Haiti.

1811: Christophe assume a coroa.

1812: Campanha e retirada da Rússia.

1813: Vitória de Bolívar em Caracas.

1814: Abdicação de Bonaparte. Volta de Luís XVIII.

1815: Napoleão volta do exílio em Elba e retoma o poder (1/3); Governo dos Cem Dias; nova abdicação (22/6), nova volta de Luís (24/6).

1820: Independência de Santo Domingo (República Dominicana). Christophe suicida-se com uma bala de prata, após ser derrubado por Jean-Pierre Boyer, sucessor de Pétion no Sul.

1821: Independência da Venezuela e do Peru.

1822: Boyer, Presidente do Haiti, reunifica a ilha. Independência do Brasil e do Equador.

1825: Independência da Bolívia. Boyer faz os franceses reconhecerem a independência do Haiti.

1843: Exílio de Boyer.

1849: Reinado de Faustin I (Faustin Élie Soulouque).

1859: Exílio de Faustin.

1859-1867: Governo presidencial de Fabre Geffrard.

1878-1888: Lysius Salomon.

1889-1896: Florvil Hyppolite.

1898: Independência de Cuba.

1904: Emenda Platt.

1915-1934: Intervenção norte-americana (28/7/15).

1930: Início do primeiro governo de Trujillo na República Dominicana.

1940: Governo de Vichy, na França.
1941: Fim do controle financeiro do Haiti pelos EUA.
1947: Independência da Índia.
1957: Independência de Gana. Governo de François Duvalier, no Haiti, alcunhado Papa Doc. Governou por meio de sangrenta repressão; utilizando-se do vodu e de uma guarda pessoal: os *tontons macoutes*.
1958: É formada a Federação das Índias Ocidentais.
1959: Fidel Castro torna-se Primeiro-Ministro em Cuba.
1960: Independência do Congo.
1961: Independência da Tanganica.
1962: Bosch assume o poder na República Dominicana. Independência de Trinidad.
1964: Independência de Malawi.
1966: Independência da Guiana.
1971: Morte de François Duvalier. Seu filho, Jean-Claude (Baby Doc), torna-se Presidente (22/4).
1986: Jean-Claude Duvalier foge do Haiti. O general Henri Namphy assume o governo interino.
1988: O professor Leslie Manigat é eleito Presidente, mas é expulso ao tentar demover o general Namphy do posto. O general Prosper Avril assume a Presidência por meio de um novo golpe.
1990: Avril impõe estado de sítio. Depois de várias manifestações, Avril é obrigado a fugir do país. O presidente da Suprema Corte, Ertha Pascal-Trouillot, assume o governo interino. Jean Bertrand Aristide é eleito Presidente do Haiti.
1991: Aristide é derrubado por um golpe de Estado. Início de sangrenta repressão.
1994: Aristide retorna ao poder.
1995: René Préval é eleito Presidente do Haiti.

ÍNDICE ONOMÁSTICO E REMISSIVO

A

Agé, general 177, 235, 259, 260, 271, 282
Ailhaud, M. 120
Ainsi parla l'oncle (Mars) 347
Albermarle, lorde 104
Alexandre I (1777-1825), Imperador da Rússia, derrotou as tropas invasoras de Napoleão em 1812, na famosa Grande Guerra Patriótica. Empenhou-se em uma campanha contra a França, invadindo-a por duas vezes, e foi o principal responsável pela restauração dos Bourbons ao trono francês. 248
Allenby, Edmund Henry Hynman, primeiro visconde de (1861-1936), foi um general de campo britânico que na Primeira Grande Guerra invadiu a Palestina e pôs fim à resistência turca (1918). Mais tarde serviu como alto-comissário britânico no Egito e no Sudão (1919-25). 356
Allix, comandante 326
Amigo dos Negros (clube) 64, 67, 69, 70, 76, 77, 78, 79, 80, 82, 99, 115, 116, 117, 118
Antonieta, Maria (1755-1793), Rainha da França (1774-93), esposa de Luís XVI, julgada pela Revolução, foi decapitada na guilhotina. 121,128

B

Babeuf, François-Noël de (1760-1797), conhecido como Gracchus, revolucionário francês, representante do socialismo utópico igualitário. 179, 180
Balcarres, duque de 195, 199
Baldwin, Stanley primeiro conde Baldwin de Bewdley (1867-1947), Primeiro-Ministro britânico (1923-9 e 1935-7); sua reação à greve geral de 1926 (com uma lei contrária aos sindicatos) contribuiu para a abdicação de Eduardo VII dez anos depois. 246, 258
Banda, Hastings Kamuzu, político africano nascido provavelmente em 1902. Era médico e tornou-se líder de um movimento nacionalista. Assumiu o cargo de Primeiro-Ministro da Niassalândia, levando-a à independência com o nome de Malavi, em 1964. Foi Presidente de 1966 a 1994. Em 1971, declarou-se Presidente vitalício. Em 1993, devido a um plebiscito imposto por pressões internacionais, o título vitalício foi suprimido e nas eleições de 1994 perdeu o cargo. 352, 360
Baptiste, Pierre 33, 234, 326
Barnave, Antoine-Pierre-Joseph-Marie (1761-1793), célebre orador da Assembleia Constituinte. De tendência monárquico-constitucional, tentou salvar o Rei após a fuga para Varennes. Morreu na guilhotina. Era antiescravagista e participou do Comitê sobre as Colônias. 78, 79, 84, 85, 86, 87, 105, 113, 117, 120, 187
Baudière, M. de 73

C

D

E

F

G

H

N

O

P

Pacot, oficial 130
Padmore, George (1901-1959), personificava a liberdade no Caribe e na África. Em 1927, ingressou no Partido Comunista dos Estados Unidos e em 1957 tornou-se conselheiro para Assuntos Africanos do Presidente Nkrumah, em Gana. A respeito dele diz o próprio C. R. L. James: "É impossível compreender o desenvolvimento da revolução na Costa do Ouro, a qual transformou-se em Gana, a menos que se perceba que, desde o começo, o homem que esteve por trás dela era Padmore." 350, 351, 352, 367
Page, agente 121, 169
Pageot, comandante 162
Pageot, madame 321
Paine, Thomas (1737-1809), político e pensador, cujos escritos influenciaram a revolução americana. Foi um dos maiores defensores dos Direitos do Homem e da Revolução Francesa 185, 207
Panier, Jean 306
Paparet, J.B. 144
Pascal, comissário 176, 177, 178, 230, 244, 250
Patriotas (clube) 75, 80, 88, 89, 99, 102, 104, 111, 112, 113, 117, 118, 180
Paulo I (1754-1801), Imperador da Rússia, filho de Catarina II e de Pedro III, ascendeu ao trono em 1796, onde permaneceu até o dia em que foi assassinado devido a uma conspiração na corte. Foi um fervoroso combatente da Revolução Francesa. Suspeita-se que seu assassinato estivesse relacionado com os entendimentos que travava com o Primeiro-Cônsul da França. 248
Péricles (499-429 a. C.), estadista e orador ateniense, um homem que foi toda uma era. Venceu Xerxes nas Guerras Médicas; iniciou a Guerra do Peloponeso; ordenou a construção do Pártenon; protegeu as artes e em sua época a tragédia grega floresceu. 185
Perrod, Treasurer 161, 162, 164
Pétion de Villeneuve, Jérôme (1756-1794), político moderado, foi prefeito de Paris e, mais tarde, tornou-se inimigo de Robespierre e dos jacobinos. 64, 67, 79, 104, 214, 268, 276, 288, 289, 293, 314, 319, 321, 322, 324, 335, 346, 364
Pinchinat, oficial 101, 105, 106, 111, 113, 134, 158, 161, 172, 173, 174, 190
Pitt, William, "Pitt, o Jovem" (1759-1806), Primeiro-Ministro britânico (1783-1801 e 1804-6) que promulgou a Lei de União entre a Irlanda e a Grã-Bretanha em 1800. 62, 63, 64, 132, 133, 140, 143
Plaisir, Mars 329
Polverel, comissário 120, 127, 129, 130, 135, 136, 144
Pralotto (soldado) 89, 105, 111

R

Raimond, comissário 75, 76, 83, 165, 171, 175, 176, 177, 178, 179, 181, 215, 219, 225, 267
Ramel, general 236, 315
Raynal, padre Guillaume Thomas François (1713-1796), historiador e filósofo francês, combateu a política de imposição da cultura europeia, o clero e a Inquisição. 88, 96, 164, 186, 230
Reid, Vic, um dos escritores que, ao lado do George Lamming e outros, ajudaram a formar a identidade caraíba. 367
Repartimientos 19
Rewbell, Jean François (1747-1807), político francês que participou da reação do Termidor e do Diretório de 1796 a 99. 84
Rey, comissário 172, 173, 174

V

W

Y

BIOGRAFIA DO AUTOR

Cyril Lionel Robert James nasceu em Trinidad, em 4 de janeiro de 1901. Filho de professor, teve o privilégio de uma educação acima da média dos seus conterrâneos do início do século.

Era um jovem estudioso e chegou a ser um esportista bem-sucedido. Jogava críquete e a essa modalidade esteve ligada sua atividade profissional como correspondente do *Manchester Guardian*, quando se mudou para o Reino Unido em 1932. A paixão pelo críquete é relatada por James em um dos seus livros mais célebres, *Beyond a Boundary* (*Além de um limite*), publicado em 1963. Sua vasta produção literária inclui ainda ficção, teoria política, filosofia, história, crítica esportiva.

A vida do autor de *Os jacobinos negros* foi bastante influenciada pela política. Na Inglaterra, ligou-se ao Independent Labour Party e em seguida identificou-se com as posições da IV Internacional dirigida por Leon Trotski. Da sua adesão ao marxismo resultaram obras como *Os jacobinos negros* e a história da III Internacional intitulada *World Revolution 1917-1937*.

Em 1938, C. L. R. James mudou-se para os Estados Unidos, onde participou de discussões sobre o problema da discriminação racial naquele país, uma extraordinária antecipação dos acontecimentos que se realizariam nos anos 60. Com base nessa experiência, escreveu em 1948 o folheto *The Revolutionary Answer to the Negro Problem in the USA*.

A partir da década de 1950, James passou a encarar o nacionalismo africano como uma solução para a questão do negro. Sobre essa temática escreveu os livros *Party Politics in the West Indies* (1962) e *Nkrumah and the Ghana Revolution* (1977). Entre 1958 e 1962 promoveu uma série de debates políticos que visavam estabelecer a identidade do homem das Índias Ocidentais, dos quais participaram escritores como George Lamming, Vidia Naipaul e Wilson Harris.

Após o fracasso do nacionalismo negro na África, James deixou a política. Morreu em 1989, em sua terra natal.

Os jacobinos negros é o principal trabalho de C. L. R. James e, embora pouco conhecido no Brasil e nunca antes publicado em língua portuguesa, tem para a cultura nacional uma enorme relevância. Está entre as grandes obras sobre a questão do negro que marcaram a cultura do século XX: *Casa Grande e Senzala*, de Gilberto Freire, *The Soul of Black Folk*, de W. E. B. Dubois, *Les Damnés de la terre*, de Frantz Fanon, *The Autobiography of Malcolm X*, de Malcolm X e Alex Haley. Entretanto, entre esses o livro de James é o que dá a explicação mais coerente e de conjunto da realidade social do povo negro, a partir do alvorecer do capitalismo. Escrita em 1938, no auge do nazismo e da predominância em todo o mundo das teorias de supremacia da raça branca, esta obra desmitifica todas aquelas leis ao mostrar a função econômica e histórica da escravidão e a função social da opressão dos negros. É um verdadeiro tratado sobre a questão do negro e, graças a seu rigor científico, nenhum livro sobre o tema conseguiu até hoje superá-lo.

OUTRAS PUBLICAÇÕES DA BOITEMPO

O caderno azul de Jenny: a visita de Marx à Comuna de Paris
Michael Löwy e Olivier Besancenot
Tradução de **Fabio Mascaro Querido**
Orelha de Marcelo Ridenti

Camarada
Jodi Dean
Tradução de **Artur Renzo**
Primeira orelha de **Christian Dunker**
Segunda orelha de **Manuela D'Ávila. Slavoj Žižek, Bruno Bosteels e Mark Fisher**
Quarta capa de **Antonio Negri**

O ecossocialismo de Karl Marx
Kohei Saito
Tradução de **Pedro Davoglio**
Prefácio de Sabrina Fernandes
Orelha de **Murilo van der Laan**
Quarta capa de **Kevin Anderson e Michael Heinrich**

Marx: uma introdução
Jorge Grespan
Orelha de **Ricardo Antunes**

Raça, nação, classe
Étienne Balibar e Immanuel Wallerstein
Tradução de **Wanda Caldeira Brant**
Orelha de **Silvio Almeida**

Rosa Luxemburgo e a reinvenção da política
Hernán Ouviña
Tradução de **Igor Ojeda**
Revisão técnica e apresentação de **Isabel Loureiro**
Prefácio de **Silvia Federici**
Orelha de **Torge Löding**
Coedição de **Fundação Rosa Luxemburgo**

Teoria econômica marxista: uma introdução
Osvaldo Coggiola
Orelha de **Jorge Grespan**

MARX-ENGELS

Dialética da natureza
Friedrich Engels
Tradução e notas de **Nélio Schneider**
Apresentação de **Ricardo Musse**
Orelha de **Laura Luedy**

ARSENAL LÊNIN

Conselho editorial Antonio Carlos Mazzeo, Antonio Rago, Augusto Buonicore, Ivana Jinkings, Marcos Del Roio, Marly Vianna, Milton Pinheiro, Slavoj Žižek

Imperialismo, estágio superior do capitalismo
Vladímir Ilitch Lênin
Tradução de **Edições Avante!**
Revisão da tradução de **Paula Vaz de Almeida**
Prefácio de **Marcelo Fernandes**
Orelha de **Edmilson Costa**

BIBLIOTECA LUKÁCS

Essenciais são os livros não escritos: últimas entrevistas (1966-1971)
György Lukács
Organização, tradução, notas e apresentação de **Ronaldo Vielmi Fortes**
Revisão técnica e apresentação de **Alexandre Aranha Arbia**
Orelha de **Anderson Deo**

ESCRITOS GRAMSCIANOS

Odeio os indiferentes: escritos de 1917
Antonio Gramsci
Seleção, tradução e aparato crítico de **Daniela Mussi e Alvaro Bianchi**
Orelha de **Guido Liguori**

ESTADO DE SÍTIO

Coordenação de Paulo Arantes

A escola não é uma empresa
Christian Laval
Tradução de **Mariana Echalar**
Orelha de **Afrânio Catani**

MUNDO DO TRABALHO

Coordenação de Ricardo Antunes

Os laboratórios do trabalho digital
Rafael Grohmann (org.)
Orelha de **Ruy Braga**
Quarta capa de **Edemilson Paraná, Muniz Sodré e Nuria Soto**

PANDEMIA CAPITAL

Pandemia: covid-19 e a reinvenção do comunismo
Slavoj Žižek
Tradução de **Artur Renzo**
Prefácio de **Christian Ingo Lenz Dunker**

TINTA VERMELHA

Educação contra a barbárie
Fernando Cássio (org.)
Com textos de **Alessandro Mariano, Alexandre Linares, Ana Paula Corti, Aniely Silva, bell hooks, Bianca Correa, Bianca Santana, Carolina Catini, Catarina de Almeida Santos, Daniel Cara, Denise Botelho, Eudes Baima, Isabel Frade, José Marcelino de Rezende Pinto, Maria Carlotto, Marina Avelar, Matheus Pichonelli, Pedro Pontual, Rede Brasileira de História Pública, Rede Escola Pública e Universidade, Rodrigo Ratier, Rogério Junqueira, Rudá Ricci, Sérgio Haddad, Silvio Carneiro, Sonia Guajajara, Vera Jacob Chaves**
Apresentação de **Fernando Cássio**
Prólogo de **Fernando Haddad**
Quarta capa de **Mario Sergio Cortella**

MARXISMO E LITERATURA
Coordenação de Michael Löwy

A estrela da manhã
Michael Löwy
Tradução de **Eliana Aguiar**
Apresentação de **Leandro Konder**
Orelha de **Alex Januário**
Apêndice de **Sergio Lima**

CLÁSSICOS BOITEMPO

O dinheiro
Émile Zola
Tradução de **Nair Fonseca e João Alexandre Peschanski**
Orelha de **Mario Sergio Conti**

LITERATURA

Água por todos os lados
Leonardo Padura
Seleção e edição dos textos de **Lucía López Coll**
Tradução de **Monica Stahel**
Orelha de **Carlos Marcelo**
Quarta capa de **Wagner Moura**

Este livro foi composto em Adobe Garamond, 11/14, e reimpresso em papel Avena 70 g/m^2 pela gráfica Lis, para a Boitempo, em novembro de 2021, com tiragem de 2.000 exemplares.